本书系研究阐释党的二十大精神国家社科基金重大项目"推进文化自信自强的时代背景与现实途径研究"（23ZDA082）阶段性成果

新时代
推进文化强国建设战略研究

孙绍勇 著

中国社会科学出版社

图书在版编目（CIP）数据

新时代推进文化强国建设战略研究 / 孙绍勇著. --
北京：中国社会科学出版社，2024. 10. -- ISBN 978-7-
5227-3862-8

Ⅰ．G12

中国国家版本馆 CIP 数据核字第 2024U7K330 号

出 版 人	赵剑英
责任编辑	田　文
责任校对	刘　坤
责任印制	张雪娇

出　　版	中国社会科学出版社
社　　址	北京鼓楼西大街甲 158 号
邮　　编	100720
网　　址	http://www.csspw.cn
发 行 部	010-84083685
门 市 部	010-84029450
经　　销	新华书店及其他书店
印刷装订	北京君升印刷有限公司
版　　次	2024 年 10 月第 1 版
印　　次	2024 年 10 月第 1 次印刷
开　　本	710×1000　1/16
印　　张	21
插　　页	2
字　　数	303 千字
定　　价	128.00 元

凡购买中国社会科学出版社图书，如有质量问题请与本社营销中心联系调换
电话：010-84083683
版权所有　侵权必究

一部全方位多维度研究文化
强国建设战略的著作
——《新时代推进文化强国建设战略研究》序

张国祚

党的十八大以来，以习近平同志为核心的党中央高度重视文化强国建设，极大地激发了全民族文化创新创造的活力，使得全党全国各族人民的文化自信明显增强，使文化强国建设迈出了坚实的步伐，取得了历史性成就。文化强国建设历史性成就的取得，都要归功于习近平文化思想的指导，归功于习近平总书记关于新时代文化强国建设战略重要论述的理论和实践。那么，究竟应该如何梳理、归纳和概括习近平总书记关于文化强国建设战略的重要论述？孙绍勇教授的著作《新时代推进文化强国建设战略研究》作出了有益探索。这部著作是孙绍勇教授主持的研究阐释党的二十大精神国家社科基金重大项目"推进文化自信自强的时代背景与现实途径研究"的阶段性研究成果。该著作以习近平文化思想为指导，主要从发挥中国特色社会主义文化的资源优势、推进社会主义意识形态建设的守正创新、深化社会主义核心价值观的培育和践行、加强精神文明建设提高全社会文明程度、推动文化事业和文化产业大繁荣大发展、着力增强中华文明的国际传播力影响力等六个方面研究阐释了新时代推进文化强国建设的战略思想。主要有以下三个鲜明特点。

一是具有鲜明的时代性和现实性。当今世界面临百年未有之大变局，而且这个"大变局"正在加速演进，文化软实力在综合国力竞争中的战略地位越发凸显。当今中国已经步入中华民族伟大复兴的关键时期；文化兴则国运兴，文化强则民族强，没有高度的文化自信和繁荣兴盛，就没有中华民族的伟大复兴。因此，实现中华民族伟大复兴，不仅需要物质硬实力强大，更需要文化软实力强大，需要文化强国建设全面系统扎实推进。该书正是立足于世界百年未有之大变局和实现中华民族伟大复兴的战略全局，明晰文化强国建设的时代背景，把握文化强国建设的现实着眼点和着力点，从多视角具体阐述如何通过推进建设社会主义文化强国，提升国家文化软实力，促进精神生活共同富裕，把满足人民文化需求和增强人民精神力量相统一。

二是具有鲜明的针对性和系统性。首先，文化是宽泛的，但是文化强国建设不能泛泛而谈，必须明确目标，增强针对性。该著作聚焦党的二十大精神，结合 2035 年建成社会主义文化强国的远景目标和《"十四五"文化发展规划》的具体要求，针对新时代如何促进文化高质量发展，厘清推进文化强国建设的思路，把顶层设计与底层实践、宏观立论与微观阐释有机结合起来，明确建成文化强国的目标指向和实践要求。其次，文化强国建设是一个大系统工程，需要多领域协调、多维联动、多措并举、多点突破。该著作围绕文化强国建设所涉及的方方面面的内容进行了系统分析，以大文化观和系统思维把握文化强国建设的整体性。

三是具有鲜明的政策性和导向性。文化强国建设具有鲜明的意识形态属性，必须讲政治、讲政策、讲方向，而且有根有据，准确无误。党的十八大以来，习近平总书记高瞻远瞩、运筹帷幄，统筹擘画推进建成社会主义文化强国的蓝图，着重强调文化自信和文化主体性的基础作用和重大意义，创造性地提出"第二个结合"的新论断、明确建设中华民族现代文明的新使命、确立繁荣发展社会主义先进文化的制度、提出全球文明倡议深化文明交往理念，使得文化强国建设纲举目张、成效显著。该著作比较全面系统地阐释了习近平总书记围绕文化强国建设各个时期针对各个方面的相关重要论述，明确了具体的政策和导向。

总之，该著作对党的十八大以来文化强国建设的理论和实践、政策和措施进行了系统的研究，主题突出、导向鲜明、分析深入，具有一定的学术理论价值；对于深入学习领会习近平文化思想，深化社会主义文化建设发展规律的认识，推动社会主义文化强国建设具有一定的决策参考价值。作为年仅三十多岁的青年学者能够潜心研究、深耕文化问题、瞄准文化强国、旨在经世致用，且能取得令人欣慰的成果，难能可贵。

是为序。

（张国祚，中国文化软实力研究中心主任，中央马克思主义理论研究和建设工程"国家文化软实力建设研究"第一首席专家，《文化软实力》主编。曾任中宣部理论局副局长、全国哲学社会科学规划办公室主任。）

目 录

导 言 ··· 1

第一章 发挥中国特色社会主义文化的资源优势 ············ 6
一 坚持"两个结合"肩负起推进文化自信自强的使命 ·········· 6
 （一）把握"两个结合"与推进文化自信自强的逻辑关系 ······· 7
 （二）洞明"两个结合"与推进文化自信自强的内在机理 ······ 10
 （三）统筹"两个结合"与推进文化自信自强的使命担当 ······ 16
二 构建推动中华优秀传统文化传承与创新的新格局 ············· 20
 （一）加强中华优秀传统文化的研究和阐释 ····················· 21
 （二）赋予中华优秀传统文化新的时代内涵 ····················· 23
 （三）不断创新中华优秀传统文化表现形式 ····················· 27
 （四）实施中华优秀传统文化传承发展工程 ····················· 30
三 大力弘扬赓续革命文化厚植文化发展的精神基因 ············· 33
 （一）坚定革命文化的理想信念 ·································· 34
 （二）传承革命文化的红色基因 ·································· 36
 （三）建构革命文化的集体记忆 ·································· 39
 （四）赓续革命文化的精神谱系 ·································· 41
 （五）丰富革命文化的载体形式 ·································· 45
四 强化用社会主义先进文化培根铸魂的目标和任务 ············· 47
 （一）牢牢把握社会主义先进文化的前进方向 ·················· 48
 （二）用社会主义先进文化引领各种思想文化 ·················· 50

（三）提升社会主义先进文化涵养化育的效能 …………… 53
　　（四）推进社会主义先进文化发展的制度建设 …………… 57

第二章　推进社会主义意识形态建设的守正创新 …………… 63
一　洞察时代大势科学研判社会主义意识形态建设的坐标定位 …… 63
　　（一）从实现中华民族伟大复兴研判意识形态建设的方位 …… 64
　　（二）从围绕中心服务大局审视意识形态工作的极端重要性 …… 66
　　（三）从意识形态斗争的新形势明确意识形态建设的目标 …… 70
二　聚焦本质规律辩证认识社会主义意识形态建设的原则导向 …… 75
　　（一）坚持党性与人民性辩证统一 …………………… 76
　　（二）坚持建设性与批判性辩证统一 ………………… 78
　　（三）坚持理论创新与实践发展辩证统一 …………… 81
　　（四）坚持总结经验与回应现实辩证统一 …………… 83
三　把握历史主动系统优化社会主义意识形态建设的战略举措 …… 85
　　（一）提升主流意识形态凝聚力和引领力维护意识形态安全 …… 86
　　（二）统筹时空场域变革掌握党对意识形态工作的领导权 …… 90
　　（三）推进网络意识形态阵地建设与宣传思想工作相融合 …… 93
　　（四）抓住"关键少数"不断提升意识形态工作能力水平 …… 96
　　（五）着眼百年未有之大变局增强意识形态的国际话语权 …… 98
四　系统部署推进社会主义意识形态建设制度体系的建构完善 …… 102
　　（一）坚持马克思主义在意识形态领域指导地位根本制度 …… 103
　　（二）制定和实施各级领导干部意识形态工作的责任制度 …… 106
　　（三）健全网络意识形态领域风险防范化解的有效机制 …… 109
　　（四）增强社会主义意识形态建设制度的针对性和协同性 …… 112

第三章　深化社会主义核心价值观的培育和践行 …………… 116
一　提升社会主义核心价值观的理论认识 ……………… 117
　　（一）全面解析社会主义核心价值观的内涵要义 …… 117
　　（二）科学认识社会主义核心价值观的文化底蕴 …… 121

（三）深刻把握社会主义核心价值观的伦理意蕴 …………… 124
二　强化社会主义核心价值观的引导教育 …………………………… 127
　　（一）厚植社会主义核心价值观引导教育的精神根基 ………… 127
　　（二）促进社会主义核心价值观引导教育的话语转化 ………… 132
　　（三）改进社会主义核心价值观引导教育的方式方法 ………… 135
　　（四）拓展社会主义核心价值观引导教育的载体途径 ………… 139
三　推动社会主义核心价值观的实践养成 …………………………… 142
　　（一）增强社会主义核心价值观培育践行的日常化 …………… 142
　　（二）突出社会主义核心价值观培育践行的具体化 …………… 145
　　（三）注重社会主义核心价值观培育践行的形象化 …………… 148
　　（四）实现社会主义核心价值观培育践行的生活化 …………… 151
四　完善社会主义核心价值观培育践行的制度建构 ………………… 154
　　（一）把社会主义核心价值观融入法治建设的过程中 ………… 154
　　（二）着力构建社会主义核心价值观的传播认同机制 ………… 157
　　（三）健全社会主义核心价值观培育践行的规章制度 ………… 159

第四章　加强精神文明建设提高全社会文明程度 ……………… 164

一　扎实推进新时代公民道德建设 …………………………………… 165
　　（一）挖掘公民道德建设的文化资源 …………………………… 166
　　（二）净化公民道德建设的网络空间 …………………………… 169
　　（三）强化公民道德建设的法律支持 …………………………… 172
　　（四）完善公民道德建设的保障制度 …………………………… 175
二　统筹城乡精神文明建设融合发展 ………………………………… 177
　　（一）创新城乡精神文明建设融合发展的内容载体 …………… 178
　　（二）优化城乡精神文明建设融合发展的空间布局 …………… 180
　　（三）完善城乡精神文明建设融合发展的政策体系 …………… 183
　　（四）改进城乡精神文明建设融合发展的策略方法 …………… 185
三　着力引导建设良好的家庭家教家风 ……………………………… 188
　　（一）加强对良好家庭家教家风建设的整体统筹 ……………… 189

（二）丰富新时代家庭家教家风建设的思想内涵 …………… 193
　　（三）注重以纯正的家风涵养清明党风政风社风 …………… 195
　　（四）推动家庭家教家风建设的常态化和长效化 …………… 198
　四　发挥先进典型的引领示范作用 ………………………………… 201
　　（一）加大对先进典型培育选树工作的投入力度 …………… 201
　　（二）提升先进典型推介宣传的亲和力和感染力 …………… 205
　　（三）深入开展学习宣传先进典型模范的各种活动 ………… 208
　　（四）增强先进典型在思想道德建设中的示范引领 ………… 210

第五章　推动文化事业和文化产业大繁荣大发展 …………… 215
　一　紧扣时代脉搏开创社会主义文艺的新局面 …………………… 216
　　（一）深刻把握社会主义文艺的本质属性 …………………… 216
　　（二）推出增强人民精神力量的优秀作品 …………………… 221
　　（三）培养造就德艺双馨的文艺人才队伍 …………………… 225
　二　加快推进现代化公共文化服务体系建设 ……………………… 229
　　（一）深入推进公共文化服务的数字化建设 ………………… 229
　　（二）促进公共文化服务的标准化和均等化 ………………… 232
　　（三）增强公共文化产品和服务供给的能力 ………………… 237
　三　着力推进文化产业的高质量发展 ……………………………… 240
　　（一）把握处理好文化产业发展的辩证关系 ………………… 241
　　（二）加快培育文化产业创新发展的新业态 ………………… 243
　　（三）增强文化产业发展的影响力和竞争力 ………………… 249
　四　全面深化文化领域体制机制的改革 …………………………… 252
　　（一）建构确保文化事业持续发展的制度体系 ……………… 253
　　（二）推进现代文化市场管理的体制机制改革 ……………… 257
　　（三）完善文化活动和文化产品的审查监管制度 …………… 261

第六章　着力增强中华文明的国际传播力影响力 …………… 266
　一　挖掘和提炼中华文明传播的丰富思想内容 …………………… 267

（一）挖掘中华文明蕴含的宇宙哲思 ……………………… 267
　　（二）揭示中华文明蕴含的社会理想 ……………………… 270
　　（三）彰显中华文明蕴含的精神追求 ……………………… 273
　　（四）提炼中华文明蕴含的治国理念 ……………………… 275
　　（五）展现中华文明蕴含的交往之道 ……………………… 277
二　构建和完善中华文明传播的叙事话语体系 ………………… 279
　　（一）建构中华文明传播的叙事话语逻辑 ………………… 280
　　（二）创新中华文明传播的叙事话语表达 ………………… 283
　　（三）提升中华文明传播的叙事话语认同 ………………… 287
三　拓展和创新中华文明传播的有效方式方法 ………………… 291
　　（一）打造中华文明对外传播的品牌 ……………………… 292
　　（二）推进对外文化贸易高质量发展 ……………………… 295
　　（三）不断提高讲好中国故事的能力 ……………………… 298
　　（四）运用好现代化数字化传播手段 ……………………… 300
四　深化和增强中华文明与世界文明交流互鉴 ………………… 302
　　（一）吸收借鉴一切优秀文明成果 ………………………… 302
　　（二）搭建国际人文交流合作平台 ………………………… 306
　　（三）广泛参与世界文明交流对话 ………………………… 308
　　（四）积极推动践行全球文明倡议 ………………………… 311

结　语 …………………………………………………………… 316

参考文献 ………………………………………………………… 319

导　言

古往今来，任何一个国家、民族的兴旺发达都离不开植根于广大人民精神深处的文化浸润和支撑。习近平总书记明确指出："文化兴则国家兴，文化强则民族强。"① 文化作为人类精神文明的结晶，在社会历史的各个阶段都以其丰富的思想内容，塑造着人们的生活方式，反映着人们的价值观念，孕育着推动人类文明持续发展的创新动力。在全球化背景下，文化作为重要的战略资源在综合国力竞争中的作用日益凸显，国际战略地位不断攀升。国家通过积极激发文化活力，不断提升文化软实力和构建文化价值优势，进一步增强国际话语权和影响力。

中国共产党一贯重视文化建设与发展，在不同历史阶段根据国家的发展需要和时代主题的变化进行了创新性的探索和尝试，积累了大量的文化建设经验，取得了诸多历史性成就，从文化自觉逐渐走向文化自信、自强。在新民主主义革命时期，毛泽东深刻地认识到文化建设与政治建设、经济建设、革命实践活动之间的复杂关系，指出建立新中国，不仅是建立新政治、新经济，更要有新文化，"要把一个被旧文化统治因而愚昧落后的中国，变为一个被新文化统治因而文明先进的中国"②。实现民族独立和思想解放，需要大力建设新民主主义文化，确立马克思主义的指导地位，为革命运动提供强大的精神动力和理论指导，确保革命的方向始终服务于"救国"的时代主题。

在社会主义革命和建设时期，随着党的方针路线政策的调整，文化

---

① 《习近平谈治国理政》第4卷，人民出版社2022年版，第320页。
② 《毛泽东选集》第2卷，人民出版社1991年版，第663页。

建设与发展的使命也发生了深刻转型，从以"革命救国"为中心转为服务于人民政权的巩固和国民经济的恢复。这一时期以毛泽东同志为主要代表的中国共产党人着力探索推进社会主义文化建设的方针路径。通过清除旧文化元素中的反动成分和落后成分，大力宣传马克思主义等破旧立新的举措提升人们的思想觉悟和社会认同，为凝聚民族力量、促进民族团结和集体奋斗提供了强大的精神动力。通过创建宽松的文化发展环境，在我国思想文化领域逐渐确立和实行百花齐放、百家争鸣的方针政策，全面提升文化的创造活力，为社会主义建设奠定了坚实的思想基础。

在改革开放和社会主义现代化建设新时期，党领导文化建设的主要任务是围绕社会主义发展的正确道路，为大力解放思想、解放生产力，发展社会主义市场经济，实现全体人民共同富裕提供思想动力。在改革开放的伟大实践中，以邓小平同志为主要代表的中国共产党人对社会主义文化建设与发展方向的认识进一步加深，在继承和重申"双百"方针的基础上，指明文化建设的"二为"方向，即"为人民服务，为社会主义服务"，为中国特色社会主义文化建设奠定了主基调。[1] 此外，邓小平明确了社会主义精神文明建设的重要地位及目标方向，强调："我们要建设的社会主义国家，不但要有高度的物质文明，而且要有高度的精神文明。"[2] 要"两手抓，两手都要硬"[3]，不断加强思想道德建设和教育科学文化建设，提高人们的文化素质和推进社会主义现代化建设的精神动力。党的十三届四中全会之后，面对错综复杂的国内外形势，以江泽民同志为主要代表的中国共产党人提出："建设有中国特色社会主义的文化"[4]，"发展面向现代化、面向世界、面向未来的，民族的科学的大众的社会主义文化"[5]，指明了社会主义文化的发展方向和前进道路，为防止精神污染和意识形态渗透筑牢意识形态安全、文化安

---

[1] 刘水静：《接续奋进建成文化强国——改革开放决策前后邓小平布局文化发展的历史经验与深刻启示》，《湖北社会科学》2021年第10期。

[2] 《邓小平文选》第2卷，人民出版社1994年版，第367页。

[3] 《邓小平关于建设有中国特色社会主义的论述专题摘编》，中央文献出版社1992年版，第137页。

[4] 《江泽民文选》第2卷，人民出版社2006年版，第17页。

[5] 《江泽民文选》第2卷，人民出版社2006年版，第18页。

全的基石。进入 21 世纪，以胡锦涛同志为主要代表的中国共产党人持续深化党对社会主义文化建设的领导，在党的十七届六中全会上提出建设社会主义文化强国，对推进文化体制改革、文化产业发展、文化队伍建设等作出战略部署，为繁荣发展社会主义先进文化夯实了思想基础。

党的十八大以来，以习近平同志为核心的党中央高瞻远瞩、深谋远虑，将文化建设和发展提升到党和国家事业战略全局的重要位置，致力于在推进社会主义文化强国建设的进程中不断推动文化高质量发展，并提出了一系列极具影响力、原创性的思想理论和实践举措，不仅丰富了马克思主义文化理论，而且为新时代中国特色社会主义文化的繁荣发展提供了科学的思想指引。党的十九大报告强调了高度的文化自信对文化繁荣兴盛及中华民族伟大复兴的重要作用，并指出"激发全民族文化创新创造活力，建设社会主义文化强国"[1]。党的十九届五中全会擘画了 2035 年建成文化强国的远景目标，为文化强国建设的推进实施明确了时间要求和行动指南。2021 年，习近平总书记在庆祝中国共产党成立 100 周年大会上创造性地提出"两个结合"重要论断，即"把马克思主义基本原理同中国具体实际相结合、同中华优秀传统文化相结合"[2]，深刻诠释了马克思主义对于社会主义文化建设的重大意义，从内生性上揭示了文化建设发展的定性、固本问题，展现了中国共产党对社会主义文化建设的规律性把握。尤其是"第二个结合"的提出，将"第一个结合"不断推进和深入到文化层面，拓展了马克思主义理论的文化意涵，深化了马克思主义文化创新创造思想的认识。2023 年 6 月 2 日，习近平总书记在文化传承发展座谈会上指出："马克思主义和中华优秀传统文化来源不同，但彼此存在高度的契合性。"[3] 二者的结合不是简单的拼接和组合，而是以彼此契合为前提的理念共鸣和价值耦合，不仅有利于促进优秀传统文化推陈出新和中华民族现代文明建设，而且为社会主义文化强国建设提供了鲜活的生机和动力。

---

[1] 《习近平著作选读》第 2 卷，人民出版社 2023 年版，第 34 页。
[2] 《习近平著作选读》第 1 卷，人民出版社 2023 年版，第 14 页。
[3] 习近平：《在文化传承发展座谈会上的讲话》，人民出版社 2023 年版，第 5 页。

建成社会主义文化强国离不开党的全面领导,也离不开文化自信自强的引领支撑。在新征程上,推动建成社会主义文化强国的关键,就在于激发广大人民群众参与文化建设的热情,增强人民群众的文化自觉和文化自信。只有为人民群众提供更丰富、更优质的精神食粮,满足人民群众多样化、多层次的美好精神文化生活需求,才能提升人民群众的文化获得感与幸福感,从而凝聚人民主体的强大精神力量,实现文化服务人民和人民创造文化相统一。习近平总书记高度重视文化的传承和发展,围绕宣传思想工作、文艺工作、新闻舆论工作、哲学社会科学工作等提出了一系列新观点和新要求,逐渐发展和形成了习近平文化思想。习近平文化思想作为新时代党领导文化建设实践的智慧结晶和理论总结,深刻回答了在新征程上推进中国特色社会主义文化建设和发展坚持什么思想、实现什么目标、遵循什么原则、实施什么路径等重大理论和实践问题,为建设社会主义文化强国提供了理论遵循和实践指导。

近年来,随着社会主义文化的大发展大繁荣,"文化强国"作为十分重要的研究议题在学界引发广泛关注和讨论。学者们围绕其科学内涵、历史脉络、实现路径等方面展开了研究。在文化强国的科学内涵方面,有学者认为"文化强国"是指一个国家具有强大的文化力量,拥有发达的文化产业,能在全球范围内发挥文化的国际影响力。[1] 文化强国的"强"是描述和判断国家文化影响力的标准,应以明确的评价指标体系界定其维度[2],建成文化强国的关键在于增强国家文化、制度、价值的吸引力和感召力,以及促进国家文化主权意识的觉醒。[3] 在文化强国建设的历史脉络方面,多数学者遵从文化救国、立国(建国)、富国(兴国)、强国的演进逻辑探索了中国共产党领导文化建设的历史发展及经验借鉴,并对中国共产党文化建设思想的发展作了深刻总结。[4]

---

[1] 邹统钎:《文化强国的科学内涵与路径探索》,《人民论坛·学术前沿》2023年第22期。
[2] 洪向华、赵培尧:《社会主义文化强国的内涵解构、建成逻辑与实践进路》,《东岳论丛》2023年第1期。
[3] 范玉刚:《当代文化强国的内涵阐释》,《江苏行政学院学报》2022年第3期。
[4] 张国祚、李哲:《中国共产党文化建设思想的"变"与"不变"》,《湖南大学学报》(社会科学版)2022年第6期;尤文梦、王永贵:《中国共产党领导文化建设的百年历程及未来展望》,《理论视野》2021年第6期。

明晰文化强国建设的逻辑起点与价值旨归，新时代的文化强国建设是党对社会主义先进文化探索的一脉相承的延续和升华。[①] 在文化强国建设的实践路径方面，应以习近平文化思想为引领，聚焦巩固全党全国各族人民团结奋斗的共同思想基础，促进人民精神生活共同富裕，着力全面增强国际传播效能。[②] 此外，有学者针对文化强国建设过程中面临的文化影响力不足、文化发展不平衡、文化创新乏力、文化安全存在短板等问题，提出以科技创新激发文化创新力、服务力等，以科技创新赋能文化强国建设。[③]

综观学界对文化强国建设的研究，整体上涉猎范围较广、取得的成果较为丰硕，在概念内涵、历史演进、基础理论等方面提出了深刻的见解，从现实维度对推进文化强国建设进行了深入分析，为本书的撰写提供了重要的参考和借鉴。但揆诸相关文献，基于整体性、系统性研究新时代推进文化强国建设战略的相关成果较少，研究的深度和广度有待拓展。本书以习近平文化思想以及习近平总书记关于社会主义文化强国建设的重要论述为依据，以党的十八大以来推进社会主义文化强国建设的举措、进展、成效为依托，深刻理解把握新时代文化强国建设的战略旨要，以系统思维、科学思维审视推进文化强国建设的整体性、协同性，为加快建成社会主义文化强国导航定向、凝心聚力。

[①] 范建华、周丽:《论中国共产党文化强国建设的历史脉络、核心内涵与实现路径》，《云南师范大学学报》（哲学社会科学版）2023年第3期。

[②] 肖贵清、贺政凯:《以习近平文化思想引领新时代社会主义文化强国建设》，《中国高校社会科学》2024年第2期。

[③] 贾淑品:《科技创新赋能社会主义文化强国建设》，《甘肃社会科学》2024年第1期。

第一章

发挥中国特色社会主义文化的资源优势

党的十八大以来，中华优秀传统文化资源得到了有效的发掘，中外文化交流范围日益扩大，马克思主义中国化不断推进，中国特色社会主义文化的优势日渐明显。[①] 在新时代加快建设文化强国的背景下，发挥中国特色社会主义文化的资源优势显得更加重要。通过传承和弘扬中华优秀传统文化，人们更深入地理解中华文化的根源所在，在推动中华优秀传统文化创造性转化和创新性发展中增强民族的自信心和自豪感。推进中华文明的传承发展，需要对文化的形式加以创新，使之符合时代需求，激励人民努力创造文化的形式，有力促进文化的繁荣发展；同时，传承红色基因，赓续红色血脉，继续发扬伟大建党精神。通过坚持"两个结合"肩负起推进文化自信自强的使命、构建推动中华优秀传统文化传承与创新的新格局、大力弘扬赓续革命文化、厚植文化发展的精神基因、强化用社会主义先进文化培根铸魂的目标和任务，对于发挥中国特色社会主义文化的资源优势有着深刻的理论价值和现实意义。

一 坚持"两个结合"肩负起推进文化自信自强的使命

马克思主义与中华优秀传统文化具有内在的契合性，马克思主义蕴

[①] 张博颖：《马克思主义大众化与核心价值体系建设研究》，人民出版社2017年版，第148页。

含的思想理念与中华优秀传统文化的核心理念相融通；马克思主义的开放包容性与中华优秀传统文化的和而不同理念相呼应；马克思主义追求人的自由全面发展与中华优秀传统文化大同世界的理想追求相契合。站在百年未有之大变局的时代关口，回首党的百年历程，清醒认识自身肩负的文化使命和历史使命，深刻把握"两个结合"的实践要义，对于更好担负起推进文化自信自强的使命，建设中华民族现代文明，具有重要的现实意义。"第二个结合"推动了马克思主义中国化时代化的飞跃，从哲学上深化了马克思主义中国化时代化对于文化层面的认识，洞悉了中华文化传承与中华文明跃升的规律。

（一）把握"两个结合"与推进文化自信自强的逻辑关系

从"两个结合"探求推进文化自信自强，需要找准二者之间的关键着力点以及辨析其中的逻辑关系。"两个结合"为中华优秀传统文化的继承与发扬指明了方向，赋予了中华文明焕发蓬勃生机的强大驱动力，中国绵延五千年的历史文化是坚定文化自信自强的重要精神积淀。从内在理路来看，"两个结合"与文化自信自强在逻辑关系上是紧密相连、互促互进的。

第一，"两个结合"与推进文化自信自强在目标方向上具有一致性。推进文化自信自强是建设文化强国的必由之路，"两个结合"为建设文化强国作出了重要的指引。因此，"两个结合"与推进文化自信自强都是立足于建设文化强国的目标要求而作出的重大战略部署，二者在目标方向上相互耦合，呈现出较强的内在契合性。

重视中华优秀传统文化的传承与发展是中国共产党的优良传统。从2011年党的十七届六中全会首次提出建设社会主义文化强国，到2020年党的十九届五中全会明确建成文化强国的具体时间表即2035年建成文化强国，并对这一远景目标作出战略部署，深刻地展现了中国共产党人对文化建设重要地位及其规律认识的持续深化。如果把同中华优秀传统文化相结合看作"第一个结合"的内隐线索，那么"两个结合"则是对中国具体实际中文化要素的凸显，进一步彰显建设文化强国的重要意义。因此，从话语语境角度分析，基于实现文化强国这一主题提出"两个结合"，体现了中国共产党从文明维度对文化强国的深刻把握。

在百年来的文化建设中，中国共产党始终将文化建设作为自己的使命，致力于结合新的时代条件转化与发展优秀文化基因，加强文化理论的创新，推动全面建成社会主义文化强国，以文化自信自强为民族复兴注入强大精神力量。新时代十年的伟大变革，对文化自信自强提出了新的要求。党中央紧紧围绕党在新时代新征程的使命任务推进文化强国建设，强调"推进文化自信自强，铸就社会主义文化新辉煌"[1]。为此，要着眼于新时代中国特色社会主义建设事业，聚焦新时代中国特色社会主义文化发展的历史进程，不断增强人们文化的责任感、时代感和使命感，坚定文化自信自强，以中国价值和中国智慧推动文化发展，助推社会主义文化强国建设取得新进展。

第二，"两个结合"与推进文化自信自强在价值理念上具有契合性。马克思主义是立党立国的根本指导思想，在意识形态领域坚定不移地坚持以马克思主义文化理论为指导是"两个结合"的重要条件，是推进文化自信自强最根本的要求、最集中的体现。因此，"两个结合"与推进文化自信自强在价值理念上相互支撑，呈现出高度一致性。

邓小平指出："属于文化领域的东西，一定要用马克思主义对它们的思想内容和表现方法进行分析、鉴别和批判。"[2] 马克思主义文化理论是一种旨在服务全体社会成员的理论，要求将共享原则贯穿在文化建设的各环节，在全体社会成员共同占有文化资源的前提下，极大满足人们的精神文化需求。中国共产党在辩证分析与科学安排传统文化时，以"第二个结合"推动文化理论的发展。习近平总书记指出："中国共产党为什么能，中国特色社会主义为什么好，归根到底是因为马克思主义行！"[3] 在马克思主义文化理论的指导下，深入推进"两个结合"，能为国家安全与文化安全提供保障，持续增强历史主动与文化自信，全面助

---

[1] 《习近平著作选读》第1卷，人民出版社2023年版，第35页。
[2] 《邓小平文选》第3卷，人民出版社1993年版，第44页。
[3] 《习近平著作选读》第2卷，人民出版社2023年版，第483页。

力文化强国建设。

中华民族拥有五千多年的文明史，创造了灿烂辉煌的中华文明，面向未来应不断坚定历史自信和文化自信。"历史和现实都表明，一个抛弃了或者背叛了自己历史文化的民族，不仅不可能发展起来，而且很可能上演一场历史悲剧。"① 坚定文化自信自强不是沉浸于过去的成就，也不是固守已有的文化宝库不思进取，而是从历史角度认清当下的中国，进而开创更加美好的未来，大力推动文化的发展。在马克思主义文化理论的指导下，中国共产党立足文化发展的具体实际，深入思考并回答了要建设什么样的文化这一问题，以高水平的精神文明建设，逐步繁荣和发展社会主义文化事业和文化产业，促进人的全面发展；使全党全国各族人民在新时代新征程上，以坚定的文化自信推进社会主义文化强国建设。推进新时代文化强国建设，应注重提炼中华优秀传统文化的精神标识，不断激发文化发展的生机与活力。

第三，"两个结合"与推进文化自信自强在主体力量上具有同一性。自成立以来，中国共产党始终坚持人民主体性传承和坚守中华文明，在推进文化自信自强中不断确证和重视人民群众的主体力量，深刻理解人民创造历史的伟大力量，并依靠人民的力量推进"两个结合"。"第二个结合"深化了中国共产党对唯物史观的把握，反映着对人民群众主体力量、对文明复兴进程的高度重视与充分信任。只有建构好人的精神世界，不断丰富人类的文化实践活动，才能推动文化繁荣发展，进而促进中华民族现代文明建设。习近平总书记强调："把马克思主义思想精髓同中华优秀传统文化精华贯通起来、同人民群众日用而不觉的共同价值观念融通起来"②。这深刻体现文化化育和文化创造进程中对人的力量的充分尊重，不仅遵循文化发展的一般规律，而且彰显人民至上的文化建设取向。因而，推进"两个结合"应始终坚守人民情怀，不断实现人民对美好生活的向往，着力提升人民群众的文化参与感、获得感与认同感。

---

① 《习近平著作选读》第 1 卷，人民出版社 2023 年版，第 479—480 页。
② 《习近平著作选读》第 1 卷，人民出版社 2023 年版，第 15 页。

人民是推进文化自信自强的主体力量，中国共产党在文化建设中始终坚持人民至上的根本立场，在实践层面深刻彰显文化发展"依靠谁"的问题。马克思指出："整个所谓世界历史不外是人通过人的劳动而诞生的过程。"① 马克思主义认为，人民群众是推动文化发展的主体力量，并在历史活动的交互中得以彰显。在历史的长河中，中国人向来都把推进文化自信自强当作民族生存与发展的核心要务。中国共产党在传承和坚守中华文明的伟大实践中不断确证和尊重人民群众的主体地位，始终坚持文化发展以人民为中心、文化建设为人民服务、文明成果人民共享。大力推进文化自信自强的一个重要方面就在于深化人民对中华文明的全面认知，强化人民群众对中华文化生命力、感召力与影响力的高度认同。

（二）洞明"两个结合"与推进文化自信自强的内在机理

"两个结合"是推进文化自信自强的必由之路。探讨"两个结合"推进文化自信自强的问题，应明晰"两个结合"对于推进文化自信自强的重要性及其作用，从规律性认识、创造性思维和时代性转化三个维度把握"两个结合"与推进文化自信自强的内在机理。

第一，"两个结合"深化推进文化自信自强的规律性认识。习近平总书记指出："历史，往往在经过时间沉淀后可以看得更加清晰。"② "两个结合"的提出，一定程度上推进了对文化自信自强规律性认识的不断深化。在坚持并遵循"两个结合"的前提下，深化文化自信自强的理论认识，推进了文化的生产、传播和整合。

首先，"两个结合"深化对文化生产的规律性认识。丰富的文化内容是推进文化自信自强的重要前提，人们对于文化内容的需求决定着文化生产的趋向。因而，推进文化自信自强的首要问题是弄清人民对于文化的需求，明确文化建设的逻辑起点。"两个结合"既指明了传承与弘扬中华优秀传统文化的方向，也为文化的发展蓄势赋能。以中国曲艺为

---

① 《马克思恩格斯文集》第1卷，人民出版社2009年版，第196页。
② 习近平：《论中国共产党历史》，中央文献出版社2021年版，第97页。

例，各地曲艺用品制造业已经和地方文化紧密结合，河南曲剧领奏乐器曲胡制作技艺历经三代人的传承，在沿袭几代前辈传统制作的同时，开启了新一代的曲胡改革。通过对曲艺器材的制作和创新，吸收各地曲艺的独特风格和表演传统，为曲艺文化的发展提供了支持。"两个结合"深化了文化生产与需求间有机统一的认识，深刻诠释了对高质量文化内容的需求。落实到文化现代化的建设上，就是以更贴合人心、更符合人民文化需求的方式推进文化自信自强，不断满足人民的美好生活需要。源远流长的中华文化是由不同民族的文化共同构成的，中华文化的整体性决定了不能忽视任何民族的文化。在文化的生产领域，人们应主动求新求变，认识人民群众对于文化的多样性需求，广泛开展文化的生产工作，不断满足人民的美好生活需要。

其次，"两个结合"深化对文化传播的规律性认识。推进文化自信自强，不仅需要文化内容的生产，还需要加强文化的传播。在信息和价值处于高位的情况下，文化往往因传播和扩散的显著优势而具有较强的吸引力和感召力。所以，文化传播和扩散都会按照信息传播的规律，由信息高位向信息低位传播。与此同时，文化在其传播过程中也有自身的特殊规律，处于价值低位的文化会向处于价值高位的文化借鉴和学习。"两个结合"不仅从新的时代视野认识中华优秀传统文化的重要地位，而且拓宽了文化传播的范围。古典军事著作《孙子兵法》所蕴含的智慧与谋略如今被广泛运用于文化、军事、体育、经济、商业等领域，彰显了中华优秀传统文化持久的价值与发展活力，对于推进文化自信自强具有重要意义。此外，佛教产生于古印度，却光大于中国，其作为一种外来文化，之所以能够在中国扎根，是因为中华文化有着极强的开放性和包容性。文化建设要求在各民族坚持兼容并蓄的原则下对待不同文化间的交往交流交融，坚持文化的开放性与文化的互鉴性同时存在，加强不同民族间的相互借鉴学习，进而有效推动文化的自信自强。

最后，"两个结合"深化对文化整合的规律性认识。文化建设不仅包括内容的生产与传播，还包括文化资源的整理和归纳。文化形成和发展经历了沉淀、交流、传播的过程，达到一种稳定平和的状态。在此过程中，差异化趋势会逐渐放缓，而共同化趋势则会逐渐加快，彰显出中华文化在整合过程中展现出的和而不同的特征，有利于建设各民族共有的精神家园。例如，国家民委和地方各级民族工作部门开展"中华民族一家亲"文化下基层的文体活动，在民族自治地区庆祝活动期间组织开展慰问演出，同时推进对少数民族文献资料的发掘、抢救、整理和研究，举办一系列反映民族特色的主题展览会。"两个结合"把各民族打造为牢固的共同体，尤其"第二个结合"的论断有利于引导各族人民牢固树立共同体理念，让中华文化成为各族人民的精神家园。共有精神家园通过寻求内在的精神寄托和外在的价值彰显，讲求精神层面的文化相通，"顺应时代变化，按照增进共同性的方向改进民族工作"[①]，正确处理好中华文化和少数民族文化间的关系，从而不断夯实推进文化自信自强的基础。

第二，"两个结合"拓展推进文化自信自强的创造性思维。"两个结合"的根基是马克思主义基本原理，落脚在中国具体实际和中华优秀传统文化上。阐明"两个结合"蕴含的辩证统一关系，有助于拓展推进文化自信自强的创造性思维。例如，将中国传统伦理道德观与社会主义核心价值观相结合，中华优秀传统文化遗产与先进科学技术手段相结合。

首先，"两个结合"要求将红色文化同伟大建党精神相融合。习近平总书记强调："继续弘扬光荣传统、赓续红色血脉，永远把伟大建党精神继承下去、发扬光大！"[②] 推进文化自信自强是一项系统性、长期性工程，要注意结合实际，建设红色文化的传播载体和实践平台，不断弘扬伟大建党精神。红色文化是伟大建党精神的具象化诠释，挖掘提炼红色文化，有助于增强民族自信心自豪感。例如，陕北延安志丹县深度挖掘刘志丹故里、陕甘宁和西北革命根据地等红色文化资源，发行人物传记和历史书籍，并与国内知名院校紧密合作，推进课程编排、资源共享和人才交流，探索推出一大批体验式、情景式、在线式教学模

[①] 《习近平谈治国理政》第4卷，外文出版社2022年版，第245页。
[②] 《习近平著作选读》第2卷，人民出版社2023年版，第480页。

式。这些举措有助于形成鲜明的红色文化标识和建构丰富的红色文化资源库，为弘扬伟大建党精神、推进文化自信自强提供了扎实的物质基础、良好的外部环境和充分的学理准备。

其次，"两个结合"要求将中国传统伦理道德观与社会主义核心价值观相融合。中华优秀传统文化是推进文化自信自强的重要支撑，是社会主义核心价值观形成的文化基础和资源基础。习近平总书记指出："抛弃传统、丢掉根本，就等于割断了自己的精神命脉。"① 中华优秀传统文化和中国人的行为方式、思想观念、生活习惯相融通，具有与时俱进的时代特点。从一定程度来讲，建设社会主义核心价值体系的过程也是传承和发展中华优秀传统文化的过程。例如，国学经典著作《大学》中提出"修身、齐家、治国、平天下"的理念，自古以来便受文人雅客所推崇，渴望从塑造品德人格，到经营治理国家，最后形成平等公正的等级秩序。这一理念强调将国家的治乱兴衰视为己任，将个人和家庭的命运与国家的命运紧密联系在一起，深刻体现社会主义核心价值观中国家、社会和个人层面相互关联的内在逻辑。

最后，"两个结合"要求将中华优秀文化遗产与先进科学技术手段相融合。习近平总书记指出："要加强对中华优秀传统文化的挖掘和阐发，使中华民族最基本的文化基因与当代文化相适应、与现代社会相协调，把跨越时空、超越国界、富有永恒魅力、具有当代价值的文化精神弘扬起来。"② 指明了挖掘阐发中华优秀传统文化对当代社会发展的重要性，有利于在更深层次、更广范围、更宽领域上推动"两个结合"。要让中华优秀传统文化得以延续，必须从文化建设中寻找有效路径，把准中国特有的文化血脉，从内容上融入当代文化，借助现代科学技术，保留中华优秀传统文化的原貌，最大限度发挥中华优秀传统文化的影响力。例如，山西省文化和旅游厅推出平遥推光漆器文创品《和乐仕女图》，结合3D全景建模技术，生动还原经典仕女纹样，观赏者可透过屏幕触摸推光漆器丝滑的工艺，感受平遥推光漆器的千年风华。传统非

---

① 《习近平谈治国理政》第1卷，外文出版社2018年版，第164页。
② 《习近平著作选读》第1卷，人民出版社2023年版，第480页。

物质文化遗产与数字技术相融合使得文化遗产焕发出全新的魅力。一方面，现代科技使古老的传统非遗文化穿越时空，在新时代焕发出新活力。将代表性非遗文化项目以公开、公益形式发布，使中华文化借此契机走出国门，在增强国家文化软实力的同时，彰显出中国文化自信；另一方面，通过植根于中华优秀传统文化的思想结晶，站稳中华文化立场，建设传承中华优秀传统文化的良好氛围，鼓舞了非物质文化遗产传承人进一步挖掘阐发中华优秀传统文化，推动社会主义物质文明和精神文明的协调发展，成功树立推进文化自信自强的典范。

第三，"两个结合"凸显推进文化自信自强的时代性。马克思主义学说的开放性决定其内涵必然随时间发展得到丰富和完善。因此，推进文化自信自强需要聚焦优秀传统文化与新时代特点契合的要素，在回应传统文化时代诉求、彰显传统文化时代价值和顺应传统文化时代发展的基础上，深刻把握推进文化自信自强的时代性。

首先，"两个结合"在回应传统文化时代诉求中推进文化自信自强。习近平总书记指出，"要立足时代特点，推进马克思主义时代化，更好运用马克思主义观察时代、解读时代、引领时代，真正搞懂面临的时代课题"[1]。推进"两个结合"的历史与中国共产党的奋斗史相吻合，中华优秀传统文化对于推进"两个结合"具有重要的根基性作用。"第二个结合"侧重于激活中华优秀传统文化的生命力，融通中华文化的基因，彰显了中华优秀传统文化的实践伟力，有效体现当代中华文化的主体性。随着经济全球化趋势的日益显著，文化软实力的竞争是国与国间综合国力较量的重要内容。"两个结合"的出场不仅顺应了历史发展潮流，而且蕴含着深刻的历史逻辑。站在新的历史方位上，以习近平同志为核心的党中央深刻把握"两个结合"的内涵，正确认识新时代的伟大变革和伟大成就，极大增强中国人民的民族自信心与自豪感。新时代推进文化自信自强要坚持"两个结合"，科学回答系列重大时代课题，回应中华优秀传统文化时代诉求，这是建设社会主义文化强国的必然选择。

---

[1] 《习近平谈治国理政》第2卷，外文出版社2017年版，第66页。

其次,"两个结合"在彰显传统文化时代价值中推进文化自信自强。中华民族源远流长的历史造就了多样多元的中华文化。在深化"两个结合"过程中,要深刻把握中华优秀传统文化的时代价值,不断增强文化自信,逐步实现文化自强。中华优秀传统文化蕴含着"天下兴亡,匹夫有责"的担当精神、"和而不同,百姓昭明"的人文情怀、"公而忘私,国而忘家"的爱国主义等等,丰富了中华文化的内涵。中国儒家文化是中华传统文化的重要组成部分,但中华优秀传统文化却不限于儒家文化,道家推崇"自然无为"的自然观,法家强调"以法治国"的法治观,墨家提倡"节用"与"尚贤"治理观,兵家主张"慎战"的战争观。此外,从"以天下为己任"到"先天下之忧而忧,后天下之乐而乐",这种以责任为重的文化传统及其塑造的韧性品格和智慧,为推进文化自信自强提供了强大支撑。中华优秀传统文化中"任人唯贤""天人合一""自强不息""厚德载物"等优良品德能够跨越时空和地域,对于提炼展示中华文明的精神标识和文化精髓,在世界舞台展现中华文化的魅力,树立文化强国的形象具有重要意义。因此,推进文化自信自强,必须汲取中华文明的智慧精华,彰显中华优秀传统文化的时代价值。

最后,"两个结合"在抓住传统文化时代机遇中推进文化自信自强。"两个结合"的内在要素之所以能够结合,是因为马克思主义和中华优秀传统文化具有内在契合性,马克思主义对中国革命、建设、改革具有指导性。随着城市化浪潮的加剧和人民生活方式的改变,中华传统文化赖以生存的文化空间逐渐被压缩。例如,湖北土家族丧葬舞蹈"撒叶儿嗬"面临无人继承的处境,许多年轻人外出务工,导致当地会跳舞的人愈来愈少。同时,人们居住环境的变化也使得"撒叶儿嗬"的表演环境消失殆尽,这项传统艺术正逐步演变为商业表演形式。并且有的传统文化对传承者要求较高,传承与传播难度较大,老一辈传承人的去世则意味着这项传统艺术的失传。随着5G、人工智能、大数据和云计算等的崛起,传统文化迎来了新的发展机遇,考虑到传统文化表现形态和文化地理环境的多样化以及不同受众的差异性,智能技术可以增强传统文化在信息时代的适应性和创新性，使其更顺应时代发展。因此，强调马克思主义同中华优秀传统文化相结合，不是削弱马克思主义的指导地位，而是加强马克思主义对于时代发展的观察、把握和引领，加强马克思主义对中华优秀传统文化的继承和弘扬，使马克思主义理论彰显出强大的现实解释力和实践引领力，更好地推进文化自信自强。

（三）统筹"两个结合"与推进文化自信自强的使命担当

基础教育、高等教育和职业教育是中国教育的重要组成部分，承担着推进文化自信自强的新使命。为了适应新时代的要求，中国教育的不同阶段如基础教育阶段、高等教育阶段和职业教育阶段分别承担着不同的育人重任。牢牢把握"两个结合"，立足不同育人阶段发挥重要作用，为建设社会主义文化强国贡献力量，深刻体现中国共产党推进文化自信自强的使命担当。

第一，"两个结合"要求在基础教育阶段应培养学生对中华优秀传统文化的亲近感。基础教育阶段是塑造学生世界观、人生观、价值观的关键时期。当今世界，文化在综合国力竞争中的地位越来越突出，基础教育阶段也显得越来越重要。进入新时代，中小学应携起手来共同塑造中国特色社会主义文化新形态，培养少年儿童对中华优秀传统文化的热爱和自豪感。

一方面，加强学生对中华优秀传统文化的学习感悟。当前，一些西方国家不遗余力地以"文化殖民"的方式向"第三世界国家"渗透资本主义的价值观，妄图扩大势力范围，实现颠覆他国政权的目的。文化殖民主义不仅对多元文化交流造成影响，同时对人类整体的文化生态环境也是一种破坏。抵制文化殖民主义可以从本国文化入手，大力宣扬本国优秀传统文化，激发学生对中华文化的热爱和民族自豪感。因此，基础教育在制定宏观层面的发展规划时应考虑到文化的民族自主性，并将其包含在教育内容中。着眼于现代化层面对中华优秀传统文化进行深层次阐释，逐步在少年儿童心中建立起对中华文化的自豪感。中华优秀传统文化在吸收现代化元素后更能适应现代化发展，更容易激发少年儿童对优秀传统文化的兴趣与好奇心。例如，近年来部分中小学兴起开设国学课程的浪潮，举办一系列与中华优秀传统文化相关的赛事和活动，"让收藏在博物馆里的文物、陈列在广阔大地上的遗产、书写在古籍里的文字都活起来"①。

另一方面，加强学生对中国特色社会主义文化的学习。少年儿童受限于知识储备，难以从更深层次上理解马克思主义理论。因而，中小学在开展教育教学活动时应坚持融入"两个结合"的内容，贴合学生的理解能力，引导其运用马克思主义基本原理解决现实中的问题。进一步坚定少年儿童对中国特色社会主义文化的认同，在潜移默化中感悟中国特色社会主义文化的先进性，更加自觉增强道路自信和文化自信。要把"从小积极培育和践行社会主义核心价值观"② 当作基础教育阶段的重中之重。乡村地区的基础教育是基础教育的重要一环，关系到实施乡村振兴战略和乡村文化振兴。乡村地区的基础教育应立足本地区文化特色，开展优秀乡土文化的展演活动。例如，广大乡村地区的中小学校应充分利用当地文化资源和条件，开展贴合当地实际需要的教育教学活动，发挥乡土文化对青少年的教育作用。

第二，"两个结合"要求在高等教育阶段培养学生传承中国特色社会主义文化的能力。高等教育承担着发扬中华文化的重任。伴随国际竞争日趋激烈，中国高等教育势必肩负起培养担当民族复兴大任时代新人的重任，青年学子在推进文化强国战略中发挥中流砥柱作用，要培养其传承中国特色社会主义文化的能力。

首先，重视中国特色社会主义文化相关学科建设。设置和马克思主义理论相关专业的学科、课程，重点培养马克思主义学习研究的专业人才，汲取中华优秀传统文化的精华，将大学生锻造成新时代文化强国战略的主力军。近年来，高校组织不同学科之间相互交流学习，大力资助设立交叉学科，鼓励各个学科的协调发展，为加快马克思主义理论学科

---

① 习近平：《出席第三届核安全峰会并访问欧洲四国和联合国教科文组织总部、欧盟总部时的演讲》，人民出版社 2014 年版，第 17 页。

② 《习近平谈治国理政》第 1 卷，外文出版社 2018 年版，第 180 页。

的发展打下牢固基础。

其次,重视中国特色社会主义文化课程建设。通识教育是高等教育阶段关键环节,帮助青年学生系统学习中国特色社会主义文化,便于培养学生对中国特色社会主义文化的认同感。高校在开展通识课程教育过程中应注重提高有关中国特色社会主义的内容占比,加深其对中国特色社会主义理论体系的理解和认识,将其培养成具有坚定信仰、坚持中国道路、富有创新精神和实践能力的时代新人。此外,高校思想政治理论课应积极主动挖掘中国特色社会主义文化元素,增强中国特色社会主义文化的吸引力和感染力,在青年学生心中树立起对中国特色社会主义文化的认同感。习近平新时代中国特色社会主义思想是马克思主义理论和中国具体实际、中华优秀传统文化相结合的重大理论创新,代表着马克思主义理论又一次新的飞跃,是高校思想政治理论课程的主干课程,高质量的教学不仅能提升青年学生的文化自信,更利于坚定其为实现中华民族伟大复兴而不懈奋斗的自信心。[①] 此外,通识教育包括教授国学课程,学习国学的基本知识,掌握中华优秀传统文化的精华,不断提升文化修养。

最后,重视中国特色社会主义文化宣传推广。其一,校园活动是宣传中国特色社会主义文化的重要途径,也是展示校园风貌的有效手段。借助多样化的校园活动可以营造出奋发向上的文化氛围,激发青年学生的自豪感。其二,高校与当地的文旅部门开展紧密合作。高校为政府文旅部门打造当地特色文化辅以智力支持,协同构建中国特色社会主义文化发展的新格局。其三,增强高校对整体社会文化发展的引领力。借助新媒体平台宣传推广高校对文化发展的最新研究动态,引领文化研究新方向,推动中国特色社会主义文化的普及。其四,打造教育合作新模式,促进文化之间的交流互动。国际教育的交流互动模式主要有学历学分互认、访学交流、合作办学等模式,中国高校可以借助此类新平台,打造中国民族文化新标签,进一步增强中国高校在文化宣传推广方面的

[①] 本书编写组:《习近平总记教育重要论述讲义》,高等教育出版社 2020 年版,第 102—103 页。

影响力。

第三,"两个结合"要求成人教育注重对中华文化的宣传。伴随社会的发展进步,成人教育的重心也有所变化,这既是对历史演变和传承的回应,也是对当下现实社会需要的适应。成人教育应始终坚持"三个融合"的原则,将中华文化融入自身发展中。

首先,将中华优秀传统文化中圣人之教的理念和成人教育的理论相融合。传承、弘扬中国古代儒家推崇的圣人之教,将其与新时代成人教育体系相融合,不仅是"教育平等"思想的现代性体现、"分类教学"理念的延展扩充、"启发教学"意识的传承赓续、"以身作则"示范的发扬光大,同时也是将"仁义礼智信"的道德伦理和成人教育的学科理论融合,从而筑牢中国成人教育学科理论体系的基础。此外,还应将中华优秀传统文化的修身原则明理、慎独、笃行等与仁爱、诚信、正义的品格标准作为成人教育学科队伍建设的宗旨,发展合格的成人教育。

这不仅需要积极开拓进取,勇于涉足成人教育尚未触及的领域,打破原有学科思维的禁锢,将文化建设作为现代成人教育的动力,更需要寻根究底,探求中华文化与成人教育的契合关系,以便更好地将其转化为开展成人教育的动力。秉持"水滴石穿"的坚定信念,坚持不懈地追求科学理想,积极探求成人教育的新思路和新方法,引导被教育者将自身的热血挥洒在追求理想的道路上。

其次,将中华优秀传统文化的文化表达和成人教育发展相融合。注意汲取中国儒家思想文化的精髓,提升成人教育的内在实力和影响力。中国成人教育应担负起传承中华优秀传统文化的重要使命。一方面,建构起条理清晰、内容系统的成人教育体系,加深每个社会成员对中华优秀传统文化学习与领会,为社会大众创造一个既有开放包容性也有个体独特性的文化环境。另一方面,拓展中国成人教育的路径,从初始性的直观阐释转化为对文化主体的深入探析,通过发扬中华优秀传统文化的元素,转变传承弘扬中华优秀传统文化的思路,能够赋予成人教育鲜活厚重的文化底蕴。

成人教育的领导组织者应具有三种品格。一是踏实的品格。既要有谋篇布局的整体规划能力，善于明晰成人教育的文化特性，也要有入木三分洞察能力，仔细辨明成人教育的文化步骤，练就沉稳平和的心态和踏实肯干的作风。二是求实的品格。梳理总结成人教育存在的不足和短板，纠正虚假作风和浮躁心理，坚持从实际出发对待加强成人教育，拓展成人教育的路径。三是实干的品格。把笃行不怠的作风进一步落实到成人教育的方方面面，杜绝不切实际的口号，不追逐难以实现的目标，推进成人教育和文化建设的协同共进。

最后，将中华优秀传统文化的文化形象和成人教育相融合。文化形象和学科的行为动态总是相伴相生，从春秋时期的"百家争鸣"发展到明代的"天泉证道"均体现出该特点。不同时期的文化在形成时，都带有不同的风格。推动文化形象塑造和成人教育相结合，拓宽文化建设的路径和渠道。

在全面推进文化强国战略的背景下，为有效塑造中华优秀传统文化的形象，一是要具备预见性。秉持高度的历史自觉和理论自信推进成人教育建设，不断拓宽自身视野，预判成人教育进程中存在的困难与挑战，精准定位成人教育的文化特性和文化内涵，提前规划设计好成人教育学科的未来走向。二是要具备创造性。在改革创新现已成为社会发展推动力的情况下，运用新思路、新方法和新观点不断拓宽文化建设的道路；运用新构思、新探索和新想法启发文化建设的灵感。在与各国文化的交流互鉴中，探寻适合文化建设的新途径。三是要具备执行性。在推动文化体系建构的进程中，通过从过往的历史中汲取教训、总结经验，有利于更好地协调利用与成人教育学科有关的各类资源，制定一套具有可行性的文化建设策略，精心打造出具有多学科特点和较强反思性的文化体系，不断筑牢成人教育的文化根基。

二 构建推动中华优秀传统文化传承与创新的新格局

中华优秀传统文化凝聚了中华文明的智慧结晶，是中华民族的文化赓续，蕴藏着丰富的思想内涵、民族大义和智慧伦理，即使是今天仍焕发着思想和智慧的光芒。新时代传承和发扬中华优秀传统文化，激活中华优秀传统文化的生命力，必须扎根中华文化丰沃的土壤，赓续中华文明的血脉，让中华优秀传统文化焕发新的时代光彩。加强中华优秀传统文化的研究和阐释，赋予中华优秀传统文化新的时代内涵，不断创新中华优秀传统文化的表现形式，实施中华优秀传统文化传承发展工程，构建推动中华优秀传统文化传承与创新的新格局。

（一）加强中华优秀传统文化的研究和阐释

中华优秀传统文化是中华民族历经五千多年生生不息而凝结的智慧结晶，是在世界上傲然屹立的坚实根基，为中华民族生生不息、发展壮大提供了丰厚滋养。深入研究和阐释中华优秀传统文化，深化人们对中华优秀传统文化的理解，才能凝聚起团结奋进的磅礴力量，展现出中华文化的独特魅力和韵味。

第一，吸收中华优秀传统文化的精髓，更好地处理个体与国家的关系。中华传统文化中有"治国、平天下"的思想，是中国传统的价值需求。儒家推崇"家国同构"的理念，要求民众有天下兴亡、匹夫有责的使命感，讲究和而不同、民为邦本、任人唯贤、亲仁善邻。在立国兴邦方面，中华民族是有着悠久爱国主义传统的民族，无数仁人志士前赴后继，为追求真理与理想不畏艰难险阻，不惜抛头颅洒热血。爱国主义精神已成为流淌在中华儿女血液里的精神基因，深深镌刻于中华儿女的血脉中。

传承和创新中华优秀传统文化的"家国情怀"，能够增强现代化建设的精神力量。中华优秀传统文化自古就有天人合一的理念，如何更好地将这一思想进行传承，是值得思考的问题。在文化多样化的背景下，每个主体应依法行使自己的权利，维护自己的利益，尊重文化权益，坚守社会公正，权衡好"尊重自己"和"尊重他人"的关系。中华优秀传统文化中的"和而不同"思想提供了借鉴意义；完善国家治理体系，推进全面依法治国，与中华优秀传统文化具有内在契合性。

实现国家的昌盛是全体人民的事业，公民个体应秉持家国情怀，时刻将民族、国家摆在首位，努力为谋求个人发展而学习。如果心中只装得下自己和父母的高才生，将自己的国家和民族抛之脑后，那也是有问题的。所以，每个个体的成长与发展都与国家、民族和社会的命运紧密联系，中华民族伟大复兴需要每一个中华儿女携起手来共同创造。从当下来说，要实现中华民族伟大复兴首先就是要坚定走中国特色社会主义道路。

第二，中华优秀传统文化对处理个人与他人的关系具有启发性。中华优秀传统文化中的处世态度具有如何与人相处的指导意义，体现出个人对国家的认同感和强烈的社会责任感。中华优秀传统文化强调人与人之间的仁爱关怀和孝道尊敬，推崇修身律己的人生信条。《论语·颜渊》中的经典话语"己所不欲，勿施于人"，表示自己不想得到的事情，不勉强他人得到；自己不愿意看到发生在自己身上的事情，不要给予他人；自己不愿意去做的事情也不要强行逼迫他人去做。这其实体现的是一种同理心，实质上是推己及人，设身处地为他人着想。

对于如何做到与他人更好地和睦相处以及领导者如何更好地治理国家，中华优秀传统文化也给予了一定的回应。中华优秀传统文化倡导的和合共生、与人为善的社会情怀，对人与人的和谐相处具有重要启发。中华传统的夫妇关系、父子关系、兄弟关系、君臣关系和朋友关系体现出一种平等的人际关系，会泽百家、至公天下代表着一种美好的社会政治理想，意为融会贯通各家思想之长，以公平、公正原则治理国家，天下是公众的天下，对于选贤任能、各得其所具有重要启发。自强不息形容努力进取、永不懈怠的人生态度；先忧后乐体现个体牵挂国家大义的忧患意识，不受任何外界事物的干扰，强调在面对困境时要坚持乐观，相信有好运降临的处世态度，代表着理性的、超脱的态度。引导青少年学生领会传统文化的魅力，启发青少年学生豁达的胸怀以及理解、关爱、支持和帮助他人的意识。

第三，学习中华优秀传统文化，促进自我精神境界的提升。中华优秀传统文化强调怀真抱素、抱诚守真、不屈不挠的人格品行，推崇仁爱孝悌、谦和好礼、诚信知报、精忠报国、克己奉公，倡导以人为本的主体精神、刚柔并济的坚忍精神、贵和尚中的中和精神、和而不同的包容精神。中华优秀传统文化的核心理念就是孝顺和忠诚。孝道是中华民族世代传承的美德。礼义廉耻是国之四维，深受历朝历代的看重。儒家思想重视诚信为本、自强不息、化成天下、弘毅致远。化成天下意指通过讲授圣人之道，让人们明白道德礼仪，以实现教化天下的美好愿景。这体现出每个社会个体在为自身利益作出努力的同时，也要自觉承担起为国家民族分忧解难的重要责任。

温良恭俭让是儒家推崇的待人接物的准则，也是个人修养的体现，它传达给世人的是一种人文主义情怀。在当下较为浮躁的社会背景下，温良恭俭显得尤为重要，对于消解充斥在网络空间中的虚假、暴力、侵犯隐私等不良内容大有裨益。总之，加强中华优秀传统文化的研究和阐释，对于引导全体社会人员形成理性平和社会心态、涵养个体的品德修为具有重要意义。

（二）赋予中华优秀传统文化新的时代内涵

新时代的国内外形势依旧十分复杂，尤其随着网络空间的迅猛发展，一些西方社会思潮趁机混入民众的日常生活之中。面对此种情形，必须从新时代文化发展的新高度，结合新时代的文化使命，深入挖掘阐发中华优秀传统文化的时代价值，筑牢文化强国建设的思想价值根基。

第一，以人民为中心的发展思想吸收了中国传统民本理念的精华。中国传统"以民为本""爱民如子""为民便民"的思想是中国传统政治文化智慧的来源，蕴含着倡导遵循民心民意、推行爱民敬民的施政方略，主张以实际行动践行"民为邦本"的为政之道。习近平总书记指出："优秀传统文化是一个国家、一个民族传承和发展的根本。"[1] 中华优秀传统文化中的民本思想深刻阐明了"水能载舟、亦能覆舟"的核心理念。梁启超在其著作《先秦政治思想史》中提出"民本的思想"，

---

[1] 《习近平谈治国理政》第2卷，外文出版社2017年版，第313页。

书中站在"民本主义"的视角深入探究中国古代先秦时期的施政理念,并将这一时期的重民思想归纳为民本思想。① 自此以后,中国学术界将中国古代思想文化中的"民本思想"列为常用概念。"民本思想"是富有学理性的概念,"民为邦本,政得其民"的核心理念深刻表达出政令的施行要合乎民意。

中国共产党不断推动民本思想的传承,形成了以人民为中心的理念。以习近平同志为核心的党中央提出"以人民为中心的发展思想",将人民群众的主体地位摆在新的高度。习近平总书记指出:"以人民为中心的发展思想,不是一个抽象的、玄奥的概念,不能只停留在口头上、止步于思想环节。"② 通过深化改革、精准扶贫、乡村振兴战略等系列举措,促进人的全面发展和全体人民的共同富裕。"以人民为中心"的理念,本质上是对中华文化中民本思想的凝练和继承,具有较强的时代价值。

中华优秀传统文化的民本思想赋予中国共产党新的政治智慧。民本思想是中华优秀传统文化的精华内容,也是中国传统文化重要的思想资源,其核心思想是民贵君轻。中国共产党汲取民本思想精华,始终把人民放在心中最高位置,结合国情将民本思想与时代内涵相融合。党的十八大以来,以习近平同志为核心的党中央始终坚持以人民为中心,根据国情赋予民本思想新的内涵。对"依靠谁发展、为了谁发展"这一根本问题作出明确回答,鲜明体现出中国共产党一心为民、以民为本的深厚情怀。人民是中国社会发展的主体力量,中国共产党必须紧紧依靠人民群众,尊重人民群众主体地位,充分发挥人民群众的创造精神,将人民群众视为助推经济社会发展的主体力量。积极调动人民群众的创造性和主动性,将不断满足人民对美好生活的需要作为党的崇高使命和不懈追求,有效推动中国经济社会发展。

第二,习近平生态文明思想承继了传统社会"天人合一"的思想。中华民族是农耕民族的代表,人民的生产生活必须顺应"天时"。生

---

① 梁启超:《先秦政治思想史》,岳麓书社2010年版,第36—43页。
② 《习近平著作选读》第1卷,人民出版社2023年版,第438页。

物和外界环境间的联系在时间维度上表现为生态学方面的四季变换。遵循生态学不同季节的规律安排，既是农业、渔业和林业可持续生产的必要条件，也是人类生活可持续发展的保障。中国古代社会用"时"来传达这一规律，要求根据四个季节的变化，正确安排人类的生产活动，不能采取竭泽而渔式的方法。主张天人合一和道法自然、尊重四季规律、时节更替是自然和人类可持续性发展的基本保证，表现出中国古人独特的生态智慧。

中国圣贤在探寻天地与人之间关系时提出"天人合一"的思想，成为中国传统生态思想的重要来源。按照《易传》中对"大人"的解读，就是君子的意思，核心就是"与天地合其德"，认为上天有好生之德，阐明了天人合一的思想。孟子按照尽心、知性、知天的顺序，从思维的新高度审视天人合一的思想；庄子对比"天地""万物"与"我"的关系；惠施提出要从博爱的高度看待人与自然的辩证关系。西汉哲学家董仲舒提出："天地人，万物之本也……三者相为手足，合以成体，不可一无也。"[①] 他将天、地与人当作彼此依存、不可分割的统一体。盛唐时期的佛教提倡"天地与我同根，万物与我一体"[②]，认为人是从属于自然界的一部分，应该和自然界的万物和睦相处。中华文明源远流长，"天人合一"的理念始终在中国古代哲学中占重要地位。

党的十八大以来，中国共产党对中国古代"天人合一"思想进行了继承和发展，坚定不移走人与自然和谐共生的道路，并以此为行动宗旨扎实推进绿色低碳循环发展。与传统意义上只着眼于保护生态环境的生态思想不同，习近平生态文明思想则着重在保护生态环境的基础上，将其与经济发展有机结合起来，进而赋予"天人合一"思想新的内涵意蕴。自然条件是人类活动的基础，人类的生产生活离不开自然环境，自然条件对人类活动有着深刻的影响。只有顺应天时、因地制宜，才能够实现人与自然的和谐发展。中国在社会主义生产实践中，大力推行绿色生产生活方式，着力"提供更多优质生态产品以满足人民日益增长

---

① 董仲舒：《春秋繁露》，张世亮等译，中华书局2012年版，第193—194页。
② 南怀瑾：《定慧初修》，复旦大学出版社2016年版，第162页。

的优美生态环境需要"①。

第三，人类命运共同体的理念融入了"和而不同"的文化观。当今世界正发生复杂深刻变化，全球治理体系和治理格局加速变革。与此同时，全球面临的不稳定、不确定问题更加突出，全球经济增速变缓，贫富悬殊，地区性的热点事件频发，恐怖袭击、极端气候、传染性疾病、网络空间安全等问题此起彼伏，面临的霸权主义和强权思维挑战依然严峻。全人类应该携起手来，将自身命运和人类命运联系起来，共同迎接未来的挑战。

文化是国际交往合作的重要方式，其核心重在沟通和交流。伴随着全球化进程的加快，各种文明需要形成和谐共处的交往模式，各个国家要形成命运与共的人类命运共同体。习近平总书记提出了文化自信、文明互鉴和文明包容等主张，奠定了国家文明对话和互鉴的基础，对于中国在亚洲和世界范围内开展文明对话和交流活动提供了行动指南。秉持和而不同的文化理念，尊重各个文明的多样性。"文明只有姹紫嫣红之别，但绝无高低优劣之分"②。以和为贵的文化观，是中华民族生生不息的支撑所在。当前世界各国文化相互交融，同时因文化观念不同导致的冲突也频繁发生，多元文化之间的隔阂与矛盾也有所产生。打消各国民众的排外心理是保障国家正常沟通交流的重要手段，使各国人民从心理上接纳不同民族的优秀文化。而打破隔阂的首要措施就是实现文化方面的互联互通。

人类命运共同体理念推崇文化领域的沟通互鉴，与儒家思想的"和而不同"理念不谋而合。人类命运共同体是一种鼓励不同民族之间文化相互交流、相互借鉴、相互进步的文明理念。实现多元文明的相互融合，要充分尊重不同民族文化存在与发展的合理性，认可不同民族文化的差异性与特殊性，认真汲取具有借鉴意义的精华内容，不断充实丰富自身文化。"和而不同"意指正确看待矛盾的存在，但不将矛盾看作完全相互对立的。人们提倡的"求同"是在"存异"的基础上实现的，

---

① 《习近平著作选读》第 2 卷，人民出版社 2023 年版，第 172 页。
② 《习近平外交演讲集》第 2 卷，中央文献出版社 2022 年版，第 196 页。

是有条件地"求同",并在平等性的相互沟通中达到有机统一的状态。"文明多样性是人类进步的不竭动力,不同文明交流互鉴是各国人民共同愿望。"[1] 正因为有了多元文化的存在,世界文明发展进步才有了动力源泉。习近平总书记指出:"不同文明没有优劣之分,只有特色之别。"[2] 多元文明的交流碰撞,生产出多姿多彩的精神文化产品,促进人类文化共同发展。

(三)不断创新中华优秀传统文化表现形式

党的十八大以来,习近平总书记高瞻远瞩,准确把握新时代文化实践发展和时代趋势,通过引用典故、形象比喻等方式,在创意化、通俗化和时代化表达中,推动中华优秀传统文化的转化,使之适应当今时代的变迁和迎合大众的需求。以崭新的表现方式出现在大众面前,将"传统"与"现实"进行深层次的交互融合。

第一,创意化表达激活中华优秀传统文化的生命力。建设社会主义文化强国,应不断完善中国话语体系和构建中国叙事体系,运用新颖的文化符号和文化形象创作出深受民众喜爱的媒体作品和文创产品,借助社交媒体平台,将中华民族的世界观、天下观、宇宙观、道德观以创造性表达的方式"出圈",使中国故事、中国精神、中国形象得以更好地讲述、展示和塑造。通过创新创造把新理念和新创意融入中华优秀传统文化中,进一步推动文化产业革新,以更加迎合大众喜好的方式呈现优秀传统文化,引导传统文化走向潮流化,打造中华优秀传统文化新形象。例如,腾讯公司立足新时代的数字创意技术,开辟出一条崭新的创新路径,以网络游戏为纽带,大力传承和弘扬中华优秀传统文化。当前,大众在游戏上的消费行为和消费心理已然发生巨大改变。腾讯公司以独有的文化创新模式对大众心目中的"游戏"概念进行重新定义,游戏娱乐不再被看作一种不务正业的消遣行为,更是一种文化与艺术相互交融的全新体验。新冠疫情期间,各行各业的发展比较萧条,而腾讯

---

[1] 《习近平外交演讲集》第2卷,中央文献出版社2022年版,第108页。
[2] 《习近平外交演讲集》第1卷,中央文献出版社2022年版,第234页。

公司开发的游戏《王者荣耀》却表现出"欣欣向荣"的景象。有数据表明,《王者荣耀》在 2020 年春节期间人均娱乐时间排名第一,时间长达 194 分钟,同比增加 75.1%;排名第二位的是《和平精英》,人均操作时长同比增加 24.6%,攀升到 124 分钟。[1] 网络游戏《王者荣耀》的爆火,除了腾讯公司主推"体验至上"的开发策略之外,更为重要的一点是它彻底颠覆以往传统元素,即英语配音、外国英雄角色、虚拟游戏场景等,将中华优秀传统文化中的经典符号,充分融入网络游戏的故事流程、角色形象、场景构建、形象配音等,注重把中华优秀传统文化中的视、听、感三种体验元素融进游戏中,借助"在学中玩,在玩中学"的模式一改以往风格,备受年轻人青睐。当然,在设定《王者荣耀》角色时遭到不少批评,但将传统文化借助网络游戏呈现给大众,本身就是对中华优秀传统文化的创意化表达,体现出网络游戏的正面效应。

第二,通俗化表达增强中华优秀传统文化的传播力。习近平总书记指出:"打造融通中外的新概念、新范畴、新表述,更加充分、更加鲜明地展现中国故事及其背后的思想力量和精神力量"[2]。党的二十大报告进一步强调:"推动中华文化更好走向世界"[3]。中华优秀传统文化在通俗化表达的过程中,我们应注意将其深入浅出地讲通讲透,使文化内容易于被人民群众理解和接受,只有这样才能将依附于内容中的精神和意蕴完整传播给人民,使人民更加乐意地接受并自觉做到传承和发扬中华优秀传统文化。一方面,建构通俗化的话语体系。通俗化表达中华优秀传统文化就是对中华优秀传统文化进行深加工,降低人民群众对中华优秀传统文化的理解难度。在传播晦涩难懂的文化内容时,将中华优秀传统文化与时下大众正流行的幽默话语融合,以浅显易懂的白话文代替艰深晦涩的文言文。另一方面,还可以将中华优秀传统文化以说唱歌曲、微视频、微电影等途径呈现给大众,使其更贴合大众的喜好,让

---

[1] 《从 250 涨回 413!腾讯未来能否冲击历史新高?》,新浪财经,http://finance.sina.com.cn/stock/usstock/hsusnews/2020-02-12/doc-iimxxstf0833908.shtml,2020 年 2 月 12 日。

[2] 《习近平谈治国理政》第 4 卷,外文出版社 2022 年版,第 317 页。

[3] 《习近平著作选读》第 1 卷,人民出版社 2023 年版,第 38 页。

"书写在古籍里的文字都活起来"①。还可以把民间艺术、风俗、戏曲等加以改编提炼,搬上大银幕呈现给大众,不断将文化精品输送给人民群众。另外,在通俗化表达中华优秀传统文化时要注意顺应发展规律,遵循价值标准。例如,在传承发扬"仁爱孝悌""谦和好礼""诚信知报"等中华传统美德时,不可过分拔高道德标准,要防止其中与道德教育初衷相背离的不良倾向。

第三,时代化表达提升中华优秀传统文化的亲和力。新时代全面建设社会主义文化强国,必须坚持和发展中国特色社会主义,推动中华优秀传统文化创新发展,提升中华文化的亲和力和影响力,推动中华优秀传统文化入脑入心。传统文化只有真正贴近百姓生活、迎合大众需求,才会更具有感染力和亲和力。借助文化载体展现优秀传统文化,充分运用图书馆、校史展览馆等载体,革命战争遗址、革命烈士陵园等红色教育基地,主题公园、历史展览馆等自然场所,吸引群众体会中华优秀文化遗产,深切感受传统文化的独特魅力、增强民众的家国情怀。要注意培养好乡土特色,建设好非物质文化遗产传承保护体系,加大古老村镇保护力度,重视文物古迹修复工作,增亮具有浓郁乡村文化特点的文化底色。把乡村文明新风树立好,举行戏剧擂台等文化娱乐活动,切实推进"向雷锋同志学习"的志愿服务工作,定期开展文明新村、美满家庭、最美好人的评优评先活动,唱响时代主旋律,汇聚磅礴正能量,营造社会新风气,让文化成为凝魂聚气的动力源,奋力谱写新时代文化强国建设的崭新篇章。

站在新时代的历史方位,如何拉近中华优秀传统文化与人民大众间的距离成为摆在人们面前的首要问题。在时代化表达中华优秀传统文化时,应注重对日常传统文艺的创造,精心打造文艺作品,提供给人民群众耳熟能详的文艺精品。同时,正确处理好"传统"和"创新"的关系,将距离大众日常生活较远的大雅文化转化为贴合大众的通俗文化。运用当下在民众之间流行较广的"视频号""公众号""看一看"等渠

---

① 《习近平谈治国理政》第 1 卷,外文出版社 2018 年版,第 161 页。

道不断将中华优秀传统文化的受众群体扩大，使受众在学习和工作之余也能获得中华优秀传统文化的熏陶，彰显中华优秀传统文化的隐性价值。此外，完善文化教育的考核制度，不仅能对教师的教学起到督促作用，而且也有助于普及中华传统文化，不断提高中华优秀传统文化的阐释力，特别是要引导青少年接触和体会到中华优秀传统文化的博大精深，使优秀传统文化在青少年心中生根发芽。

（四）实施中华优秀传统文化传承发展工程

2017年1月，中共中央办公厅、国务院办公厅印发《关于实施中华优秀传统文化传承发展工程的意见》，提升了中华优秀传统文化传承发扬的高度，使社会更加认识到传承发展中华优秀传统文化的意义，为更好地传承发展中华优秀传统文化提供了制度体系保障。

第一，充分运用物质文化遗产开展优秀传统文化教育。文化遗产被分为物质文化遗产和非物质文化遗产，文化遗产是中华文明的见证者，也为开展优秀传统文化教育提供了良好载体。通过搭建历史与未来之间的桥梁，在中华民族发展演进过程中留下了文化基因烙印，展现出厚重的文化底蕴，彰显出新时代的文化自信。

文化遗产极具丰富的文化价值内涵，物质文化遗产是具有历史、艺术和科学价值的实体性文物，具有极强的历史代入感，为开展优秀传统文化教育工作提供了诸多便利，使受众身临其境深切体会到历史的峥嵘岁月。值得注意的是，物质文化遗产历经岁月的变迁，见证了社会进步和时代轮转，但大多在不同程度上有损毁的痕迹，需要花费相当的时间和精力方可恢复原有的物化样态。特别是中国建筑遗产大多以木质结构为主，需要耗时持久地修复方可展示给后人。要合理运用物质文化遗产，最大限度发挥其育人效用。首先，学校应立足本校建校历史打造好校史馆、校博物馆，做好历史建筑遗产的保护与传承工作，根据自身情况定期实施校园历史文物的保护与修复工作；其次，高校聘请专业人员采取有效措施对校内各种类型物质文化遗产进行常态化评估与保护，并建立相应的评估与保护机制；最后，适时推进高校周边地区以传统村落为代表的物质文化遗产的传承与保护工作，高校定期组织学生赴校外开展第二课堂教学，让学生身临其境感受到物质文化遗产的独特魅力。

第二，完善组织领导体系，打造中华优秀传统文化传承机制。文化事业取得成功的关键在于有一个坚强的领导核心。伟大的革命家列宁深刻意识到拥有良好的组织领导对于革命与建设事业的成功具有重要意义。他认为，没有一定数量素质过硬而且"彼此配合得很好的领袖，无论哪个阶级都无法进行坚持不懈的斗争"[①]。习近平总书记指出："党的领导是社会主义文艺发展的根本保证。"[②] 因而，拥有坚强的组织领导是完善中华优秀传统文化传承发展机制的有力支撑。

"十四五"时期是推进社会主义文化强国建设的关键时期。进入新发展阶段，党中央相继提出"五位一体"总体布局、"四个全面"战略布局，文化建设是其中的关键内容，必须把文化建设摆在工作的重要位置，自觉运用文化引领社会风尚、教育大众、服务社会。将新发展理念贯穿工作始终，塑造发展新格局，锚定文化发展新目标，不断推动文化产业高质量发展，充分发挥文化赋能作用，以文化与旅游的融合发展带动文化产业链条优化升级。完善的组织领导体系为系统开展中华优秀传统文化传承和发扬提供体系保障，在构建组织领导体系的过程中要把坚持党的领导放在首要位置。首先，各级党委和政府在制定社会整体发展规划时应着重考虑如何构建良好的中华优秀传统文化传承机制，并主动将其列为政绩考评体系中的指标，以培养各级部门传承中华优秀传统文化的良好意识。其次，各级党委的宣传部门应明确自身定位，疏通各级部门沟通交流障碍，积极发挥桥梁作用，打造由政府、社会和人民多元主体共同参与的中华优秀传统文化传承发展平台。最后，各基层党委发挥先锋模范作用，根据上级部门下达的任务要求制定合理方案，并认真研判在落实过程中可能遇到的风险与挑战。

第三，建立文化传承与文艺创新的互动关系。在当代文艺作品的创

---

① 《列宁选集》第 1 卷，人民出版社 2012 年版，第 401 页。
② 《十八大以来重要文献选编》（中），中央文献出版社 2016 年版，第 137 页。

作中融合中华文化,通过创新文艺作品使中华优秀传统文化得以传承下来,这不是简单的仿古,更不是完全的排斥,而是一个辩证发展的过程。近年来,中国不断推出系列传统文化类的全新节目和文艺精品,深受广大消费者的喜爱,显示出中华优秀传统文化在新时代创造性转化和创新性发展中的独特魅力。例如,《典籍里的中国》借助舞台表演的模式将中华优秀传统文化形成的历史背景和核心内容展现出来,在全身心的体验中深刻感悟中华经典文化的力量;《中国诗词大会》"以诗会友"《诗画中国》"诗画结合",将传统文化与文艺美学二者结合,使人眼前一亮;《只此青绿》将舞蹈和音乐相结合,重现《千里江山图》中的山水意境,彰显中华文化的独特意蕴。

　　文艺的创新发展需要文化能量的注入,在创新文艺的过程中促进文化的发展和传承。文艺的创新是对文化精神的深入阐释,因为文化精神本身属于高度凝练且表达含蓄的精神,对于受众的理解力具有较高要求,不是每个人都能很好地理解和体会,但通过文艺创作展现出来的文化精神就有了物质载体,更具有直观性和生动性,并运用人民群众喜闻乐见的文艺表现手法,将其中蕴含的思想内涵清晰直观地传达给人民群众。中国的音乐家协会组织专业人员创作的数首主题歌曲,融入社会主义核心价值观的内容,在嘹亮的歌声中潜移默化地熏陶人民群众。影视从业者围绕爱国主义题材,选取中国共产党百年征程中具有重大意义的历史事件,创作出一大批具有教育意义的优秀展演作品,例如,电影《八佰》《红海行动》和电视剧《跨过鸭绿江》《外交风云》等。通过此种形式,深入阐释中华民族的精神,使文艺创作的价值导向被提升到文化精神的层面,加深了人民群众对文化精神的认同和理解,对人民群众起到润物无声的教育作用。

　　习近平总书记指出:"让中华文化同各国人民创造的多彩文化一道,为人类提供正确精神指引。"① 在文艺创作的过程中,文艺作品的价值导向和创作水准发挥至关重要的作用。创作者需要拿出饱满的热

---

① 习近平:《在中国文联十大、中国作协九大开幕式上的讲话》,人民出版社2016年版,第15页。

情投入文艺作品的创作，以文艺精品推动文化的传承发展。只有这样，文化和文艺才能更好地助推当代社会的发展，更好地围绕中国梦的时代目标，更好地弘扬社会主义核心价值观，让中国精神引领社会主义文艺高质量发展。

三　大力弘扬赓续革命文化厚植文化发展的精神基因

革命文化是中国共产党领导人民在革命、建设、改革的历史中创造的宝贵财富，是在实践中积淀和孕育形成的所有物质文化和精神文化的总和，凝聚了无数革命先烈的奋斗精神。革命文化是马克思主义中国化的先进文化奠基和文化成果。马克思曾经深刻阐释革命理论同革命实践相统一的思想，坚持"批判的武器"和"武器的批判"紧密结合，强调"理论一经掌握群众，也会变成物质力量"[1]。在今天，这种精神依然具有强大的生命力，它激励人们在面对挑战时勇往直前，不断取得新的成就。习近平总书记强调："我们的党内政治文化，是以马克思主义为指导、以中华优秀传统文化为基础、以革命文化为源头、以社会主义先进文化为主体、充分体现中国共产党党性的文化。"[2] 赓续革命文化是对中国共产党人初心的坚守，也是对未来的启迪与引领；赓续革命文化，意味着人们要继承和发扬不怕困难、勇于斗争的精神。弘扬赓续革命文化、厚植文化发展的精神谱系需从坚定革命文化的理想信念、传承革命文化的红色基因、构建革命文化的集体记忆、赓续革命文化的精神谱系、丰富革命文化的载体形式等方面入手。弘扬赓续革命文化厚植文化发展的精神基因，是每个人的责任和使命。广大人民群众应共同努力，将革命文化的火种传承下去，为新时代文化强国战略实施提供精神之源，为实现中华民族伟大复兴的中国梦提供强大的精神动力。[3]

---

[1] 《马克思恩格斯文集》第1卷，人民出版社2009年版，第11页。
[2] 《习近平关于全面从严治党论述摘编》，中央文献出版社2021年版，第112页。
[3] 李维意：《中国共产党革命文化的本质内涵、精神价值和自觉弘扬》，《河北大学学报》（哲学社会科学版）2022年第6期。

(一) 坚定革命文化的理想信念

理想信念是中国共产党人精神上的"钙",中国共产党领导人民取得了革命的胜利靠的是坚定的理想信念。革命文化的理想信念是在马克思主义指导下,在中国共产党的实践中形成的,承载着中国共产党人的铮铮誓言与英雄气概。中国革命历史、革命的优良传统和革命精神对中国共产党人坚定理想信念的重要作用,革命文化不仅是中国共产党人的理想信念,也是中华民族共同的理想信念。

十月革命一声炮响给中国送来了马克思列宁主义,中国共产党始终坚持马克思主义理论的指导,以实现共产主义为革命事业的最终目的,在这一信念的支撑下迸发出无穷的创造力。走完了二万五千里长征,经历了湘江战役、四渡赤水、飞夺泸定桥、过雪山草地、激战腊子口等惨烈的战斗;在国土受到侵略时,中国共产党以更大格局团结全国上下的力量,枪口一致对外,经过浴血奋战将侵略者赶出国土,维护国家主权与国土完整。无数仁人志士慷慨赴死,义无反顾,创造了感天动地的伟大奇迹,谱写了气壮山河的史诗。新中国成立后,面对百废待兴的新中国,中国共产党领导人民进行社会主义建设,在国家安全可能受到威胁的情况下,毅然奔赴抗美援朝的战场;在物质条件存在极大劣势的情形下,中国人民以坚强的意志,坚定的理想信念,顽强拼搏,克服了常人所不能理解的艰难险阻,最终赢得了抗美援朝的伟大胜利。

新中国成立以来,中国取得了一个个的伟大成就,在看到这些伟大成就的同时,不能忘记革命英雄们打下的坚实的物质基础和提供的丰富的精神养料。新民主主义革命是中国共产党奋斗的历史,也是中国共产党人最好的教科书。历经艰难险阻和无数挑战,中国共产党成为先进的力量,建立了新中国,并且孕育了经得起时间考验的优秀革命文化。这种文化成为中国共产党宝贵的精神财富。坚定不移的理想信念使得中国共产党能够在各个历史时期战胜重重困难,凝聚人心,寻找并走上正确的道路,不断赢得新的胜利,拥有了独特的政治优势。在中国共产党的坚强领导下,中国从困境中崛起,在逆境中斗争,如同凤凰涅槃般重生，引领人民自强不息、改革开放、不断进步、创新发展。中国共产党领导人民创造了一次又一次令人瞩目的历史壮举和辉煌成就，开启了中国特色社会主义的新篇章，实现了世人瞩目的伟大成就。无论是1998年的抗洪抢险救灾、2008年汶川地震，还是抗击新冠疫情，中国共产党总是困难时刻的主心骨；在最危险的地方，总能看到中国共产党党员勇往直前的身影。中国共产党人的理想信念深深植根于马克思主义信仰、共产主义远大目标和中国特色社会主义的共同追求之中。中国共产党以马克思主义为指导，将其作为精神的核心和理想信念的灵魂。

习近平总书记一再告诫："理想信念就是共产党人精神上的'钙'，没有理想信念，理想信念不坚定，精神上就会'缺钙'，就会得'软骨病'。"[①] 2015年，习近平总书记到延安视察时动情地说："这里我来过多次，插队时每次到延安都要来看看，每次都受到精神上的洗礼。"[②] 对于新时代中国共产党人来说，就必须在思想上拧紧螺丝、防微杜渐，自觉做理想信念的传播者。

第一，坚定理想信念不应停留在语言上，而必须把实践当作理想信念的"试金石"。青年干部应当拥有宏大的视野和远大的志向，始终铭记自己的初心和使命，将个人的生活理想与党及人民的伟大事业紧密结合起来，将追求人民的福祉作为自己最大的快乐。在基层一线、民生一线、发展一线中去锻炼自己，把自己当作人民的勤务员。民生一线是最接近人民真实需要的地方，也是最需要细心、耐心的地方，要在实际行动中把自己当作人民的一分子，甘当群众的"小学生"，不懂就问、不耻下问，在一个个困难中磨炼自己，使自己真正成为人民的一员，成为群众可以依靠的人。在政治上，必须不断增强政治的敏感性、深刻的洞见和辨识能力，真正实现坚定的党性、摒弃个人私利，确立和实践正确的政绩观念。始终铭记，为民服务、造福人民是最高的政绩，无论是在顺境还是逆境中，都要坚持不懈，并经受住时间的考验。

---

① 《习近平关于依规治党论述摘编》，中央文献出版社2022年版，第175页。
② 习近平：《向全国人民致以新春祝福　祝祖国繁荣昌盛人民幸福安康》，《人民日报》2015年2月17日。

第二，要练就真德行、真本领，在国内外复杂的形势中守住防线，铸造铮铮铁骨。习近平总书记指出："年轻干部要真正做到勤掸'思想尘'、多思'贪欲害'、常破'心中贼'，以内无妄思保证外无妄动。"①党章党规是对青年干部的基本要求，是青年干部的基本行为准则，青年干部要真正地牢记于心，并变被动为主动，积极调整自己的言行举止，深化对纪律和规则的认识，恪守"时时勤拂拭，莫使惹尘埃"②，主动远离不良之风，持续纠正政治、思想及行为上的偏差，深挖根源，巩固基础。努力克服急躁心态，真心实意地沉下心来，融入社会这片广阔的天地，强化党性教育、政治磨砺和实际操作能力。保持平和心态，相信"良田千顷，日餐不过一斛；华屋万间，夜卧不过五尺"，务必做到不盲从、不比较、不抱怨，成为思想成熟、意志坚定的优秀党员和干部。

"行程万里，不忘初心"，崇高的理想信念须持之以恒。理想信念动摇极为危险，缺乏或不坚定理想信念会导致精神上的萎靡脆弱。正如习近平总书记指出："中国梦是历史的、现实的，也是未来的；是我们这一代的，更是青年一代的"③。青年干部应勇担重任，以青春之奋斗照亮中国的未来。

（二）传承革命文化的红色基因

党的十八大以来，习近平总书记在地方考察调研时多次到访革命纪念地，瞻仰革命历史纪念场所，反复强调要用好红色资源，传承好红色基因，把红色江山世世代代传下去。

第一，传承革命文化的红色基因需坚持马克思主义理论的指导地位。"中国特色社会主义理论体系归根到底是以马克思主义基本理论为指导的"④，站立在历史的高峰之上，回顾中国的历史发展，深刻理解

---

① 《筑牢理想信念根基树立践行正确政绩观　在新时代新征程上留下无悔的奋斗足迹》，《人民日报》2022年3月2日。
② 陈洪、胡中山：《升霞与涅槃——汉唐僧人道士的人生追求》，东方出版社1998年版，第323页。
③ 《习近平著作选读》第2卷，人民出版社2023年版，第57页。
④ 习近平：《在全国党校工作会议上的讲话》，人民出版社2016年版，第15页。

了百年中国的历史发展脉络，领悟到近代中国为何长期处于贫弱和被割据的状态。通过深入探究引领中国人民创造历史新篇章的核心动力，人民群众明白为何历史选择了中国共产党，选择了马克思主义，走上了中国特色社会主义的道路，以及为何坚定不移地推进改革开放。在共产主义理想的激励下，一代代共产党人接续奋斗，勇于攻坚克难，展现了坚忍不拔的斗志，克服了重重困难，取得了一系列辉煌成就。正是因为无数优秀的共产党人的不懈奋斗和代代传承的红色基因，中国共产党无论在何种时代背景下，始终能够勇于面对挑战，并且取得了历史性成就，展现出恒久远的魅力。一代代中国共产党人的不懈努力，形成了伟大的精神财富，为中国共产党的发展和壮大提供了宝贵的精神滋养。中国共产党必须始终将人民的利益放在首位，将人民对美好生活的追求作为奋斗的目标，不忘初心、牢记使命、心怀感恩、锐意进取，积极弘扬革命传统，继承和发扬红色基因，确保党的红色血脉代代相传，保证党的红色江山永远繁荣昌盛。在中国这片古老而又充满活力的土地上，革命文化成为中华民族精神血脉的重要组成部分，不仅见证了历史的沧桑巨变，更是激励着一代又一代人前赴后继、勇往直前的精神力量。

在新时代的征程上，要深刻理解、传承宝贵的文化遗产，使其在新的历史条件下焕发出时代的光芒。传承革命文化的红色基因，首要的是对其价值的深刻认识。红色基因是指那些在艰苦卓绝的革命斗争中孕育出来的宝贵精神财富，如坚定的理想信念、无私的奉献精神、顽强的斗争意志、严明的组织纪律等。这些精神财富不仅是革命胜利的重要保证，也是今天人民群众继续前进的动力源泉。革命文化是民族精神的重要组成部分，它体现了中华民族不屈不挠、敢于斗争的民族品格。在革命文化中，可以看到无数英雄人物为了民族独立和人民解放，不惜牺牲自我，这种精神是中华民族自强不息、勇往直前的生动写照。同时，革命文化也是一种实践的文化，强调实事求是、理论联系实际，对于人们今天推动社会主义文化建设具有重要的指导意义。

第二，要传承好革命文化，就必须将其融入国民教育和社会生活的各个方面。在学校教育中，应该将革命历史和革命精神纳入教学内容，让青少年从小就了解革命先辈的光辉事迹，感受红色基因的力量。例如，学校组织中小学生参观革命历史遗址、纪念馆，观看革命题材的影视作品，使青少年在亲身体验中感悟革命精神，体悟对革命英雄的崇仰之情。在大学校园中，适时开展革命主题教育的讲座与文艺汇演，将革命文化融入校园；大学生应该深入学习中国革命的历史和红色典故，如抗日战争、解放战争等。并通过读书、参观纪念馆、参加学术讲座等方式，了解红色历史和英雄事迹，感受革命文化的伟大力量。"四史"教育是弘扬与传承革命文化红色基因的重要途径，只有了解英雄的历史才能更加深入地理解什么是革命的信仰，什么是共产主义信仰。

此外，社会实践也是传承革命文化的重要途径。通过志愿服务、社会实践活动等形式，让青年一代在实际行动中践行革命精神。通过参与助残、支教、科技创新、社会调查等社会服务工作，将红色基因融入实际行动中，践行红色基因的价值观念，为社会发展和人民幸福贡献自己的力量。传承红色基因不仅需要外部的教育和引导，更需要内在的自我修养和素质提升。当代大学生应该注重加强自我修养，提高个人素质，包括思想道德素质、文化素质、心理素质等方面。只有具备了良好的素质和能力，才能更好地传承和发扬红色基因。在这个信息爆炸的时代，红色基因的弘扬与传承离不开媒体的重要作用，媒体应当承担起传播革命文化的责任，通过电影、电视剧、纪录片等形式，生动再现革命历史，展现革命先辈的英雄形象，激发人们的爱国热情和历史责任感。同时，新媒体平台也应该发挥作用，利用网络传播速度快、覆盖面广的特点，让革命文化在年轻一代中传播开来。每个人都应该自觉地学习和传承革命文化。这不仅是对历史的尊重，也是对未来的负责。通过阅读革命历史书籍、撰写心得体会、参加红色旅游等方式，加深对革命文化的认识和理解。将革命文化内化于心、外化于行，转化为推动自己成长进步的动力。

传承革命文化的红色基因，不仅仅是对过去的缅怀，更是对未来的启迪。它要求人们在新的历史条件下，继续发扬光大革命先辈的崇高精神，以实际行动诠释对革命文化的传承和发扬。只有这样，中国人民才能在新的时代征程中，不忘初心、牢记使命，为实现中华民族的伟大复兴而不懈奋斗。

（三）建构革命文化的集体记忆

在波澜壮阔的中国近现代史中，革命文化以其鲜明的时代特色和深刻的历史价值，成为中华民族共同记忆的重要部分。革命文化是在长期艰苦的革命斗争中孕育和发展起来的，它不仅承载着无数革命先烈的理想信念和英雄事迹，也凝聚着全体中华儿女为实现民族独立、人民解放和国家富强、人民幸福的共同愿景。在新时代的背景下，如何有效地建构革命文化的集体记忆，既是一项历史责任，也是推进民族文化传承和创新发展的重要任务。

革命文化是民族精神的重要源泉。革命文化以坚定的理想信念、无私的奉献精神、顽强的斗争意志和严明的组织纪律，体现了中华民族自强不息、敢于斗争的民族品格。在革命文化的熏陶下，一代代的中国人坚守信念、不畏艰难、勇往直前，为民族的独立和人民的解放事业付出了巨大的牺牲。这种精神财富是中华民族的宝贵遗产，也是人民群众继续前进的强大动力。革命文化的集体记忆对于增强国民身份认同和文化自信具有不可替代的作用。在全球化的背景下，世界多元文化的交流与碰撞日益频繁，如何保持文化的独立性和自信心成为每个民族都必须面对的问题。革命文化作为中国特色社会主义文化的重要组成部分，不仅是中华民族的历史记忆，也是全体中国人民的共同记忆。通过建构革命文化的集体记忆，增强人们对民族文化的认同感和自豪感，提升文化自信，为实现中华民族伟大复兴的中国梦提供坚实的精神支撑。

红色记忆在革命斗争中发挥着至关重要的作用。对于中国共产党和中国人民而言，革命文化不仅是人们的"共同记忆"，更是中国人民文化自信和传承的核心，这种"共同记忆"是继承和发扬革命文化、树立文化自信的重要基石。革命文化作为一种历史现象，其生命力依赖于有效传播、唤醒和加强党的思想政治工作。缺乏这种努力，革命文化可能会逐渐变得模糊，如同被遗忘的"化石"。因此，要有效建构革命文化的集体记忆，保留好红色记忆。

第一，加强革命历史文化教育。教育是传承文化的重要途径，要将革命历史文化纳入国民教育体系，让青少年从小就接受革命文化的熏陶。通过课堂教学、实地考察、主题活动等多种形式，让学生了解革命历史，感悟革命精神，培养对革命文化的认同感和尊重，并通过自身表演的方式近距离地感悟革命精神的实质，将革命文化融入自己的生活，用革命精神指导自己的行为，最后逐步将革命精神融入全体人民的生活之中。

第二，保护和利用革命历史遗迹。革命历史遗迹是革命文化的物质载体，要加大对革命历史遗迹的保护力度，合理开发利用，使其成为传承革命文化、建构集体记忆的重要场所。通过建立纪念馆、博物馆等机构，组织各种形式的展览和纪念活动，让更多人了解革命历史，感受革命文化的魅力。通过与革命文化的符号性元素互动，公众能够直观地接触历史，深刻感受革命文化的吸引力及革命英雄的卓越精神。这些符号性元素，作为文化记忆的关键载体，通过特定的时间、地点和人物唤起人们的记忆，成为传承文化的核心途径和内容。在博物馆的叙述中，相较于视觉图像，听觉元素更能触动人的情感深处，建立起对革命文化的情感认同。情感驱动是形成持久记忆的一大关键，公众与这些文化符号的交互作用能够显著影响他们的心理状态，引发如愤怒、认同、恐惧等复杂情绪。通过亲身体验历史环境和仪式，人们可以直接感受到历史的真实性，从而激发情感的共鸣。历史叙述中的物品不仅仅是静态的象征，它们承载了更深层次的含义。个体记忆之间的互动交流促进了集体记忆的形成，使革命文化的表现形式更加多样化。直接参观历史遗址或听取见证者的叙述，成为个人与革命文化集体记忆连接的重要桥梁，这些互动方式能够最直接地引领人们进入革命文化所蕴含的精神领域。

第三，发挥媒体的重要作用，通过艺术作品的方式保存和传播革命文化。文艺作品来源于群众又高于现实生活的表现形式，经典的作品不仅能将革命精神以群众喜闻乐见的方式展现出来，还能在短时间内更好地表达革命文化。例如，现代芭蕾舞剧《红色娘子军》《白毛女》，样板戏《沙家浜》，话剧《茶馆》，大合唱《长征组歌》与《黄河大合唱》等都是经典的反映时代与革命文化的艺术作品，也是集体记忆易于保留下来的形式。其中媒体是传播文化的重要工具，要利用报纸、电视、电影、网络等多种形式，广泛宣传革命文化，让革命先烈的事迹和精神深入人心。特别是要利用新媒体平台，创新传播方式，吸引更多年轻人关注和参与革命文化的传承工作。

第四，开展丰富多彩的社会活动。通过志愿服务、社会实践、文化交流等形式，让广大群众特别是青年一代亲身体验革命文化，践行革命精神。通过这些活动，让人们在实际操作中感受到革命文化的力量，从而更加深刻地理解和认同革命文化。

第五，强化国际交流与合作。革命文化不仅是中国的宝贵财富，也是世界文化遗产的重要组成部分。要加强与国际社会的交流与合作，让世界了解中国革命文化，增进国际理解和尊重。通过国际研讨会、展览交流、文化节等形式，展示中国革命文化的独特价值魅力，提升其国际影响力。

总之，建构革命文化的集体记忆是一项长期而艰巨的任务，需要全社会的共同努力。只有这样，人民才能更好地传承和弘扬革命文化，为实现中华民族的伟大复兴提供坚实的精神支撑。让中国人民携手努力，让革命文化的火种永远燃烧，照亮人们前进的道路。

（四）赓续革命文化的精神谱系

习近平总书记指出："一百年来，中国共产党弘扬伟大建党精神，在长期奋斗中构建起中国共产党人的精神谱系，锤炼出鲜明的政治品格"[①]，并强调："我们要继续弘扬光荣传统、赓续红色血脉，永远把伟大建党精神继承下去、发扬光大！"[②] 中国共产党百余年的奋斗历程，

---

① 《习近平著作选读》第 2 卷，人民出版社 2023 年版，第 480 页。
② 《习近平著作选读》第 2 卷，人民出版社 2023 年版，第 480 页。

不仅凝聚了思想深邃、催人奋进的一系列内容丰富的党的精神谱系，而且锤炼了鲜明的政治品格。今天处在百年未有之大变局的历史交汇点上，深刻理解党的精神图谱，对不断赓续党的精神谱系、锤炼出鲜明的政治品格，具有十分重要的实践价值与现实意义。

第一，坚定为人民服务的革命价值立场。革命文化不仅见证了无数革命先烈为争取民族独立、人民解放而英勇奋斗的历程，更孕育了一种坚定地为人民服务的革命立场和方向。在革命斗争中，无数革命先烈为了人民的解放和幸福不惜牺牲自我，他们的英勇事迹和崇高精神成为人民永远的楷模。树立为人民服务的革命价值立场，首先要增强"四个意识"，即政治意识、大局意识、核心意识、看齐意识。这既是对中国共产党的历史经验的深刻总结，也是新时代党员干部的基本要求。只有增强"四个意识"，才能始终保持与党中央的高度一致，确保革命文化的正确方向。其次，在实践中，中国共产党要始终把人民群众的利益放在首位，努力满足人民日益增长的美好生活需要，不断促进人的全面发展、全体人民共同富裕。再次，要加强自身建设，提高为人民服务的能力。这不仅包括提高政治觉悟和政治能力，也包括提高专业素养和工作能力。只有不断提高自己，才能更好地为人民服务，实现革命文化的传承和发展。最后，积极参与社会实践，通过参与社会公益活动、帮助困难群众、关心弱势群体等将为人民服务的革命立场和方向落到实处，提升自己的社会责任感和使命感。

第二，培养甘于牺牲奉献的精神品质。牺牲奉献精神是中国共产党人精神谱系的鲜明特征和重要内容。新民主主义革命时期，中国共产党的核心使命是抵抗帝国主义、封建主义和官僚资本主义的侵蚀，力争获得国家的独立与人民的自由。这段激荡的历史孕育了一系列不朽的精神财富，包括井冈山精神、苏区精神、长征精神、遵义会议精神、延安精神、抗战精神、红岩精神、西柏坡精神、照金精神、东北抗联精神、南泥湾精神、太行精神、大别山精神、沂蒙精神、老区精神、张思德精神等，这些都是革命文化精神谱系的重要组成部分。进入社会主义革命和建设时期，党的任务转向了从新民主主义到社会主义的过渡，推动社主义革命和建设的进程，为中华民族的伟大复兴奠定了政治和制度的基础。在这一时期，诞生了抗美援朝精神、"两弹一星"精神、雷锋精神、焦裕禄精神、大庆精神、红旗渠精神、北大荒精神、塞罕坝精神、"两路"精神、老西藏精神、西迁精神、王杰精神等，进一步丰富了中国共产党人的精神谱系。

改革开放和社会主义现代化建设新时期要求党继续沿着探索社会主义建设的正确道路前进，致力于解放和发展社会生产力，帮助人民增收致富，为中华民族的伟大复兴提供制度保障和物质基础。在这个阶段，形成了改革开放精神、特区精神、抗洪精神、抗击"非典"精神、抗震救灾精神、载人航天精神、劳模精神、青藏铁路精神、女排精神等，这些精神拓展了革命文化的内涵。随着中国特色社会主义进入新时代，党的主要任务是实现第一个百年奋斗目标，并开启实现第二个百年奋斗目标的新征程，继续推进中华民族伟大复兴的宏伟目标。这一时期，革命文化的精神谱系继续得到发展和丰富，形成了脱贫攻坚精神、抗疫精神、"三牛"精神、科学家精神、企业家精神、探月精神、新时代北斗精神、丝路精神等伟大精神，展现了中国共产党和中国人民在新的历史条件下的坚定信念和不懈追求。

通过对不同历史阶段革命文化精神的梳理，可以看到，中国共产党领导下的革命和建设事业，是一脉相承、日益丰富发展的历史进程。这些伟大精神贯穿于中国革命、建设和改革的各个时期，不仅是中国共产党和中国人民宝贵的精神财富，也是推动中华民族向前发展的强大动力。这些精神谱系彰显了"为了人民牺牲一切""舍小家为大家""牺牲我一个、幸福十四亿人""我将无我，不负人民"的崇高奉献精神，"克己奉公""舍我其谁"的高尚道德追求，为创造美好未来而无私奉献的崇高品质。在"赓续革命文化的精神谱系"这一伟大任务中，中国共产党应深刻理解和传承这些精神，不断汲取前行的力量，为实现中华民族的伟大复兴贡献力量。

第三，践行实事求是的思想路线。实事求是不仅是中国共产党人的政治规矩、政治纪律、政治原则，也是中国共产党人最基本的思想路线、行为规范和实践要求。它要求人们从客观实际出发,探求事物的内部联系及其发展规律,从而认识事物的深刻本质,按照事物的实际情况来处理问题。党的精神谱系是在具体历史环境和条件下的产物,都是在一定现实的生动背景下产生的,是在坚守和贯彻实事求是的基础上凝聚而成的。党在不同时期形成的一系列精神谱系,都是坚持实事求是态度的结果,唯有求真务实之意,绝无哗众取宠之心;都是坚持理论和实践相结合的具体展现;都是坚持一切从实际出发,与时俱进、开拓创新的过程。这些精神谱系的载体,不只是有崇高的理想信念和响亮的行动口号,而且能见人见事,以身体力行的感人事迹和精神魅力影响人、感染人、激励人。生动具体的党的精神谱系,作为"一种价值观要真正发挥作用,必须融入社会生活,让人们在实践中感知它、领悟它。要注意把我们所提倡的与人们日常生活紧密联系起来,在落细、落小、落实上下功夫"[1]。

第四,秉持自强不息的坚韧意志。伟大的事业铸就伟大的精神,伟大的精神成就伟大的事业。但是伟大精神不会自发生成,伟大事业不会自然实现,必须克服各种复杂矛盾和严峻问题,战胜许多风险与无数挑战,需要自强不息的精神和百折不挠的意志。在党的百余年历史演进中,涌现了一大批自强不息的英雄人物、革命先烈和优秀模范,是他们支撑了党的重大任务的完成与伟大事业的实现。李大钊为共产主义而"断头流血以从之",方志敏坚贞不屈的"我们信仰的主义,乃是宇宙的真理",夏明翰视死如归的"砍头不要紧,只要主义真",红船精神的"坚定理想、百折不挠",井冈山精神中的"艰苦奋斗,敢于胜利",苏区精神里的"艰苦奋斗、争创一流"等,以及之后形成的各种精神,都彰显了中国共产党人在重大困难和生死考验面前"千磨万击还坚劲"的毅力和恒心、"咬定青山不放松"的自觉和坚定、"不破楼兰誓不还"的坚守和担当。他们在极其艰苦条件下"逢山开路、遇河架桥""不懈探索、敢于超越""自强不息、矢志笃行"。

正如习近平总书记所指出:"在一百年的非凡奋斗历程中,一代又

---

[1] 《习近平谈治国理政》第1卷,外文出版社2018年版,第165页。

一代中国共产党人顽强拼搏、不懈奋斗，涌现了一大批视死如归的革命烈士、一大批顽强奋斗的英雄人物、一大批忘我奉献的先进模范"①，形成了伟大精神，构筑起了中国共产党人的精神谱系。中国共产党人的这些精神谱系，都有敢于征服一切困难而不被任何困难所征服的自强不息的大气魄、大胸襟与大格局。人民群众要从党的精神谱系中，不断提升自强不息、坚韧不拔的毅力，坚持一步一个脚印，稳打稳扎、步步为营、锲而不舍的精神，为完成和实现党的初心使命而接续奋斗。

（五）丰富革命文化的载体形式

革命文化是中华民族精神的重要组成部分，它承载着历史的深刻记忆与民族的独特气质。在新的时代背景下，传承和弘扬革命文化不仅是对过去的缅怀，更是对未来的激励。为了更好地发挥革命文化在现代社会的作用，丰富其载体形式显得尤为重要。革命文化的载体形式指的是革命文化得以表现和传播的多种形式，包括但不限于书籍、影视作品、纪念地、博物馆、教育活动、艺术创作等。这些载体形式是革命文化传播的重要途径，也是革命精神传承的关键手段。随着科技的发展和社会的进步，革命文化的载体形式也在不断地创新和丰富。

从符号载体来看，一方面，语言文字作为革命文化的初始文化载体，在革命文化的传播中仍然发挥着不可替代的作用。作为民族文化的根基和最具特色的表现，语言文字不仅是人类交流的重要方式，也是文明传承和发展的重要标志。每种语言都深刻反映了其所属民族的文化思维和世界观。语言文字之所以能成为革命文化的重要载体，关键在于它们能有效地表达革命文化的核心理念和价值观，实现对集体记忆和文化记忆的记录、保存、传播和唤醒。通过语言文字，可以强化"我们"的身份感、文化归属感、政治立场和对国家的认同感。通过编写和出版关于革命历史、革命人物、革命事件的图书，可以将革命文化的精髓传递给更广泛的读者群体。同时，通过现代网络技术的普及，电子书和在线阅读平台的出现，使得书籍形式更加多样，传播范围也更加广泛。

---

① 习近平：《在党史学习教育动员大会上的讲话》，人民出版社2021年版，第19页。

另一方面，建筑场馆作为革命文化传播的固态文化载体已成为展现一个国家和城市文化身份的重要符号。随着城市化的快速发展，越来越多的建筑物不断涌现，成为人们生活中不可或缺的一部分。这些建筑场馆不仅消耗了大量的社会资源，包括物质、人力和文化资源，它们的建立是基于深思熟虑的决策，旨在体现并传递一系列核心的价值观念。正如布莱恩·劳森所指出："建筑是由该事件背后的人或组织修建的，因而体现了那些人的价值和行为"。[1] 通过策划和建设各种革命历史遗址、纪念馆和博物馆，人们不仅能够保护和充分利用革命文化遗产，而且能够通过展览和解说等形式，让访问者直接感受革命文化的魅力，从而增强他们对革命文化的归属感。在实现构建革命文化的集体记忆的目标下，人们应当深刻理解这些建筑场馆在传承革命文化中的重要作用，努力营造一个浓厚的革命文化学习氛围。

从网络传播来看，大众传媒是革命文化的主要文化载体。在社会主义现代化进程中，随着精神文明建设的不断深化，"中国爱国主义教育网""中国文明网""民族魂""中国九一八爱国网""血铸中华网""中国共青网"等网络平台的爱国主义教育显著增强。同时，高等教育机构中思想政治理论课程和思想政治教育活动广泛采用慕课（MOOC）、微课等新型网络教学工具。这些举措不仅丰富了革命文化的表现形式，也为广大人民群众提供了多样化的学习和体验途径，有效地促进了社会主义精神文明的建设和发展。通过这种多元化的文化载体，爱国主义教育得以深入人心，进一步巩固了人民群众的思想基础，为社会主义现代化建设提供了强大的精神动力和文化支撑。"道德榜样之为道德榜样，其本质规定就是个体美德所具有的示范与楷模意义"[2]。因此，榜样人物相较普通人具有典型特征，在道德品质与道德实践两方面都"具有崇高性、先进性或超前性，体现了应然境界"[3]。榜样与社

---

[1] ［英］布莱恩·劳森：《空间的语言》，杨青娟译，中国建筑工业出版社2003年版，第6页。
[2] 廖小平：《简述道德榜样的作用》，《光明日报》2002年8月6日。
[3] 姜建蓉：《论榜样教育在构建社会主义核心价值体系中的作用实现机制》，《思想政治教育研究》2009年第1期。

会主流意识形态的契合性在一定程度上决定了榜样人物的价值导向功能、传播示范功能与感染引领功能。

从文艺作品来看，文艺是革命文化的生动文化载体。文艺，即文学与艺术，构成了一个国家上层建筑的重要组成部分，是社会精神文明建设的重要内容。无论是音乐、舞蹈、绘画、雕塑等艺术形式，都可以表现革命文化的主题和精神。艺术家通过自己的创作，将革命文化以独特的艺术语言呈现给公众，使其更具感染力和影响力。电影、电视剧、纪录片等可以通过再现历史场景、塑造英雄形象，让观众在感动中理解和接受革命文化。随着技术的进步，VR、AR等新技术的应用，影视作品的沉浸式体验越来越强，使观众能够更加直观地感受到革命文化的魅力。节日不只是喜庆的象征，还是革命文化传承的重要载体。在翻天覆地的历史进程中，每个节日都凝结着一段英勇抗争的故事，成为讲述革命历程的活教材。清明节祭扫英烈、建党100周年庆祝活动、中华人民共和国成立70周年庆祝活动等背后所映射的革命精神和理想信念，对于培育现代公民的爱国情感具有不可替代的作用。通过庆祝这些节日，人们不仅回顾历史，缅怀先烈，更在无形中继续传承为理想而奋斗的初心。节日作为一种文化载体，是连接过去与未来的桥梁，提醒人们不忘初心，继续前进，以实际行动践行爱国主义精神。[①]

四　强化用社会主义先进文化培根铸魂的目标和任务

社会主义先进文化根植于马克思主义中国化实践，既承续了中华民族的优秀文化遗产，又发扬了自五四运动以来形成的革命文化精神，还融合了世界各地的文化精华。社会主义先进文化代表了新时代下全体中华儿女的精神追求，指引着中国社会的发展方向。推动社会主义先进文化的发展，重点在于培育出一代代符合社会主义现代化建设需要的优秀公民，培养具备理想、道德、文化知识和纪律观念的人才，提升全民族

---

① 王红：《从文本释读到价值重塑：中华优秀传统文化有效融入现代思想政治教育的实践逻辑》，《中国矿业大学学报》（社会科学版）2023年第4期。

的思想道德和科学文化水平，进一步提高人的素质，促进人的全面发展。强化用社会主义先进文化培根铸魂的目标任务，需深化对先进文化在塑造现代化公民作用的理解，为实现个人与社会的全面发展提供坚强的精神支撑。社会主义先进文化是中国特色社会主义的灵魂，它体现了群众的核心价值观和精神追求。通过牢牢把握社会主义先进文化的前进方向，用社会主义先进文化引领各种思想文化，提升社会主义先进文化涵养化育的效能，推进社会主义先进文化发展的制度建设。这不仅是对中国特色社会主义文化的深化和发展，更是对全民族精神境界的提升和塑造。大力发展社会主义先进文化，才能为建设文化强国提供强大的精神动力。

（一）牢牢把握社会主义先进文化的前进方向

社会主义先进文化作为引领民族复兴的灵魂旗帜，对于凝聚全社会力量、推进国家发展具有不可替代的作用。牢牢把握社会主义先进文化的前进方向，是人们面对国际国内形势变化、实现中华民族伟大复兴中国梦的根本保证。

第一，坚定不移推进社会主义文化建设，坚持社会主义文化发展的正确方向。将马克思主义作为理论根基，是确保社会主义文化始终保持先进性的关键。习近平新时代中国特色社会主义思想作为马克思主义在中国的现代发展，体现了当代中国的马克思主义、21世纪的马克思主义。中国共产党必须深入理解和全面贯彻习近平新时代中国特色社会主义思想以及习近平总书记关于社会主义先进文化的重要指示，将这些理论作为文化建设的精神支柱、理论基础和行动指南，推动新闻传播、文艺创作、文化体制改革、精神文明构建、网络空间管理等协调发展，确保在意识形态领域保持领导地位。进而加强各民族人民的思想共识，聚集强大的向前奋进的精神力量。

第二，发展社会主义先进文化需传承和创新中华优秀传统文化。中华优秀传统文化构成了中华民族不断延续的精神基因，是巩固民族共识和增强团结力量的关键所在。在全球化背景下，传承中华优秀传统文化，不仅有助于保持民族文化的独特性和多样性，而且对于增强文化自信、提升文化软实力具有重要意义。在教育方面，要在全社会范围内普及传统文化教育，增强公民的文化自觉和文化自信。并结合现代科技手段，对传统文化进行创新性转化和创造性发展。通过文化交流活动，将中华优秀传统文化推向世界，促进文化互鉴。

第三，牢牢把握社会主义先进文化前进方向，着力发挥社会主义核心价值观的引领作用。社会主义核心价值观不仅凝聚了当代中国的精神力量，而且构成了社会主义文化的核心。培育和推广社会主义核心价值观是确保文化发展正确方向的关键。社会主义先进文化反映了这一时代的精神追求，是中国文化的魂魄。通过各种手段，包括教育培训、实际操作和制度支持，将社会主义核心价值观深植于国民教育、文化建设和社会治理的各方面，确保其成为全社会共同的行为准则。将这些价值观融入法治建设、社会治理、公民道德构建以及精神文明的各个环节，使其成为社会各界的共同价值追求和精神支撑。

第四，牢牢把握社会主义先进文化的前进方向，切实保障人民文化权益。社会主义文化的本质是人民的文化，其追求的核心价值体现在坚持以人民为中心的发展理念上。中国共产党始终坚持服务人民的原则，确保文化的发展方向和进步始终以满足人民需求为基准，依靠人民的力量前行，确保文化成果能够被人民共同享有。通过创新的文化发展策略，不断完善公共文化服务体系，实现城乡文化资源的均衡分配，推动文化惠民项目的发展，更有效地满足人民群众不断增长的精神和文化需求。同时，深入挖掘和利用丰富的中华文化资源，充分发挥人民在文化建设中的主导作用，提升全社会的文化创新能力，创作出更多反映时代特征、颂扬党和国家、赞美人民英雄的优秀作品，不断充实人民群众的精神文化生活。

第五，牢牢把握社会主义先进文化的前进方向，保证社会效益与经济效益的统一。建立把社会效益放在首位、社会效益和经济效益相统一的文化创作生产体制机制。遵循社会主义先进文化发展规律，体现社会主义市场经济要求，激发文化创新创造活力，提供中国特色社会主义文化艺术繁荣发展的背景和条件。遵循社会主义先进文化发展规律，意味着需要繁荣的不是任何意义上的文化艺术，而是社会主义先进文化，因此，把反映社会主义价值要求的社会效益放在首位乃是必然逻辑。社会主义文化艺术的生产，首先要确立马克思主义的指导和社会主义核心价值观的引领，中国当下文化艺术的生产不能无为而治，不能沾满铜臭气。推动文化事业和文化产业发展是实现社会主义先进文化繁荣的必要条件。文化事业的发展能够丰富人民群众的精神世界，提高国民素质；文化产业的壮大则能够增强国家的文化软实力和竞争力。要坚持政府引导与市场推动相协调，支持文化创新，培育文化品牌，推动文化产品和文化服务的多元化、精品化。

概言之，牢牢把握社会主义先进文化的前进方向，要求人们坚持以马克思主义为指导，以社会主义核心价值观为灵魂，以中华优秀传统文化为根基，以文化事业和文化产业为双翼，以网络文化建设为前沿阵地，以国际文化交流为重要平台，全面推进社会主义先进文化的繁荣发展，为建设社会主义文化强国、实现中华民族伟大复兴提供强大的精神内核和思想保证。

（二）用社会主义先进文化引领各种思想文化

在全球范围内，不同思想文化的碰撞塑造着一个充满"百花齐放"的世界舞台。在全球思想文化交流频繁、融合加深、竞争激化的背景下，维护文化安全、展示文化实力的关键在于确立中国文化的先进性和在社会文化发展中的领导地位。若缺乏文化的先进性，中国在文化发展的竞争中将难以占据有利地位；若缺失先进文化的引领，中国便难以坚持正确的文化发展道路、难以保证文化多样性的和谐发展、难以满足人民群众对文化的需求，更难以确保人民群众的合法文化权利得到保障及其精神生活的提升。因此，明确区分社会主义思想文化与封建主义、资本主义思想文化之间的差异，发展符合中国社会发展方向的先进文化，在激烈的文化竞争中以先进性为导引，大力发展社会主义文化，成为中国文化发展的必然选择。

第一，社会主义先进文化的引导是决定文化发展方向的关键。当前，在不同意识形态和文化背景影响下形成了多元的思想体系，既包括了冲突与合作，也囊括了排斥与融合。由于社会思潮源于社会现实问题，具有一定的现实性，并且因其与人民生活紧密相连，容易在群众中传播和被接受，从而产生一定的社会影响力。社会思潮的发展具有双向性，符合社会先进文化发展要求的社会思潮，能够促进社会发展，产生积极的影响；而落后甚至反动的社会思潮则可能带来负面影响，破坏主流文化的社会认同感。改革开放以来，经济主体的多元化也导致了文化的多样性。通过社会主义核心价值体系的引领，消解不利因素的影响，构建社会主义核心价值体系成为重要战略任务。社会主义核心价值体系作为主流文化，应鼓励和促进正面社会思潮的发展，使社会主义文化发展的方向更明确，目标和任务更清晰。同时，对于反主流的社会思潮，社会主义核心价值体系也应发挥引领作用，坚决遏制其产生的负面影响。在保障文化发展方向的同时，社会主义先进文化能营造一个健康、积极的社会文化环境，对维护社会政治稳定和经济可持续发展发挥重要作用。社会主义先进文化是社会思想道德的基础。一个稳定和谐的社会需要共同的价值追求和道德规范。社会主义先进文化提供了这样一种共识，使人们在快速变化的社会环境中能够找到价值的准绳和精神的寄托。

在全球化的背景下，各种文化和思想的交流日益频繁，容易引发思想的多元化和价值观的碰撞。社会主义先进文化能够为社会思潮提供方向，帮助人们筛选和吸收有益的思想，抵制和防范错误的观点，保持文化的主导权和社会的稳定。在面对个人主义、物质主义等西方思潮的冲击，中国强调社会责任和集体利益的重要性，以维护社会和谐和民族团结。然而，社会主义先进文化的建立和推广需要全社会的共同努力。政府应当通过立法、政策引导等方式，为社会主义先进文化的引领创造条件；教育系统应该将社会主义先进文化融入教学的内容和过程中，培养学生的价值认同；媒体和网络平台则应承担起监督和引导的责任，传播正面信息，净化社会主义先进文化的环境。社会主义先进文化的引领作用已经得到了充分的体现。不论是面对新冠疫情的巨大压力还是在其他重大社会事件和自然灾害面前，社会主义先进文化展现了强大的凝聚力和动员力，激发了全社会的正能量。

第二，社会主义先进文化体现了广大人民基本的文化需求，有助于凝聚全社会的文化共识。社会主义先进文化根植于当前社会中，能够准确映射社会发展的实际情况，与社会进步的步伐紧密相连。社会主义先进文化能够满足不同群体、不同层次人民的多样化文化需求，显示出其普遍性。弘扬民族精神和深厚的爱国主义情感，将其作为连接各民族、各社会阶层乃至全球华人的精神纽带。社会主义先进文化不仅反映了人民群众的基本需求，而且通过共享的文化价值观来满足人们的多元需求，有效地在全社会形成对主流文化的广泛认同，推动文化的发展和文明的进步。

首先，群众的诉求不仅仅在于物质需求的满足，更在于精神层面的富足和道德层面的提升。社会主义先进文化为人们提供了共同的目标和价值取向，如尊重科学、崇尚创新、倡导平等、强调公正等，都是现代社会群众普遍期待实现的理念。通过这些价值观念的普及和实践，可以激发群众进步的内在动力，促进社会的全面进步。其次，社会主义先进文化有助于维护社会和谐稳定。在多元化的社会环境中，不同群体间的利益冲突和文化差异可能导致社会撕裂和矛盾。社会主义先进文化的建立和推广，尤其是强调共同利益和集体责任的价值导向，可以有效减少冲突、缓和矛盾，增进不同群体之间的理解和信任。例如，强调爱国主义和民族团结，可以增强国民对国家的认同感和归属感，从而维护国家统一和社会稳定。政府应当发挥引导作用，将社会主义先进文化融入文化政策制定中，确保价值体系的权威性和普遍性。教育系统则应将社会主义先进文化纳入教育内容，通过课堂教学、实践活动等方式培养学生的价值认同。媒体和网络平台也应承担起社会责任，传播正面的价值信息，抵制错误的价值观念，塑造良好的舆论环境。

第三，社会主义先进文化展现出显著的包容性，为文化的融合与创新提供了土壤。社会主义先进文化的引领作用，并不意味着它排斥其他思想文化，而是表明了它的高度包容性。这种包容性以马克思主义为其理论基础，以民族精神、爱国主义以及时代精神为追求目标，以社会主义的荣辱观为准则，接纳符合主流价值观的文化元素，并对反主流文化进行积极的吸纳和改造。这一过程中，通过吸收社会各种思潮的积极成分，为社会主义先进文化提供养分，促进其向更加健康和有序的方向发展。社会主义先进文化的包容性主要体现在对不同文化价值观念的接纳和融合。这种包容性基于对文化多样性的尊重，认识到不同文化在人类文明进程中的独特作用和价值。社会主义先进文化不是封闭的、排他的，而是开放的、包容的，它鼓励对外来文化的学习和借鉴，力求在继承和发展中实现文化的创新。社会主义先进文化的包容性使其能够吸收世界各国文化的精华，通过对外来文化的借鉴和吸收，丰富自身的文化内涵，促进文化的创新和发展。这种文化交流和融合不仅有助于提升国民的文化素养，而且为文化产业的发展提供新的思路和经验。

社会主义先进文化的包容性还体现在对本民族传统文化的尊重和继承。在全球化背景下，保护和发展民族文化显得尤为重要。社会主义先进文化通过吸收和借鉴其他文化的优点，不断丰富和发展自身，同时也为民族文化的传承提供了更加广阔的空间。首先，积极参与国际文化交流和合作，是推动社会主义先进文化包容性发展的重要途径。通过文化交流活动，不仅可以展示社会主义文化的魅力，还可以深入了解其他文化，促进不同文化之间的相互学习和借鉴。其次，加强民族文化的保护和振兴，是实现文化传承和发展的关键。应该采取有效措施，保护民族文化遗产，同时积极探索民族文化与现代文化的融合之路，促进民族文化的创新和发展。最后，构建全面、多元、开放的公共文化服务体系，是实现文化包容性的基础。通过提供丰富多样的文化产品和服务，满足不同群体的文化需求，促进文化的多元发展和社会文化的整体进步。

（三）提升社会主义先进文化涵养化育的效能

社会主义先进文化是国家文化软实力的重要组成部分，是民族精神的重要承载体。提升社会主义先进文化的涵养化育效能，对于增强人民群众的文化自信、建设社会主义文化强国具有重大意义。提升社会主义先进文化的涵养化育效能，可以从个人素养提升、国家价值引领以及国际文化影响力等方面着手。

第一，加强思想政治教育工作，提升社会主义先进文化对个人素养塑造的引领作用。社会主义先进文化对个人道德修养、知识水平、审美志趣和行为习惯等具有潜移默化的重要影响，引领着人们的思想道德建设。通过教育系统、媒体传播、公共政策等途径，社会主义先进文化融入人们的日常生活和工作之中，成为人们自觉遵循的行为规范，能够有效提升公民的文化素质和社会文明程度。社会主义先进文化倡导科学精神和创新意识，鼓励个人追求知识、探索真理。激励个体去学习科学知识、掌握技术技能，并运用于社会实践和生产实践中。对科学文化的追求不仅提升了个人的科学素养，还为国家的科技进步和社会发展注入了源源不断的动力。

社会主义先进文化强调美育的重要性，提倡通过艺术和文化活动来丰富人们的精神世界。无论是文学、音乐、绘画还是戏剧、电影等艺术形式，都是社会主义先进文化的重要组成部分。参与这些艺术活动，不仅能够培养个人的审美能力和艺术鉴赏力，还能够提升个人的文化品位和生活质量。社会主义先进文化倡导每个公民都应承担起自己的社会责任，积极参与社会管理和公共事务。社会主义先进文化的推广有助于增强个人的社会责任感和公民意识，使个人在享有权利的同时，也能自觉履行义务，为社会的和谐与进步作出贡献。社会主义先进文化还关注个人的身心健康，提倡健康、积极、向上的生活方式。通过参与体育运动、健身活动以及养成良好的生活习惯，个人可以增强体质、提高生活质量，同时也有助于形成积极向上的社会风气。

第二，提供优质的文化供给，加强社会主义先进文化对社会价值的引领作用。文化供给质量在一定程度上影响社会主义先进文化的辐射力和传播效果，高质量的文化内容和丰富的文化形式能够增强社会主义先进文化的吸引力和感召力，更有效地构建正向的社会价值导向，从而在全社会树立积极向上的精神风貌和道德风尚，增强人民对社会主义文化的认同感和归属感。

首先，社会主义先进文化强调以人民为中心，尊重人民主体地位，充分发挥人民的创造精神。深化文化体制改革，激发文化生产的活力和创新能力，提高文化产品和服务的质量，满足人民群众日益增长的精神文化需求。促进文化资源的合理配置，提高文化生产的效率，使得社会主义先进文化更加丰富多彩、充满活力。同时给予广大人民群众更多创新创造的机会。广大人民群众不再是被动接受文化的对象，而是成为积极参与文化建设、创造文化成果的主体。这种主体性的提升，使得文化更加贴近人民生活，更能反映人民的真实需求和期待，从而在全社会范围内形成强大的凝聚力和向心力。

其次，社会主义先进文化倡导科学精神和人文精神的有机统一。科学精神体现在对真理的追求、对创新的鼓励以及对实践的重视，而人文精神则体现在对人的全面发展、对个体尊严与权利的维护以及对和谐社会关系的建立。通过文化体制改革提高对知识产权的保护作用，不仅能够更好地推动科学技术的进步和社会生产力的发展，也能进而促进人的全面成长和社会文明程度的提升。

再次，社会主义先进文化注重历史传承与时代创新的结合。它不割裂传统，不盲目崇洋，而是在继承中华优秀传统文化的基础上，吸收人类文明的有益成果，与时俱进地进行创新发展。这种开放包容的态度，使得社会主义文化既具有深厚的历史底蕴，又展现出鲜明的时代特色，更为人民群众提供了丰富的精神食粮。

最后，社会主义先进文化突出了道德建设和法治建设的相互促进。道德是内心的法律，法律是成文的道德。社会主义先进文化通过提倡诚实守信、公平正义等道德规范，引导人们自觉遵守法律法规，形成了良好的社会风尚。同时，法治建设也为文化发展提供了有力的制度保障，确保了文化活动的有序进行和文化权益的有效保护。提升社会主义先进文化涵养化育的效能需要多方面的努力。教育领域可以将社会主义先进文化融入课程体系和校园文化建设中，通过生动活泼的教学方式，培养学生的道德情操和社会责任感。媒体行业可以通过电视、电影、网络等多样化的渠道和形式，广泛传播主旋律和正能量，塑造积极向上的社会风尚。同时，图书馆、博物馆、文化馆等公共文化设施是社会主义先进文化传播的重要阵地。通过这些设施的免费开放和服务优化，可以吸引更多的群众参与文化活动，享受文化成果，从而提高群众的文化素养和审美能力。

第三，注重文化创新，增强文化的吸引力和感染力，提高国家文化软实力。一个国家的文化影响力是其文化软实力的重要体现。社会主义先进文化的国际传播能够增强其他国家公众对中国的认知和理解，提升国家形象，扩大中国文化在全球的影响力。文化创新是文化发展的动力源泉。只有不断推陈出新，才能使社会主义先进文化始终保持生机与活力。鼓励文艺创作、新闻出版、网络文化等领域的创新，生产出更多反映时代精神、展现民族风貌、具有深厚思想内涵的优秀文化产品，进而有效提升社会主义先进文化的传播力和影响力。

首先，文化创新体现在对传统文化的现代诠释上。传统文化是一个民族的根和魂，其中蕴含着丰富的历史智慧和生活哲学。通过创新的方式重新解读传统文化，可以使其焕发新的生机。如中国春节、中秋节等传统节日，经过现代包装和创新传播，不仅在国内受到重视，也在世界各地产生了影响，成为中华文化的代表符号。这种创新不是简单地复古或复制，而是在继承的基础上赋予其新的时代内涵和社会价值。

其次，文化创新表现为艺术和创意产业的发展。随着科技的进步和市场的需求，艺术和创意产业成为新的经济增长点。电影、音乐、设计等领域的创新产品不仅满足了人们的精神需求，也促进了文化的交流和多元化发展。例如，中国动画电影《长安三万里》，不仅展示了中国动画产业的技术进步，更重要的是它将中国的历史故事进行了现代化改编，赢得了国内外观众的喜爱。

最后，政府可制定相应的文化政策，鼓励文化创新和实验，为文化创意人才提供展示才华的平台。同时，加强对知识产权的保护，保障创作者的合法权益，激发其创造潜能。教育体系可培养具有创新意识和创造力的人才，为文化创新提供源源不断的动力。文化创新是一个民族文化发展和社会进步的重要推动力。要求人们在尊重和传承传统文化的基础上，不断探索新的文化形式和表达方式。

文化创新是国家文化软实力提升的动力源泉。通过文化创新，增强文化的吸引力和感染力，提升国家的文化软实力，促进文化的多样性和世界文化的共同繁荣。在当今世界，文化多样性和文化交流的频繁使得各种文化观念和价值取向相互碰撞、交融。只有不断创新，才能使本国文化保持独特性和鲜活性，才能在国际舞台上展现出独特的魅力。文化创新不仅仅是对传统文化的现代诠释，更是在传承中创造性转化、创新性发展，使文化始终充满动态活力和时代气息。通过文化产业的发展壮大、文化交流与合作的深入推进、公民文化素养的全面提升以及文化品牌的精心塑造，有效提升国家的国际影响力和文化竞争力。在全球化的今天，文化软实力已成为国家综合实力不可忽视的重要组成部分，对于促进世界和平与发展、构建人类命运共同体具有重要意义。

综上所述，提升社会主义先进文化涵养化育的效能是一个系统工程，需要政府、社会和个人的共同努力。通过深化文化体制改革、加强文化创新、保护传承历史文化、完善公共文化服务等措施，有效提升社会主义先进文化的影响力和感召力，为构建和谐社会、推进文化强国建设夯实基础。

（四）推进社会主义先进文化发展的制度建设

在深化改革开放和加快现代化建设的进程中，社会主义先进文化的发展日益显示出其重要性。文化不仅承载着民族的历史与精神，更是国家文化软实力的重要组成部分。因此，推进社会主义先进文化的制度建设成为实现文化繁荣和文化强国战略的关键一环。制度是社会主义先进文化发展的基础。一个完善的文化制度能够为文化事业和文化产业提供稳定的政策环境，确保文化发展的连续性和前瞻性。在制度建设中，必须坚持党的领导，确保文化发展始终沿着正确的政治方向前进。同时，还要加强文化立法，完善文化市场管理制度，保护知识产权，规范文化市场秩序。

第一,社会主义先进文化发展需始终坚持以人民为中心的发展思想。恩格斯指出:"最初的、从动物界分离出来的人,在一切本质方面是和动物本身一样不自由的;但是文化上的每一个进步,都是迈向自由的一步。"[1] 文化的实质是推动社会的发展以及人的自我实现,其最终目的在于促进人的自由全面发展。因此,社会主义先进文化的发展,必须以提升人的精神境界、丰富人的精神世界为出发点和落脚点。要将满足人民群众日益增长的精神文化需求作为文化工作的中心任务,不断推动文化创新,提高国民整体素质。一是坚持以人民为中心的创作导向,鼓励文艺工作者深入生活、扎根人民,创作出更多反映时代精神和人民心声的优秀作品;二是推进公共文化服务体系建设,保障人民群众基本文化权益,让文化成果惠及更多人;三是加强文化教育和人才培养,充分发挥教育在传承和发展社会主义先进文化中的基础性作用。

同时,面对全球化带来的文化多元冲击,坚持以人民为中心的文化发展思想有助于人们树立文化自信,构建具有鲜明时代特征、民族特色和中国风格的社会主义先进文化。要尊重文化多样性,充分吸收借鉴人类优秀文化成果,推动中华文化走向世界,增强国家文化软实力和中华文化影响力。要加大对文化事业的投入和支持,制定相应的政策和法规,营造良好的文化发展环境;市场主体要积极创新,提供丰富多样的文化产品和服务;社会各界也要参与文化建设和文化传播,形成全社会支持文化发展的合力。

第二,推动社会主义先进文化发展需要强化制度执行力。随着社会主义现代化建设的不断推进,社会主义先进文化的发展日益成为国家软实力和凝聚力的重要来源。为有效涵养和培育社会主义先进文化,不仅需要完善的制度设计,更需要强化制度执行力度,确保文化政策和规章得到贯彻实施,从而引领社会主义文化繁荣兴盛。制度的制定只是第一步,有效执行才能确保制度发挥预期作用。必须加强文化市场的监管,严格执法,打击侵权盗版行为,保护消费者权益。建立文化发展的评估和监督机制,定期对文化政策的实施效果进行评估,及时调整和完善相

---

[1] 《马克思恩格斯文集》第 9 卷,人民出版社 2009 年版,第 120 页。

关政策。

首先,强化制度执行力度是保障文化公平性的必要条件。社会主义先进文化强调全民共享、共同参与,意味着必须通过有效的制度执行来保证每个公民都能平等地获取文化资源和服务。无论是在城市还是在农村,抑或是各民族、各群体都应该实现文化权益的真正平等。为此,需要加强法律法规的执行监督,完善公共文化服务体系,确保文化惠民政策落到实处。

其次,提高制度执行效率是促进文化产业发展的关键因素。文化产业作为国民经济的重要组成部分,健康发展离不开规范的市场环境和有序的竞争格局。政府部门应当通过加大执法力度,打击盗版假冒等违法行为,保护知识产权,激励创新,通过税收优惠、资金扶持等措施,支持文化企业增强核心竞争力,推动产业升级。

再次,加强制度执行是维护网络文化安全的有效途径。网络已成为社会主义先进文化传播的重要阵地,但也存在谣言传播、低俗内容泛滥等诸多乱象,严重影响了网络文化的生态健康。因此,需要加大网络监管力度,严格落实网络文化管理法规,清理整顿网络环境,营造清朗的网络空间,保障公民合法的文化权益。

最后,严格执行制度是塑造良好国际形象的必要手段。在国际交流与合作中,中国文化的展示需要遵循国际规则和惯例。强化制度执行力度对于推动社会主义先进文化发展具有不可替代的作用。只有确保制度的严格执行,才能实现文化资源的合理分配,保障公民的基本文化权益;才能促进文化产业的健康发展,提升国家的文化软实力;才能维护网络文化的生态安全,构建积极健康的网络环境;才能在国际舞台上树立良好的中国文化形象,增强国家的文化自信。因此,必须从制度建设与执行两方面入手,为社会主义先进文化的繁荣发展提供坚实的保障。通过加强涉外文化法规的执行,帮助更好地传递中国声音,展现中国风貌,提升国家的国际影响力和话语权。

第三,完善坚持正确导向的舆论引导工作机制。在当代社会,舆论引导不仅是信息传播的重要手段,更是塑造公共意识、推进社会治理、维护社会稳定的重要途径。随着媒体格局和信息技术的飞速发展，完善坚持正确导向的舆论引导工作机制显得尤为迫切。

在国家层面，要加强顶层设计，明确舆论引导的目标和任务。国家和政府层面需要出台明确的指导文件，为舆论引导工作提供政策支持和方向指引。同时，要结合社会发展的实际情况，不断更新和完善相关策略，确保舆论引导与时俱进。此外要建立健全监测预警系统。在信息化时代，舆论动态变化迅速，因此需要建立一套有效的监测预警系统，实时捕捉舆情动态，分析和研判可能出现的风险和问题，以便及时采取有效应对措施。

在社会层面，首先，要强化媒体素养教育。提高公民媒体素养是预防和解决舆论风险的重要途径。通过学校教育、社会组织培训等多种途径，普及媒体知识，提升公众辨别信息真伪的能力，增强社会整体的舆论引导力。其次，要发挥好主流媒体的引领作用。主流媒体是舆论引导的主力军，要不断提高其影响力和公信力，用权威准确的消息和深度报道吸引公众注意力，引导社会舆论走向。加强网络舆论引导。互联网已成为舆论主战场，要重视网络空间的舆论引导工作，加强对网络平台的监管，规范网络传播秩序，培养专业的网络舆论引导队伍。再次，推动媒体融合发展。促进传统媒体和新媒体的深度融合，利用大数据、人工智能等技术手段，创新传播方式，拓宽信息传播渠道，增强舆论引导的覆盖面和渗透力。最后，建立多元化的舆论反馈机制。舆论引导不是单向传播，而是需要听取反馈、进行互动的过程。因此，要建立起政府、媒体与公众之间的有效沟通机制，允许并鼓励公众参与到舆论监督和反馈中来。

第四，社会主义先进文化的公共性要求制度建设兼顾公平与效率。在推进文化发展的同时，要注重保障人民群众的基本文化权益，使文化成果惠及更多人。应建立健全公共文化服务体系，加大对基层和农村地区文化设施的投入，提高公共文化服务的覆盖面和质量。同时，通过政府购买服务等方式，鼓励社会力量参与公共文化建设。在构建社会主义先进文化的过程中，必须正视文化的公共性问题，确保文化资源和成果更公平地惠及全体人民。这一目标的实现离不开制度层面的合理规划与有效执行,制度建设需要兼顾公平性与效率性的双重要求。公平性是指每个公民都能有机会接触和利用文化资源,共同享受文化发展的成果。这种公平不仅仅体现在物质资源的分配上,更涉及文化机会、文化权利的均等化。

只有当社会中的每一个成员都能够平等参与到文化生活,才能真正形成富有生命力和凝聚力的社会文化氛围。这就要求在制度建设上,确保文化资源的合理分配,消除地区、群体之间的差异,特别是要关注边远地区、少数民族地区群众的文化需求,保障基础文化服务的普遍覆盖和平等获取。效率性则强调在资源有限的情形下,通过合理的制度安排和科学的管理方法,最大化文化资源的使用效益。包括提高文化建设项目的投入产出比,优化文化资源配置,以及提升文化服务的质量与效率。在追求效率的同时,不能忽视文化的内在价值,不能仅以经济效益来衡量文化项目的成功与否。因此,在制度建设中,应当找到平衡点,既促进文化产业的发展,又注重文化的社会效益和精神价值。

社会主义先进文化的公共性要求制度建设兼顾公平与效率,这不仅关系到文化资源的合理利用和文化服务的有效提供,更是实现社会主义文化繁荣发展的重要保障。其一,完善文化资源分配制度。建立公平合理的文化资源分配机制,通过财政转移支付、文化惠民工程等方式,保证不同地区、不同群体享有基本的文化服务。其二,推动文化立法工作。制定和完善相关法律法规,确保公民的文化权利得到法律保障,同时为文化管理和服务提供法律依据。其三,加强文化基础设施建设。均衡布局公共文化设施,尤其是加大对欠发达地区的支持力度,缩小城乡文化服务差距。其四,创新文化管理体制。优化文化管理体制,建立多元化的文化管理机制,引入社会资本参与文化建设和管理,提高文化项目的运营效率。其五,培育公民文化素质。通过教育和培训,提高人民的文化素养,激发广大群众参与文化创造和文化享受的热情。进而使广大人民群众朝着建设更加繁荣、发达、丰富的社会主义先进文化的方向迈进。

总之，充分发挥中国特色社会主义文化的资源优势，是满足人民精神文化需求的基本途径，是增强国家文化软实力的应有之义，是激发中华文化发展的重要源泉。发挥中国特色社会主义文化的资源优势，首先，要坚持"两个结合"肩负起推进文化自信自强的使命。深刻把握"两个结合"的实践要义，对于人们更好担负起推进文化自信自强的使命，建设中华民族现代文明，具有重要意义。其次，要构建推动中华优秀传统文化传承与创新的新格局，加强中华优秀传统文化的研究和阐释，赋予其新的时代内涵，通过不断创新表现形式，使其焕发新的时代光彩。再次，要大力弘扬赓续革命文化，厚植文化发展的精神基因。赓续革命文化是对共产党人初心的坚守，也是对未来的启迪与引领，意味着人们要继承和发扬那种不怕困难、勇于斗争的精神。最后，要强化用社会主义先进文化培根铸魂的目标和任务。大力发展社会主义先进文化，推动社会主义先进文化深入人心和繁荣。让世界更好地理解中华文化的博大精深，更好地塑造新时代中国的形象，为建设社会主义文化强国、实现中华民族伟大复兴奠定坚实的文化基础，为推动人类文明发展提供中国方案、贡献中国智慧。

第 二 章

推进社会主义意识形态建设的守正创新

党的二十大报告指出："意识形态工作是为国家立心、为民族立魂的工作。"① 党的十八大以来，中国共产党将推进意识形态建设工作提升到了一个全新的高度，并把它放在了中国特色社会主义事业全局工作的重中之重，从思想理论创新、制度体系构建等多个层面上来推动意识形态建设的守正创新。新时代社会主义意识形态建设在守正的基础上不断与时俱进、创新发展，既是提升中国共产党的执政能力、巩固执政基础的必然要求，也是防范化解社会主义意识形态建设领域风险的现实考量。总而言之，推进社会主义意识形态建设守正创新是更好凝聚社会共识、维护国家意识形态和文化安全、实现中华民族伟大复兴的思想基础。推进社会主义意识形态建设的守正创新要洞察时代大势科学研判社会主义意识形态建设的坐标定位，聚焦本质规律辩证认识社会主义意识形态建设的原则导向，把握历史主动系统优化社会主义意识形态建设的战略举措，系统部署推进社会主义意识形态建设制度体系的建构完善。

一 洞察时代大势科学研判社会主义意识形态建设的坐标定位

洞察时代变化和时势发展，科学判断和把握意识形态工作的坐标定

---

① 《习近平著作选读》第 1 卷，人民出版社 2023 年版，第 36 页。

位,是党领导推进意识形态建设守正创新的必然选择,这就需要我们准确把握"两个大局"的历史发展大势,深刻洞察新征程上意识形态领域面临的新形势和新问题,审时度势、深谋远虑,明确新的历史条件下社会主义意识形态建设的新定位和新要求。

(一) 从实现中华民族伟大复兴研判意识形态建设的方位

方位是历史过程中的一个坐标,对历史的走向和未来有深远的启示,并在一定程度上决定了在不同发展时代意识形态领域所遭遇的困境。从早期为新中国成立凝聚思想共识,到为改革开放转变价值观念,再到新时代为推动伟大事业提供理论准备,审时度势把握时代脉络,是社会主义意识形态建设的先决条件。只有认清历史方位,才能更好地掌握国际形势,才能找到正确的前进道路,才能赢得光明的发展前途。

回顾社会主义意识形态建设的百年历程,我们党始终注意根据时代变化把握意识形态建设的历史方位,从而更好地团结和领导人民,取得新的胜利。回顾历史,我国社会主义意识形态建设经历了从探索、融合、改革的历史发展过程,也是社会主义意识形态建设由局部走向整体、从继承走向创新的过程。习近平总书记站在新时代中华民族发展全局的战略高度,强调要"准确把握世界范围内思想文化相互激荡、我国社会思想观念深刻变化的趋势,强调意识形态工作是为国家立心、为民族立魂的工作"[1],对意识形态工作作出了明确战略部署,明确了新时代社会主义意识形态建设的守正创新必须从对历史方位变化的深刻认识出发,紧密围绕党的中心工作,"牢牢掌握意识形态工作领导权,建设具有强大凝聚力和引领力的社会主义意识形态"[2]。

首先,要准确辨识世界格局,明确国外意识形态建设的方向。正确

---

[1] 《中国共产党第十九届中央委员会第六次全体会议文件汇编》,人民出版社 2021 年版,第 69 页。
[2] 《中国共产党第十九届中央委员会第六次全体会议文件汇编》,人民出版社 2021 年版,第 69 页。

认识世界格局及国际形势变化，对于社会主义意识形态建设具有重要意义。中国特色社会主义要在百年未有之大变局中屹立不倒，必须坚持和发展社会主义意识形态。中国共产党一百多年的成功实践充分说明，在新的时代背景下，正确地认识和把握时代发展规律，才能更好地开展意识形态工作。当前，国际形势瞬息万变，中国特色社会主义事业正在面临百年未有之大变局，虽然中国在全球范围内取得了令人瞩目的成绩，在国际上影响力日益增强，但部分西方国家仍然固守冷战思维和意识形态偏见，视中国崛起为威胁，推行霸权主义和强权政治，借助技术霸权蓄意制造、散布对中国不利的言论，对中国对世界发展作出的贡献视而不见，恶意抹黑党和国家形象，甚至企图从意识形态上动摇、瓦解党的执政基础。社会主义意识形态传播能力决定影响力，话语权意味着主动权。当今世界正处于动荡不安的转型期，具有前所未有的不确定性，我们前进的方向要更加坚定、更加清晰，不断增强应对各种风险和挑战的能力，与国际社会开展更加广泛的合作，增强社会主义意识形态对外传播力与影响力，让世界更加客观、全面、公正、真实地认识了解中国，为中国特色社会主义事业积聚精神力量。

其次，要准确洞察国内形势，明确国内意识形态建设的方向。精神力量是中华民族伟大复兴的内在支持和驱动力，增强中华民族伟大复兴的精神力量，道阻且艰。我们要有坚韧不拔的勇气和毅力，更要有强烈的民族认同和民族文化归属，以此来增强中华民族伟大复兴的信心和自信，将实现中华民族伟大复兴的精神力量转化为前进道路上披荆斩棘的武器，汇聚起中华民族伟大复兴磅礴的精神伟力。社会主义意识形态始终在中国社会革命、改革过程中起到举旗定向、凝聚力量的重要作用，为实现国家独立、民族富强提供了精神力量，成为引导广大人民群众高举马克思主义伟大旗帜，夺取社会主义革命、建设、改革伟大成就的精神保障。因此，在新的历史时期，要坚持和发展中国特色社会主义，牢牢把握社会主义意识形态工作领导权。回望过去，中国特色社会主义建设取得了历史性的成就，实现了中华民族由"站起来"到"富起来"再到"强起来"的跨越。站在新的历史方位上，要在全社会进行广泛的意识形态建设就显得尤为重要，实现中华民族伟大复兴，必须不断增强社会主义意识形态凝聚力、引领力。

（二）从围绕中心服务大局审视意识形态工作的极端重要性

马克思主义经典作家创立了系统全面的意识形态理论，对于意识形态和经济基础二者间的关系，尤其是彼此间的内在关联，进行了翔实的阐释。马克思指出："物质生活的生产方式制约着整个社会生活、政治生活和精神生活的过程。"①"政治、法、哲学、宗教、文学、艺术等等的发展是以经济发展为基础的。但是，它们又都互相作用并对经济基础发生作用。"②习近平总书记也对经济建设和意识形态工作之间的关系作出了明确论断，强调："既要切实做好中心工作、为意识形态工作提供坚实物质基础，又要切实做好意识形态工作、为中心工作提供有力保障"③。也就是说，一方面，要始终立足于经济建设，积极助推经济向高质量发展转型，满足国民对美好生活的切实需要；另一方面，要用"以人民为中心"的价值理念引领、渗透"以经济建设为中心"，对市场经济逐利性单一价值目标进行纠偏，实现经济发展成果由全体人民共享，切实解决好发展不平衡不充分的结构性弊病。经济建设与意识形态建设彼此间具有交互性，要求我们在紧抓经济发展的同时，决不能对意识形态工作有半点松懈，要从围绕中心服务大局审视意识形态工作的极端重要性。

首先，要科学认识和正确处理经济建设与意识形态工作的关系。一国的综合实力可以分为"硬实力"和"软实力"两方面，扎实推动经济建设，为意识形态工作奠定物质基础，这是"硬实力"。习近平总书记指出："只要国内外大势没有发生根本变化，坚持以经济建设为中心就不能也不应该改变。这是坚持党的基本路线100年不动摇的根本要求，也是解决当代中国一切问题的根本要求"④。我国今后很长一段时

---

① 《马克思恩格斯文集》第2卷，人民出版社2009年版，第591页。
② 《马克思恩格斯文集》第10卷，人民出版社2009年版，第668页。
③ 《习近平关于社会主义文化建设论述摘编》，中央文献出版社2017年版，第21页。
④ 《习近平谈治国理政》第1卷，外文出版社2018年版，第153页。

间内意识形态工作要围绕中心、服务大局的主基调。扎实地推动意识形态工作，其最终目标是为我国经济建设提供强大的理论指导和精神保障，二者相辅相成，既不能因紧抓中心工作就松懈，甚至忽略意识形态工作，又不能因强调意识形态工作而与中心工作脱节。

意识形态是上层建筑，既受经济基础的限制，又在某种程度上影响着经济基础。可以说，意识形态工作在经济建设与发展中起着导航把脉、铸魂固本的重要作用。只有充分认识到上层建筑对经济基础的能动作用，不断完善意识形态工作，才能更好地为经济社会高质量发展服务。而坚持以经济建设为中心，是解决各种发展问题的必然要求。这是我们在改革开放以后，根据中国的基本情况和最大的实际，对社会主义现代化进行的成功的探索和发展。实践表明，只要把经济搞得很好，就能为各项事业的发展打下坚实的物质基础。因此，必须把经济建设摆在全党工作的中心位置，一切工作都必须服从这个中心，意识形态工作也不例外。党的十八大以来，根据我国经济社会发展新情况和新要求，习近平总书记提出："经济建设是党的中心工作，意识形态工作是党的一项极端重要的工作"[①]，这是中国共产党在新时代推进意识形态建设的重大决策，是对中国革命、建设、改革、发展各阶段思想体系建设的一次重要经验的总结，也是对当今中国意识形态工作所面对的国际、国内形势的深刻认识。党在经济建设和意识形态建设方面，坚持协同推进、双向赋能，有助于全面地提高中国的物质力量和精神力量，进一步提高中国的综合实力。

其次，要科学应对新时代市场经济逻辑衍生的风险挑战和错误思想。党的十八大以前，一些党员干部对意识形态工作和经济建设存在着认识上的误区，没有理论自觉，无意识地将意识形态工作和经济建设相分离，以抓紧发展经济为理由，轻视、忽视意识形态工作，导致意识形态工作长期没有得到重视，从而导致了一系列问题。"拜金主义、享乐主义、极端个人主义和历史虚无主义等错误思潮不时出现，网络舆论乱象丛生，一些领导干部政治立场模糊、缺乏斗争精神，严重影响人们思

---

① 《习近平著作选读》第 1 卷，人民出版社 2023 年版，第 147 页。

想和社会舆论环境。"① 因此,要清楚认识到意识形态工作在一切工作中的定位,辨别当前意识形态工作中出现的一系列挑战、问题和考验,纠正个别党员干部的错误观念,促进新时代意识形态工作取得成效。

与此同时,意识形态建设必须有勇气同经济方面的错误思想作斗争,明确目前的错误观点,为社会主义意识形态建设工作指明正确方向。目前部分居心叵测的学者强调,要把意识形态从经济中脱离出来,提出我国经济建设搞得不好,很大程度上是由于思想观念的影响。这种说法很迷惑,很具有煽动性,不但蒙蔽了一部分群众,而且蒙蔽了一部分党员和行政工作者。在此背景下,意识形态工作者要重点剖析这一观点的实质,这种观点要把马克思主义理论从经济领域中剥离出来,不断动摇中国共产党在经济领域中的核心领导地位,从而进一步误导中国经济改革方向,将经济制度的自我完善和发展转变为全方位颠覆性的变革,以此根本上动摇和瓦解我国社会主义基本经济制度,彻底否认中国共产党的领导。同时也要教育全党、全国人民,充分认识到新自由主义在我国所造成的巨大危害,坚定地与市场全能等论断进行斗争,使意识形态工作始终与党和国家中心工作紧密相连。

最后,要紧密围绕公众关注的现实问题,做好意识形态建设的长期准备。要把意识形态工作同实际问题联系起来,让广大人民群众自觉投身于社会主义建设事业。要实现"两个一百年"奋斗目标,就必须有一个共同的思想、目标和价值观。中国特色社会主义进入新常态,意识形态工作者不仅要勇于面对社会发展现实问题,给予积极回应和科学解答,而且要坚决反对一切借改革之名危害国家和人民利益的行径。同时要注意与经济建设的中心目标紧密配合,要通过多种方式进行政策宣传,使公众对目前改革发展形势、社会经济状况有一个正确的预期,未雨绸缪,增强防范经济下行压力带来的风险,尤其要关注特殊利益群体并进行疏导,力争在全社会构建一个同心圆,调动各方的积极性,使整个社会全体人民以一种主人翁精神投入社会主义事业建设,并坚持不懈

---

① 《中国共产党第十九届中央委员会第六次全体会议文件汇编》,人民出版社 2021 年版,第 69 页。

地为实现"两个一百年"奋斗目标而艰苦奋斗。

与此同时,加强意识形态建设工作要做好长期准备。新中国成立以后,全党以建设社会主义为中心,意识形态工作主要为社会主义建设服务,引导全社会积极投身社会主义建设事业,社会主义意识形态不断焕发生机。党的十一届三中全会后,把意识形态工作的重心放在了围绕经济建设上,把解放思想和发展经济作为意识形态工作的重点,在全社会创造了一个良好的改革开放环境,促使人民思想得到充分解放,社会活力得到极大释放,中国的经济也因此步入了高速发展的快车道。党的十八大后,中国共产党提出"实现第一个百年奋斗目标,开启实现第二个百年奋斗目标新征程,朝着实现中华民族伟大复兴的宏伟目标继续前进"[1]。如今,中国人民越来越有信心、越来越有能力,也越来越接近中华民族的伟大复兴,社会主义意识形态建设要始终围绕这个时代课题,凝聚力量,为这一历史性伟业的实现创造有利的精神条件。

综上所述,中国特色社会主义事业发展到了一个全新的历史时期,意识形态工作在这一新时期显得越来越重要。没有马克思主义的思想指导,没有社会主义意识形态的引领,没有中国共产党的保驾护航,是不可能建成社会主义现代化强国的。习近平总书记强调,经济建设与意识形态工作是相辅相成的。当今世界正经历百年未有之大变局,要让中国始终在正确的航线上乘风破浪,在伟大斗争中夺取新的辉煌胜利,就必须围绕中心工作,进行深入细致研究,为更好地服务大局提供坚实的思想保证。唯有如此,才能把经济建设和意识形态工作真正结合在一起,形成更加有力的力量,推动我国更好更快地发展。党的二十大报告也指出:"中国式现代化是物质文明和精神文明相协调的现代化。"[2] 从精神文明与现代化的内在逻辑出发,增强社会主义意识形态的引领力与凝聚力,必须从中国特色社会主义的总体布局中,深刻认识意识形态工作的价值、地位和作用,不断完善意识形态工作,使我们的意识形态工作能

---

[1] 《中国共产党第十九届中央委员会第六次全体会议文件汇编》,人民出版社 2021 年版,第 45 页。

[2] 《习近平著作选读》第 1 卷,人民出版社 2023 年版,第 19 页。

够更好地围绕中心服务大局,更好地为经济和社会发展服务。

(三) 从意识形态斗争的新形势明确意识形态建设的目标

明者因时而变,智者因事而制。中国特色社会主义发展到了一个新的历史时期,社会各个方面都出现了一些新变化,这给社会主义意识形态建设带来了新的挑战和机遇。牢牢树立马克思主义的指导地位,加强社会主义意识形态宣传工作,还有很长的路要走。习近平总书记指出:"新形势下,意识形态领域斗争复杂尖锐。"① 必须对这场斗争的长期性、复杂性有一个清醒认识,以便更好地把握新发展方向,厘清新思路,落实新措施。意识形态工作是关系到我国发展旗帜和道路、政治安全和民心民意的关键性工作。一段时间以来,西方媒体大肆鼓吹"普世价值"等西方资产阶级意识形态,对我国改革开放提出质疑,西方敌对势力还通过网络舆论、传媒传播、出版宣传等手段,加大了对青少年和网民的意识形态渗透,如 2022 年"毒教材"案,再一次给我国的意识形态安全敲响了警钟。与此同时,资产阶级的一些腐朽的、负面的价值观,如拜金主义、享乐主义、极端个人主义也在很大程度上削弱了人们对社会主义意识形态的认同。因此,社会主义意识形态建设的守正创新还要从意识形态斗争的新形势明确意识形态建设的目标。

首先,要引导形成与新时代社会主义市场经济相适应的意识形态,加强社会主义意识形态凝聚力。我国已经步入了社会主义市场经济的新发展时期,这不仅是一个"撸起袖子加油干"的战略机遇期,也是一个充满挑战和问题的矛盾凸显期。一方面,随着社会主义市场经济的蓬勃发展,人民的物质生活和精神生活都有了很大的提高,在市场化进程中,人民群众的事业观、权力观、金钱观、幸福观等方面存在着不同的困惑与矛盾,导致有些人政治信念淡薄、模糊,甚至完全丧失,价值观真空问题较为严重。另一方面,伴随着全面深化改革进入深水区,人民很容易对新的政策体制心存疑虑,亟须逐步消除经济发展过程中与社会主义意识形态不符的陈旧理念,推动人民群众的思想观念与时俱进,降

---

① 《习近平关于总体国家安全观论述摘编》,中央文献出版社 2018 年版,第 118 页。

低改革阻力。

除此之外,还要及时回应社会转型时期人们的思想困惑,在解决民众的现实问题的同时实现意识形态价值引导的目的。要用通俗化、大众化、生活化的语言来传播社会主义意识形态,使其被广大民众所认可和接受。一方面,要铸牢意识形态的精神核心,体现对人民价值观和行为的引导作用,培养具有崇高理想信仰的社会主义事业建设者,实现全过程、全方位意识形态教育,坚定广大人民群众的理想信念,增强国民对中国特色社会主义的道路、理论、制度、文化信心,进而使中国在多元意识形态冲突中坚定立场、筑牢根基。面对信仰危机和价值观真空,坚持广泛践行社会主义核心价值观,为转型中的社会民众提供精神指引和信仰支持,实现各类社会力量和意识形态的有效融合。另一方面,意识形态建设在某种意义上既可以促进经济发展,也可以对经济工作产生阻碍。因此,必须建立与新时代社会主义市场经济相适应的意识形态体系,以此来引导社会主义市场经济的健康有序发展。鼓励与经济体制改革相一致的市场理念与行为,对背离改革目标的观念与行为及时调整和纠偏,使社会主义的意识形态担负起向公众解释新制度的合理性和科学性的责任,让公众能够理解和接受它,让他们对改革的未来抱有希望,并为此而团结一致不懈努力。

另外,合理利用各类传播手段和形式,让民众对我国社会主义意识形态话语产生情感共鸣。新时代意识形态有了新的表现形式与内涵,以往人们通过严格的逻辑推理与学术性阐释,很难引起民众的理解与认同。所以,为了达到对民众的正面引导,必须对社会主义意识形态的表现形式进行革新,用通俗易懂的形式表达社会主义意识形态,如借助影视、音乐、绘画等形式,以更加生动、易懂、富有感染力的形式,将社会主义核心思想进行传播,使观者在鉴赏的同时认同社会主义意识形态。借助新媒介平台进行意识形态传播,通过开设微博、公众号、短视频等方式,把马克思主义理论同人民群众的生活实践联系起来,使广大群众在上网浏览过程中接受社会主义意识形态。

其次,要敢于和善于同错误思潮作斗争。在全球化进程中,各种意识形态相互交融，西方资本主义国家的意识形态、文化、价值观仍占有主导地位。在西方资本主义霸权的强大压力下，我国社会主义意识形态受到了极大冲击，部分群众在西方强势的文化冲击下，其思想观念与信仰发生了动摇，表现为对中国特色社会主义、中国共产党反对和排斥，为意识形态安全埋下了巨大隐患。西方资本主义国家给我国意识形态安全带来的危害可以从以下四个方面来看。一是导致人民对中国特色社会主义道路产生怀疑。例如，西方资本主义国家以自由、民主、人权等为幌子推销西方的资产阶级意识形态，致使一些缺乏正确判断能力的民众，在不自觉中就会盲目地接受西方的意识观念，从而失去对中国特色社会主义道路的认同感。二是对中国特色社会主义理论是否具有科学性提出了疑问。例如，历史终结论不断地宣扬马克思主义已过时，企图误导民众，否定马克思主义的科学性和真理性，动摇人们对马克思主义的认同感。三是煽动民众否定中国特色社会主义制度存在优势。例如，通过对西方多党制的赞美，否认社会主义制度存在的合理性，企图颠覆中国的社会主义制度。四是鼓动群众对中国特色社会主义文化进行抹黑。例如，诬蔑英雄先烈、否定革命成果、美化侵略行径、扭曲历史史实、颂扬西方文明、贬损中华文化、诱发国家认同危机等。这些形色各异的认识误区，在一定程度造成了人们思想观念上的偏差与扭曲，使社会主义意识形态的凝聚力与引领力减弱。

与此同时，西方国家展开多种形式的意识形态持续输出。列宁曾指出："资产阶级意识形态的渊源比社会主义意识形态久远得多，它经过了更加全面的加工，它拥有的传播工具也多得不能相比"[①]。在漫长的岁月中，资产阶级意识形态的欺骗性日益增强，手段也日益多样化，不仅通过影视、游戏等文化行业增强资产阶级意识形态影响，而且还通过日常科普教育、学术交流探讨、非政府组织集会等方式，潜移默化影响广大人民群众的价值观，甚至还直接通过资助网络公众人物，鼓动其散播抹黑中国共产党的言论，使得许多民众不明所以，不自觉运用西方标准去诋毁中国特色社会主义制度，造成了极其恶劣的后果。相关部门应

[①] 《列宁全集》第6卷，人民出版社2013年版，第40页。

引起高度重视并加以防范，提高社会主义意识形态的防护力和竞争力，保障中国的意识形态安全。

伴随着全面深化改革的深入，社会结构与利益关系发生了深刻变化，意识形态领域的多元性、多样性和多变性进一步凸显。各种思想文化和价值观念相互交织冲突，各种利益团体纷纷发表意见，导致社会主义意识形态对各种思潮的引导难度越来越大。要学会主动辨别各类社会思想，增强梳理和分类的能力。一些社会思潮并不具有意识形态色彩，是中性的，应对其给予宽容，并积极引导其向社会主义靠拢，防止其偏向资本主义。而一些同我国社会主义意识形态相抵触的错误思潮，要对其进行正确分析并加以防范，绝不能让其蔓延开来，危及我国的意识形态安全。尤其是要始终保持马克思主义在意识形态领域的领导权，避免反马克思主义等错误言论的隐蔽渗透，坚决不能以西方价值观与话语体系解释中国现代化发展道路。要分清非主流意识形态的本质，从其与以马克思主义为主导的中国主流思想相辨别，从其所体现的价值观出发。在私有财产基础上形成的非主流思想，常常宣扬个体利益至上的思想，直接冲击我国主流思想权威。要看清非主流意识形态真实面目，以马克思主义的立场、观点和方法揭露非主流意识形态理论上的不足与逻辑上的失误。对于与社会主义意识形态相悖的非马克思主义观点，必须从实际情况出发，进行公开批评与斗争。正如习近平总书记所说："在事关大是大非和政治原则问题上，必须增强主动性、掌握主动权、打好主动仗"①。

当前社会意识形态中出现了一些反马克思主义观点，典型代表有新自由主义、历史虚无主义、"普世价值"等。新自由主义基本特征是反对公有制，主张实行私有，走资本主义的发展道路，严重影响我国社会主义经济体系与社会主义制度。面对新自由主义，要大力宣扬中国共产党成立一百年来在经济、科技、国防、民生等方面取得的成就，用实际行动和客观实际使全体人民坚定党的领导。所谓历史虚无主义，是指对党的历史、中国革命史、英雄人物、党的领导等方面进行否定，目的是

---

① 《习近平谈治国理政》第 1 卷，外文出版社 2018 年版，第 155 页。

动摇人民群众的精神信仰,因此,要教育广大群众树立正确的历史观念,认清两个历史阶段在改革开放前后所起的重要作用。通过在全国范围开展党史学习教育活动,深刻认识历史虚无主义的本质,警惕历史虚无主义的危害。此外,"普世价值"是一种话语构造,把西方的文化中心论、文明的优越性合理化和绝对化,将西方国家的政治体系视为最合理、最优越的制度体系,尤其是随着苏联政权的瓦解,"普世价值"的受众群体更加广泛。但是,一场突如其来的疫情让世界认识到,西方国家的治理体系显得脆弱不堪,而我国各级领导干部在党的领导下,积极响应国家号召,最终赢得了疫情防控的全面胜利。"普世价值"并非放之四海皆准的永恒真理,在此问题上,要认清它的本来面目,大力弘扬社会主义核心价值体系,坚守社会主义意识形态思想阵地,坚决抵制西方资产阶级意识形态渗透。

最后,要提高与各种思想体系对话的能力。全球化已经成为当今人类社会发展的重要背景,各国家和地区之间的联系越来越紧密,人们的价值取向和观念也在发生着巨大转变,整个世界正逐渐变成一个互相影响、互相融合的有机体。就我国而言,全球化的发展不仅给社会主义意识形态建设带来了一些机遇和有利条件,同时也给国家安全带来了诸多挑战。在意识形态建设过程中,我们要秉持开放态度,才能在不同历史阶段面对各种思想挑战,同时吸取其他国家的成功经验,保持社会主义意识形态的时代性和开放性。习近平总书记曾指出:"对丰富多彩的世界,我们应该秉持兼容并蓄的态度,虚心学习他人的好东西,在独立自主的立场上把他人的好东西加以消化吸收,化成我们自己的好东西,但决不能囫囵吞枣、决不能邯郸学步。"[①] 改革开放以来,中国致力于发展本国经济的同时积极学习西方先进的经验和理念,社会主义意识形态要根据中国经济建设和社会发展需求与时俱进,在应对不同思想体系时注重以对话为主要方式,以理论研究、学术研讨会、问答会议等方式增强沟通,在对话中把握话语的主导权,进而实现对非主流意识形态的引导。与西方的意识形态有所区别,社会主义意识形态强调的是人类文化

[①] 《十八大以来重要文献选编》(中),中央文献出版社 2016 年版,第 60 页。

的多样性，它在推动世界和平、实现世界各国共同发展方面发挥着重要作用。因此，以马克思主义为核心的社会主义意识形态正在逐步形成一股新的潮流，并越来越多地被世界各国所接受。中国要更加深刻地理解国际局势的新变化，以更加开放的胸怀吸收人类文明的一切伟大成果，不断充实中国故事的内容与传播形式，树立一个负责任的大国形象，为全球治理贡献中国智慧，提高社会主义意识形态的国际影响力和国际话语权。中国故事的叙述要有社会主义意识形态为价值支撑，而中国声音的传播要以对人类共同的价值诉求为最终目的。为此，要把社会主义意识形态的解读与人类共同的价值标准、道德准则和认识标准相结合，解决好意识形态的普适性与差异性、包容性与冲突性、单一化与多元化、复杂性与现实性的协调问题，让世界认识到我国对不同国家的历史传统的尊重和了解，凝聚发展共识，更好地发出中国声音，有力提高中国社会主义意识形态的国际影响力。

在传播社会主义意识形态的过程中，要坚持中国共产党的领导，加强对非主流意识形态的动态监测与纠偏能力，保证社会主义意识形态功能的有效发挥。同时注意对非主流意识形态进行持续追踪，提前预判其发展趋势，在其形成大规模舆情前及时采取行动，将其消极影响减至最小。与此同时，坚持马克思主义理论底色，以战略思维、底线思维防范化解重大风险，保证我国意识形态安全。在新的历史征程上，仍然要保持高度警觉，要看到多元社会思潮对社会主义意识形态的冲击，要旗帜鲜明地与各类错误思潮作斗争。始终保持对意识形态工作的全局性、整体性的认识，把握意识形态建设的着力点，以沉着、坚定的政治定力、更强的领导、更扎实的措施，把意识形态工作领导权牢牢地抓在手中。

二 聚焦本质规律辩证认识社会主义意识形态建设的原则导向

意识形态工作本质上就是思想政治工作，是争夺人心、凝聚人心的工作。做好意识形态工作，关键就在于把握意识形态工作的主导权和主动权。党的十八大以来,结合意识形态领域的新情况、新变化,党始终把统一思想、凝聚共识作为意识形态建设的价值目标,新时代社会主义意识形态建设的守正创新要在辩证认识意识形态工作本质规律的基础上,坚持意识形态建设的原则导向,坚持党性与人民性辩证统一,坚持建设性和批判性辩证统一,坚持理论创新与实践发展辩证统一,坚持总结经验与回应现实辩证统一。

(一)坚持党性与人民性辩证统一

意识形态本质上所反映的是一种"价值观的理论体系"[①],凝结着一定阶级或利益群体的价值观念。而马克思主义作为无产阶级解放自身和全人类的思想武器,代表着广大人民的意志和利益,是立党立国的指导思想,也是社会主义意识形态的"灵魂"和"旗帜"。习近平总书记强调:"党的根基在人民、血脉在人民、力量在人民。"[②] "党性和人民性从来都是一致的、统一的。"[③] 因此,坚持党性和人民性相统一是社会主义意识形态的内在规定和本质要求,其中蕴含着牢牢把握着意识形态工作领导权,坚持马克思主义在社会主义意识形态工作中的指导地位的根本要求,对于维护国家的长治久安具有十分重大的意义。

社会主义意识形态建设一方面要坚持党性。所谓党性,就是指要坚持党对社会主义意识形态工作的全面领导,社会意识形态必须体现马克思主义政党的本质要求,根据党的性质和要求,坚定正确的政治方向。意识形态工作关系到党的兴衰成败,社会主义意识形态建设不仅要贯彻党的立场、观点,而且要把党的主张转化为人民的意志和自觉行动。事实证明,不管时代怎么发展,任何时候党管宣传、党管意识形态都绝对不能动摇和放松,否则一旦思想防线松懈,党的事业就会失去统一的思想基础。为此,做好意识形态工作唯有坚持党性原则,加强党对意识形态工作的全面领导,加强理论储备,强化"四个意识",做到"两个维

---

① 陈锡喜:《中国梦的意识形态底蕴再探究》,《马克思主义与现实》2019年第4期。
② 《习近平著作选读》第1卷,人民出版社2023年版,第123页。
③ 《习近平著作选读》第1卷,人民出版社2023年版,第148页。

护"，才能把党管意识形态落到实处，始终坚持思想入党、行动入党，在政治上、思想上和行为上与党中央保持高度统一。

另一方面，社会主义意识形态建设要坚持人民性。意识形态工作是武装思想、教育人民、凝聚人心的工作，意识形态工作的人民性是指中国共产党在坚持马克思主义立场观点的前提之下，把实现好、维护好、发展好最广大人民的根本利益作为工作的出发点和立脚点，坚持马克思主义的群众观，站稳人民立场，反映人民群众的利益诉求，才能获得人民的支持和认可。所以，新时代着眼人民群众的美好精神生活需要，意识形态建设更要引导和推进文化的创新创造，生产创作出更多更好的文化产品和文艺作品，不断丰富人民群众的精神生活，增强人民群众的精神力量。

社会主义意识形态工作的党性和人民性是一致的。坚持党性，就是要抓住坚持什么立场，坚持什么方向的问题。坚持人民性，就是要抓住"人心就是力量"，回答好意识形态工作"为了谁""依靠谁"的问题。党性和人民性的统一是指社会主义意识形态工作的开展要在坚持正确政治导向的前提基础上，从人民的实际需求出发，做到"发展为了人民，发展依靠人民"，始终坚持人民至上的价值理念，始终秉持为人民谋幸福的初心使命。同时，中国共产党是中国人民的先锋队，党的主张和理论代表了人民的意志，社会主义意识形态的旨归就在于守民心、聚民心。辩证把握意识形态建设的本质规律既要体现党的主张，又要反映人民的心声；既要对党负责，又要对人民负责；既要对党忠诚，旗帜鲜明讲党性，不断加强党对意识形态工作的全面领导，又要树立以人民为中心的意识形态工作导向。在理论研究、思想宣传、舆论引导中，站稳人民立场，体现人民意志，确保意识形态工作让党放心的同时也让人民满意，实现社会主义意识形态工作党性与人民性的辩证统一。

首先，哲学社会科学研究要秉承党性与人民性辩证统一的价值取向。哲学社会科学研究是社会主义意识形态建设的基础性工程。"在哲学社会科学研究和工作中，为谁著书、为谁立说，研究什么、为何研究，这是必须搞清楚的首要问题。"① 哲学社会科学要将党性、政治性摆在研究的核心位置，研究的开展皆要明晰政治前提，坚持将社会主义意识形态融入哲学社会科学研究，充分发挥哲学社会科学研究对社会主义意识形态建设的积极作用。同时，哲学社会科学研究必须坚定人民立场，充分发挥其人民性价值取向。习近平总书记指出："我国哲学社会科学要有所作为，就必须坚持以人民为中心的研究导向。脱离了人民，哲学社会科学就不会有吸引力、感染力、影响力、生命力。"② 哲学社会科学研究要贴近群众，真正了解人民群众所求、所需，将论文写在祖国大地上，使哲学社会科学研究成果飞入"寻常百姓家"。

其次，坚持党管媒体与满足人民对精神文化需求同行同向。媒体是社会主义意识形态传播的重要方式、是新闻舆论传播的重要载体。胡锦涛曾指出："新闻舆论处在意识形态领域的前沿，对社会精神生活和人们思想意识有着重大影响。"③ 因此，新闻传播是否能够保持政治性与先进性成了社会主义意识形态能否发挥其功能的关键。然而现实中，由于资本的介入，部分媒体受到资本裹挟，在社会主义意识形态建设过程中出现"偏航"情况，据此，唯有始终坚持党管媒体的原则不动摇，发挥党的路线、方针、政策对媒体的引领作用，才能使媒体的传播作用正确发挥。同时，社会主义意识形态建设工作亦要满足人民群众对精神文化的需求，通过人民群众喜闻乐见的方式实现社会意识形态工作的党性与人民性的辩证统一。

（二）坚持建设性与批判性辩证统一

意识形态建设的创新发展是一个立破并举的过程，"立"所体现的就是建设性，"破"所体现的就是批判性。"立"的关键就是要入脑入心，这就需要丰富意识形态内容，创新意识形态话语表达，使社会主义意识形态更具吸引力、亲和力，更易于被人民群众所接受和认同。因

---

① 孙迪亮、吴晓雨：《习近平关于意识形态工作重要论述的人民性探析》，《思想政治教育研究》2019 年第 4 期。
② 习近平：《在哲学社会科学工作座谈会上的讲话》，人民出版社 2016 年版，第 12—13 页。
③ 胡锦涛：《在人民日报社考察工作时的讲话》，《人民日报》2008 年 6 月 21 日。

此，新时代意识形态发展创新过程中要有所建树，要结合时代发展，与时俱进促进意识形态创新发展，丰富社会主义意识形态的思想理论内涵，使其更具解释力和说服力，巩固壮大主流思想舆论。而"破"不仅要坚决反对和抵制一切有悖于社会主义意识形态的思想、言论，还要加强对各种错误思潮的解蔽和批判，直面各种错误观点和思潮，敢于同错误思想做斗争。在辨明大是大非问题，作出价值判断的过程中坚持"革命辩证法的精髓"[1]，充分突出和增强斗争性和彻底性，增强社会主义意识形态作为我国主流意识形态的引领性和批判性。

随着全球化的发展，意识形态建设在各国国力竞争中的地位愈来愈重要，就当前我国社会主义意识形态而言，其面临着西方资本主义意识形态入侵与国内个体意识形态多元等多方面挑战。西方资本主义国家凭借其在互联网上的技术优势对我国社会主义意识形态进行强势渗透，鼓吹西方资本主义意识形态，企图通过扶植国内个体意识形态等非主流意识形态来批判、瓦解社会主义意识形态，唯有对其进行彻底批判，根据经济社会的发展实际丰富社会主义意识形态，将社会主义意识形态的建设性与批判性相统一，才能不断推动实现社会主义意识形态的创新发展。

坚持建设性和批判性的辩证统一是中国共产党领导人民建设社会主义意识形态的重要经验。党的十八大以来，社会主义意识形态的建设性和批判性的结合达到新的高度。新时代，根据文化强国建设的战略要求，推动社会主义意识形态的创新发展，提升社会主义意识形态传播力和引领力，要坚持巩固马克思主义在意识形态领域的指导地位，完善意识形态的话语体系，增强党管意识形态的能力；通过意识形态领域的制度体系建构，健全意识形态工作的责任制，压实意识形态建设的使命担当；通过加强网络阵地建设，推进网络意识形态治理，坚决"打赢网络意识形态斗争的阵地战"[2]，做到使社会主义意识形态建设纲举目张，

---

[1] 侯惠勤：《新时代的斗争精神：意识形态批判能力》，《世界社会主义研究》2020年第8期。

[2] 王永贵：《以历史主动精神打赢新时代网络意识形态斗争》，《思想理论教育导刊》2023年第4期。

持续改变意识形态工作松、软、虚的不良现状。与此同时，要坚持及时回应批驳各种谬论，有理有利有节开展舆论斗争。例如，针对西方新自由主义、新消费主义等错误思潮进行理论批判，亮明态度、表明立场，揭露其本质，引导群众澄清认识、划清界限；针对虚构历史、贬损英烈等行为，通过法治手段给以严厉打击，引导群众自觉抵制、勇于举报。倡导广大人民，尤其是党员干部要敢于做意识形态工作的"战士""斗士""勇士"，在反思中澄明，在批判中发展。

总之，意识形态斗争是一场没有硝烟的硬仗，在坚持以守正创新为根本的同时，还要坚持真理、批驳谬误，充分把建设性和批判性统一起来，运用立破并举的辩证思维增强意识形态建设的效果，使社会主义意识形态保持强大的生命力、感召力、影响力。

在中国式现代化建设的新征程之上，做好社会主义意识形态工作，实现社会主义意识形态工作的创新发展，在明晰建设性和批判性的基础上，必须正确认识建设性和批判性的关系，即坚持正面宣传和占据舆论主导权的统一。正面宣传体现了社会主义意识形态建设的建设性，占据舆论主导权体现了社会主义意识形态建设的批判性。一方面，社会主义意识形态建设要以正面宣传为主。社会主义意识形态被人民所接受和认同，能够"入脑入心"，采取积极的正面宣传是不可或缺的重要步骤。社会主义意识形态宣传要着力提高宣传的方式和内容质量，增强其吸引力与感染力，同时，积极创新话语体系，以人民喜闻乐见的话语体系进行系统化、程序化、长效化宣传，让人民能听得懂、搞得清，使社会主义意识形态真正被人民所了解、坚守。另一方面，社会主义意识形态建设要辅之以舆论斗争。互联网的迅速发展为非主流意识形态提供了便利载体，群众思想呈现多元化趋势。在面临各种非主流意识形态的甚嚣尘上，在坚持正面宣传基础上，要辅之以舆论斗争，敢于亮剑，敢于并善于与各种非主流意识形态有理有据地展开斗争。与此同时，加强对网络载体的监督和规范，构建规范、合理、合法的网络空间秩序，清除非主流意识形态的"庇护所"和"传播台"，打好社会主义意识形态建设主动仗，进而掌握社会主义意识形态建设主动权。

(三) 坚持理论创新与实践发展辩证统一

正确理解、把握理论创新和实践发展及其内在关系，是推进社会主义意识形态建设的重要前提。理论创新是意识形态创新的现实诉求，也是意识形态保持生机的动力源泉，社会主义意识形态建设离不开理论创新。本质上，社会主义意识形态是在历史唯物主义基础上对思想理论体系的创造，其哲学基础要求理论创新。马克思主义是社会主义意识形态的灵魂和旗帜，在马克思主义的真理要求下，社会主义意识形态建设必然要贯穿辩证法的认识论，保持革命和批判的精神，既不封闭也不僵化，不崇拜任何东西，始终具有创新性。

实践发展是社会主义意识形态建设的实际要求，是社会主义意识形态不断保持科学性和先进性的直接动力。从中国共产党带领人民奋进"中国梦"伟大事业的历史进程看，在马克思主义中国化、时代化、大众化的过程中，社会主义意识形态建设经历了不同阶段的实践发展。新民主主义革命和社会主义建设时期，中国共产党人解决了"站起来"的问题，社会主义意识形态得以确立；改革开放和社会主义建设时期，"富起来"的问题得到回答并解决，社会主义意识形态得以发展；进入新时代，中国共产党人着眼世情、国情、党情及民情，在"强起来"新问题的指引下，社会主义意识形态进一步创新和完善。

总的来说，理论创新与实践发展相辅相成。社会主义意识形态建设，既包括本体论层面的思想理论创新，也包括实践论层面的方法路径拓展。习近平总书记强调："要根据时代变化和实践发展，不断深化认识，不断总结经验，不断进行理论创新，实现理论创新和实践创新良性互动。"[①] 坚持意识形态建设理论创新与实践发展的辩证统一，是对马克思主义基本原理中认识和实践辩证关系的深刻把握，更是党长期以来推进社会主义意识形态建设的宝贵经验。党的思想理论的创新，能够丰富和深化对社会主义意识形态建设的认识，认清意识形态领域的问题、风险、挑战；意识形态工作的实践发展，能够探索出更多好的做法，形

---

① 《习近平关于社会主义文化建设论述摘编》，中央文献出版社 2017 年版，第 65 页。

成新的思维、理念、经验。具体而言，党的十八大以来，中国共产党从新的实际出发，推动马克思主义中国化实现新的飞跃，创立了习近平新时代中国特色社会主义思想，完善丰富了中国特色社会主义理论体系。在明确提出"四个自信""四个全面"战略布局、"新发展理念"、人类命运共同体等一系列治国理政的新思想、新观点、新战略的基础上，从各个领域全面推进意识形态建设的实践发展。例如，增强主流意识形态的话语权，锻造意识形态工作队伍，净化意识形态生态，出台了系列关于加强意识形态阵地建设的意见和建议，完善意识形态工作的制度体系，推动思想宣传与意识引导教育的生活化和日常化，使党的创新理论"飞入寻常百姓家"，人民群众对社会主义意识形态认同大幅提升。

正是党坚持把理论创新和实践发展辩证统一起来、融合互动，才能在富于创造性中把握意识形态建设的规律性，不断实现意识形态工作的新突破，使社会主义意识形态迸发新的生机与活力。因此，坚持理论创新与实践发展的辩证统一，是确保意识形态建设朝着正确的方向前进的根本遵循。在理论创新和实践发展的辩证统一中推进社会主义意识形态建设的守正创新，应当在"两个结合"的推进中进行社会主义意识形态的理论创新和实践发展，赋予社会主义意识形态强大的生命力。

第一，坚持将马克思主义与中国具体实际和中华优秀传统文化相结合。毛泽东曾指出："任何思想，如果不和客观的实际的事物相联系，如果没有客观存在的需要，如果不为人民群众所掌握，即使是最好的东西，即使是马克思列宁主义，也是不起作用的。"[①] 社会主义意识形态是与中国具体实际相结合的符合中国社会客观实际的科学的意识形态，是与中华优秀传统文化相契合的民族的意识形态，是被中国人民所认同的意识形态，在中国特色社会主义事业中占据主导位置。因此，实现社会主义意识形态建设的守正创新应当始终坚持马克思主义的指导地位，从中华优秀传统文化中汲取智慧和精神滋养，在"两个结合"中提炼和形成思想理论精髓。

第二，重视对理论创新本身的研究。事实证明，理论创新是促进

---

① 《毛泽东选集》第 4 卷，人民出版社 1991 年版，第 1515 页。

社会主义意识形态建设必不可少的环节，社会主义意识形态建设要加强对理论创新本身的准确把握和全面阐释，只有充分把握理论创新的科学性，才能增强理论的说服力，发挥理论创新的助推力。不同时期的社会主义意识形态建设面临的境遇不同，其要解决的问题有所不同，指导的理论也各有侧重。当前，习近平新时代中国特色社会主义思想是新时代中国特色社会主义事业的根本指导思想，应当加大对其研究力度和阐释深度，通过对理论创新的深入把握助推社会主义意识形态建设。

第三，注重实践基础上的理论创新。理论源于实践，社会主义意识形态建设的根本目的是要解决实践过程中的现实问题。中国共产党用马克思主义的世界观认识中国，以马克思主义认识论改造中国，解决中国革命、建设和改革的实际问题，在此过程中不断推动理论创新，以理论创新指导社会主义意识形态建设。进入新时代，要将中国共产党人的问题意识延续，坚持中国共产党的领导，在问题导向下研究问题，找出社会主义意识形态建设实践过程的问题所在，准确理解"是什么、为什么、怎么办"的问题，以问题作为突破口，创新社会主义意识形态建设的工作方法，洞悉意识形态的复杂态势，以政治敏锐性及时研判意识形态领域潜在性、苗头性问题，避免意识形态问题的演化扩大，以不断更新、创新理论，解决好制约社会主义意识形态建设的问题。

（四）坚持总结经验与回应现实辩证统一

经验源于实践活动，是对过去的、已经成为历史的实践的总结，是纠正错误、保持正确的必经环节。通过总结经验能够转变实践主体的思想观念意识，为所进行的认识世界和改造世界的活动提供正确指引和实践示范。社会主义意识形态的建设并非一帆风顺，经过不同历史时期表现为经验与教训并存。回应现实是指着眼于实际需要，在创造性的现实实践中回答和解决现实问题，强调主动求变，是对总结经验的完善和补充。当前，社会主义意识形态领域形形色色的问题层出不穷，对社会主义意识形态建设工作的推进提出了新的要求，坚持经验总结和现实回应辩证统一，是持续推进社会主义意识形态建设不可或缺的一环。事实证明，社会主义意识形态的建设是在全面总结历史经验，科学研究新的意识形态问题的基础上实现的。从一定程度上来说，总结经验与回应现实就是理论与实践的有机结合，是形式与方法的具体体现。在新的历史条件下，抓住社会主义意识形态建设的工作主线，紧密结合时代发展的新特点，有针对性地回应中国式现代化道路上的新问题，有助于提高社会主义意识形态建设的实效性。

首先，社会主义意识形态建设要注重总结经验。社会主义意识形态建设具有连续性和发展性，前一个历史阶段的经验总结是后续发展的必要准备。如新中国成立至"文化大革命"结束，社会主义意识形态建设囿于多方面的因素，经历了曲折和弯路，面对亟待解决的问题和风险挑战，中国共产党从教训中汲取经验，强调始终坚持党在意识形态工作中的领导地位，掌握舆论导向，以意识形态领域的斗争为突破等，为改革开放至今的社会主义意识形态提供了宝贵的经验教训。进入新时代，社会主义意识形态建设面临新的机遇和条件，但也面临着许多风险挑战，在全球化时代背景下，国际交往中的文化全球化使得各种思潮不断交锋碰撞，带来更加复杂的意识形态斗争，总结经验成为社会主义意识形态建设不容忽视的重要环节。

其次，社会主义意识形态建设要坚持回应现实。不同历史时期的时代课题有所不同，社会主义意识形态面临并需要回应的现实问题也有所不同。党的十八大以来，世界局势波谲云诡，以美国为首的西方资本主义国家以文化入侵等形式宣扬西方资产阶级意识形态。当前，在百年未有之大变局的背景下，为确保马克思主义在意识形态领域的指导地位，针对新自由主义、新技术主义、历史虚无主义等错误思潮的威胁，强化社会主义意识形态建设，必须在实践基础上回应现实需要，探寻新时代社会主义意识形态工作的长效机制。

最后，坚持在辩证统一中进行经验总结，回应现实需求。习近平总书记曾指出："各种矛盾风险挑战源、各类矛盾风险挑战点是相互交织、相互作用的。如果防范不及、应对不力，就会传导、叠加、演变、升级"①。推动社会主义意识形态建设的守正创新，要在辩证统一中进行经验总结，回应现实需求。第一，坚持和发展马克思主义，推进马克思主义中国化、时代化、大众化，"巩固马克思主义思想阵地"②，以中国化的马克思主义指导和解决社会主义意识形态建设过程中的新问题、新挑战。第二，巩固中国共产党的领导地位，强化思想政治教育工作，反对和批判错误思想。社会主义意识形态是在科学理论和先进文化的指引下不断创新发展的，要发挥党的领导作用，重视对极端个人主义、享乐主义等错误思想的剔除，以思想政治教育进行批判和纠正错误思想。第三，重视舆论阵地建设，强化舆论的正向引导作用。社会舆论是社会意识形态的反映，影响着社会主义意识形态的建设。针对新的风险挑战，应当重视舆论宣传工作，有理有据地同非主流意识形态进行斗争，净化社会主义意识形态建设的舆论空间。同时，全方位、多渠道对社会主义意识形态进行宣传教育，进而提升社会主义意识形态的感召力和影响力。

三 把握历史主动系统优化社会主义意识形态建设的战略举措

意识形态斗争是一场没有硝烟的战争。中国共产党历经百年岁月，对社会主义意识形态的巩固、发展和维护在革命、建设和改革的每个阶段都发挥着正面的舆论引导和坚实的阵地堡垒作用。意识形态建设关系到党和国家事业的兴衰与前途命运，是推进社会主义事业前进的思想保障。党的十八大以来，中国共产党把握历史主动，提高历史自觉，在目标任务、阵地建设、主体责任等多个层面对社会主义意识形态建设进行了系统优化，不断优化社会主义意识形态建设守正创新的战略举措，其

---

① 习近平：《论把握新发展阶段、贯彻新发展理念、构建新发展格局》，中央文献出版社2021年版，第107页。

② 《十七大以来重要文献选编》（下），中央文献出版社2013年版，第689页。

目的是不断增强社会主义意识形态影响力、凝聚力和引领力,让中华民族伟大复兴的精神支柱和精神血脉充满生机和活力,为党和人民继续开创伟大事业的新局面凝魂聚气、保驾护航。因此,把握历史主动系统优化社会主义意识形态建设,要坚持提升主流意识形态的凝聚力和引领力维护意识形态安全、统筹时空场域变革牢牢掌握党对意识形态工作的领导权、推进网络意识形态阵地建设与宣传思想工作深度融合、抓住"关键少数"不断提升意识形态工作的能力水平、着眼世界百年未有之大变局增强意识形态的国际话语权。

(一) 提升主流意识形态凝聚力和引领力维护意识形态安全

改革开放四十多年来,我国社会结构和利益格局都发生了深刻变革,利益主体的多元化和社会阶层的分化,引起了人们的观念和价值追求的改变。特别是在社会主义市场经济条件下,社会主流价值观必然受到市场自身逐利的冲击。多元化的价值取向和价值选择,给社会主义思想的引导与凝聚带来了巨大挑战。与此同时,各种价值观念良莠不齐,各种思想文化相互激荡,形成了一系列错综复杂、交织叠加的意识形态安全风险。如在市场经济中,遵守等价交换、有偿转让等原则,当它渗透到人们的精神生活和政治生活中时,就很可能出现道德失范、唯利是图、低俗庸俗媚俗等负面影响,而且还会导致权钱交易、徇私枉法、贪污腐败,与社会主义、集体主义等主流的思想道德和价值观产生矛盾,对意识形态安全构成严重威胁。习近平总书记指出:"一个国家,一个民族,要同心同德迈向前进,必须有共同的理想信念作支撑。"[①] 要使主流意识形态在凝聚人民思想意志、整合各类社会力量、提升国家文化软实力方面发挥积极作用,只有通过对主流意识形态的认同建构和价值塑造,巩固意识形态领导权,才能在意识形态领域构筑起牢固的思想防线。习近平总书记在党的二十大报告中指出:"建设具有强大凝聚力和引领力的社会主义意识形态。"[②] 这一重要的战略使命,是符合时代特

[①] 《习近平谈治国理政》第 2 卷,外文出版社 2017 年版,第 323 页。
[②] 《习近平著作选读》第 1 卷,人民出版社 2023 年版,第 36 页。

点与当代中国社会发展规律的，有助于巩固社会主义经济基础，推动经济基础和上层建筑的和谐发展，为中国特色社会主义建设再创辉煌提供有利的精神条件。社会主义意识形态是以历史唯物主义为基础，蕴含马克思主义的精神信仰、共产主义的理想信念，体现人民群众根本利益的科学的意识形态。社会主义意识形态作为一种科学先进的主流意识形态，既可以把全体人民在理想信念、价值理念、道德观念等方面紧密团结起来，又可以为建设社会主义现代化强国起到指导作用，提高文化建设的凝聚力、引领力，对维护意识形态安全具有内生性、建构性的意义。

首先，要以社会主义思想体系为思想指引。社会主义思想体系与其他思想体系的区别在于以人民为中心，维护大多数人的利益。只有充分地维护人民的根本利益，才能使社会主义主流意识形态的凝聚力得到最大限度的发挥。"从根本上说，没有扎扎实实的发展成果，没有人民生活不断改善，空谈理想信念，空谈党的领导，空谈社会主义制度优越性，空谈思想道德建设，最终意识形态工作也难以取得好的成效。"[①] 因此，加强新时代社会主义意识形态建设，要深刻理解已经发生了全局性、根本性变化的社会主要矛盾，把新的利益诉求纳入意识形态话语体系，用对人民立场的坚持，不断锤炼社会主义思想深度。必须围绕党和人民所做的和将做的事，通过理论创新、文化创新、观念创新，不断地推进社会主义意识形态体系的不断发展，使之与中国的客观现实密切联系起来，从而使中国特色社会主义理论体系具有强大的生命力、凝聚力、带动性和发展力。

习近平新时代中国特色社会主义思想是有效应对治国理政面临的新矛盾、新挑战的科学指导思想，在促进我国改革发展稳定中彰显出强大真理力量。因此，一方面，要坚持逐步推动习近平新时代中国特色社会主义思想学习教育深入基层。深入研究领会习近平新时代中国特色社会主义思想，加强对习近平新时代中国特色社会主义思想的科学体系、核心要义、现实要求的理解，用习近平新时代中国特色社会主义思想武装全党、教育人民，使群众更加坚定地拥护习近平总书记的核心地位，维

[①] 《习近平关于社会主义经济建设论述摘编》，中央文献出版社 2017 年版，第 5 页。

护党中央的权威,维护党中央集中统一领导。尤其是发挥好基层党组织的教育引导作用,使广大人民群众进一步理解习近平新时代中国特色社会主义思想蕴含的科学思维方法,学会将马克思主义世界观和方法论与实际生产生活相结合,自觉站在党和国家发展立场看问题,广泛增强新时代主流意识形态引领力。不断丰富习近平新时代中国特色社会主义思想学习教育资源、创新教育方法,以人们喜闻乐见的方式实施教育,增强广大人民群众的理论自信,广泛提高社会凝聚力。另一方面,要充分展开社会主义意识形态的宣传引导工作,大力弘扬社会主义精神文化,统一思想、凝心铸魂,使人民群众深入理解党的治国理念,执行党的决策部署,不断增强新时代社会主义意识形态影响力,进而为新时代意识形态工作夯实思想基础。以习近平新时代中国特色社会主义思想引导广大人民群众提升对中国式现代化道路的认同,凝聚改革发展共识,使其自觉遵守法律和道德规范,积极主动参与社会主义现代化建设,增强我国社会主义意识形态凝聚力和引领力。

其次,要创新社会主义意识形态话语表达。马克思主义理论博大精深、内容广泛,一方面要从传播普及的视角出发,使社会主义思想体系更易理解、更具特色。将社会主义意识形态与中华优秀传统文化有机融合,使其具有鲜明的民族性;与革命文化有机融合,使其具有深刻的历史性;与社会主义先进文化有机融合,使其具有鲜明的时代性,从而使人们更加深刻地认识到社会主义意识形态的内涵和本质,使广大人民群众对社会主义意识形态产生自觉自愿的认同。新时代社会主义意识形态建设必须站在人民立场上对其科学理论进行深入探讨、提炼和总结,创新社会主义意识形态的话语表达,从而使社会主义意识形态更具感染力、影响力和号召力,使其得到有效的传播,使社会主义意识形态在聚民心、解民情、汇民意方面发挥独特优势。

另一方面,党的新闻舆论工作者要在社会主义意识形态话语内容、形式、载体等方面进行创新,增强传播的针对性和有效性,用人民群众容易接受的话语方式,做到分众化、差异化传播,加快形成舆论引导新格局,使社会主义意识形态建设工作扎根于人民群众生活中,更有高度和温度。要用通俗易懂的语言，把社会主义意识形态理论以老百姓听得懂、喜欢听的语言讲给老百姓听。要学会变换话语形式，学会将公文语言、深奥的学术理论以通俗易懂的语言表述表达出来，将抽象的概念、高深的智慧转化成平实质朴的语言、深入浅出的道理。要通俗易懂，用群众愿意用、正在用、喜欢用的话语符号传播出去，只有这样，社会主义意识形态建设工作才能见到实效，真正做到体现党的主张与群众的心声相结合。与此同时，充分发挥新媒体的辐射作用，建立集网站、手机客户端、微博、微信公众号于一体的全媒体传播矩阵，创新传播方式和话语模式，让媒体舆论传播更好地发挥作用。

最后，要构建良好的社会舆论生态。习近平总书记明确强调："要把握正确舆论导向，提高新闻舆论传播力、引导力、影响力、公信力，巩固壮大主流思想舆论。"[1] 舆论与意识形态安全息息相关，良好的舆论生态能更好地发挥主流意识形态的凝聚和引导功能。因此，要坚持构建良好的社会舆论生态，加强对社会主义意识形态的舆论支持，为构建有较强凝聚力、导向性的社会主义意识形态创造有利的舆论环境。媒体在加强社会主义意识形态的凝聚力、引领力方面有着无可替代的作用，因此，要坚持正确的舆论导向，大力弘扬主旋律，弘扬正能量，壮大主流意识形态阵地，重点报道社会主义现代化强国建设先进事迹，把全国人民团结起来、精神振奋起来，朝着党中央确定的宏伟目标团结一心向前迈进。加强对党的路线方针政策的积极宣传，用贴近人民群众的语言讲述中国故事，传播中国声音。充分发挥社会主义核心价值体系的舆论导向功能，使广大群众对社会主义意识形态的认同不断增强。

另外，要坚持"大宣传"理念，广泛动员社会力量共同构建良好的社会舆论生态。新闻工作者要深入学习习近平新时代中国特色社会主义思想，认真履行其在新闻舆论工作中的责任，坚持正确的政治方向，发扬优秀传统，坚持改革创新，强化队伍建设，完善宣传报道，讲述中国故事，建立多媒体传播模式，为实现第二个百年奋斗目标、实现中华民族伟大复兴作出更大贡献。与此同时，社会主义意识形态建设工作是

---

[1] 《习近平谈治国理政》第3卷，外文出版社2020年版，第312—313页。

一个系统工程，单靠新闻工作者的专业宣传力量是远远不够的。必须"树立大宣传的工作理念，动员各条战线各个部门一起来做，把宣传思想工作同各个领域的行政管理、行业管理、社会管理更加紧密地结合起来"[①]。在党委统一领导下，各方齐抓共管的大宣传模式下，将全党上下、各界群众和社会团体团结在一起，共同投入社会主义意识形态建设的进程，以主体的广泛参与铸就社会主义意识形态对党和国家各方面事业的强大引领力。

（二）统筹时空场域变革掌握党对意识形态工作的领导权

目前我国意识形态安全正面临着来自国内外的双重考验，意识形态工作的环境、对象、领域、方式都发生了很大的改变，统筹时空场域变革，牢牢把握党对意识形态工作的领导权，才能保持战略稳定，确保社会主义事业能够稳步向前，保障人民的根本利益。社会主义意识形态建设统筹时空场域要坚持党管意识形态的基本原则，保持党在意识形态建设和宣传工作中的领导地位，充分发挥党的领导作用，把党的指导思想、政治纲领、立场观点、宗旨原则充分体现出来。要对我国社会意识形态中存在的各种风险有全面正确的认识，统筹时空场域，把握主要矛盾，最大限度解决当前社会发展中存在的现实问题，赢得广大人民的认可与支持，使之成为人民群众的信仰。

首先，坚持党在理论创新中的领导地位，巩固马克思主义的指导地位。当前，我国一些领域在坚持马克思主义理论指导的具体实践出现了边缘化态势，具体表现为马克思主义在社会生活中的旗帜作用不明显，没有达到真学、真懂、真用和真信的水平。马克思主义怎样更有效地引导中国特色社会主义事业和意识形态工作，怎样才能成为新时代主流意识形态和人民群众的主流价值信仰，怎样才能被广大人民群众所接受和认同，使之成为强大的物质力量，提高主流意识形态的凝聚力、吸引力、科学性、实效性，迫切需要巩固党在马克思主义中国化时代化、大众化伟大实践中的领导地位。

---

① 《习近平谈治国理政》第1卷，外文出版社2018年版，第156页。

习近平总书记强调:"坚持问题导向是马克思主义的鲜明特点。问题是创新的起点,也是创新的动力源。只有聆听时代的声音,回应时代的呼唤,认真研究解决重大而紧迫的问题,才能真正把握住历史脉络、找到发展规律,推动理论创新。"[1] 中国特色社会主义已经到了一个新的历史阶段,在主要矛盾发生变化的过程中,产生了很多有中国特色的、民族特性的、时代特点的现实问题,这些都是马克思主义经典作家没有预料到的,这些问题要求新时代的中国共产党人作出科学的正确的回答。因此,积极建设马克思主义理论相关学科,需要始终坚持问题导向,加强理论创新,使其成为中国特色社会主义理论的重要研究阵地、宣传阵地和智力支撑。在全面系统深入的学习中,增强中国特色社会主义的道路、理论、制度和文化信心,在党的坚强领导下,齐心协力共同开创一个国家富强、民族复兴、人民幸福的全新局面。

其次,强化党员干部理论武装,夯实新时代意识形态工作的思想基础。加强理论武装是党的意识形态建设的首要任务,是强化社会主义意识形态工作领导权的关键所在,也是党把握历史主动的成功密码。一方面,要深入开展学习贯彻习近平新时代中国特色社会主义思想主题教育,以习近平新时代中国特色社会主义思想武装党员干部头脑,按照"学思想、强党性、重实践、建新功"的总要求,在学懂弄通习近平新时代中国特色社会主义思想上下功夫。以筑牢理论根本为目标,抓好党员干部的理想信念教育,使党员干部始终保持政治定力,坚定为人民服务的宗旨,在实际工作中形成强大战斗力和凝聚力,增强对党的方针政策的贯彻执行。另一方面,要重视培养党员干部学思贯通。习近平新时代中国特色社会主义思想是当前党的理论武装的重点,而马克思主义经典理论是新思想形成的理论基础,为此要重视培养党员干部学习思维,使其在"读原著、学原文、悟原理"中,自觉扩大学习范围,增强学习深度和广度,理解领会习近平新时代中国特色社会主义思想是马克思主义中国化时代化的最新理论成果、是当代中国马克思主义、21世纪马克思主义,充分掌握马克思主义的本质内涵和贯穿其中的立场观点方

---

[1] 习近平:《在哲学社会科学工作座谈会上的讲话》,人民出版社2016年版,第14页。

法，并将其转化为指导实践的强大力量，更好地发挥党的领导优势，不断增强社会主义意识形态的领导力。

此外，党员干部的政治理论水平与其执政能力紧密联系，强化党员干部理论武装对新时代提升社会主义意识形态工作的领导权具有关键作用。目前有些党员干部为了一己之私，偏离了全心全意为人民服务的宗旨。在这种情况下，要坚持自我革命，明确宗旨，防止破坏党的形象的现象出现，尤其要对利益集团进行严厉打击，"中国共产党始终代表最广大人民根本利益，与人民休戚与共、生死相依，没有任何自己特殊的利益，从来不代表任何利益集团、任何权势团体、任何特权阶层的利益"①，始终代表最广大人民的根本利益，与人民同呼吸共命运，没有任何个人的利益，绝不存在任何利益集团、势力团体与特权阶层，不断巩固党的执政基础。要及时解决人民群众的实际问题，顺应民心，满足人们对更好的生活期待，提升人民的获得感、幸福感。总之，只有不断以习近平新时代中国特色社会主义思想加强对党员干部的教育引导，才能更好地统一思想、汇聚全社会的磅礴之力。

最后，要健全意识形态工作责任制。加强社会主义意识形态工作，是一个长期而艰巨的任务，为了防止一些党员干部在开展意识形态工作中存在形式主义、对意识形态工作极端重要性的认识不够充分、落实不到位等问题，要进一步加大意识形态工作的问询力度，及时掌握各级党委意识形态建设工作情况，完善考核机制、评价机制，着力抓好落实。对执行不力的地方、部门和单位，要立即进行责任认定，严肃问责，把责任落实到具体工作中去。只有全面贯彻落实意识形态工作责任制，明确党管意识形态、党管宣传、党管媒体，才能增强党员干部的政治责任感，切实做到守土有责、守土尽责，巩固党对意识形态工作的全面领导地位。各级党委要常监督、常提醒、常纠正，在自我教育中提高自己的认识，摆正落实意识形态工作的责任意识，把意识形态工作放在日常工作的首要位置，保证工作卓有成效。强化基层组织的建设与管理，切实做到属地化管理。推动各级党委切实担负起构建社会主义意识形态的政

---

① 《习近平谈治国理政》第 4 卷，外文出版社 2022 年版，第 9 页。

治责任，切实履行好意识形态工作的责任，牢牢守住各类意识形态阵地。同时，要健全意识形态工作的实施机制与监督体系，把意识形态工作实施机制建设和监督体系建设作为推动各级党委履行主体责任的重要环节。这是衡量各级党委能否充分发挥核心领导、管理和服务作用、是否有效推进党的相关政策落实、能否有效服务新时代意识形态建设大局的重要保证。

（三）推进网络意识形态阵地建设与宣传思想工作相融合

互联网时代，网络越来越多地作为信息的策源地、传播者和放大器，如果不能很好地管理网络意识形态阵地，推动互联网与意识形态建设深度融合，那么互联网很有可能演变为非主流意识形态的泛滥之地，会削弱甚至动摇党长期执政的意识形态根基。习近平总书记指出："科学认识网络传播规律，提高用网治网水平，使互联网这个最大变量变成事业发展的最大增量"[1]，为我国开展新时代网络意识形态工作提供了重要的指导。新时代社会主义意识形态建设应适应当前形势，运用现代传媒手段，关注网络舆论新情况、新问题等，创新社会主义意识形态建设的内在逻辑，坚持党管媒体的基本原则，推动国家意识形态治理的现代化。

首先，确立党管传媒的原则，提高我国网络意识形态工作的现代化水平。智能媒体对新时期意识形态工作提出了新的风险与挑战，主要体现在智能化导致主流意识形态领导权减弱，视频化造成主流意识形态传播力衰减，多元化致使意识形态控制力弱化，类型化引发主流意识形态认同度下降等方面。[2] 新时代意识形态工作要顺应科技发展规律，最大限度化解可能产生的冲突，消除可能出现的风险。党和政府要主动参与到网络宣传思想工作，推进网络意识形态阵地建设，促进智能媒体法治化，对网络媒体进行科学的顶层设计，重视网络空间的立法工作，加强

---

[1] 《习近平关于网络强国论述摘编》，中央文献出版社2021年版，第13页。
[2] 谢俊：《5G驱动下网络意识形态传播的新特征、新风险及应对策略》，《探索》2022年第6期。

对新媒体客户端,如微信、微博等的引导和监督,通过法治净化网络空间,用相应的法律法规和制度保证网络媒体不会沦为"法外之地",有效增强社会主义意识形态在网络空间的影响力。

党的十九届四中全会指出:"完善坚持正确导向的舆论引导工作机制"①。新时代意识形态建设要树立具有正确导向的议题,既有助于统一网上舆论,不断巩固意识形态工作的网络主导地位,也可以矫正网民的错误认识,避免误导。当前,互联网已经成为民众表达意见的主要渠道,一些真实的事件很容易在互联网上发酵,上升为社会热点。新时代开展意识形态工作需要"各级党政机关和领导干部要学会通过网络走群众路线,经常上网看看,潜潜水、聊聊天、发发声,了解群众所思所愿"②,找准新闻敏感点、重点来源,把握好舆论导向,增强主流思想的权威性和公信力。充分利用网络优势,使传统的意识形态说教方法和落后的宣传方式得到有效改善,使之更具时代性和感召力。

与此同时,随着自媒体时代的来临,每个人都成为信息的生产者、传播者和接受者,这就要求宣传工作要始终坚持以人为本,突出人民的主体地位,把思想宣传工作融入人民群众之中,使他们既能认同社会主义意识形态,又能做社会主义意识形态的自觉传播者、忠实捍卫者和坚定拥护者。坚持以习近平新时代中国特色社会主义思想武装全党和广大人民群众,强化人民群众在意识形态建设中的主体作用,增强人们辨别各类社会意识形态的能力,为人们构建一道抵御错误思想的防火墙。

其次,促进传统媒体与新兴媒体的深度结合,提高社会主义意识形态在网络空间的影响力。传统媒体历史悠久,发展相对成熟,可信度高,覆盖范围大,建立起了很好的品牌和知名度,具有良好的传播基础。然而传统媒体也有其局限性,即时效性和互动性较差,传播手段单一,在传播社会主义意识形态方面有一定的局限性。新兴媒体是随着网络技术发展出现的一种新型传播媒体,由于它拥有技术上的优势,即时性、互动性强,能让信息以瞬息裂变的方式进行扩散传播,缩短了信息

---

① 《十九大以来重要文献选编》(中),中央文献出版社 2021 年版,第 284 页。
② 《习近平谈治国理政》第 2 卷,外文出版社 2017 年版,第 336 页。

发送者与接受者交流与沟通的时空距离,适应了时代发展需要。新兴媒体具有多种表现方式,不仅能实现图片、文字、视频等多种传播形式的结合,还能让网友们自由地发表意见,进行在线的评论。与此同时,新兴媒体的信息传播形式具有灵活性,任何个人都可以成为信息的接收者和传播者。然而新兴媒体也有其自身的缺陷,如信息真伪难辨,权威性和严密性不足,对市场的适应性差,监管难度大,使新兴媒体的社会可信度降低。

网络化背景下的社会主义意识形态建设既面临着挑战,也存在着机遇,仅仅固守传统媒体或者仅仅发展新兴媒体,对社会主义意识形态工作的开展都是不利的,也无法达到很好的传播效果。唯有深入地将传统与新兴媒体相结合,才能使它们各自蕴含的优势得以充分发挥,实现二者的优势互补,达到更好的传播效果。要让媒体之间进行深层次融合,充分发挥各自长处,达到优势互补,需要做到两方面:一方面要坚持正确的舆论导向。媒体不仅要生产具有真实性和权威性的高质量产品,也要担负起对社会舆论的引导作用,建立良性的社会舆论环境,抵制低俗、恶俗、虚假的信息和错误思想,增强信息的可信度;另一方面,媒体必须通过研究与应用新科技,扩充大众资讯渠道,增进资讯的互动与分享,加强与大数据、云计算、人工智能等现代科技手段的深度融合,借助手机客户端、微信公众号、小视频等来提高传播效果。

最后,借助大数据等手段加强互联网意识形态管理。在网络时代,为了更好地构建良好的网络舆论生态,一方面要主动构建优质网络,使网络更好地服务于社会主义意识形态宣传,为意识形态工作提供有力支撑。要强化以马克思主义为指导的主流思想舆论,在互联网营造积极健康的舆论氛围,让主流意识形态、主流价值观、主流思想舆论占据网络意识形态的制高点。针对网络负面舆论,特别是那些诋毁社会主义意识形态的声音,应组织专职人员进行有目标地打击,消除网络上的错误思想与偏激言论,对操控网络言论者进行严厉处罚。另一方面,要建立大数据网络化管理系统。网络安全事件频发、网络舆情失控等问题出现的主要原因是网络管理技术水平有限。大数据以其精确的信息采集和海量的存储能力，在信息收集、筛选、分析、预测舆论形势等方面具有显著优势。为此，必须加速大数据监管技术的创新突破，加快形成多方参与、多元融合的综合性网络管理系统，借助大数据对意识形态动态进行及时性和全面性的反馈，结合社会主义意识形态在网络中的影响力统计，对各类媒体的回应解读程度和效果进行评估，让广大网友在清朗的网络空间中获得更多的精神满足。

（四）抓住"关键少数"不断提升意识形态工作能力水平

意识形态工作是一个系统工程，必须从全局出发，着眼于关键，注重以点带面，实现"一子落而满盘活"的实践效果。从意识形态工作的主体来说，领导干部是主要责任者，尽管在人数上领导干部并不多，但是他们承担着意识形态工作的关键任务，在意识形态工作中起到了带头和示范作用。所以必须将领导干部看作意识形态工作的关键人群，提高其意识形态驾驭能力和意识形态工作水平。中国共产党一贯注重发挥好领导干部的表率和带动作用，坚持以党建为先导，把意识形态建设由局部推进到全局。领导干部要有深刻的认识和积极的行动，意识形态工作才会动真格、出实招。由此可见，领导干部整体推进意识形态工作的能力高低，直接关系到意识形态工作的成效。

首先，促进领导干部切实履行党的意识形态建设工作。各级党委、政府以及各级领导干部要切实担负起责任，统筹协调各部门配合思想宣传，发挥好意识形态建设的领导作用。党的领导干部必须能够指导意识形态工作的执行，能够对意识形态方面的重大问题进行准确分析和判断，能够监督意识形态工作者的工作状况，因此，应着重培养领导干部的战略决策思维、协调沟通水平以及灵活用人能力。具体来说，一方面要对部门职责进行界定，将属地管理和分级负责的原则贯彻到底，把意识形态工作的步骤、任务、目的和结果规划好，结合评价制度激发思想宣传热情，出现负面舆情要及时纠正并进行问责，决不姑息任何一个玩忽职守者；另一方面，意识形态工作的重点在于思想宣传工作，只有把宣传工作做得更好，才能把意识形态工作做得更好。要与其他部门保持协调联动,不能只依赖于宣传部门,要与其他部门展开合作,形成合力,防止出现脱节和断层,最大限度地发挥群体效应,建立起全党领导管理、全民参与传播的大宣传格局。

其次,以理论回应客观现实问题,增强领导干部的意识形态解释力。社会主义意识形态要想具有引领力,必须以价值认同为基础,才能凝聚出团结一致的强大精神力量。坚持以马克思主义为指导的意识形态建设,把握马克思主义的基本原理及其所包含的立场、观点和方法,并将其应用到社会主义意识形态建设中去。唯有在意识形态工作中,真正改变把意识形态工作与经济利益相对立,切实解决意识形态工作弱化、虚化、边缘化等实际问题,反映民情民意,以理论回应客观现实问题,不断增强社会主义意识形态的解释力和说服力,不断增强社会主义意识形态的亲和力和感召力,不断提高社会主义意识形态的传播力和渗透力。

意识形态建设工作必须随着社会实践不断发展。新时代对意识形态工作提出了新要求和新任务,要增强社会主义意识形态对人民群众的感召力和亲和力必须从实际生活中存在的矛盾与问题出发,增强其导向性与有效性。一方面要积极听取群众的意见。传统意识形态工作的最大问题就是内容太过抽象,缺乏对群众实际困难的关注和反映,因此,主流意识形态工作要做好,就必须走群众路线,主动听取民众的呼声,充实并畅通民意通道。尤其要注意当前的社会热点问题,某些被大众所关注的热门事件,在互联网推波助澜下常常会酝酿发酵,积极主动关注和回应这些社会热点问题,可以帮助群众打消疑虑,增强人民对社会主义建设事业的信心。另一方面,建立一个具有凝聚力和引领力的社会主义意识形态,不是一个政府工作部门、理论宣传部门或网络主管部门的工作,而是一项系统性工作。要坚持以人民为中心的工作方向,把经济问题、政治问题、文化问题、社会治理和生态治理等问题结合起来,把最广大人民的根本利益、近期利益和长远利益结合起来,从人民立场出发,将人民群众的福祉作为社会主义意识形态建设的出发点和落脚点,在加强意识形态建设中自觉把满足最广大人民日益增长的精神文化需求作为根本动力。

最后,借助信息技术,增强领导干部对于意识形态工作的掌控能力。新时代领导干部要学会主动利用好网络信息媒体,对舆论引导模式进行创新,健全舆论监督机制,拓宽新时代意识形态的辐射范围。一方面,作为网络管理和社会治理的主要责任主体,各级政府及党政领导干部都要持续提升自己对意识形态建设的网络治理能力,增强网络意识形态工作的领导能力,对各类媒体进行严格监管,对网络上宣扬西方资本主义意识形态的不当言论主动进行技术上的甄别与屏蔽。另一方面,领导干部要积极利用网络平台宣传社会主义意识形态,组建新时代马克思主义网络宣传队伍,扩大马克思主义网络舆论阵地,不断加强原创内容的生产,增强主流媒体的影响力,增强党的意识形态引导调控能力,用思想凝聚力量。

(五) 着眼百年未有之大变局增强意识形态的国际话语权

加强社会主义意识形态的国际传播能力,建立社会主义的国际话语体系,已经成为中国对外展现国家形象、展现文化软实力的重要途径。特别是在中国逐渐走近世界舞台中心,以及西方资本主义国家对中国仍存有意识形态偏见的情况下,我国必须牢牢掌握意识形态的国际话语权,积极应对各种不实的言论,展示大国的担当与责任,坚定地走中国特色社会主义现代化之路,向世界讲述中国故事,提高社会主义意识形态的话语解释力和引领性。

自 20 世纪 90 年代苏联解体、社会主义阵营瓦解以来,西方敌对势力持续对我国实行"全盘西化"的政策,对我国进行意识形态的渗透。当前世界经济复苏乏力,局部地区冲突频发,国际力量对比发生变动,"世界百年未有之大变局下,两种社会制度、两种意识形态之间的较量迎来了新的变化"[①],社会主义意识形态要着眼国际局势变动,加强顶层设计,向世界诠释社会主义意识形态的深层含义,在国际舞台上勇于

---

① 魏志奇:《世界百年未有之大变局下的意识形态风险及其防范》,《马克思主义研究》2022年第 7 期。

发声，增强中国特色社会制度的勇气、自信和正气，为处理复杂的国际事务提供思想保障。要以深远的历史眼光和宽广的世界眼光对当今人类社会所面对的时代主题进行思考，深刻认识到当今世界的发展态势，对防止核扩散、降低贫困等全球性问题积极作出回应，积极推进"一带一路"建设，倡导构建人类命运共同体，提高社会主义意识形态的国际话语权。

首先，要立足于中国哲学社会科学学术体系，向世界阐述马克思主义行的内在逻辑。中国作为一个共产党领导的社会主义国家，在思想上坚持马克思主义，在构建意识形态国际话语权过程中，必须让世界对马克思主义有一个正确的认识，这是一个不可避免的问题。因为苏联社会主义实践的失败，加上长期以来西方政界、学术界和新闻界对马克思主义的刻意扭曲，致使在西方的意识形态话语体系中，共产党、马克思主义和社会主义等概念都不为人们所待见。社会主义意识形态的国际话语权建设首先要思考怎样才能使世界更好地认识马克思主义，认识到马克思主义的科学价值与人类对于和平、公正、发展等共有的价值追求相一致。要将中国特色社会主义的理论体系向世界各国积极宣传，并使其成为世界上最具活力、最具影响力的一种科学理论。

在全球化的大环境下，马克思主义要想在世界范围内健康发展，就必须有一个自觉的国际化进程，在坚持中国特色社会主义过程中，推动以马克思主义为根基的中国特色社会主义学术话语体系。学术化和理论化是中国高层次、高维度讲好中国故事的必要环节，也是构建意识形态国际话语体系的学术基础，从具有中国特色的哲学社会科学范畴体系入手，结合马克思主义理论体系，广泛吸收中外思想精华，尊重原创性命题、概念和理论，避免教条主义地照抄照搬造成思维上的僵化和意识形态上的混乱。以中华民族精神和社会主义核心价值观为核心，从政治、经济、文化、社会、生态等多方面进行学术解读，全面推动中国学术创新，超越单纯套用西方的学术观念与架构，从多学科视角解读中国道路、中国制度、中国文化与社会主义意识形态建设，提升中国特色社会主义哲学社会科学研究的影响力。

其次，要加快构建中国话语和中国叙事体系。党的二十大报告明确指出："加快构建中国话语和中国叙事体系，讲好中国故事、传播好中国声音，展现可信、可爱、可敬的中国形象。"[①] 这既是新时期意识形态工作的一项重大课题，又是判断马克思主义政党是否有较强的凝聚力与引领力的标志。一方面，构建中国话语和中国叙事体系，首要目标是要将中华民族在漫长历史进程中凝结的经验、中国共产党领导中国人民进行革命、建设、改革的伟大实践经验以及新时代中国特色社会主义的探索经验进行总结，形成一套系统化的概念范畴和表述话语，用中国理论诠释中国实践，用中国实践提升中国理论。以习近平新时代中国特色社会主义思想为指导，建构中国话语和中国叙述体系是社会主义意识形态建设必须坚持的基本原则。与此同时，理论界还应敢于打破现有的研究范式，加强对新成果的研究，提出新概念、新范畴和新表达，为新时代意识形态守正创新、继往开来开辟新领域。另一方面，应注意建设融合中西文化的中国话语与中国叙述体系。随着中国逐渐走向世界舞台的中央，客观上要求中国话语及其叙述体系也应该走出国门，同世界各国同频共振。在建构中国话语与叙述体系的过程中注意语言的传达和接收，由于不同的表述方法可能导致相同的意义产生很大的差异。这就要求我们在社会主义意识形态国际传播过程中，最大限度地确保理论的正确性，把马克思主义意识形态以一种灵活、高效的语言形式传递给全世界人民，其中高水平译文是各国相互融通的关键，中国话语及其叙述体系的翻译要考虑受众的差异性，要与当地民众的思维方式及话语表达方式相适应。同时中国的话语与叙述体系要注意将我国"想讲的"与他国"想听的"相结合，凝聚各国的共识。

再次，意识形态工作要将正面宣传与舆论斗争有机结合。面对国际上日益复杂、激烈、隐蔽的意识形态斗争，只有把正面宣传和舆论斗争有机地结合起来，才能真正起到正本清源的作用，才能掌握新时代意识形态话语权。一方面，要做好正面宣传工作。新时代意识形态建设要通过各种方式，对代表社会主流、反映时代特点、具有积极意义的人物和

[①]《习近平著作选读》第 1 卷，人民出版社 2023 年版，第 38 页。

事迹进行宣传，以团结、稳定、鼓舞为基调，突出社会主义制度优越性，巩固新时代意识形态话语权。在进行正面宣传时，要注重实事求是，追求积极影响。当前仍然有一些人对正面宣传的认识存在一些误区，如认为中国共产党的宣传都是些空话套话，跟实际生活没有多大关系。现实生活中也的确存在着过于重视意识形态宣传而忽略民众心理感受的现象，致使部分民众，尤其是海外华人对意识形态宣传产生了一些质疑甚至排斥情绪。因此，正面宣传一定要遵循实事求是的原则，以内容为中心，确保事实的准确性，如实报道事情全貌，对事实进行客观公正的分析与评价，保证宣传的权威，提高可信度，真正激起海外华人的自豪感与外国友人的信任感。

另一方面，在面对不实言论时，要及时进行舆论斗争。正视歪曲、消解我国主流意识形态的思想言论，敢于斗争并善于斗争，才能夺取意识形态国际主导权。尤其要提高对"低级红"与"高级黑"等宣传手段的警觉。"低级红"是把中国共产党的政治主张庸俗化、言论简单化，看似在进行积极宣传，实际上却是在破坏中国共产党的形象和信誉。所谓"高级黑"是用文字粉饰，或者假借学术之名，对中国共产党的宗旨与政策作出消极解读，例如以反思改革的名义，否认改革开放制度，以实际生活中的小问题为理由，抨击中国共产党的领导，抨击我国社会主义制度。习近平总书记强调："如果有人以所谓'学术自由'为名诋毁马克思主义、否定马克思主义指导地位，那就应该旗帜鲜明予以抵制。"[①] 意识形态工作者都必须对这一问题保持高度警觉并坚决反对。

同时，要善于把正面宣传与舆论斗争这两种方式有机地结合起来。过分重视正面宣传，极易引起民众的逆反和抗拒情绪，给某些社会非主流意识形态留下可乘之机。相反，如果过分重视舆论斗争，也会引起民众紧张和负面情绪，忽略社会主义事业光明的一面，致使宣传的效果适得其反。应注意把握好二者之间的尺度，并在某种程度上保持适当张力，针对不同情况，选择适当方式，灵活运用新时代意识形态国际主导权。

---

① 《习近平关于社会主义文化建设论述摘编》，中央文献出版社 2017 年版，第 55 页。

最后，要创新意识形态对外传播模式，把握国际传播话语权。当前国际话语体系"西强东弱"的局面尚未得到根本转变，中国声音的国际传播还比较薄弱，国际影响力和引导力不足，没有充分反映我国的大国地位和大国形象。要充分认识到以西方发达国家为核心的国际秩序与价值体系已不能与新的国际关系相适应，全世界迫切要求建立一个能体现绝大多数国家，尤其是绝大多数发展中国家意志与利益的、公平合理的国际话语秩序。中国应主动把握这一历史契机，积极开展国际交流，坚持"人类命运共同体""共商共建共享"的思想，推动全球意识形态话语体系的改革。创新意识形态传播方式方法和传播模式，把宏伟的发展思想转变成实实在在的实践进行传播，建立起主体多元、渠道多样的传播模式，从而在对外传播中掌握信息传播主动权，提高中国国际话语权。一方面，加强各国人民之间的民间交流与沟通，借助民间力量传播中国故事，达到更好的宣传效果。我国的外交关系总体上由政府推动，但民众之间交流较少，政治互信无法取代民间理解，这就要求我们要进一步构建社会主义意识形态的话语体系，把中国对世界发展的贡献内化为中国人的民族骄傲，提升国民对外交流意愿。另一方面，由于西方国家的媒体控制，中国在世界舆论中还存在着失语困境，我们要继续坚持对网络平台的有效运用，改变官媒、外媒"单打独斗"模式，充分发挥各级党政机构、各类社会组织、各种机构媒体和自媒体的国际传播功能，鼓励多渠道、多领域、多形式的沟通方式，发挥多种媒体作用。鼓励多元社会力量参与到国际传播中，有效缓解官媒宣传可能导致的排外情绪，通过便捷的传播方式和丰富的传播内容将一个更真实、更立体、更完整的中国呈现给世界。

四 系统部署推进社会主义意识形态建设制度体系的建构完善

施良善之治必依良善之制。建章立制是中国共产党的优良传统，亦是中国共产党百年奋斗历程的经验总结，制度的完备是社会主义意识形态建设能够长期稳定实施的先要条件。习近平总书记指出:"制度问题更带有根本性、全局性、稳定性、长期性"①。意识形态工作肩负着凝聚党心、民心工作的重要任务,承担着为国立本,为民铸魂的重要使命,是治国理政的重要组成部分。因此,新时代要牢牢把握意识形态领导权,必须系统部署推进社会主义意识形态建设制度体系的建构完善,确立马克思主义在意识形态领域指导地位的根本制度,制定和实施各级领导干部意识形态工作的责任制度,建立健全网络意识形态领域风险防范化解的有效机制,增强社会主义意识形态建设制度化的针对性和协同性,为实现中华民族伟大复兴提供有利的制度条件。

(一) 坚持马克思主义在意识形态领域指导地位根本制度

党的十九届四中全会明确指出:"坚持马克思主义在意识形态领域指导地位的根本制度"②,这是党中央首次从制度层面对马克思主义在意识形态领域的指导地位予以确定,并作了科学而全面的决策部署,为社会主义意识形态建设工作作了制度擘画。确立马克思主义在意识形态领域指导地位的根本制度,是党对社会主义意识形态建设工作的科学、系统、全面认识和长效谋划,进一步丰富了中国特色社会主义制度的时代内涵,是对社会主义意识形态建设的重大理论创新与制度创新。这"对于进一步做好新时代意识形态工作,建设具有强大凝聚力和引领力的社会主义意识形态,维护国家意识形态安全,具有根本性、全局性、长远性的重大意义"③。

系统部署推进社会主义意识形态建设制度体系的建构完善,要从深刻理解为什么确立马克思主义在意识形态领域指导地位的根本制度,坚持马克思主义在意识形态领域指导地位的根本制度要如何去做这两个根本性问题。意识形态工作是党和国家建设、发展过程中应牢牢把握的至关重要的工作,马克思主义能否占据意识形态领域的根本

---

① 《习近平关于依规治党论述摘编》,中央文献出版社2022年版,第3页。
② 《习近平著作选读》第1卷,人民出版社2023年版,第35页。
③ 姜辉:《坚持马克思主义在意识形态领域指导地位的根本制度》,《红旗文稿》2020年第5期。

指导地位事关旗帜、道路和国家安全。坚持马克思主义在意识形态领域指导地位是保证中国特色社会主义事业始终沿着正确方向前行的重要保障。

首先，马克思主义是由中国共产党百年实践证明的科学理论。"马克思是举世公认的'千年思想家'，马克思主义既改变了中国，也改变了世界。"[1] 马克思揭示了人类社会发展的客观规律，创立了唯物史观和剩余价值学说，为世界工人运动提供了科学的理论指导，为实现全人类解放提供了方向指引。在马克思主义科学理论的指导下，中国共产党带领中国人民结合中国国情在实践中形成了中国化的马克思主义，实现了从站起来到富起来再到强起来的伟大飞跃。同时，马克思主义为新时代党的意识形态工作提供了科学的方法论，确立马克思主义在意识形态领域指导地位的根本制度是新时代社会主义意识形态建设的首要前提。正如恩格斯所言："马克思的整个世界观不是教义，而是方法。它提供的不是现成的教条，而是进一步研究的出发点和供这种研究使用的方法。"[2]

其次，坚持马克思主义在意识形态领域指导地位的根本制度是掌握意识形态领导权的关键。作为观念上层建筑的意识形态，其根本的政治功能在于为统治阶级的合法性和合理性辩护。马克思在《政治经济学批判（1857—1858年手稿）》中指出："如果从观念上来考察，那么一定的意识形式的解体足以使整个时代覆灭。"[3] 列宁逝世后，苏联共产党在意识形态工作过程中出现了不同程度的背离马克思主义根本指导地位的情况，如在日常生活中逐渐弱化甚至疏忽了对广大人民群众的社会主义意识形态引导和教育；对一些"地下刊物""非正式组织"的意识形态审查缺乏警觉性和敏锐性，导致各种反马克思主义和反社会主义思潮以"重评历史"为名发表攻击社会主义意识形态的言论，丧失了马克思主义在苏共意识形态中的根本指导地位，瓦解了苏共意识形态工作

---

[1] 肖贵清、车宗凯：《坚持马克思主义在意识形态领域指导地位的根本制度》，《思想教育研究》2020年第1期。

[2] 《马克思恩格斯文集》第10卷，人民出版社2009年版，第691页。

[3] 《马克思恩格斯文集》第8卷，人民出版社2009年版，第170页。

领导权。因此，马克思主义在意识形态领域指导地位的根本制度作为立党立国的"定盘星"，一旦被摧毁，随之而来的便是出现诸如东欧剧变的历史悲剧。唯有坚持马克思主义在意识形态领域指导地位的根本制度，才能够使社会主义意识形态建设长效化、程序化、规范化，才能发挥社会主义意识形态凝聚共识、汇聚精神力量的功能。

概言之，中国共产党要在新时代新征程运筹帷幄、行稳致远，增强社会主义意识形态凝聚力、引领力，坚持马克思主义在意识形态领域指导地位的根本制度，必须结合社会主义意识形态建设具体实际，从建立健全马克思主义长效学习机制，加强马克思主义意识形态传播影响力等方面下功夫。

一方面要建立健全马克思主义长效学习机制。习近平总书记强调："我们一定要反复学习马克思列宁主义的经典原著，反复琢磨、深刻领会。"[1] 坚持马克思主义在意识形态领域指导地位的根本制度要以对马克思主义基本原理的深刻理解转化为基础，系统把握中国社会发展现实，推进社会主义意识形态理论创新与实践创新。深入学习马克思主义事关党和国家事业的兴亡发达，中国共产党的社会主义意识形态建设实践昭示了建立健全马克思主义长效学习机制的重要性。这一学习机制的建立最重要的就是要坚持学懂弄通习近平新时代中国特色社会主义思想，以习近平新时代中国特色社会主义思想为指导，坚持集中教育与个人学习相结合的原则，学习马克思主义经典著作，领悟马克思主义思想精髓，深刻理解马克思主义为什么行、中国共产党为什么能、中国特色社会主义为什么好。

另一方面要加强马克思主义意识形态影响力。21世纪是信息的时代，随着智媒体的发展，必然带来马克思主义意识形态传播模式的变革。智媒体重构了马克思主义意识形态的传播环境，使得马克思主义意识形态传播的场景化不断增强、个性化更加鲜明、沉浸化愈加凸显，传播效率与速度更加迅速。然而，事物的发展呈现两面性，智媒体在促使信息传播广度、强度、深度不断增强的同时，也给社会主义意识形态传

---

[1] 习近平：《摆脱贫困》，福建人民出版社1992年版，第156页。

播带来了诸多风险和挑战，加剧了意识形态渗透的隐蔽性、意识形态风险的附着性，致使资本主义意识形态对马克思主义意识形态的侵蚀防不胜防。因此，增强马克思主义意识形态的影响力需要实现马克思主义意识形态与智媒体有机融合，从传播主体、传播方式、传播内容三方面入手促进马克思主义意识形态的传播。即：推动智媒体受众群体分层化与马克思主义意识形态教育分层化融合；强化马克思主义意识形态传播的感观、视觉体验，构建意识形态传播线上线下互动模式，扩大马克思主义意识形态的辐射力和影响力；通过媒介用户话语分析把握用户价值取向和情感偏好，研判受众需求与期待，融入算法内容个性化推荐，实现社会主义意识形态传播智能化，使受众在休闲娱乐中获得正向价值引导；廓清思想迷雾，在各类社会思潮传播中树立马克思主义意识形态的权威地位，摒弃不良舆论导向，弘扬主流意识形态，提升全社会的社会主义意识形态认同度。

（二）制定和实施各级领导干部意识形态工作的责任制度

党的二十大报告强调："牢牢掌握党对意识形态工作领导权，全面落实意识形态工作责任制，巩固壮大奋进新时代的主流思想舆论。"[①]制定和实施领导干部意识形态工作的责任制度是为了确保党对意识形态工作的领导权，切实保质保量完成党对意识形态工作的系统部署，实现党的意识形态工作目标，是对各级党组织和领导干部等相关主体在意识形态工作中的"履职范围、工作要求、工作任务、应负责任及相应权利的政策安排"[②]，是实现意识形态工作各项任务落实落细、廓清各类各层主体责任，确保社会主义意识形态建设扎实推进的重要制度保障。

制定和实施各级领导干部意识形态工作的责任制度，党中央从政策层面确立了各级各层党组织、领导干部在意识形态工作中的责任义务，

---

① 《习近平著作选读》第1卷，人民出版社2023年版，第36页。
② 张智、庞贺峰：《新时代中国共产党思想政治工作责任制的科学建构与运行保障》，《思想教育研究》2023年第9期。

使其做到守土有责、守土尽责。2015 年 9 月,中共中央办公厅印发《关于加强社会组织党的建设的意见(试行)》。2015 年,中共中央办公厅印发的文件还有《党委(党组)意识形态工作责任制实施办法》。习近平总书记也多次强调:"各级党委要负起政治责任和领导责任,加强对宣传思想领域重大问题的分析研判和重大战略性任务的统筹指导,不断提高领导宣传思想工作能力和水平。"① 因此,各级领导干部要着眼实现中华民族复兴的重大历史使命,根据党中央关于意识形态工作的重要指示,从政治高度守好"责任田",负好政治责任和管理责任,提高政治判断力、政治领悟力和政治执行力,全面落实意识形态工作责任制。

首先,各级党员干部要在意识形态建设中积极主动承担政治责任。习近平总书记将意识形态工作上升至极端重要的地位,因此,社会主义意识形态建设首先是一项政治工作。在实施过程中,全党各级各层党组织和各级领导干部应高度重视意识形态工作,从党的前途命运和国家安全的高度认识意识形态建设的重要性,履行意识形态政治责任。各级领导干部一方面要牢牢把握意识形态建设的政治方向。方向事关命运,社会主义意识形态建设"不但需要有坚定正确的政治方向,而且需要艰苦奋斗的精神,不然就不能抵抗各种恶势力恶风浪"②。各级党组织要把好社会主义意识形态工作的政治方向,确保意识形态建设始终与社会主义事业同向同行。另一方面,要始终以习近平新时代中国特色社会主义思想凝心铸魂,高举中国特色社会主义伟大旗帜,把握习近平新时代中国特色社会主义思想精髓,在意识形态建设过程中坚定政治立场,自觉与各种非社会主义、反社会主义意识形态作斗争。

其次,各级党员干部要在意识形态工作过程中积极主动承担管理责任。坚持守土尽责,强化底线思维与阵地意识,坚持守土尽责和对外传播同步推进。从正本清源入手,加强和改进党的宣传思想工作,构建和形成党管新闻、党管宣传的基本原则与工作机制,旗帜鲜明讲党性,宣

---

① 《习近平谈治国理政》第 1 卷,外文出版社 2018 年版,第 156 页。
② 《毛泽东文集》第 2 卷,人民出版社 1993 年版,第 262 页。

传好、贯彻好、落实好党的政策和主张，在"守土尽责"中大力保护"红色地带"，打击"黑色地带"，争取"灰色地带"，推动党心和民意同频共振、同向同行，有效把握和引导社会舆论导向。与此同时，构建意识形态国际话语权，在全球背景、中国历史和现实国情的综合背景下敢于和善于揭露西方话语霸权的错误逻辑，用中国理论阐释中国道路，提升社会主义意识形态国际传播效能。以国际视野洞察当今世界发展大势和规律，主动融入世界历史发展进程，对国际社会面临的贸易自由化、反恐、减贫、人道主义援助、气候变化等一系列全球课题和重大挑战作出积极有效的回应，在世界舞台上展现出社会主义意识形态的魅力与智慧。

最后，各级党员干部要在意识形态工作过程中提高政治判断力、政治领悟力和政治执行力。习近平总书记强调："各级领导干部特别是高级干部要不断提高政治判断力、政治领悟力、政治执行力。"[①] 政治判断力强调"怎么看"，聚焦意识形态责任工作的是非层面。科学研判意识形态工作形势变化，以政治敏锐性和鉴别力及时发现意识形态领域潜在性问题，避免意识形态问题的进一步演化和扩大。各级领导干部要善于从政治立场和方向上发现问题，从全局和长远分析问题，从重点和关键辨识问题，确保意识形态工作坚持正确的政治方向。政治领悟力强调"怎么想"，聚焦对意识形态工作责任的认识层面。党的十八大以来，党中央组织了多次集中学习教育活动，"两学一做""三严三实""不忘初心、牢记使命""党史学习教育"等主题教育活动的陆续开展，通过思想研讨、理论考试、实践作为等方式促使党员干部用马克思主义理论武装头脑，深刻领会党和国家的理论创新、重大决策和重要部署，将理论转化为认识、分析和解决问题的科学思维与工作能力。政治执行力强调"怎么干"，聚焦意识形态工作责任落实。2015年10月3日，中共中央办公厅颁布《党委（党组）意识形态工作责任制实施办法》，这是党的历史上第一次以党内法规的形式对党委（党组）意识形态工作责任作出明确的制度规定，将意识形态工作责任层层明确、步步分解，破除意识形态工作执行中的不严、不实等弊病。加强对意识形态工作责任制

[①] 《习近平谈治国理政》第4卷，外文出版社2022年版，第41页。

实施情况的监督落实,将落实不到位的情况列入"问题清单"并加以追责,制定整改措施,狠抓立行立改,不断强化意识形态工作的刚性约束,为开创新时代社会主义意识形态工作新局面提供规范指引和制度保障。

(三) 健全网络意识形态领域风险防范化解的有效机制

随着互联网的迅速发展,网络空间话语的自发性与虚拟性特点日益凸显,夺取网络意识形态领域话语权已成为新时代中国共产党意识形态工作的重要组成部分,健全网络意识形态领域风险防范化解机制是社会主义意识形态建设一项极其重要的工作。习近平总书记指出:"当今世界,意识形态领域看不见硝烟的战争无处不在,政治领域没有枪炮的较量一直未停。"[①] 在互联网迅速发展的今天,要牢牢把握党在网络意识形态领域的领导权,把网络空间的意识形态力量转化为现实物质力量。

一方面,网络意识形态具有现实性与虚拟性并存的特点。网络意识形态是现实生活的反映,可以从现实中找到依据。同时,网络意识形态传播途径多样、传播主体多元,传播方式也具有虚拟性特点。网络意识形态的现实性为虚拟性提供了现实基础,网络世界的虚拟性打破了时间、空间界线,与现实性相互交织,共同熔铸于意识形态建设之中。另一方面,网络意识形态具有斗争性与复杂性并存的特点。网络意识形态在传播内容、传播话语、传播方式上的赋权和构建,一定程度上使社会主义意识形态领导权、管理权、话语权面临一些新情况和新问题,加剧了意识形态斗争的复杂性。网络意识形态传播的"圈群化"削弱了主流意识形态传播的整合能力。算法推荐放大了用户的选择心理,受众更倾向于选择自己熟悉的信息,在作出价值选择的同时无意识地放弃普遍适用的参照点,陷入"信息茧房",个体选择被操控和重塑。此外,在资本和流量的操控下,媒体推送的同质化的信息致使网民难以接触到不同的声音,消减了主流意识形态的影响力。此外,媒体传播的"泛娱乐化"也加剧了意识形态斗争的复杂性,新自由主义、历史虚无主义

[①] 《习近平关于社会主义政治建设论述摘编》,中央文献出版社2017年版,第18页。

等社会思潮以娱乐化、生活化方式，借助智能媒体广泛传播，冲击了社会主义意识形态主导权。

总而言之，网络空间的虚拟性、传播对象的不可控性、网络空间界线广阔性给网络意识形态建设带来一定难度，一方面造成网络意识形态领域的附着性风险不断增加，虚拟与现实的边界越来越模糊，技术与价值异化，黑箱与茧房交叠，智能算法嵌入日常生活，加剧了意识形态风险的附着性。同时，智能化传播使得捕风捉影的言论与迷惑性的虚假信息相互耦合，意见领袖的"推波助澜"，磨损了网民的价值判断与认知理性，非理性的观点极易成为"网络爆点"，一些网民由于缺乏理性认知，过度沉浸虚拟世界，自主意识、价值选择等主体能动性被蚕食，给非主流意识形态的渗透提供了可乘之机。另一方面，网络意识形态领域意识形态渗透的隐蔽性风险不断增加。互联网传播的"私密化"加剧了意识形态渗透的隐蔽性，信息传播的私密化加大了智媒圈层的监管难度，主流媒体的观点和声音遭受遮蔽和消解。西方国家利用技术优势，通过篡改网站、挖掘漏洞等方式频繁对我国网民关注的热点、兴趣点等数据进行非法监听和收集，隐秘地进行网络意识形态攻击。与此同时，互联网传播的"碎片化"也加剧了意识形态渗透的隐蔽性。互联网重构了信息的分发机制，削弱了主流意识形态的叙事完整性，导致网络意识形态场域具有了自发性、突发性、公开性、难控性等特点，各种错误思潮借助碎片化的信息加以扩散，导致部分网民被失实信息包裹，难以形成对网络主流意识形态的整体认同。因此，新时代社会主义意识形态建设的守正创新必须构建网络意识形态领域风险防范化解机制，有针对性地解决网络意识形态领域风险。

首先，系统构建网络意识形态领域风险识别机制。网络意识形态领域风险的化解要以风险识别为基础，以准确识别和有效化解网络意识形态领域风险为重要前提。互联网技术的迅速发展造成信息爆炸，网络空间信息真假难辨，西方资本主义意识形态混杂其中，企图通过隐匿途径进行潜移默化的意识形态渗透，传播资产阶级价值观，瓦解社会主义意识形态领导权。习近平总书记指出："要深入开展网上舆论斗争，严密防范和抑制网上攻击渗透行为，组织力量对错误思想观点进行批驳。"①在网络意识形态防范化解中，要以社会主义核心价值观为引领，立足于中华民族伟大复兴全局，认真审视网络空间存在的直接的、伪装的西方资本主义意识形态及各类反动言论，利用大数据的便捷性，对国外意识形态渗透进行反制，对国内互联网终端信息进行监控，实现外防内管有机协调。同时，加强对西方资产阶级价值观的全面批判，系统整理西方资产阶级价值观渗透的有力证据，通过国际平台对其进行批判，在国际社会形成共鸣，以"团结—批评—团结"方针为指引对国内错误言论主体进行警告、处罚和监管。

其次，完善网络意识形态领域风险防范机制。完善网络意识形态领域风险防范机制，主要从意识形态监测机制、意识形态预警机制、意识形态风险评估机制三个维度构建。一是构建意识形态监测机制。全景监测媒体内容，智能识别声音、语义、图片、表情等内容，利用网络爬虫技术抓取相关舆情信息，以多维情感倾向判断智媒时代意识形态，分析网民正向和负向情绪指标，监测意识形态的情感趋势。二是构建意识形态预警机制。搭建意识形态智能算法模型，筛选不符合社会主义主流意识形态的言论并进行有效拦截和屏蔽；制定监测预警应急方案，研发舆情监测模型，发现棘手问题及时进行约谈、禁言和永久封号，遏制风险于舆情萌芽期。三是构建意识形态风险评估机制。虚拟世界与数字鸿沟加剧了观念与价值的两极分化，构建智能化风险评估指标体系，有利于维护意识形态安全。通过设定因果逻辑、递进逻辑、并列逻辑等分析意识形态风险，智能化分析和评定社会事件和舆情影响，构建图片、视频、文字、数据等立体化意识形态传播风险评估体系。

最后，构建网络意识形态传播机制。通过提升意识形态传播主体的智能媒介素养构建网络意识形态传播机制，并从个人、大众媒体及算法路径三个方面提升意识形态传播主体的智能媒介素养。一是提升个人的智能媒介素养，培植一支信仰坚定、专业扎实的网络意识形态人才队伍，强化专业人才供给。智媒时代，新闻工作者、文艺工作者、理论研

---

① 《习近平关于社会主义文化建设论述摘编》，中央文献出版社2017年版，第29—30页。

究者、党员干部、普通民众等都是信息的发出者和传递者，提升其智能媒介素养，有助于推动多个主体在不同领域进行社会主义意识形态传播。二是规范智能媒体平台传播，增强其价值引领。智媒时代的主流价值传播嵌入了专业机构媒体、互联网平台、政务新媒体、自媒体，这就要求社会主义意识形态传播必须提升媒体平台的智能媒介素养，"以主流价值观驾驭人工智能技术，增强其价值理性"[1]。三是技术人员要优化智能算法设计理念，提升主流媒体算法的透明度，打破"算法黑箱"，将网络主流意识形态建设作为算法设计的核心原则，通过制定技术公约、行业准则等方式规范技术人员的责任意识与伦理意识，以网络主流意识形态价值导向为智能技术加权赋值。

（四）增强社会主义意识形态建设制度的针对性和协同性

纵观中外历史，任何一个民族、国家、政党都需要通过意识形态来阐明主张、引领社会、凝聚民心。马克思指出："统治阶级的思想在每一时代都是占统治地位的思想。"[2] 为维护自身统治，任何一个统治阶级都会推行一系列有利于政党统治的观念形态，"确保人们在思想和行动上的一致性，达致社会走向的稳定及治理目标的实现"[3]。社会主义意识形态是以马克思主义为指导，以实现国家富强、民族振兴、人民幸福为价值取向，在中国共产党百年探索中而形成的具有引领作用的意识形态体系。因此，在推进中国式现代化征途中，必须将社会主义意识形态建设制度化，以制度形式巩固社会主义意识形态的主体地位，增强社会主义意识形态建设制度化的针对性与协同性。新时代增强社会主义意识形态建设制度化的针对性和协同性是一项长期工作，在此过程中要发扬"斗争精神"，提高意识形态工作的针对性和协同性。

首先，通过发扬斗争精神、增强斗争能力，提升意识形态建设制度的针对性。牢牢把握斗争方向，提升敢于斗争的魄力。针对性在词典中

---

[1] 刘章仪、李钢：《人工智能赋能网络意识形态风险防控：背景、向度与进路》，《当代传播》2022年第3期。
[2] 《马克思恩格斯文集》第1卷，人民出版社2009年版，第550页。
[3] 彭刚：《新时代推进社会主义意识形态建设的法治化进路》，《理论视野》2023年第9期。

的意思是"专有所指",指某一方案或者某一计划与所存在问题的解决是相契合、相一致的。社会主义意识形态建设制度的针对性是指在社会主义意识形态建设过程中所制定的制度、政策与当前社会主义意识形态建设制度存在的问题是契合的、具体的,而非笼统的,能够对当前存在的问题有针对性地解决或改善。近年来,随着经济全球化趋势不断深化以及当前世界百年未有之大变局的国际环境,世界各国意识形态领域的斗争不断加剧。同时,我国意识形态领域也并不平静,西方资本主义国家通过各种手段企图同化、瓦解我国社会主义意识形态,实现对中国的和平演变;经济社会的发展使得人民思想呈现多元化趋势,个别人受到西方资本主义意识形态的影响,在群众间大肆宣扬西方普世价值观,给改革开放和中国式现代化的发展建设带来了极大的负面影响。据此,在制定相关政策时应加强政策的针对性,对社会主义意识形态建设中存在的"噪声杂音",进行精准判断和给予有力的回击。

牢牢把握意识形态斗争方向意味着旗帜鲜明抵制敌对势力的意识形态渗透,倡导"做战士、不做绅士",坚决消除意识形态工作中的顽瘴痼疾。明确区分思想舆论领域的政治原则问题、思想认识问题和学术观点问题,不能一味以"思想包容"冲淡"一元指导"。把握意识形态领域斗争的发展态势,深入分析意识形态斗争的突出特点和内容实质,在交流交锋中明辨是非曲直,剥除资本主义意识形态的虚假外壳。值得注意的是,在进行意识形态斗争时,要坚持动态、综合、有效的斗争策略,绝不能走"放任自流"的邪路,也绝不能回到"以阶级斗争为纲"的老路上去,严防意识形态工作出现松散化、疲软化、扩大化和绝对化等不良倾向。同时,要掌握斗争规律,增强斗争能力。打好意识形态斗争主动仗,抢占制高点,占领主阵地。坚持正确的舆论导向,使新闻出版阵地、社科理论阵地、高校教育阵地、网络媒体阵地可管可控。建设具有广泛社会影响力的马克思主义传播平台、主题网站和文创产品,积极推进社会主义意识形态信息化、数字化建设。做好高站位又接地气的议题设置,增强社会主义意识形态的信服力和聚合力。培养一支具有较高政治理论水平、熟悉意识形态斗争规律的思想宣传队伍,根据人民群众的思想动态和舆论动向提出有针对性的斗争策略，构建全民参与、全民防范的意识形态安全屏障。

其次，通过坚定"两个确立"提升做好意识形态工作的思想和行为自觉，增强意识形态建设制度的协同性。协同性是指协调两个及以上的主体齐心协力，共同完成相关工作。社会主义意识形态建设制度的协同性是指社会主义意识形态工作建设的相关规章制度是协同的、互为补充的，各项规章制度能够相互补充，有效地从整体上提升社会主义意识形态工作效果。社会主义意识形态建设是一个涉及范围广、复杂程度高、防范难度大的工作，仅仅通过个别的规章制度的实施不能从根本上遏制非主流意识形态传播，只有各项制度相互协同，全体党员干部凝聚一心，才能解决实际存在的各项问题。因此，在社会主义意识形态建设过程中，必须推进马克思主义在意识形态领域指导地位的根本制度、领导干部意识形态工作责任制度、网络意识形态领域风险防范化解的有效机制的互促互补。具体来讲，坚持马克思主义在意识形态领域指导地位的根本制度，能够保证社会主义意识形态建设不偏向；意识形态工作责任制度从制度层面规范党员干部工作职责与范围，确保各级领导干部在涉及大是大非问题上能够自觉以马克思主义为指导，旗帜鲜明、立场坚定，自觉与错误意识形态作斗争，同时充分激发党员干部对意识形态工作积极性和主动性，团结一致将社会主义意识形态工作做好。在马克思主义的正确指导下，在各级领导干部的团结斗争下，确立网络意识形态领域风险防范化解的有效机制能够弥补网络空间意识形态规范制度缺位问题，保障社会主义意识形态工作纵向到底，横向到边，不留空缺。社会主义意识形态工作相关制度的制定唯有互为补充，各项制度协同互促，社会主义意识形态工作才能够实现真正的守正创新。

总而言之，当前社会主义意识形态建设面临的机遇和风险前所未有，需要防范化解的风险隐患错综复杂，因此，增强意识形态建设制度的协同性要主动出击、积极作为，把意识形态工作落实于党和国家发展事业的大局，用鲜活的实践推动理论创新，不断推进马克思主义中国化、时代化和大众化。建立健全党委定期听取意识形态和宣传思想工作汇报及研讨制度，加强包括党校、行政学院、干部学院等意识形态工作部门和机构的横向联合，加强对宣传思想领域重大问题的分析研判和重大战略任务的统筹指导，确保社会主义意识形态建设制度化步调一致，在重大政治原则和其他大是大非问题上同各种噪声和杂音作斗争。加强对习近平总书记系列重要讲话精神的研究，加强对党中央治国理政新理念、新思想、新战略的阐释，聚焦社会热点和思想疑点，提出解决问题的正确思路和有效办法。加强中国特色新型智库建设，通过理论创新阐明"两个确立"的深刻内涵和社会主义意识形态的独特优势，提升马克思主义理论的前瞻性和指导性。深化理论研究成果的转化运用，克服学和用"两张皮"的现象，完善理论形态向实践形态的转化机制，确保意识形态工作的理论武装与实践发展有机互动。

第 三 章

深化社会主义核心价值观的培育和践行

核心价值观是一个国家的重要稳定器，构建具有强大感召力的核心价值观是实现社会和谐稳定和国家长治久安的重要保证。社会主义核心价值观是社会主义核心价值体系的内核和当代中国精神的集中体现，反映了社会主义核心价值体系的丰富内涵和实践要求，凝结着全体中国人民共同的价值追求。党的二十大报告指出："社会主义核心价值观是凝聚人心、汇聚民力的强大力量。"[①] 社会主义核心价值观的价值意蕴丰富而深刻，不仅体现了中国特色社会主义的理念，还融合了中华民族的传统美德和实践精神，为整个社会的和谐秩序和规范发展提供了正确的价值导向。社会主义核心价值观的培育和践行是一个漫长而深入的过程，通过坚持以习近平新时代中国特色社会主义思想为指导，深入学习贯彻习近平文化思想，不断提升社会主义核心价值观的理论认识，强化社会主义核心价值观的引导教育，推动社会主义核心价值观的实践养成，完善社会主义核心价值观培育践行的制度构建，不断提升广大人民群众的价值共识和价值认同，从认识、理解、内化再到践行，真正落实培育和践行社会主义核心价值观的目标，进而巩固和发展全体人民团结奋斗的共同思想基础，为建设文化强国汇聚团结奋斗的磅礴伟力。

[①]《习近平著作选读》第 1 卷，人民出版社 2023 年版，第 36 页。

一 提升社会主义核心价值观的理论认识

社会主义核心价值观的培育和践行不是一蹴而就的,而需要久久为功。社会主义核心价值观的深入人心是以对社会主义核心价值观有深刻的理论认识为前提的。习近平总书记指出:"社会主义核心价值观是当代中国精神的集中体现,是凝聚中国力量的思想道德基础。"[1] 提升社会主义核心价值观的理论认知,需要全面解析社会主义核心价值观的内涵要义,科学认识社会主义核心价值观的文化旨趣,深刻把握社会主义核心价值观的伦理意蕴。通过透彻的学理研究强化人们对社会主义核心价值观的学习和理解,并不断提升人们对维护社会秩序的行为自觉。

(一)全面解析社会主义核心价值观的内涵要义

党的十八大首次从国家、社会以及公民的层面概括了社会主义核心价值观的内涵要义。因此,全面解析社会主义核心价值观的内涵要义,需要从国家层面、社会层面及公民层面,对社会主义核心价值观蕴含的社会秩序、道德观念、民族精神、优秀文化不断进行深入研究,进而助力全社会形成符合中国特色社会主义要求的道德准则、行为规范和价值理念。

第一,阐释国家层面"富强、民主、文明、和谐"的内涵要义。随着世界格局发生重大变化,防范西方国家的霸权主义行径,抵御资本主义国家的错误意识形态入侵,解除中国网络舆论生态威胁,成为中国适应国际形势发展的重要任务。而当前资本主义国家正通过隐性多样的方式在网络空间中散播其普世价值观。这种价值观容易冲击模糊人们的价值判断和价值选择,影响和弱化人们在现实生活中对国家的真实情感,阻碍和制约中国的发展和对国际社会的贡献。进一步分析社会主义核心价值观在国家层面的发展理念和奋斗目标,探索其发展的历史渊源,更好地理解其核心概念和当代价值。

---

[1] 《习近平著作选读》第1卷,人民出版社2023年版,第538页。

在五千多年的中华文明史中，中华儿女拥有辛勤耕耘建设富强国家的愿景，激扬着深厚蓬勃的中国力量。富强、民主、文明、和谐的发展理念和奋斗目标，继承和发展了中华民族深入骨髓的精神，深深地刻在了国家发展的理念之中，并在国家层面维护着中华民族的最高利益，旨在真正实现民富国强。追溯中国发展的历史脉络，可以发现富强文明是中华民族的千年夙愿，历朝历代都以富强文明为追求目标。习近平总书记指出："建设富强民主文明和谐的社会主义现代化国家，实现中华民族伟大复兴，是鸦片战争以来中国人民最伟大的梦想，是中华民族的最高利益和根本利益。"[1] 鸦片战争以后，中华民族建设富强文明国家的道路非常曲折，既有被人宰割和欺凌的屈辱史，也有奋勇抗争的反抗史和赢得世界尊重的奋斗史。当前，国家蒙辱、人民蒙难和文明蒙尘的劫难时代一去不复返，中国发展呈现出前景光明、持续向好的态势。历史和实践已经证明，社会主义核心价值观是完全符合新时代的发展思路和发展理念，能够为社会的和谐发展提供坚实保障。国家富强和人民幸福作为国家自身的价值追求，是整个国家社会发展和人民生活的重心，应始终坚持社会主义核心价值观的原则和发展方向，进一步丰富富强、民主、文明、和谐发展理念和奋斗目标的内涵，为国家的未来希望打下坚实的基础。

第二，阐释社会层面"自由、平等、公正、法治"的内涵要义。社会主义核心价值观是稳定社会秩序、营造和谐生活氛围、构建有序的社会环境的重要抓手。自由、平等、公正、法治作为社会层面的伦理价值，是正确认识社会道德规范，准确评判社会发展规律的重要价值原则，具有调节社会情绪、调整公民情绪、稳定社会秩序和维护社会和谐的功能。当前，"快餐式"的娱乐产业不断兴起，侵蚀着人们的思想，改变着人们的消费观念，促进功利主义和享乐主义的泛起，制约着社会正常秩序的构建。深刻理解社会主义核心价值观的内涵要义，才能让全社会形成自由发展、平等交流、公正办事的理念。简言之，立足于新时代的背景，自由、平等、公平、法治是人们对美好社会的憧憬和向往，

---

[1] 习近平：《在网络安全和信息化工作座谈会上的讲话》，人民出版社2016年版，第3页。

是广大群众共同的价值追求。

　　作为社会层面的价值目标，自由、平等、公正、法治要求人们恪守道德、遵守法律，使社会形成一种隐性的、规范的、持续向好的力量，进而构建良好的社会秩序。深入理解社会主义核心价值观在社会层面的价值要求，首先要阐释自由、平等、公正和法治的深刻内涵。首先，社会要积极创造出符合公民意志并能实现公民自由的条件和平台，切实保障公民的权利、呵护公民的尊严，促进人民的全面发展。其次，平等反映的是现实社会中人与人之间的关系，建立平等的社会机制是打造平等的社会关系的必要条件。公平是中国社会主义的内在要求，是社会公平正义的体现，是公民共同追求的社会理想。习近平总书记指出："加紧建设对保障社会公平正义具有重大作用的制度，逐步建立以权利公平、机会公平、规则公平为主要内容的社会公平保障体系，努力营造公平的社会环境，保证人民平等参与、平等发展权利。"① 这说明社会能够正常地运转得益于公平的秩序，拥有了平等才能实现公平。最后，法治是社会秩序正常运行的内驱动力，对社会的稳定和发展具有重要支撑作用。当社会关系紧张和社会矛盾问题出现时，要善于用法治思维调节关系和矛盾，"建设社会主义法治国家，围绕保障和促进社会公平正义"②。自由、平等、公正、法治作为社会主义先进的思想理念，是每个人都应遵循和追求的价值观念，推动社会主义核心价值观的践行化人，浸润滋养着人们的内心世界和生活环境，融入人们生活的方方面面。

　　第三，诠释公民层面"爱国、敬业、诚信、友善"的内涵要义。社会主义核心价值观的落实依赖于人民，同时也为了人民，因此作为一个合格的公民首先要坚守爱国、敬业、诚信、友善的价值追求和道德素养。爱国、敬业、诚信、友善是合格公民必须具备的基本道德规范，要将其内化为公民自觉的伦理意识，解决目前存在的伦理道德问题。习近平总书记指出："积极培育和践行社会主义核心价值观，全面提高

---

① 《习近平谈治国理政》第1卷，外文出版社2018年版，第96页。
② 《习近平著作选读》第1卷，人民出版社2023年版，第33页。

公民道德素质，培育知荣辱、讲正气、作奉献、促和谐的良好风尚。"①引导公民自觉遵守道德规范、培养优秀品德，推动营造友好的社会环境和积极向上的社会风气。

深入理解社会主义核心价值观在公民层面的价值要求，首先要阐释爱国、敬业、诚信、友善的内涵和指向。爱国是一个公民最基本的价值原则，热爱自己的祖国和民族、文化和思想，是拥有强大的精神动力和坚实的精神支柱的基础。中华民族从不缺少爱国的精神基因，从顾炎武的"天下兴亡，匹夫有责"到林则徐的"苟利国家生死以，岂因祸福避趋之"，都彰显着中华民族的气节和爱国情怀。一个国家经济的发展和社会的进步离不开每个公民的努力。敬业是对自己工作和事业的热爱，是一种平凡的奉献精神和尽职尽责的道德操守。比如，世界上最大的单口径射电望远镜天眼 FAST 的建成和运行，不仅展示了中国在天文学领域的重大科技成就，也体现了中华民族探索未知、勇攀科技高峰的精神，这种精神与社会主义核心价值观中的爱国和敬业具有契合性，创新、求实、协同的精神激励着科研人员为科学事业的发展贡献力量。在爱国和敬业的基础上，每个公民还要具备诚信和友善这两种道德规范。诚信作为人与人交往的基础和核心，是促进个人成人成才的价值准则，也是社会交往的价值原则和目标。能否坚持诚实守信的优良品德决定着公民能否在社会上立足，决定着个人能否受到别人的肯定和信赖。而友善是对待一切人、事、物的态度和道德标准，友善的价值观念能构建一个和气致祥的社会氛围。社会日新月异的变化带来了多元的价值观念，因此，要时刻保持社会主义核心价值观的持续学习，只有这样，才能焕发出社会的正能量。马克思曾说过："只有在共同体中，个人才能获得全面发展其才能的手段，也就是说，只有在共同体中才可能有个人自由。"② 这表明风清气正的社会环境离不开每个公民的默默坚守和付出，只有每个公民都坚持爱国、敬业、诚信、友善的价值要求，才能实现个人的自由进步和全面发展，进而营造良好的社会风气，助力实现民族复

---

① 《习近平著作选读》第 1 卷，人民出版社 2023 年版，第 148 页。
② 《马克思恩格斯文集》第 1 卷，人民出版社 2009 年版，第 571 页。

兴的伟大事业。

（二）科学认识社会主义核心价值观的文化底蕴

社会主义核心价值观实质上是一种先进的文化形态。习近平总书记指出："深入挖掘和阐发中华优秀传统文化讲仁爱、重民本、守诚信、崇正义、尚和合、求大同的时代价值，使中华优秀传统文化成为涵养社会主义核心价值观的重要源泉。"[①] 社会主义核心价值观只有积极同文化发展相结合，才能更好地展现其内在的生机和活力。因此，科学认识社会主义核心价值观的文化底蕴，把握中华文化与社会主义核心价值观的内在联系，有利于深刻理解社会主义核心价值观对推动中国特色社会主义文化建设的重要意义，有利于充分发挥社会主义核心价值观在文化强国建设中的价值和作用。

首先，把握中华优秀传统文化与社会主义核心价值观的内在联系。文化塑造着人们的思想观念和生活方式，体现出一个社会的精神面貌，与社会主义核心价值观具有深刻的内在联系。具体来说，中华优秀传统文化作为中华民族五千多年积淀的文明精华，在培育和践行社会主义核心价值观过程中扮演着十分重要的角色。中华优秀传统文化是社会主义核心价值观深厚的文化根基，具有指引人们树立崇高理想、形成正确价值观的作用。具体来讲，中华优秀传统文化中的仁爱、礼仪、忠诚、孝顺、诚信、和谐等价值观念，与社会主义核心价值观中的文明、和谐、自由、平等、诚实、守信、公正、友善等价值追求不谋而合。在培育和践行社会主义核心价值观的过程中，中华优秀传统文化不仅提供了丰富的文化资源和精神滋养，还为构建社会主义核心价值体系赋予了重要的思想和文化动能。中华优秀传统文化不仅丰富了社会主义核心价值观的内涵，也使之更富有魅力，更能深入人心，更具有独特的中国特色、中国风格与中国气派。通过更好地传承中华优秀传统文化，开发传统文化资源，不断提升国家文化软实力，运用社会主义核心价值观的文化资源，构建全社会成员共同遵守的价值规范，有效增进民族团结和文化繁

---

① 《习近平谈治国理政》第1卷，外文出版社2018年版，第164页。

荣发展，不断增强激扬向上的力量，推动社会主义核心价值观的培育和践行。

其次，加强对文化形式的创新，助推社会主义核心价值观的培育。习近平总书记指出："培育和弘扬社会主义核心价值观必须立足中华优秀文化。牢固的核心价值观，都有其固有的根本。"① 中华文化具有培养人、教育人、引导人的潜能，可以让广大民众深刻理解和认同社会主义核心价值观，增强践行社会主义核心价值观的自觉性。一方面，注重对文化资源的开发和文化内容的丰富，以文化涵养社会主义核心价值观，通过课堂教学、文化体验活动等多种形式，使广大人民群众领会社会主义核心价值观的精髓和价值。进而提升社会主义核心价值观的亲和力和感染力，激发人们对美好生活的向往和追求，促进社会主义核心价值观内化于心、外化于行。另一方面，建立文化传承与创新机制，加强对中华文化研究发扬和保护传承，鼓励文化创新创造，使社会主义核心价值观在现代社会革故鼎新、与时俱进。通过讲述中华文化的内涵、重温革命历史、参观红色文化遗址等形式，深化广大人民对社会主义核心价值观的领悟和认识，推动社会主义核心价值观的广泛传播和深入人心。通过背诵朗读古诗词、参观名胜古迹，进一步弘扬中华文化。例如，通过中国诗词大会让更多的人了解和热爱中华文化，背诵《岳阳楼记》《滕王阁序》、参观湖南岳阳楼景区和江西滕王阁古迹，培养参观者对中华文化的领悟和鉴赏力，有利于推动社会主义核心价值观的培育和践行。因此，深入挖掘和阐发中华文化的思想精髓，不仅能够提高人们对社会主义核心价值观的认知度和接受度，还能够促进中华文化的创新发展和历史自信、文化自信的增强，为建设社会主义文化强国提供坚实的精神支撑和价值根基。

再次，依托文化的力量，发挥社会主义核心价值观的教化育人作用。文化的力量是通过文艺创作和文化活动的形式表现出来的，部分电影、电视、戏剧、音乐、文学就蕴含和表达着社会主义核心价值观，传达正确的价值理念，能够引导人们形成正确的价值观念，提升人民的文

---

① 《习近平谈治国理政》第 1 卷，外文出版社 2018 年版，第 163—164 页。

化素养和审美能力,激发人们对美好生活的向往和追求,促进社会主义核心价值观的普及。社会主义核心价值观不是一部分人的价值标准,而是全社会共同评判和认可的道德秩序。目前,部分地区在志愿服务、社区活动、公益事业中融入了社会主义核心价值观的内容,例如,长丰县岗集镇组建文化志愿服务队,送书给农家书屋;河南叶县百姓文化课堂、书画学习和交流活动。通过在文化建设实践中传播社会主义核心价值观,鼓励和引导公民坚持正确价值取向,积极参与到文化建设活动中,以文化展现社会主义核心价值观的内涵和精神。不仅体现文化育人和以文化人的现实作用,加深公民对社会主义核心价值观的理解,也使公民形成符合价值原则的行动规范,传递积极向上的正能量,促进和谐社会的建构和发展。

最后,发挥社会主义文化对培育社会主义核心价值观的促进作用。社会主义核心价值观的意义不仅体现在对个人价值观和行为准则的塑造方面,更深远影响着整个社会的文化发展和国家的精神面貌。在大力推进文化自信自强的背景下,社会主义核心价值观在中国特色社会主义文化建设中占据着重要地位,是推动社会主义文化强国建设的精神动力和道德指引。一是通过不断增强文化产业的创新能力和国际竞争力,推动文化产品和服务的质量提升,深化对社会主义核心价值观的理解和传播,以文化教育、文化传播等手段提升全民族的文化素养和道德水平。以电视节目传递社会主义核心价值观的精神,激励观众积极领悟社会主义先进文化。二是注重社会主义文化的创新发展,使社会主义文化与现代社会相融合,全面提升文化的创新能力。通过教育引领、媒体传播、文化艺术、全民参与和文化自信等多样化途径,推进社会主义核心价值观的入脑入心,共同营造一个更加和谐、美好、有序的社会环境,为建成社会主义文化强国提供强大的精神动力和价值引领。

总之,文化对社会主义核心价值观的认识、理解和培育具有重要的现实价值和时代意义。中华优秀传统文化和社会主义先进文化是社会主义核心价值观培育和践行的重要动力,是坚定文化自信、增强文化自觉的重要保障。弘扬社会主义核心价值观,增强全民族的文化自信心和自豪感，形成全社会共同维护和发展的文化，为推进文化自信自强提供坚实的精神支柱和思想基础。

（三）深刻把握社会主义核心价值观的伦理意蕴

社会主义核心价值观是中华民族特别的精神文化标识，是人们价值导向的指引，更是推动社会和谐发展不可或缺的精神动力。社会主义核心价值观以独特的文化基因，不断塑造公民的道德品格，引领社会准则的制定和践行。深刻把握社会主义核心价值观的伦理意蕴，汲取社会主义核心价值观的思想精华，强化领导干部的责任伦理意识，创建规范化的社会伦理秩序，提高公民的主体性伦理精神，形成关于人际关系和人生态度的正确观念，主动承担起道德伦理上的使命。

第一，强化领导干部的责任伦理意识，提升社会主义核心价值观的引领力。作为国家的公职人员，领导干部的工作态度和作风代表着党和国家的形象，影响着政府在人民群众中的威望和地位。所以，领导干部应成为践行社会主义核心价值观的排头兵，克己奉公，廉洁自律，不断提升自己的道德伦理素养，塑造良好的政府形象，真正把为人民服务落到实处。毛泽东曾要求："各领导干部必须十分虚心，力戒骄傲，十分谨慎，力戒浮躁，十分团结。"[1] 领导干部唯有养成良好的道德品质，才能更好地推动民心所向、众望所归。在日常工作中，领导干部应领会社会主义核心价值观的精髓，树立正确的权力观、财富观、婚姻观，合理为人民掌好权、用好权，在为人民服务中敢勇当先、秉公无私，牢记公共权力属于人民、权为民所用，做到敬畏权力、慎用权力，严以用权、秉公用权、依法用权，树立正身率下、清正廉明的责任伦理意识，用权力造福于民、谋利于民。而在当前有的领导干部存在权力使用错位的问题，出现权力私有化、权力功利化、权力人情化、权力本位化的现象。运用社会主义核心价值观批判整顿领导干部的不正之风，引导领导干部在管理政府事务和服务人民的工作中，恪守社会主义公平正义的本质要求，防范急功近利、缺少实际调研的工作作风和不实事求是、武断

---

[1] 《毛泽东文集》第3卷，人民出版社1996年版，第440页。

的工作态度。时刻提醒领导干部牢记站在人民的角度，为人民办好事、办实事，防止出现背离人民群众意愿的言行。习近平总书记对领导干部提出四个方面的要求，即"进万家门、知万家情、解万家忧、办万家事"①。特别防范公仆和主人易位现象，引导领导干部摆正人民公仆的位置，以公而忘私的道德准则严格要求自己，弘扬社会正能量，赢得人民的信赖和认可。引导领导干部克己复礼，以德服人，以官德示范民德，身体力行为人民做榜样，发挥道德垂范作用，营造风清气正的社会新风气。

第二，创建规范化的社会伦理秩序，建设和谐稳定的社会环境。社会伦理秩序是道德主体间伦理互动的体现，是社会成员间伦理关系的写照，是国家治理体系和社会治理能力的重要组成部分。正如马克思所讲："以一定的方式进行生产活动的一定的个人，发生一定的社会关系和政治关系。"② 社会伦理秩序是人民群众在生产活动中产生的，是道德规范层面社会关系的体现。在道德交往过程中，主体恪守道德秩序，遵守伦理规定，形成和气致祥的社会氛围。在世界多极化、经济全球化和社会信息化的当今社会，由于生活压力、精神压抑、经济与生活的不匹配，社会上一定程度出现了人心浮躁、道德滑坡、伦理失范的现象，引发了失信风险、信仰丧失、情感危机等问题。在社会主义核心价值观的引导下，构建合理的社会伦理秩序，不断化解道德矛盾危机，维护和谐的社会秩序，凝聚全社会的思想共识，进一步弘扬中国精神。作为集体的价值理想和社会的价值追求，社会主义核心价值观是优秀传统文化和社会主义先进文化结合生成的道德伦理，是建设社会主义文化强国的思想引领和价值导向，具有培育人民提升价值共识、增强人民文化自信的重要作用。习近平总书记强调："人类社会发展的历史表明，对一个民族、一个国家来说，最持久、最深层的力量是全社会共同认可的核心价值观。"③ 文化认可、价值认同是通过社会主义核心价值观培育而生

---

① 《闽山闽水物华新——习近平福建足迹》（上），人民出版社 2022 年版，第 116 页。
② 《马克思恩格斯文集》第 1 卷，人民出版社 2009 年版，第 523—524 页。
③ 《习近平谈治国理政》第 1 卷，外文出版社 2018 年版，第 168 页。

成的,通过融合道德思想和传统文化观念,构建和谐有序的文化伦理,建立符合社会发展的社会伦理秩序,改变经济发展与文化建设不相适应的情况。践行社会主义核心价值观是社会主义文化建设的重要内容,要推动社会主义核心价值观和文化建设的有机结合,推动社会主义文化的蓬勃发展,把社会主义核心价值观融入社会伦理道德中,制造积极正向的社会道德舆论。使高尚的道德品质体现在社会道德秩序的方方面面,深度渗透到社会舆论中,打造规范的社会伦理秩序,推动社会主义先进文化的发展,不断提升国家文化软实力。

第三,把握社会主义核心价值观的伦理意识,培养公民主体性伦理精神。公民作为社会和国家的有机组成部分,在生产生活和历史发展中具有重要作用。正如马克思在《黑格尔法哲学批判》中所讲:"人就是人的世界,就是国家,社会。"[1] 从社会关系角度来看,公民不是独立的个体,而是有着重要责任和义务的道德主体。社会主义核心价值观通过积极向上的力量,激发公民的责任感和使命感,鼓舞人们投身于国家和民族的建设事业中。社会主义核心价值观的传播和普及,不仅能增强国民自信心和自豪感,还能够激励人们在多元化价值观的冲击下,展现出坚韧不拔的精神风貌。要使社会主义核心价值观融入日常生活中深入人心、外化于行,成为评判社会道德规范的标准,推动公民道德素质的提升和良好品行的形成。习近平总书记指出:"核心价值观的养成绝非一日之功,要坚持由易到难、由近到远,努力把核心价值观的要求变成日常的行为准则,进而形成自觉奉行的信念理念。"[2] 社会主义核心价值观蕴含着正面的、积极的文化能量,有利于引发社会的价值共鸣,激发公民的责任感、使命感和荣誉感。通过从社会主义核心价值观中汲取源源不断的力量,熔铸强大的伦理精神。通过建立一个全面积极的价值体系,为中国人民提供精神指南和行动坐标,指引人们严格要求自己。在百年未有之大变局的背景下,中国的人口素质还有待提高。精神力量

---

[1] 《马克思恩格斯文集》第1卷,人民出版社2009年版,第3页。
[2] 习近平:《青年要自觉践行社会主义核心价值观——在北京大学师生座谈会上的讲话》,人民出版社2014年版,第12页。

不断增强，国家方能逐渐强大。通过不断提升人民的道德素质水平和文化创新能力，唤起公民的主体性伦理精神。塑造主体性伦理精神是自觉践行社会主义核心价值观的前提，要把提升道德修养作为价值目标，培育符合社会主义核心价值观要求的主体意识，明确参与文化建设的主体地位，为发展中国特色社会主义文化事业添砖加瓦。

二　强化社会主义核心价值观的引导教育

强化社会主义核心价值观的引导教育是规范公民道德行为、维护社会和谐、引领社会进步的重要保障。伴随着经济的发展、科技的进步和全球化的深入，人们的价值观念和利益诉求呈现出多元化乃至功利化的趋向，传统的个人伦理道德观念受到前所未有的冲击。面对社会观念的剧烈变化，加强社会主义核心价值观的引导教育已经刻不容缓。习近平总书记强调："大力培育和弘扬社会主义核心价值体系和核心价值观，加快构建充分反映中国特色、民族特性、时代特征的价值体系，努力抢占价值体系的制高点。"[1] 强化社会主义核心价值观的引导教育不仅是提升人民思想道德素养的有效途径，而且是增强全民族凝聚力和向心力的内在要求。

（一）厚植社会主义核心价值观引导教育的精神根基

道德是社会关系的基石，社会主义核心价值观本身就是一种道德力量和精神力量。习近平总书记指出："价值观念在一定社会的文化中是起中轴作用的，文化的影响力首先是价值观念的影响力。"[2] 理解社会主义核心价值观的基本精神和核心原则，加强理想信念教育、思想政治教育和党史学习教育，厚植社会主义核心价值观引导教育的精神根基，充分发挥社会主义核心价值观的有效引导和规范作用，进而不断坚定广大人民的理想追求，推动社会主义文化的繁荣发展和和谐社会的构建，

---

[1] 《习近平关于社会主义精神文明建设论述摘编》，中央文献出版社2022年版，第97页。
[2] 《习近平关于社会主义文化建设论述摘编》，中央文献出版社2017年版，第105页。

有效提升社会的道德水平和文明素养。

第一,加强理想信念教育,引导青年主动践行社会主义核心价值观。习近平总书记指出:"加强理想信念教育,传承中华文明,促进物的全面丰富和人的全面发展。"① 社会主义核心价值观的引导和教育能为青年的成长成才提供良好的环境,而理想信念教育能够磨炼人的意志,培育人全面发展,与社会主义核心价值观教育不谋而合。通过遵循人成长成才的基本规律,不断运用党的创新理论武装广大人民,有效落实理想信念教育的任务,充分发挥社会主义核心价值观的教育引导作用。

其一,用科学的思想武装青年头脑,铸牢青年为理想信念矢志奋斗的决心。习近平总书记指出:"要深化党的创新理论学习教育,推动理想信念教育常态化制度化。"② 把理想信念教育融入课堂教育和社会教育中,开展主题教育、研讨会、在线课程等形式多样的学习活动,引导青年深刻理解马克思主义的丰富内涵和实践要求。同时,引导青年养成学习思想理论的自觉性,广大青年不应把碎片化的时间放在快餐式娱乐上,而是应该认真研读马克思主义原著,在马克思主义原著中汲取知识,在文章概念中悟出原理道理,将学习成果与个人成长、专业学习相结合,不断用党的思想理论充实精神世界,从而在思想上、行动上与社会主义核心价值观保持高度一致。专业知识的学习和技能的培养是青年成长成才的重要方面,也是青年理想信念教育的重要支撑。激发青年学习专业知识和技能的热情,教育青年坚持个人理想和社会理想相统一。遵循专业教育与理想信念教育相结合,引导青年将个人理想与国家需要、社会发展紧密结合。强化实践锻炼,通过专业学习和技能训练,提升青年的综合素质,为推进中国式文化现代化贡献青年力量。

其二,尊重青年成长成才与发展规律特点,提升理想信念教育的针对性。习近平总书记说:"有了坚定的理想信念,站位就高了,眼界就

---

① 《习近平著作选读》第1卷,人民出版社2023年版,第19页。
② 《习近平谈治国理政》第4卷,外文出版社2022年版,第310页。

宽了,心胸就开阔了,就能坚持正确政治方向。"[1] 依据青年张扬个性和思维活跃的特点,激发青年投身社会实践、志愿服务、科研创新等活动的主观能动性,不断加深青年对社会主义核心价值观的认识和认同。注重对青年网民的思想教育,引导青年坚持正确政治方向,自觉参与网络舆情预判工作和舆论导向的工作,防范西方意识形态对正确价值观念的消解。鼓励青年网民发布关于坚定理想信念的视频内容和正面言论,提升理想信念教育的参与感,在网络空间中发布符合道德标准的言论。针对网络空间中出现的弱化网民理想信念的问题,鼓励青年网民举报错误思想言论,不断净化网络空间,使其在实际行动中培养和强化自身的理想信念。

第二,加强思想政治教育,提升社会主义核心价值观的感染力。思想政治教育是践行社会主义核心价值观的重要推手,是对学生进行理论武装、全面提升学生综合素质、满足学生精神文化需求的教育形式。习近平总书记指出:"要坚持显性教育和隐性教育相统一,挖掘其他课程和教学方式中蕴含的思想政治教育资源,实现全员全程全方位育人。"[2] 在推进思想政治教育的过程中,需要加强对受教育者的关注,改善思想政治教育的方式,通过显性教育提升受教育者的知识水平,运用隐性教育塑造和谐校风、学风,从而引导受教育者践行社会主义核心价值观。

其一,提升对受教育者的了解和关注度。思想政治教育的重要目的之一是培养具有民族担当品质的时代新人,充分落实社会主义核心价值观的任务,培育能适应社会发展需求的人才。而实现这一目标的关键在于清晰把握受教育者的思想动态和接受能力,通过思想、价值观念的共享与高效互动,不断加深对受教育者的理解。在共享和互动的过程中,收集受教育者的反馈信息,深化教育者对受教育者信息的把握,进而开展有针对性的教育教学。在思想政治教育的过程中,坚持以学生为本的理念,充分了解学生的实际需求,尊重学生的主体地位,充分挖掘学生

---

[1] 《习近平著作选读》第 1 卷,人民出版社 2023 年版,第 84 页。
[2] 《习近平谈治国理政》第 3 卷,外文出版社 2020 年版,第 331 页。

的主观能动性，发挥学生学习的内在动力。同时，思想政治教育不是教育者片面地传授知识，更要引导学生自我成长和发展，帮助学生形成正确的世界观、人生观和价值观。

其二，加强师生间的互动和交流，打造高效的教学模式。良好的师生关系有助于建立起学生对教师的信任，增进学生对思想政治教育的认同，帮助学生领会和理解社会主义核心价值观。学校要开展丰富多样的交流和互动活动，帮助教师更好地了解学生的需求和期望，为学生提供更个性化和有效的教育活动。同时，构建一个充满活力的课堂环境，提高思想政治教育的吸引力和有效性。利用各种教学方法和技术手段，激发广大学生的学习兴趣和参与热情，鼓励学生主动思考和探索，提供学生自由讨论的空间，让学生展示自己的见解和创意。促进学生更好地理解和吸收思想政治理论知识，在实践中培养自己的批判性思维和创新能力。此外，加强思想政治教育还要着力构建良好的校风学风。学风校风建设不仅需要高校在制度和环境方面作出努力，也需要教师和学生的共同参与。校园文化是校风学风形成的土壤，高校应组织丰富多彩的文化活动和实践活动，如主题演讲比赛、志愿服务、社会实践等，营造一个积极向上、健康文明的校园文化氛围，切实增强学生的社会责任感和集体荣誉感，形成全面、深入的社会主义核心价值观教育引导的体系。相关部门要提高对思想政治教育工作的重视程度，确保思想政治教育贯穿于高校教学、科研、管理、服务等各环节，促进学生正确价值理念的养成，促进高校营造践行社会主义核心价值观的良好氛围。

第三，加强"四史"学习教育，增强社会主义核心价值观的吸引力。"四史"教育是培育和践行社会主义核心价值观的重要手段。习近平总书记强调："持续抓好党史、新中国史、改革开放史、社会主义发展史网上宣传教育。"[①]"四史"教育是培育青年社会主义核心价值观的重要途径，对当代青年树立正确历史观和文化观有着重要意义。

其一，深刻理解"四史"教育的内涵，切实发挥其对培育社会主义核心价值观的作用。"四史"课程蕴含着丰富深刻的教育内容，必须

---

① 《习近平总书记关于网络强国的重要思想概论》，人民出版社2023年版，第82页。

发掘"四史"浓厚的文化底蕴，认真学习，用心传承。通过深入学习党史、新中国史、改革开放史和社会主义发展史，引导青年了解新中国的来之不易，理解中国革命的筚路蓝缕，进而树立正确的价值观念，坚持正确的价值原则，坚守正确的价值追求，践行正确的价值准则。深入解读中国共产党为人民谋幸福、为民族谋复兴、为世界谋大同的光辉历程，引导青年树立正确的世界观、人生观和价值观。拓展"四史"教育的深度和广度，教育者需要对"四史"的内容进行多层面的充实与丰富，充分了解"四史"课程的现实意义，完善"四史"课程的教材体系，加强相关配套教学资源建设，彰显"四史"教育内容的时代性，使学生深刻理解党史、新中国史、改革开放史和社会主义发展史的发展脉络，进而把握历史规律，做到以史为鉴、以史促今。

其二，加强和改进"四史"教育，推进"四史"教育的落细落实。构建一个稳定、高素质的"四史"教育教学团队是提升"四史"教育质量的重要条件。不断优化教师队伍结构，成立专门的"四史"课程教研室，提升"四史"教育教师队伍质量。教育者要透彻地理解"四史"课程，给受教育者讲好、教好党史、新中国史、改革开放史和社会主义发展史。改变枯燥的历史课程教学模式，创新四史教育教学的内容和方法，不断提升"四史"学习教育的吸引力。改变"四史"教育教学的新思路新方法，确保"四史"教学的质量，激发学生的学习兴趣，提高"四史"教育的效果。利用现代信息技术改革传统教学方法，创新"四史"教学模式，有效提升"四史"课程的实效性。当前，网络已成为学生获取知识和交流的主要场所，应运用好网络资源和网络渠道，发挥网络媒体的时代价值。通过整合线上、线下资源，加强实践教学，促进资源共享，为大学生提供丰富多彩、互动性强的学习体验，引导学生深入理解社会主义核心价值观。此外，"四史"课程还需建立完善的制度体制，保障"四史"课程的质量和水平。完善"四史"课程的制度，明确"四史"教学的主体责任，强化"四史"教学的激励机制，实现"四史"教学模式的规范化、教学管理的制度化，以提升"四史"教育教学的效果。

综上所述，理想信念教育、思想政治教育和"四史"学习教育是高校育人工作的重要手段，关系到青年一代的世界观、人生观、价值观的培育和养成。组织开展理想信念教育、思想政治教育和"四史"学习教育工作是厚植社会主义核心价值观精神根基的主要推手。青年是国家的未来、民族的希望，通过加强理想信念教育、思想政治教育和"四史"学习教育，引导青年更好践行社会主义核心价值观，涵养正确的政治意识、大局意识、核心意识和看齐意识。

（二）促进社会主义核心价值观引导教育的话语转化

社会主义核心价值观是社会主义价值理念和先进思想的重要体现。促进社会主义核心价值观引导教育的话语转化，推动全社会形成文明和谐的社会环境和价值观念，促进社会主义核心价值观的培育践行。当前，社会主义核心价值观主要是从两方面进行话语转化。一是从学术话语到大众话语的转化，形成能让人民群众接受的文化伦理，社会主义核心价值观凝结着全党全国各族人民的共同意志和行动指南，发挥社会主义核心价值观教育人、引导人的功能，推进形成符合中国实际的社会伦理秩序。二是从国内话语向国际话语的转化，使国内外话语融会贯通，在推动社会主义核心价值观走向世界的过程中传达中国价值、中国理念，推动社会主义核心价值观走出去。

第一，推动社会主义核心价值观从学术话语转为大众话语。只有实现从学术话语到大众话语的转化，才能更好地普及社会主义核心价值观，增强民众对社会主义核心价值观的认同，提升社会主义核心价值观的教化力。正如马克思所说："思维本身的要素，思想的生命表现的要素，即语言，具有感性的性质。"[①] 社会主义核心价值观转化话语是指在社会交往中，把社会主义核心价值观的一套话语表达形式，从抽象、难以理解的概念转化为生动具象和容易理解的语言表达。因为学术话语的专业性和深奥性，往往难以被非专业的受众所接受和了解。习近平总书记说："要加强传播手段和话语方式创新，让党的创新理论'飞入寻

---

① 《马克思恩格斯文集》第1卷，人民出版社2009年版，第194页。

常百姓家'。"① 社会主义核心价值观的创新和转化要依托百姓的生活背景，让普通群众所理解和认可。换言之，将深奥的学术话语转换为大众能够理解的语言，是提升群众对社会主义核心价值观理解程度的关键所在。不断向全社会普及社会主义核心价值观，通过各种公共外交和文化交流活动，使用大众易于理解的语言向全社会宣传中国的价值观念、发展理念和社会主义制度的巨大优势。

当前，中国对外话语的传播很大程度上依赖于学术话语体系。学术话语体系虽然在理论深度和专业性上具有优势，但在与国内外大众沟通交流时，却显得过于复杂和难以理解，所以加快话语转化成为社会主义核心价值观传播和践行的重点所在。要实现学术话语向大众话语的有效转换，首先需要深入了解人民群众现实生活情况、受教育水平和接受能力。站在受众的角度进行话语转化，使之更易于被人民群众所接受和认同；同时，通过理论创新推动学术话语的转化，促使社会主义核心价值观引导和教育人民群众。以学术研究促进理论的创新创造，切实提升话语的学术性和说服力。在保留学术研究严谨性的同时，增加大众化的表达方式，使之更生动、直观和易于理解。此外，创新社会主义核心价值观的表达方式，将社会主义核心价值观抽象的理论概念，转化为具体的生活场景、故事和案例，通过生动的故事叙述和形象的比喻，让复杂的理论内容变得容易听懂、感知和践行。要牢牢抓住社会主义核心价值观的核心思想和主要价值，推动其实现学术话语向大众话语的转换和深入人心，提升社会主义核心价值观的认同和共鸣，为实现社会主义文化强国蓄势赋能。

第二，推动社会主义核心价值观从国内话语转为国际话语。在全球化推进的背景下，国家间的文化交流与对话越发密切。社会主义核心价值观作为广大人民的价值追求和精神指南，蕴含着中国特色的文化和价值观念，是中国形象的体现和文化软实力的象征。习近平总书记指出："讲好中国故事、传播好中国声音，展现可信、可爱、可敬的中国形象。"② 促

---

① 《习近平谈治国理政》第3卷，外文出版社2020年版，第313页。
② 《习近平著作选读》第1卷，人民出版社2023年版，第38页。

进社会主义核心价值观话语转化对于增强国人价值共识和提升中国国际形象显得尤为重要。

将社会主义核心价值观向国际社会传播，使社会主义核心价值观在不同文化背景下广泛理解和接受。由于各国的语言风俗、思维方式的差异，社会主义核心价值观的国际传播面临着极大的挑战，推动其完成国际话语转化成为一项紧迫的任务。习近平总书记指出："要积极创新话语体系、提升传播能力，面向海内外讲好中国制度的故事，不断增强我国国家制度和国家治理体系的说服力和感召力。"① 作为拥有悠久历史和丰富文化的国家，中国要想塑造良好的国际形象和提升在全球的影响力离不开对外话语转化和建构。让其他国家了解中国，听懂中国的话语，接受中国的文化，才有可能认同社会主义核心价值观。中国对外话语的构建和传播不仅是一种语言和文化的传播，更是一种价值观和思想的交流，是展现大国形象的重要方式。但不同的历史背景、人文风俗和思维方式的区别，给社会主义核心价值观的对外传播带来了巨大的阻碍。可以说，社会主义核心价值观被国际社会理解和接纳将是个漫长而艰难的过程。

其一，推动中国话语与国际话语的融会贯通。话语转化是中国对外宣传面临的一大难题，通过话语转化促进文化的交流和思想的认同。中国话语与国际话语间存在巨大的隔阂与鸿沟。长期以来，中西方在语言表达、价值观念等方面存在差异，导致中外话语体系难以兼容和交流，中国话语在国际社会难以被准确理解和接受。这成为制约社会主义核心价值观话语转化的一大障碍。正如习近平总书记所说："在解读中国实践、构建中国理论上，我们应该最有发言权，但实际上我国哲学社会科学在国际上的声音还比较小，还处于有理说不出、说了传不开的境地。"② 社会主义核心价值观代表着中国社会伦理秩序和社会主义先进文化，只有通过有效的话语转化，改变对外话语体系，才能让国际社会更清晰地了解中国、认识中国。要将中国话语与国际话语有效对接，塑

---

① 《习近平著作选读》第 2 卷，人民出版社 2023 年版，第 288 页。
② 习近平：《在哲学社会科学工作座谈会上的讲话》，人民出版社 2016 年版，第 24 页。

造立体的、全面的、客观的中国形象。在推动社会主义核心价值观从中国话语向国际话语转化的过程中，既要避免中式思维的牵绊，也要克服话语转化中的硬译、死译等问题，力求在忠实原文的基础上，贴近国际语言的表达方式，做到与国际接轨，不断推动其他国家接纳和认可社会主义核心价值观。

其二，深入了解国际受众的文化背景、价值观念和生活习惯，找到中外话语的相通点和契合点。创作能引起国际学界、政界关注和产生共鸣的概念、观点，不断总结国家间话语的共性。促进以人为本思想的国际传播，促进社会主义核心价值观的践行。要让外国人理解社会主义核心价值观，必须提高他们对社会主义核心价值观的兴趣。利用外国人容易理解的话语，推动社会主义核心价值观和中华优秀传统文化的融合，运用中华优秀传统文化阐释社会主义核心价值观。同时坚持中国话语的独特性和原则性，避免社会主义核心价值观的话语转化出现盲目外化的现象。对于博大精深的中华文字和语言，国外语言难以准确翻译，阻碍着社会主义核心价值观内涵要义的表达和体现。要避免完全用国外话语体系套用的现象，拒绝对社会主义核心价值观的片面解释，加强对国外话语的理解和借鉴，保证中国话语与国际话语对接的正确性和有效性。总之，社会主义核心价值观的话语转化和对外话语体系的构建，是一个复杂而又必要的过程。需要我们深入研究和理解国际受众的特点，在保持中国话语特色和原则的基础上，创新话语表达方式，掌握中外话语的契合点，推动实现话语的有效转换。"形成同我国综合国力和国际地位相匹配的国际话语权，为我国改革发展稳定营造有利外部舆论环境，为推动构建人类命运共同体作出积极贡献。"[1] 要在国际舞台上更好地传播中国声音，展现中国的形象，彰显中国力量，促进社会主义核心价值观被尊重和认同，为构建人类命运共同体贡献中国智慧和中国力量。

（三）改进社会主义核心价值观引导教育的方式方法

习近平总书记指出："发挥社会主义核心价值观对国民教育、精神

---

[1] 《习近平谈治国理政》第 4 卷，外文出版社 2022 年版，第 316 页。

文明创建、精神文化产品创作生产传播的引领作用"①。社会主义核心价值观的引导教育是一项系统工程，需要社会各界和广大人民的共同参与和不断努力。通过发挥榜样的引领作用和激励力量，引导青年领悟社会主义核心价值观，创新学校教育的方式方法，提升社会主义核心价值观的教育效果，促进全社会形成践行社会主义核心价值观的浓厚风气。

第一，发挥道德模范的引领作用，引导青年践行社会主义核心价值观。道德榜样能够传递社会主义核心价值观念，激发人民群众的道德责任意识，促进良好社会道德秩序的构建。从清正廉明的领导干部，到公而忘私的模范职工，再到舍己为人的人民群众，不断挖掘践行社会主义核心价值观的典型模范，潜移默化地使人民群众塑造求真、向善的道德境界。

发挥领导干部的榜样作用。一方面，强化领导干部的责任伦理意识，宣扬领导干部以身作则、廉政为民、带头践行社会主义核心价值观的事迹，引领人民群众把社会主义核心价值观作为道德评判标准和价值追求，使其成为规范社会秩序、推动社会进步的精神力量。"道不可坐论，德不能空谈。加强公民道德建设，既需要通过教育引导和示范引领帮助人们掌握道德知识，更需要突出实践导向提高人们的自觉践行能力。"② 领导干部在增强道德责任意识的同时，要深入人民群众生活中，为人民办实事，要贴近实际，要培养为政以德的人格品质。另一方面，不断完善政务工作的反馈机制。在政务工作中，应建立互动交流与反馈机制，提升人民群众的参与率和政府办事效率，不断提高政府的工作效能。打破交流互动的壁垒，通过电话热线、短信回馈、网络互动等方式，鼓励人民群众参与美好生活的创造，收集人们对社会主义核心价值观践行的意见和建议，增强人民与政府的互动性，提升人民培育和践行社会主义核心价值观的参与感和获得感，不断强化政府的威信力和政治

---

① 习近平：《论坚持全面深化改革》，中央文献出版社 2018 年版，第 369 页。
② 中共中央宣传部宣传教育局：《守正创新的践行：新时代公民道德建设评论员文章和工作实践体会汇编》，人民出版社 2020 年版，第 43—44 页。

威望。建立有效的问题反馈机制,对人民现实关切和生活需求进行定期分析和总结,及时调整和优化社会主义核心价值观培养教育的策略,使社会主义核心价值观更贴近人民需求、满足人民的呼声。建立有效的反馈机制,鼓励人民群众自觉践行社会主义核心价值观,为推动构建文明社会、建设社会主义文化强国贡献微薄之力。

汲取"时代楷模"的榜样力量。不论是个人层面,还是社会层面,"时代楷模"都传达着集体主义的伦理意识,鼓励人们在个人发展中不忘集体利益,领会集体利益永远大于个人利益、社会利益高于个人利益的深刻内涵,在追求物质富裕的同时注重精神的丰富和道德的充盈。例如,宣扬抗击新冠疫情英雄和乡村教师的先进事迹,为培育社会主义核心价值观提供引导和示范。新冠疫情防控期间,武汉医护人员日夜奋战,钟南山院士高龄冲锋在前,为防控疫情奋不顾身。他们的无私奉献和勇敢淋漓尽致地体现出爱国主义和奉献精神。乡村教师张桂梅放弃了在城市的优越生活,扎根贫困山区,创办了云南华坪女子高中,致力于为山区女孩提供免费的高中教育,为改变山区女孩的命运作出了重要的贡献。这些"时代楷模"的先进事迹和榜样力量,影响和教育着人们努力践行社会主义核心价值观,帮助人们形成正确的价值理想和价值追求,提升人们的集体主义意识,为社会主义文化繁荣发展贡献力量。

第二,创新社会主义核心价值观教育方式,提升社会主义核心价值观教育的效果。通过构建全方位的社会主义核心价值观教育体系,创新社会主义核心价值观教育的内容与形式,强化社会主义核心价值观的实践教育,加强相关师资队伍建设,改善社会主义核心价值观教育的效果,使社会主义核心价值观得以广泛传播,为塑造良好的社会风尚奠定坚实的基础。

其一,构建全方位的社会主义核心价值观教育体系,打造社会主义核心价值观多元化教育平台。利用学校教育、家庭教育、社会教育等多种方式,构建覆盖全社会的社会主义核心价值观教育网络。开发社会主义核心价值观线上教育资源,建设专门的社会主义核心价值观教育网站、App，提供社会主义核心价值观教育丰富的学习材料和互动平台。打造跨学科的教育模式，拓展社会主义核心价值观的培育思路。鼓励教育学、心理学、社会学等多学科的专家学者对社会主义核心价值观的教育模式展开联合研究，探索更加有效的教育方法。通过跨学科合作和交流，将社会主义核心价值观教育与个体的全面发展紧密结合，促进学生的道德、智力、体质等全面成长和发展。

其二，创新社会主义核心价值观教育的内容和形式，开发生活化、情境化的教育内容，提升人民对社会主义核心价值观的认可度和认同感。将社会主义核心价值观与学生的日常生活紧密联系起来，通过具体的生活场景和实例来讲解和体现社会主义核心价值观。举办角色扮演、模拟社会等活动，增强学习社会主义核心价值观的实践性和体验感，让学生切实感受社会主义核心价值观的现实意义。通过大数据、人工智能等技术，对学生学习情况进行分析和个性化推荐，提高社会主义核心价值观教育的针对性和效果。利用现代技术手段打造新型教育模式，开发具有社会主义核心价值观元素的动画、网络游戏等，吸引年轻一代对社会主义核心价值观的兴趣。应用虚拟现实（VR）、增强现实（AR）等技术，创造沉浸式的学习体验，使学生能够在模拟环境中更加直观体验社会主义核心价值观。

其三，加强实践教学，真正将社会主义核心价值观落在实处。开展社会实践活动能够使人们更深入理解社会主义核心价值观的深刻内涵和实践要求，增强人们运用社会主义核心价值观解决实际问题的能力。具体而言，通过组织学生参与志愿服务、社区建设、环保行动等社会实践活动，让人们真正体会帮助他人、服务社会的成就感和快乐，从而把社会主义核心价值观内化为自身的价值追求和行为实践。

其四，加强师资队伍建设，做好立德树人工作。定期组织教师参加社会主义核心价值观的培训，提高教师对社会主义核心价值观的认同和传播能力。引导教师运用多样化的教学方法，改变社会主义核心价值观的教育模式。"教师要时刻铭记教书育人的使命，甘当人梯，甘当铺路石，以人格魅力引导学生心灵，以学术造诣开启学生的智慧之门。"① 积极发挥教师立德育人的作用，争做践行社会主义核心价值观的典型模范。评选一批在践行社会主义核心价值观教育方面有突出贡献的教师，通过表彰优秀教师、分享先进经验等方式影响和带动其他人，营造积极向上、崇德向善的氛围，促进学生综合素质的提高，推动社会主义核心价值观的真正落实与践行。

（四）拓展社会主义核心价值观引导教育的载体途径

在信息多元化发展的背景下，各种媒体扮演着塑造社会价值观、引导公民思想的重要角色。习近平总书记指出："加快传统媒体和新兴媒体融合发展，充分运用新技术新应用创新媒体传播方式，占领信息传播制高点。"② 媒体是加强社会主义核心价值观引导教育的载体，通过发挥媒体的传播功能，为社会主义核心价值观的引导教育做好铺垫。简言之，社会主义核心价值观能给媒体提供价值导向，引导媒体坚持正确价值原则。媒体应各司其职，坚守正确的价值导向，发挥传播先进文化、传播新风正气的积极作用。

第一，发挥传统媒体传播社会主义核心价值观的作用。传统媒体主要以电视、报纸和广播为主要的传播媒介，是宣传社会主义核心价值观和稳定社会秩序的重要平台。通过宣传道德高尚的人物，创造寓教于乐的电视情节，以情节的吸引力和人物的典型性创作大众喜闻乐见的剧情，使受众不知不觉接受和理解社会主义核心价值观，在潜移默化中形成遵守道德规范和社会伦理秩序的行为习惯。

其一，优化故事内容，丰富人物形象。充分利用多种媒体故事化表达的特点，创作和播放以社会主义核心价值观为题材的作品。坚持展现真实历史事件和人物形象，重现优秀道德模范的感人故事和历史过往，让观众切实感受"时代楷模"的精神气质，进而激发情感共鸣，提升

---

① 习近平：《青年要自觉践行社会主义核心价值观——在北京大学师生座谈会上的讲话》，人民出版社2014年版，第13页。

② 《习近平关于社会主义文化建设论述摘编》，中央文献出版社2017年版，第31页。

社会主义核心价值观的感染力。例如，电视剧《理想照耀中国》以建党百年为背景，展现了中国共产党为人民谋幸福、为民族谋复兴的事迹，进而歌颂英雄、缅怀先烈。

其二，创造深受大众喜爱的节目形式，增加节目的多样化和趣味性。例如，电视节目《种地吧少年》以中国农村为背景，创造播种、灌溉、施肥、收获的视频，把劳动人民精耕细作的劳作方式展现出来，让观众了解到农民生活和生产场景，涵养敬业奉献的精神。

其三，遵循灌输性和启发性相统一的原则，播放互动性强、引人深思的节目。创作符合社会主义核心价值观的文化节目，开设辩论类、纪录综艺、专题报道、讨论访谈等与观众互动的文化形式，引发观众对社会主义核心价值观培育的思考。例如，创设一档辩论题材的综艺节目，通过观众提问探讨社会热点问题，进行启发式的教育，加深对社会主义核心价值观的理解，促进社会主义核心价值观的传播，为社会主义核心价值观的引导教育提供支撑。

第二，发挥新兴媒体的功能，深化社会主义核心价值观的引导教育。新兴媒体在传播社会主义核心价值观中具有至关重要的作用。要充分发挥新兴媒体的作用，加快传播社会主义核心价值观，对促进社会主义文化的繁荣发展、构建和谐有序的社会具有重要意义。

其一，利用媒体技术创作宣传社会主义核心价值观的作品。新媒体平台的视频因直观、生动的特点，深受广大网友的喜爱。视频创作要汲取社会主义核心价值观的精华，把社会主义核心价值观融入宣传短片、微电影、动画中，更加形象地向受众传达社会主义核心价值观的内涵。例如，影视作品《中国医生》基于真实事件，讲述了中国医生的抗疫故事，通过生动的情节和深刻的人物刻画，展现了医护人员的艰苦付出，传递了爱国主义和人民至上的精神；《梦娃送吉祥，梦娃送美德》的动画短片围绕建设文明社会和道德秩序，生动诠释了社会主义核心价值观的理念；微视频《光》展现出在平凡的岗位上默默付出的人员，通过讲述身边人身边事，加深伦理价值认识，展现普通人践行社会主义核心价值观的故事，使社会主义核心价值观传播更加生动、贴近人心。

其二，以社会主义核心价值观引领网络直播的发展。当前，观看网络直播是民众生活的重要部分。但直播平台清朗与否直接体现出社会秩序的建设情况和社会的文明程度。利用直播平台开展社会主义核心价值观的主题讲座、研讨会，邀请专家学者、道德模范等嘉宾在线互动，解答网民关于价值观的疑问，增强社会主义核心价值观教育的互动性和参与感。以故事化、游戏化的直播形式，通过编写具有吸引力的故事、案例等不断传达社会主义核心价值观，吸引社会公众的关注，提高人民对社会主义核心价值观的接受度。

其三，拓展社交媒体传播社会主义核心价值观的渠道。一方面，加强社交媒体运用。在微博、微信、抖音等平台建立官方账号，定期发布传播社会主义核心价值观的信息，分享相关新闻、活动、教育资源，扩大社会主义核心价值观的传播覆盖面和影响力。另一方面，完善社交网络传播机制，凝聚社会价值共识。鼓励和引导网民参与社会主义核心价值观的传播，通过发起话题讨论、举办在线征文、摄影、短视频比赛等形式，激发网民参与社会主义核心价值观传播的热情，健全社交网络的传播机制，推动社会主义核心价值观的传播。坚持内容为王的原则，提升媒体内容制作的质量，面向不同年龄层、职业群体，通过精准定位制作出受众感兴趣的内容，开发符合网民兴趣和需求的内容，提高信息传播的针对性和有效性。注重社会主义核心价值观传播内容的深度与广度，既要全面介绍其内涵、意义，也要结合实际，深入解读其实践与应用。习近平总书记指出："崇高的价值、美好的情感融入自己的作品，引导人们向高尚的道德聚拢，不让廉价的笑声、无底线的娱乐、无节操的垃圾淹没我们的生活。"[①] 发挥新兴媒体传播社会主义核心价值观的优势，引导和激励人们树立和传播正确的价值观，促进社会的和谐发展和文明秩序的建构。

---

① 习近平：《中国文联十大、中国作协九大开幕式上的讲话》，人民出版社 2016 年版，第 17 页。

三 推动社会主义核心价值观的实践养成

2014年，习近平总书记在上海考察时指出："要注意把社会主义核心价值观日常化、具体化、形象化、生活化。"① 党的二十大报告明确指出："把社会主义核心价值观融入法治建设、融入社会发展、融入日常生活。"② 习近平总书记的相关论述为推动社会主义核心价值观的实践养成指明了方向。具体来讲，推动社会主义核心价值观的实践养成应当从日常化、具体化、形象化以及生活化四个方面入手。

（一）增强社会主义核心价值观培育践行的日常化

社会主义核心价值观不是抽象的概念，而是一种体现在人们日常生活中的文化。只有当社会主义核心价值观的各个方面融入人们的日常生活，呈现出能够被感知的日常化形态，人们才能感受并进而理解它。因此，社会主义核心价值观的培育践行需要推进日常化。所谓"日常化"指的是社会主义核心价值观的常态化和长效化，从时间维度讲，日常化意味着不间断和持续性，意味着社会主义核心价值观的培育践行不能一劳永逸，而是要做到常抓不懈，需要建立长效机制。从空间维度讲，日常化意味着覆盖面的广泛，意味着社会主义核心价值观的培育践行要做到不留死角。具体而言，增强社会主义核心价值观培育践行的日常化需要从以下几个方面入手。

第一，充分发挥家庭教育的重要作用。作为社会的基本单位，家庭不仅是生命的摇篮，也是塑造价值观念的重要起点，对于个体世界观、人生观和价值观的塑造具有深远影响。在家庭中，父母的价值选择、行为方式以及生活习惯往往对子女的行为习惯和人格塑造产生着深远影响，可以说，家长为子女提供了最感性的示范，通过家庭成员之间的日常交往和情感交流，家长的价值取向会在潜移默化中传递给子女。具体

---

① 《习近平关于社会主义精神文明建设论述摘编》，中央文献出版社2022年版，第109页。
② 《习近平著作选读》第1卷，人民出版社2023年版，第36页。

来说，父母对于子女价值观念的塑造具有示范和引导作用，父母的一言一行会被子女内化为个人的行为方式和生活习惯。以血缘和亲情为纽带的家庭作为人们最温暖的心灵港湾，使得家庭在个人价值观引领方面具有天然优势，能够强化价值观教育的效果。同时，家庭教育作为国民教育的重要起点，能够将社会主义核心价值观的内容融入教育过程中。儿童时期在家庭中所受到的教育会对一生的成长产生深远影响。家庭教育贯穿个人教育的起点到终点，是全程教育和终身教育。家庭的这种特点决定了它能够根据孩子的特点实施特殊教育，能够对纷繁复杂的社会信息进行整理和筛选，为学校教育提供补充。因此，在培育践行社会主义核心价值观的过程中，家庭教育具有重要的引导和启蒙作用。不论是塑造世界观、人生观、价值观，还是树立理想信念、民族精神和时代精神，都应从家庭着手。

第二，充分发挥学校教育主阵地的作用。学校是提高学生综合能力、锻造品行和塑造灵魂的重要场所，是社会主义核心价值观培育践行的主阵地。学校教育拥有一套独特严格的规范体系，在塑造学生思想品德和价值观方面发挥着特殊作用。发挥学校主阵地的作用，从教育过程来说，一方面，需要将社会主义核心价值观贯穿到不同级别、不同类型的学校中去；另一方面，需要将社会主义核心价值观贯穿整个教育过程中去。同时，应当根据不同学校、不同教育阶段、不同教育对象的特点进行差异化管理，既要突出不同学校的层次性特点，注重不同教育阶段的衔接，又要符合不同教育对象的心理接受能力。发挥学校主阵地的作用，从教育途径来说，不仅需要将社会主义核心价值观融入各学科教学中，充分利用课堂这一教育的主要渠道，而且还需要注重日常生活中的社会主义核心价值观养成，充分发挥第二课堂的熏陶作用。一言以蔽之，应当采用多样灵活的方式，使学生熟悉并内化社会主义核心价值观，将其融入自己的思想品质和精神品格之中。目前，应重点关注大学生群体，充分发挥学校在社会主义核心价值观教育方面的主导作用。具体而言，需要从以下两个方面入手。

其一，要充分发挥"两课"的重要作用。"两课"是我国现阶段在普通高校开设的马克思主义理论课和思想政治教育课，其主要目的是促进大学生树立正确的世界观、人生观和价值观。其所包含的丰富理论知识，如人生观、价值观的相关知识以及当代世界政治经济知识和时事政治知识等，不仅能够帮助学生树立辩证唯物主义及历史唯物主义的世界观，掌握人生观和价值观的基本问题，形成科学的人生观和价值观，选择正确的人生道路，而且使得学生了解社会政治经济的发展运行规律，透过纷繁复杂的社会政治经济现象认识其背后的本质和规律，以此加强对党的路线方针政策的理解和认同。大学生普遍具有较高的科学文化素质，思维敏捷且容易接受新鲜事物，具有较强的求知欲和探索欲。但是，大学生往往社会经历不足，世界观、人生观、价值观尚未定型。当遇到复杂的社会问题时，他们有可能因为缺乏理性思考而产生一系列的错误认识。基于此，需要对大学生进行社会主义核心价值观方面的引导，而"两课"内容的特殊性决定了其在社会主义核心价值观教育过程中发挥重要的作用，因此，在学校进行社会主义核心价值观的培育践行必须充分发挥"两课"的重要作用，对学生进行科学性、系统性的引导和教育。

其二，要充分发挥校园活动和社会实践活动的重要作用。培育和践行社会主义核心价值观，不仅要在思想上认同，更要在学习生活中践行。校园活动以及社会实践活动能够在丰富学生课余生活，满足学生精神文化需求的同时，帮助学生抵制不良社会风气和价值观的侵蚀，帮助学生形成爱党爱国、遵纪守法、团结友爱、艰苦奋斗等健康正确的思想和观念，进而有利于社会主义核心价值观的培育和践行。因此，要开展丰富多样的校园活动，如书展、画展、书法展、讲座、沙龙、报告、联谊会、文化艺术节等活动，以及辩论赛、演讲比赛、歌手大赛、宿舍文化大赛、主持人大赛、校园运动会等各类比赛，通过一系列品牌活动深化社会主义核心价值观教育。同时，通过评选优秀学生干部、三好学生、争创文明宿舍等各类争先创优活动，把榜样的力量转化为学生践行社会主义核心价值观的生动实践。除此之外，还要开展丰富多样的社会实践活动，如军政训练、企业实习、公益劳动、寒暑假社会调研、青年志愿者工程、勤工助学等。在重要时间节点开展清明祭英烈以及向国旗敬礼等主题教育实践活动，让社会主义核心价值观深深根植于学生的心里，引导学生学习党史、国史和英烈光荣事迹，促进社会主义核心价值观的内化于心、外化于行。

第三，充分发挥社会教育大课堂的作用。培育践行社会主义核心价值观是一项需要广大人民群众参与的实践活动，需要社会各方的关心和支持。只有采取多种措施，加强综合治理，才能创造有利于社会主义核心价值观培育践行的良好社会氛围，提高社会主义核心价值观培育践行的实际效果。因此，社会教育是社会主义核心价值观培育践行的重要部分。在社会教育中，教育主体是社会中的每一个成员以及社会教育机构。教育客体包括社会中的每一个成员，他们一方面作为教育主体对他人施加影响，另一方面又作为教育客体接受别人的影响。教育内容是需要传递给人民群众的社会主义核心价值观的精神内涵，并且这三大要素相互影响、相互配合，共同作用于社会教育的全部过程。具体来说，社会教育具有开放性、渗透性、融合性、自然性等特点，能够对广大人民群众发挥教育功能。开放性指的是社会教育打破了学校教育封闭式的教育体系，没有时间、地点以及年龄上的限制，人们可以随时随地开展并接受一定的教育。渗透性指的是在社会环境中融入和彰显统治阶级的意识形态，这种意识形态会在潜移默化中对人民群众的价值观念发生作用。融合性指的是社会教育已经渗透在社会生活的诸多方面，已经逐渐同政治活动、社会生活、生产劳动、娱乐活动融为一体，不断发挥其作用。自然性指的是社会环境的存在会自然地影响人民群众的价值观念，这种影响可能是积极的，也可能是消极的。一言以蔽之，社会教育作为国家教育体系不可或缺的重要组成部分，在培育践行社会主义核心价值观方面发挥着独特作用。因此，需要创造良好的社会氛围，持续传播社会主义核心价值观，推动文化事业和文化产业的发展，以促进社会教育与家庭教育、学校教育的有机结合。

（二）突出社会主义核心价值观培育践行的具体化

社会主义核心价值观内在的精神追求是崇高的，然而其在现实生活中的要求又是具体的。只有在具体的实践过程中,社会主义核心价值观才能够转化为强大的精神力量,从而引导人们认识和改造世界。也只有在具体的实践过程中,社会主义核心价值观的实际效果才能够得到充分展现。因此,社会主义核心价值观的关键在于实践,而实践的过程需要突出具体化要求,即根据教育对象的差异性采取不同的方式方法,因人施策、因材施教。2013年中共中央办公厅印发的《关于培育和践行社会主义核心价值观的意见》中明确指出:"充分发挥工人、农民、知识分子的主力军作用,发挥党员、干部的模范带头作用,发挥青少年的生力军作用,发挥社会公众人物的示范作用,发挥非公有制经济组织和新社会组织从业人员的积极作用,形成人人践行社会主义核心价值观的生动景象。"[1] 基于此,社会主义核心价值观培育践行的具体化需要特别针对以下几个群体展开。

第一,针对党员干部群体。党员干部作为社会主义现代化建设的领导力量,在社会主义核心价值观的培育践行过程中发挥着榜样示范、以身作则的重要作用。基于此,首先,要加强党员干部的理论武装,以提升社会主义核心价值观培育践行的有效性。根据时代要求,面向党员干部群体开展形式多元、内容丰富的社会主义核心价值观培训活动。一方面,党员干部群体需要高度重视理论学习,制定详细的学习计划和方案。另一方面,党员干部群体需要将理论学习与实际工作结合,促进将学习成果转化为实际工作能力。同时,要推进党员干部群体的多元化学习方式,比如结合重大节日等,举办读书分享会、知识竞赛等系列活动,或根据实际情况,在爱国主义教育基地展开集中学习。其次,党员干部群体需要始终秉持为民、务实、清廉的原则,做社会主义核心价值观的示范者和组织者,将其融入自身的工作和生活中。一是党员干部群体要树立全心全意为人民服务的理念以及正确的权力观,始终将人民群众的利益摆在首位,做到权为民所赋,权为民所用;二是党员干部群体要坚持实事求是,讲真话、办实事,不弄虚作假,不做花样文章,以工作中实实在在的业绩获得广大人民群众的认可;三是党员干部群体要始

---

[1] 《十八大以来重要文献选编》(上),中央文献出版社2014年版,第588页。

终保持人民公仆本色，廉洁自律、廉洁奉公，在工作和生活中同一切贪污腐败、以权谋私现象作坚决斗争。

第二，针对工人、农民群体。工人、农民群体占中国人口的绝大多数，他们既是国家建设的中坚力量，也是社会主义核心价值观培育践行的重要力量。然而，在实际操作中，由于知识、经验和兴趣的不同，工人和农民群体更加关注养老、医疗、住房、教育等实际问题，呈现出务实化和生活化的特点。针对工人、农民群体的这一特点，在工人、农民群体中推动社会主义核心价值观的培育践行，首先需要尊重其主体地位，关注其实际生活中的具体利益诉求，通过现实可见的利益保障实现其对于社会主义核心价值观的价值认同。其次，要将社会主义核心价值观融入工人、农民群体的政治立场、价值选择和职业操守中去，通过加强他们在信仰、情感和职业方面的认同，引导他们增强对社会主义核心价值观培育践行的思想自觉和行动自觉。

第三，针对知识分子群体。知识分子作为培育践行社会主义核心价值观的重要群体，扮演着关键角色。首先，社会主义核心价值观充分吸收了知识分子群体的研讨成果，凝结着知识分子群体的价值共识和理论思考。其次，社会主义核心价值观进教材、进课堂、进头脑离不开业务精湛、师德高尚的知识分子队伍。基于此，要充分重视并发挥知识分子群体在培育践行社会主义核心价值观过程中的重要作用。一是学者、专家应当用通俗易懂、简洁生动的语言对社会主义核心价值观的内涵进行诠释，进而推动实现社会主义核心价值观宣传教育的通俗化和大众化。二是知识分子群体应当积极回应社会的道德期待，坚持国家、民族、人民至上，坚守正道、追求真理，自觉做培育践行社会主义核心价值观的模范，坚持从自我做起、从现在做起、从日常生活做起，身体力行带动全社会培育践行社会主义核心价值观。

第四，针对非公有制经济组织和新社会组织从业人员。非公有制经济组织和新社会组织是社会财富的创造者和就业岗位的提供者，非公有制经济组织和新社会组织从业人员是中国特色社会主义伟大事业的建设者和支持者，对于社会和谐发展具有高度的价值认同感，培育践行社会主义核心价值观离不开非公有制经济组织和新社会组织从业人员的支持。发挥非公有制经济组织和新社会组织从业人员在社会主义核心价值观培育践行过程中的重要作用，需要在其企业文化中融入社会主义核心价值观，塑造诚信经营的意识，积极承担社会责任，打造良好的企业文化和企业形象。

第五，针对公众人物。公众人物指的是在一定范围内具有重要影响且为人们所广泛知晓和关注的人物，如科学家、企业家、作家、明星等。这些公众人物通常代表着特定领域的形象符号，是社会风尚的示范者和引导者。在社会主义核心价值观的培育践行的过程中，公众人物无疑是重要的生力军。发挥公众人物在社会主义核心价值观培育践行中的重要作用，首先需要开展社会主义核心价值观的相关培训活动，以提升公众人物对社会主义核心价值观的内在认同，使其自觉成为社会主义核心价值观的坚定捍卫者。其次，公众人物需要把培育践行社会主义核心价值观作为自身的社会责任，在日常生活中维护自己的社会形象，加强道德自律和道德引领，为广大人民群众传递积极的价值观念，切实保障社会主义核心价值观的培育践行。

第六，针对青少年群体。青少年一方面是国家建设以及社会发展的重要生力军，另一方面又是培育践行社会主义核心价值观的重要主体。因此，需要充分发挥青少年群体培育践行社会主义核心价值观的主体作用。首先，要进一步实施师德师风建设工程，加强对教师队伍职业道德规范的培养，引导广大教育工作者增强立德树人的使命感，做好社会主义核心价值观在青少年群体中的宣传工作，做好青少年群体健康成长的引路人。其次，需要根据青少年群体不同年龄阶段的成长规律和接受能力，对其进行分层次的价值引导，通过理性的道德思考提高青少年群体的道德认知，进而增强价值观教育的实效性。

（三）注重社会主义核心价值观培育践行的形象化

作为一套科学的理论体系，社会主义核心价值观具有一定的抽象性，往往难以被人们理解与接受。价值观念只有被人们认识和理解，才易于被人们认同和接受。因此，社会主义核心价值观抽象的内容需要借助生动形象的方式来表达。也就是说，社会主义核心价值观的培育践行需要注重形象化。具体来说，要以生动的艺术形象、以真实的生活形象、以丰富的自然形象、以沉浸的虚拟形象推动社会主义核心价值观的培育践行。

第一，塑造生动的艺术形象。先进的文艺作品和生动的艺术形象是对一定时代社会生活和精神的集中反映，就社会主义文艺而言，它是社会主义政治、经济、文化和社会生活等方面的反映，同时也是社会主义核心价值观的反映。习近平总书记曾指出："运用各类文化形式，生动具体地表现社会主义核心价值观，用高质量高水平的作品形象地告诉人们什么是真善美，什么是假恶丑"[①]。先进的文艺作品和生动的艺术形象能够传递积极向上的精神能量，在展现社会主义核心价值观的核心内涵等方面发挥着重要作用。因此，需要以生动的艺术形象推动社会主义核心价值观的培育践行。具体说来，需要将社会主义核心价值观融入艺术形象的创作和传播过程中，例如，《焦裕禄》《李大钊》《杨善洲》等深受观众喜爱的影视作品，通过塑造优秀共产党员的形象，弘扬了主旋律、彰显了民族精神和时代精神；路遥创作的《人生》《平凡的世界》等作品，通过展现城乡社会生活，歌颂了拼搏奋进的时代精神，激励着年轻人积极向上、自强不息的精神面貌。总体而言，要通过生动的艺术形象，使人们的灵魂得以触动，进而使人们在艺术的熏陶中对不同的价值观念进行比较和选择，进一步推动社会主义核心价值观的培育践行。

第二，塑造真实的生活形象。现实生活是培育践行社会主义核心价值观的鲜活载体，现实生活中的先进典型和道德模范是培育践行社会主义核心价值观的引领者。由于他们的事迹是真实的，因而能够将抽象的价值观念和行为准则借用生动形象的人物传递给人民群众，进而给予人民群众以精神激励。可以说，先进典型和道德模范是推动社会主义核心

[①] 习近平：《把培育和弘扬社会主义核心价值观作为凝魂聚气强基固本的基础工程》，《人民日报》2014年2月26日。

价值观培育践行的催化剂。因此，培育践行社会主义核心价值观，需要树立好先进典型和道德模范。一方面，要从中国特色社会主义建设事业的实践中树立先进典型和道德模范。一是要树立好社会典型，通过"感动中国十大人物"的评选活动引领社会风尚，让先进典型和道德模范的事迹鼓舞一代又一代的人们。二是树立好校园典型，通过"学习之星""自强之星""创业之星"的评选活动塑造校园文化，让先进典型和道德模范的事迹为校园注入精神之"钙"。三是树立好干部典型，通过"担当作为好干部""廉洁奉公好干部"等评选活动打造为官标准，让先进典型和道德模范的事迹激励广大干部树立为人民服务的理念。另一方面，也要从历史长河中树立为实现民族独立和人民解放英勇奋斗的先进典型和道德模范，运用他们的感人事迹不断教育激励人们。具言之，要通过树立先进典型和道德模范，凝聚人民群众积极向上、奋发进取的巨大精神力量，进一步推动社会主义核心价值观的培育和践行。

第三，塑造丰富的自然形象。在培育践行社会主义核心价值观的过程中，自然形象扮演着重要的承载者角色。需要通过对自然形象资源的开发和应用，充分发挥自然形象推动社会主义核心价值观培育践行的重要作用。首先，需要依托丰富的自然形象拓展社会主义核心价值观的教育形式，通过组织人们进行旅游、踏青等户外活动，寓社会主义核心价值观教育于自然形象游览之中，引导人们在领略祖国壮美河山和参观祖国优美风景的过程中，增加热爱祖国、热爱家乡的情感。其次，需要依托丰富的自然形象建设社会主义核心价值观的教育基地。例如，南水北调红色教育基地、三峡大坝教育基地以及卫星发射教育基地等，引导人们在实地观摩的过程中通过实物、图片、影像资料等直观感受社会主义现代化建设的巨大物质成就，在了解我国改革开放以来取得成就背后故事的过程中自觉接受社会主义核心价值观教育，进而树立艰苦奋斗、开拓创新的精神，自愿为祖国和社会奉献青春，将个人奋斗融入社会主义现代化建设的实践过程中。

第四，塑造沉浸式的虚拟形象。人们通过虚拟技术能够有意识地开发各种虚拟形象,借助造型、动作、声音等诸多手段和沉浸式体验,如 AI 和 VR 等视觉表现手法,能够生动地承载和传播社会主义核心价值观,进而推进社会主义核心价值观的培育践行。沉浸的虚拟形象通常集图像、文字、声音于一体,加上虚拟仿真技术的加持,使人们具备身临其境的感觉。利用沉浸的虚拟形象对社会主义核心价值观进行个性化、全方位以及多维度的传播,能够让人们在形象生动的情境中感知教育信息,进而升华思想境界,在视听的愉悦体验中把握社会主义核心价值观的精神实质。值得注意的是,运用现代虚拟技术创作虚拟形象时,需要深入挖掘虚拟形象所承载的思想价值内涵,通过与艺术手法的结合,将社会主义核心价值观的精神实质融入其中,从而创造出能够反映当代中国价值观念的虚拟形象。同时,运用虚拟形象培育践行社会主义核心价值观的过程中,需要对动漫作品、网络游戏等进行动态监管,对错误价值需要进行及时的揭露和批判,从而正确引导人民群众特别是青少年群体更好地践行社会主义核心价值观。

(四) 实现社会主义核心价值观培育践行的生活化

日常生活是社会主义核心价值观主要内容生发的源泉和土壤,只有嵌入人们的日常生活中,社会主义核心价值观才具有源源不断的新内容与新内涵,也才能真正地被人们认识、认同、内化和践行。因此,培育践行社会主义核心价值观需要实现生活化。正如习近平总书记所强调的:"一种价值观要真正发挥作用,必须融入社会生活,让人们在实践中感知它、领悟它。要注意把我们所提倡的与人们日常生活紧密联系起来。"[①] 具体来说,实现社会主义核心价值观培育践行的生活化需要从以下几个方面入手。

第一,要深入开展各种主题实践活动。应当结合不同行业以及不同部门的特点,开展丰富生动的社会主义核心价值观主题实践活动。总的来说,需要围绕不同人群的差异化需求,有针对性地开展社会主义核心

---

① 习近平:《把培育和弘扬社会主义核心价值观作为凝魂聚气强基固本的基础工程》,《人民日报》2014 年 2 月 26 日。

价值观的各项主题实践活动。例如，在机关单位，可以开展"争创学习型机关""争当学习型党员""争先创优""树立正确荣辱观"等主题教育实践活动，通过这些主题教育实践活动塑造良好的党风政风社风，提高公信力。在企事业单位，可以开展"百企万家讲诚信""争创学习型组织""争当知识型员工"等实践活动。在学校，可以开展"我与祖国共奋进""争当文明公民"等主题活动，引导青少年树立正确的价值观念，滋养精神、陶冶情操。在社区，可以开展"社区邻居节""公民爱心日""五好家庭"评选等实践活动，促进邻里和睦、人际关系和谐。在农村，可以开展"美德在农家""婚育新风进万家"等活动，同时大力实施"村镇示范工程""农家书院工程"等，倡导积极向上、健康文明的生活方式。

第二，要深入开展精神文明创建活动。在实践过程中，要通过开展贴近生活、形式多样的精神文明创建活动，促进社会主义核心价值观培育践行由虚变实，使其更好地与广大人民群众的日常生活联系起来。要推进文明城市、文明行业、文明家庭等创建活动，开展科教文体法律卫生"进社区"、文化科技卫生"下乡村"、青年文明号、送温暖献爱心、美丽中国宣传教育、全民阅读等活动，不断提高社会文明程度以及公民的文明素质。同时，要开展礼节礼仪教育，使礼节礼仪成为培育践行社会主义核心价值观的重要方式。加强对公民旅游的教育、约束和监督，增强公民旅游的文明意识。概言之，要通过倡导爱国、敬业、诚信、友善等道德规范，增强广大人民群众的公民意识、诚信观念和责任意识。通过普及志愿服务理念、推动志愿服务活动、健全志愿服务机制，营造全社会支持和关注志愿服务的浓厚氛围，让爱心和善举蔚然成风。通过开展群众性精神文明建设活动，引导人们正确处理当前矛盾、平衡眼前利益和长远利益，培养积极乐观的心态，建立和谐友爱的人际关系，塑造良好的社会风气。

第三，要深入开展规范养成活动。社会主义核心价值观具体观念的养成，既离不开良好社会氛围的熏陶，也离不开科学严格管理的保证。基于此，在社会主义核心价值观培育践行的过程中，需要通过相关规章制度对人民群众的行为进行规范。具体来说，就是要把社会主义核心价值观融入规章制度之中，通过具体制度的刚性要求体现社会主义核心价值观的内涵，进而把培育践行社会主义核心价值观主体的主观约束与制度约束结合起来，从而为社会主义核心价值观的培育践行提供制度方面的保证。因此，需要健全各个行业、各个领域的规章制度，在规章制度中充分体现社会主义核心价值观的基本要求，使其成为人们日常生活的基本准则。同时，需要有计划地完善和规范相关礼仪制度，如缅怀祭扫、升国旗仪式、成人仪式、重温誓词等。利用好重要节庆日、重大纪念日的机会，如"五四""七一""八一""十一"等，组织好内容丰富、形式多样的庆典活动，传播主流价值理念，提升人民群众的价值认同感。

第四，要深入开展爱国主义教育活动。爱国主义是培育践行社会主义核心价值观的重要精神来源，是最能够动员和凝聚全体人民群众的伟大精神力量。要通过深入开展爱国主义教育活动，发挥宣传文化阵地的教育引领作用，将爱国主义渗透到社会主义核心价值观的培育践行过程中。要进一步推动爱国主义教育基地的建设工作，特别是要建设好各个时期的爱国主义纪念场馆，并将博物馆、图书馆、纪念馆、科技馆、美术馆等场馆免费向人民群众开放。在爱国主义教育活动中，红色教育实践活动具有不可忽视的重要作用，红色教育实践活动能够将旅游资源与革命历史文化资源整合起来，使人民群众在旅游过程中，在欣赏祖国秀丽山河的美丽景色过程中，不知不觉地接受教育，了解革命精神内涵和革命历史知识，从而使心灵得到净化、情操得到陶冶、哲理得到启迪，进而在情感上接受红色精神，认同社会主义核心价值观，潜移默化地达到教育的目的。因此，需要积极开展红色教育实践活动，最大限度地发挥红色文化资源的教育功能，将这些精神财富铭刻在党史、国史上，并深深植根于人民群众的心中，使之成为激励全体领导干部和广大人民群众实现中华民族伟大复兴的强大精神力量。

四 完善社会主义核心价值观培育践行的制度建构

社会主义核心价值观作为国家意识形态的根本内核，构成了国家制度确立的合法性依据，为国家制度奠定了价值基础。同时，社会主义核心价值观的培育践行也需要国家制度的支撑保障。推动社会主义核心价值观的培育践行需要营造完善的制度政策环境，要把社会主义核心价值观的培育践行落实到制度建构、政策导向和环境建设等具体环节中。通过建立培育践行社会主义核心价值观的相关制度、政策，使社会主义核心价值观融入国家制度、政策和法律法规中，最终由制度化的规范形成培育践行社会主义核心价值观的自觉。

（一）把社会主义核心价值观融入法治建设的过程中

社会主义核心价值观是社会主义法治建设的灵魂，将其通过法律进行体现是现代国家治理的现实需要。习近平总书记曾指出："要用法律来推动核心价值观建设"[1]，这一论述为社会主义核心价值观的入法入规提供了理论遵循。具体来说，把社会主义核心价值观融入法治建设中需要从以下几个方面入手。

第一，保证社会主义核心价值观入法入规的有效融入。首先，要把社会主义核心价值观的具体要求体现到法律法规和公共政策之中。其一，要加强重点领域立法。要在深入分析社会主义核心价值观立法需求的前提下，积极推进社会主义核心价值观的重点领域立法，将社会主义核心价值观的具体要求转化为具有刚性约束力的法律规定和公共政策，从而更好体现社会主义核心价值观的价值目标、取向与准则。其二，要促进社会道德规范向法律规范的转变。应当积极推动社会诚信、见义勇为、志愿服务等方面的立法工作，在实践过程中促进社会道德规范向法律规范的转变。其三，要强化公共政策的价值目标。在制定并出台经济社会政策以及与人们生产生活密切相关的具体政策时，应当特别注重政

---

[1] 《习近平谈治国理政》第 1 卷，外文出版社 2018 年版，第 165 页。

策目标与价值导向的结合，要兼具社会责任与公平正义，注重经济效益与社会效益的结合，促进形成体现社会主义核心价值观具体要求的良好政策导向。其次，要把社会主义核心价值观的具体要求融入立法、执法、司法和守法的环节之中。在立法层面，各级党委要高度重视并采取有效措施，支持立法机关把社会主义核心价值观的具体要求融入法律法规。在执法层面，要加强执法过程的规范化建设，促进文明执法的尽快实现。在司法层面，要把社会主义核心价值观的具体要求融入公正司法的全部过程和环节。在守法层面，要把全民守法作为基础性工作，把法治教育融入国民教育体系的内容中去，使法治观念成为人们自觉的价值观念。

第二，实现社会主义核心价值观入法入规的分层调控。法治建设存在着法律法规、公共政策和社会规范等不同层次，社会主义核心价值观对法治建设的融入，就是针对不同层次的核心特征进行适当调控的过程。处于最高级别的法律法规，发挥着指导作用。处于中间层次的公共政策，既受到法律法规的指导，也对更具体的社会规范进行指导。下一层次的矛盾需要在更广视野中，在更高层次获得解决。不同层次相互作用，共同实现社会主义核心价值观与法治建设的良性互动。在法律法规上，坚持立法的科学性，遵循法治建设的客观规律。亦即正确把握人民群众的道德水平、法律法规建设的理论深度和社会层面的文明程度，将法律法规的订立、修正、废除与解释和人民群众的道德水平、法律法规的理论完善能力、当前社会的文明状态相协调。在公共政策上，持续发挥政策的指导作用，建立健全政、经、文、社等各个方面的政策评估与纠错机制，改进与社会主义核心价值观相冲突甚至相矛盾的各类问题。在社会规范方面，要加强精神指引，实现社会主义核心价值观的落实落地，以社会主义核心价值观的要求为标准，一方面完善各社会行业的行会制度和行为要求，另一方面科学调整村俗民约、社会风习等社会规范。在法律法规、政府政策和社会规范三个维度共同发力、不同层次的融入中促进社会的稳定与安宁。

第三，完善社会主义核心价值观入法入规的保障机制。首先，要完善社会主义核心价值观入法入规的宣传教育。宣传教育是实践社会主义核心价值观的重要方式，有效宣传是完善社会主义核心价值观入法入规过程的保障机制。2013 年中共中央办公厅印发的《关于培育和践行社会主义核心价值观的意见》中指出，"注重宣传教育、示范引领、实践养成相统一，注重政策保障、制度规范、法律约束相衔接"[1]。2016 年中共中央办公厅、国务院办公厅印发的《关于进一步把社会主义核心价值观融入法治建设的指导意见》中再次强调，"要坚持法治宣传教育与法治实践相结合"[2]。基于此，社会主义核心价值观的宣传方式方法尤为重要，错误方式的宣传可能会适得其反，得到相反的效果或者仅仅表面上的认同。有效的宣传不是表面功夫，不是标语式的灌输，而是从情理上有清晰的认识，逻辑上有明白的论证，宣传方式上有适当的针对性。合理的宣传能从理智上说服人，从情感上打动人，进而激发人民群众对社会主义核心价值观在价值和情感上的综合认同。社会主义核心价值观的入法入规需要重视有限宣传的持续性、一致性。辩证看待抽象与具体的关系，综合说服、示范、参与、感化等各种宣传方式，融入社会主义建设的发展大局。其次，要完善社会主义核心价值观入法入规的队伍建设。把社会主义核心价值观融入法治建设过程中离不开专业的人才队伍，要进一步完善队伍建设的选聘标准、角色定位、培养体系和保障机制，严格遵循政治标准、作风标准、理论标准和能力标准的相关要求，从专业化发展、职业化建设和组织管理机制等方面进一步深化队伍建设。最后，要完善社会主义核心价值观入法入规的条件保障。把社会主义核心价值观融入法治建设过程中需要客观条件的有力保障，要持续加强项目和阵地建设，加强不同部门与环节之间的协同合作。与此同时，要进一步完善社会主义核心价值观入法入规的标准体系，确保相关设施和环境的优化和创新发展。

---

[1]《关于培育和践行社会主义核心价值观的意见》，《人民日报》2013 年 12 月 24 日。
[2]《关于进一步把社会主义核心价值观融入法治建设的指导意见》，《人民日报》2016 年 12 月 26 日。

(二) 着力构建社会主义核心价值观的传播认同机制

社会主义核心价值观作为中国特色社会主义的文化内核，只有得到广大人民群众的理解和认同，才能进而形成有效的指导规范力量。因此，构建社会主义核心价值观的传播认同机制就显得尤为重要。构建社会主义核心价值观的传播认同机制，需要通过科学有效的传播将社会主义核心价值观的基本内涵和精神实质传递给社会成员，进而推动社会成员形成对于社会主义核心价值观的肯定感受和认同态度。具体说来，构建社会主义核心价值观的传播认同机制，需要从增强社会主义核心价值观传播主体的责任感、提升社会主义核心价值观传播媒介的影响力、实现社会主义核心价值观传播手段的多样化等方面入手。

第一，增强社会主义核心价值观传播主体的责任感。传播主体在社会主义核心价值观的传播过程中发挥着开展传播活动、决定传播方法、加工传播内容等重要作用，而这些作用的发挥与传播主体的责任感密切相关，传播主体的责任感高低直接影响着最终的传播效果。因此，构建社会主义核心价值观的传播认同机制，需要增强社会主义核心价值观传播主体的责任感。一是增强领导干部的责任感。党员领导干部作为社会主义核心价值观的重要传播主体，其行为举止往往对人民群众具有极强的示范和引领效果，这就要求领导干部必须通过系统的理论学习进一步加强自身德性修养，坚定为人民服务的信念，使自己在面对利益冲突时能够作出正确的价值判断。二是增强媒体从业人员的责任感。媒体从业人员是否具备真实、客观以及公正的专业理念，会对新闻的价值观产生重要影响，尤其是近年来在网络社会信息覆盖面愈加广泛的背景之下，网络新闻媒体从业人员的责任感更加凸显。基于此，亟须提高新闻从业人员的道德素养和责任感，促进媒体从业人员在新闻报道中作出正确的判断和选择。三是增强高校教师的责任感。高校教师在立德树人方面发挥着重要作用，其责任感高低直接影响着大学生群体社会主义核心价值观的培育践行。有了坚定的理想信念和责任感，高校教师才能够积极传播符合社会发展要求的价值观念，推动形成良好的道德风尚。因此，推动社会主义核心价值观的培育践行，需要坚定高校教师教书育人、立德树人的责任感。

第二，提升社会主义核心价值观传播媒介的影响力。包括电视、广播、报纸、微博、微信在内的大众传媒是舆论宣传工作的主力军，是推广主流价值观念的主渠道。在社会主义核心价值观的传播过程中，主流媒体应当发挥主阵地作用，形成有利于社会主义核心价值观传播的舆论环境，而提高主流媒体的影响力是这一任务的重要前提。提升社会主义核心价值观传播媒介的影响力，一是要加强对事件的深度报道。深度报道能够彰显主流媒体的权威性，是倡导主旋律的重要方式。通过高质量的报道选题以及对事件背后价值的深度挖掘，传播社会主义正能量。二是要打造具有特色的电视品牌栏目。促进社会主义核心价值观的传播，需要提升主流媒体的影响力，集中力量打造具有特色的电视品牌栏目，将社会主义核心价值观融入电视节目中。一方面，应在新闻联播中设立专门的价值观专题栏目，加强对社会主义核心价值观的宣传。另一方面，应在服务类、访谈类、综艺类等节目中融入社会主义核心价值观的宣传，丰富社会主义核心价值观传播的形式，从而避免传播形式单一的局面。三是要加强新闻网站建设。新闻网站是广大网民获取政治信息、参与政治活动的重要方式，在引导网络舆论方面发挥着重要作用。要把握新媒体传播特点和规律，通过强化网站建设和网络宣传，使新闻网站成为引导正面舆论的平台阵地，进一步促进社会主义核心价值观的有效传播和发展。

第三，实现社会主义核心价值观传播手段的多样化。社会主义核心价值观的传播是一项长期的、复杂的、艰巨的系统工程，采取科学有效的传播手段有助于传播效果的提升。基于此，需要实现社会主义核心价值观传播手段的多样化。具体说来，一是充分发挥文化的优势。在推动社会主义核心价值观培育践行的过程中，要促进中华优秀传统文化资源和社会主义核心价值观的融会贯通。在强化文化认同的同时发挥社会主义核心价值观的价值优势，为世界提供新的价值观参照。二是持续创新话语方式。创新社会主义核心价值观的话语方式，需要增强理论的感染力，实现社会主义核心价值观话语方式的通俗化和生活化。要用人们喜闻乐见和通俗易懂的形式将政治语言转化为群众语言，可以将社会主义核心价值观的具体要求融入童谣、民谣等艺术形式中，用脍炙人口的表达方式诠释社会主义核心价值观抽象的理论内容。三是推进传播方式的数字化。当前，我国民众的数字阅读率已经超过了传统阅读率，数字化正在为我们提供交互性、快速性、动态性、多样性的阅读平台，而传统的单纯依靠文字描述的表达方式越来越不被人们认可，这意味着培育践行社会主义核心价值观亟须推进传播方式的数字化。首先要尽快推出数字化的社会主义核心价值观读物，以便人民群众能够方便地使用手机、电脑等终端获取阅读材料。同时，还可以开拓多种阅读方式，如听读、屏幕阅读、网络阅读等，通过声音、图像、动画等形式，激发人民群众对社会主义核心价值观的兴趣。

(三) 健全社会主义核心价值观培育践行的规章制度

社会主义核心价值观的培育践行不仅需要艰辛的理论探索和实践，同时也需要相关规章制度的配套支持。党的十九届四中全会明确指出："完善弘扬社会主义核心价值观的法律政策体系，把社会主义核心价值观要求融入法治建设和社会治理，体现到国民教育、精神文明创建、文化产品创作生产全过程。"[1] 这为社会主义核心价值观的培育践行提供了有力的制度保障。具体来说，健全社会主义核心价值观培育践行的规章制度，要从健全社会主义核心价值观培育践行的组织领导体制、政策保障体制、长效学习机制、畅通反馈机制等方面综合发力。

第一，健全社会主义核心价值观培育践行的组织领导体制。2013年中共中央办公厅印发的《关于培育和践行社会主义核心价值观的意见》中明确指出："建立健全培育和践行社会主义核心价值观的领导体制和工作机制"[2]，这明确了健全社会主义核心价值观和培育践行组织

---

[1] 《中共中央关于坚持和完善中国特色社会主义制度 推进国家治理体系和治理能力现代化若干重大问题的决定》，人民出版社2019年版，第23页。

[2] 《关于培育和践行社会主义核心价值观的意见》，《人民日报》2013年12月24日。

领导体制的重要任务。首先,要成立社会主义核心价值观培育践行的工作领导小组。一是要成立中共中央工作领导小组,将中共中央宣传部和中央文明办作为组织牵头单位,负责指导全国的社会主义核心价值观培育践行工作。二是要成立地方各级党委以及机关、学校、社区、农村、企业等相应的工作领导小组,配合中央的相关工作,形成权责明晰、相互配合的工作局面。其次,要建立社会主义核心价值观培育践行的组织领导体制。一是需要中共中央领导部门系统部署社会主义核心价值观培育践行的相关政策,为社会主义核心价值观培育践行工作的持续推进提供依据。二是地方各级领导组织需要开展广泛的调研,根据本地区的历史文化环境和风俗习惯因地制宜,配合好中央领导组织完成相关工作安排。最后,要健全社会主义核心价值观培育践行的各项工作机制。一是建立奖惩机制。对于积极践行社会主义核心价值观的行为需要予以奖励和肯定,对于违反社会主义核心价值观的行为需要进行惩罚。二是建立利益调节机制。需要通过利益调节机制充分调动广大人民群众培育践行社会主义核心价值观的积极性,要把社会主义核心价值观的培育践行融入生产生活实践的过程中,使人们在满足自身利益的同时积极践行社会主义核心价值观。三是建立科学的管理机制。需要形成各级党委集中领导,全党全社会积极参与社会主义核心价值观培育践行工作的良好局面,党员领导干部以身作则,带动各行各业的先进分子共同推动社会主义核心价值观的培育践行。

第二,健全社会主义核心价值观培育践行的政策保障体制。首先,要制定相关的政策依据。一是需要制定全国性的相关政策,如《关于培育和践行社会主义核心价值观的意见》《培育和践行社会主义核心价值观行动方案》等,从而进一步加强顶层设计,为制定地方政策提供依据。二是需要制定地方的相关政策,各级地方政府应当根据地方实际,在全国性政策允许的范围内出台相应政策,以实现与中央政策的相互配合、相互衔接,共同构成社会主义核心价值观培育践行的重要依据。总而言之,需要通过政策依据有力保障社会主义核心价值观培育践行相关活动的顺利开展。其次,要提供活动场所的保障。社会主核心价值观的培育践行需要与人民群众的社会实践结合在一起，因而需要固定的活动场所。基于此，培育践行社会主义核心价值观需要在全社会范围内建立活动场所。一是要在机关、学校、农村、企业等建立相关的活动场所，以促进社会主义核心价值观的培育践行。二是需要整合图书馆、博物馆、文化馆、科技馆等文化场所的功能，为社会主义核心价值观的培育践行提供活动场所便利。最后，要建立人才保障机制。社会主义核心价值观的培育践行需要大量的高素质人才，要建设一支素质精良、品德高尚的师资队伍，为社会主义核心价值观的培育践行提供源源不断的智力支持。除此之外，社会主义核心价值观的培育践行还需要充足的经费保障，要在加大党和政府支持力度的同时，鼓励社会组织通过捐赠等方式充实专项资金，从而实现充足的经费保障。

第三，健全社会主义核心价值观培育践行的长效学习机制。首先，要进一步加强社会主义核心价值观的理论学习。一是有针对性地加强不同群体的理论学习。对于领导干部而言，可以举办社会主义核心价值观的专题培训活动。对于青少年而言，可以通过思想政治理论课程的学习加强其对社会主义核心价值观的认识。对于广大工人和农民群体而言，则需要在满足工人和农民群体利益的过程中对他们进行教育。二是要注重教育方式的改变，要发扬钉钉子精神，持之以恒地通过读原著、学原文、悟原理，做到社会主义核心价值观学、思、用的贯通以及知、信、行的统一。其次，要开展丰富多彩的学习交流活动。一是党中央要针对社会主义核心价值观的培育践行开展专门的学习交流活动，从而为各行各业开展学习交流活动作出表率。二是知识分子群体要在党的组织领导下，围绕社会主义核心价值观的培育践行开展丰富的学术交流活动和学习研究活动，进一步推动社会主义核心价值观的培育践行。三是不同地区的社会成员需要相互学习与交流，通过交流互鉴促进社会主义核心价值观的培育践行。

第四，健全社会主义核心价值观培育践行的畅通反馈机制。首先，需要保持各种反馈渠道的畅通。一是需要专门设立反馈机构并确保人民群众知晓，只有这样，当广大人民群众的利益受到损失和侵害时，才能够及时向办事机构提出诉求。二是需要保持网络反馈渠道的畅通。可以通过建设网络问政平台、开设电子举报信箱等，更加方便快捷地解决人民群众的诉求。三是设立领导接待日。要针对与人民群众利益相关的领域设置领导接待日，使领导干部能够与群众面对面，直接倾听群众的声音和需求。其次，需要建立积极的回应机制。一是对于人民群众关心的利益诉求要做到有诉必应。党的十九大报告中指出，要把人民群众对美好生活的向往作为奋斗目标。基于此，凡是人民群众关注的问题，党都要给予高度重视并及时作出回应。二是需要注重调查研究。习近平总书记曾多次强调要大兴求真务实之风，在工作和生活中注重调查研究，从而及时地回应人民群众的诉求。最后，要落实责任追究制。一是需要在领导干部群体中落实责任追究制。党的十八大以来，中共中央先后制定了包括《中国共产党纪律处分条例》《中国共产党廉洁自律准则》在内的多个条例，以保障领导干部的忠诚干净担当，保障领导干部始终成为人民群众培育践行社会主义核心价值观的榜样。二是需要在公众人物中落实责任追究制。公众人物培育践行社会主义核心价值观的行为直接影响着人民群众的态度。对于违背社会主义核心价值观具体要求的公众人物，应当坚决追究其责任，以降低对社会的负面影响。三是需要在社会个体成员中落实责任追究制。对于背离社会主义核心价值观的行为要予以责任追究，以此避免失范行为在社会上的蔓延。

总之，深化社会主义核心价值观的培育和践行，是用中国精神激发中国力量，进一步提高国家文化软实力的迫切要求。党的二十大报告指出："以社会主义核心价值观为引领，发展社会主义先进文化，弘扬革命文化，传承中华优秀传统文化"[①]。深化社会主义核心价值观的培育和践行，一是要提升社会主义核心价值观的理论认知，全面解析社会主义核心价值观的内涵要义、科学认识社会主义核心价值观的文化旨趣、深刻把握社会主义核心价值观的伦理意蕴，对于我们更好认识和践行社会主义核心价值观具有重要意义。二是要强化社会主义核心价值观的引

---

① 《习近平著作选读》第 1 卷，人民出版社 2023 年版，第 35—36 页。

导教育,要通过厚植社会主义核心价值观引导教育的精神根基、促进社会主义核心价值观引导教育的话语转化、改进社会主义核心价值观引导教育的方式方法、拓展社会主义核心价值观引导教育的载体途径进一步强化社会主义核心价值观引导教育的效果。三是推动社会主义核心价值观的实践养成,要在增强社会主义核心价值观培育践行的日常化、突出社会主义核心价值观培育践行的具体化、注重社会主义核心价值观培育践行的形象化、实现社会主义核心价值观培育践行的生活化的过程中进一步推动社会主义核心价值观的实践养成。四是完善社会主义核心价值观培育践行的制度建构,使其像空气一样无时不有、无处不在,成为全体人民的价值追求和日用而不觉的行为准则。

第 四 章

加强精神文明建设提高全社会文明程度

文明是现代化国家的重要标志。精神生产的现代化是社会主义现代化的重要特征，是推进拓展中国式现代化的主要内容。建设社会主义文化强国既需要深厚的物质力量作为铺垫，也需要强大的精神力量作为支撑。习近平总书记指出："我国现代化是物质文明和精神文明相协调的现代化。"[1] 加强精神文明建设、推动全社会文明程度不断提高是推进中华民族现代文明建设和社会主义文化强国建设的重要目标，是实现中华民族伟大复兴的题中之义。党的十八大以来，以习近平同志为核心的党中央高度重视精神文明建设工作，把精神文明建设提升到党和国家全局性战略的重要位置。党的二十大报告指出："提高全社会文明程度"，"推动明大德、守公德、严私德，提高人民道德水准和文明素养"。[2] 通过坚持物质文明和精神文明的协调发展，聚焦举旗帜、聚民心、育新人、兴文化、展形象使命任务，扎实推进新时代公民道德建设，统筹城乡精神文明建设融合发展，着力构建良好的家庭家教家风，发挥先进典型的引领示范作用。深入推进文明实践、文明培育、文明创建工作，不断提高全社会文明程度，夯实精神文明建设工作的基础。进而逐步丰富人民精神世界，促进人民精神生活共同富裕，增强人民精神力量，为奋进新征程、建功新时代提供坚强思想保证，为全面推进社会主义现代化

---

[1] 《习近平著作选读》第 2 卷，人民出版社 2023 年版，第 368 页。
[2] 《习近平著作选读》第 1 卷，人民出版社 2023 年版，第 37 页。

建设和中华民族伟大复兴凝聚磅礴力量。

一　扎实推进新时代公民道德建设

　　国无德不兴，人无德不立。恩格斯指出："一切以往的道德论归根到底都是当时的社会经济状况的产物。"① 培育公民良好道德品质是构建和谐稳定社会的重要条件。推进公民道德建设是马克思主义道德观创新发展的基本要求，是加强社会主义精神文明建设、提升公民道德素质和社会文明程度的必然选择。党的二十大报告明确指出："实施公民道德建设工程，弘扬中华传统美德。"② 公民道德的水准是一个国家、一个民族、一个社会文明水平的重要表现，也是社会文明程度的衡量标准之一。扎实推进公民道德建设，引导社会成员互相尊重、互助合作，促进建立和谐有序的社会关系和维持良好的社会秩序，有利于全面提升国民文化素质、促进社会的全面进步。

　　党的十八大以来，以习近平同志为核心的党中央站在国家全局性的战略高度审视公民道德建设和社会治理工作，根据新时代公民道德建设面临的新任务、新形势、新挑战，提出系列关于公民道德建设的科学论断，作出一系列推进公民道德建设的重大决策部署。2019年10月，中共中央、国务院印发的《新时代公民道德建设实施纲要》为新时代全面推进公民道德建设、开启公民道德建设崭新篇章提供了理论遵循和实践指引。推进公民道德建设不仅要提升公民的道德修养和品质素养，也要提升公民的知识水平、文化素养和职业道德。习近平总书记指出："我们要建设的社会主义现代化强国，不仅要在物质上强，更要在精神上强。"③ 面对当前文化多元化、社会思潮多样化对推进公民道德建设的冲击，要始终坚持以马克思主义关于道德建设的理论为指导，深入挖掘和运用中华传统美德的精髓要义。通过教育、宣传、法律等手段，培

---

① 《马克思恩格斯文集》第9卷，人民出版社2009年版，第99页。
② 《习近平著作选读》第1卷，人民出版社2023年版，第37页。
③ 《习近平谈治国理政》第3卷，外文出版社2020年版，第337页。

养公民正确的价值观、道德观和人生观，有效提高公民的思想道德水平和文明素养，引导公民形成正确的行为习惯，自觉遵守社会规范、恪守社会公德、家庭美德和职业道德，进而塑造文明和谐有序的社会风尚，推动新时代公民道德建设不断迈向新的高度。

（一）挖掘公民道德建设的文化资源

文化是一个民族的灵魂，是推动国家发展进步的强大精神力量。道德本质上就是一种无形的文化，是约束自身行为、规范言行举止的精神力量。所谓文化资源是指人类在自身和社会发展进程中所创造的文学艺术、教育科学、音像戏曲等资源的总称。文化资源对公民道德建设具有重要的支撑作用，推进公民道德建设需要充分挖掘和运用相关的文化资源，加强中华传统美德的传承和发展，不断提升公民道德建设资源的发展活力，为扎实推进新时代公民道德建设提供更广阔的舞台和更有力的支持。

中华传统美德是中华文化的核心组成部分，蕴含丰富深刻的思想道德教育资源，凝结着中华民族上千年关于个人品德修养与行为规范的理性表达。以中华传统美德为代表的文化资源是推进公民道德建设的宝贵财富，通过激活其独特的魅力和深邃的智慧，提供道德教育的内容和范例，进而推进公民的道德品质和行为准则的塑造。具体而言，通过阅读经典文学作品，用心欣赏吸引力、感染力强的优秀文化作品，学习忠诚孝顺、勤劳节约、礼节谦逊等优秀品质，认识了解道德的高尚和责任的重要性，真正感受道德的力量，培养良好的审美情趣和道德情感。通过挖掘公民道德建设的文化资源，激发传统道德智慧与现代价值观念的活力，在参观传统文化、历史遗迹中体会古圣先贤的美好品德。引导公民时刻审视自身行为，学习古代文明的道德理念和行为准则，提高自身的道德水平，涵养尊重他人、诚实守信、关爱社会等道德规范。

事实上，公民道德建设的文化资源具有丰富多样性，包括历史、文学、艺术等方方面面的内容。通过挖掘公民道德建设的文化资源能够很好地为推进公民道德建设提供丰富的材料。例如，历史小说、文学作品、文艺作品等折射出的各种伦理问题与价值观，能为道德培养和建设提供一定的依据。深入鉴赏具有崇高品德的文艺作品，提升人们的道德认同和追求，培育公民良好的道德情感与明确的身份认同。通过认真阅读优秀文学作品，帮助人们提升文化修养，养成良好的行为习惯。通过深入学习历史知识、艺术理论、审美原则等理论，帮助人们更好地了解和理解道德问题，增强道德判断和评价能力，逐步提高道德认识与审美素质。

首先，大力传承和弘扬中华传统美德。习近平总书记强调："弘扬中华传统美德，弘扬时代新风，振奋中华民族精神。"[1] 中华传统美德是中华民族精神的重要体现，蕴含着丰厚的孝、仁、信、俭等伦理思想与勤劳致富、勤俭持家、尊老爱幼等价值观念，是推动公民道德建设极为重要的文化资源。公民道德素养的提高，离不开对中华传统美德的继承与发扬，也离不开对中华传统文化的领悟与理解。在推进公民道德建设的过程中，要加强对中华传统美德的继承与发扬，吸收中华传统文化中关于道德培育的内容，夯实推进公民道德建设的文化基础。通过举办丰富多彩的民俗节日活动，让公民切实体验传统文化的魅力与价值，加强对先贤言行举止的研究，学习著名人物、英雄人物的道德操守，了解他们的道德追求与素养，进而引导公民作出正确的道德抉择。具体来讲，要充分发挥儒家文化在公民道德建设中的作用。儒家文化是中华优秀传统文化的重要代表和中华文明的主体，是中华民族安身立命和建构社会秩序的重要文化资源，是推动中华民族生生不息、发展壮大的精神原动力。儒家的道德伦理精神反映着中国文化的内在特质，是中华民族灵魂和精神的滋养。以孔子、孟子为代表的儒学学派是中国道德教育的先驱，儒家文化关于道德教育的思想理论和行为实践是新时代推进中国公民道德建设的精神源泉。

因此，推进新时代公民道德建设要充分运用儒家文化的优秀道德思想，从儒家思想汲取支撑公民道德建设的合理成分，展开对儒家经典的深入研究，准确把握儒家价值体系的核心理念。特别是针对新时代、新

---

[1] 《习近平关于社会主义精神文明建设论述摘编》，中央文献出版社2022年版，第210页。

形势和新特点，需要直面当下的道德滑坡问题来创造性地诠释儒家经典，激活儒家经典的现代道德教育的价值。同时，推动中华传统优秀家庭道德教育思想的创新转化和创造发展。中华传统道德教育思想蕴含于各式各样的家规家训、名言警句中，与现代家庭伦理道德有着贯通相连的文化成分。要深入挖掘中华传统道德教育思想的文化内核，以满足新时代公民道德的需求和解决现实道德问题为着眼点，着力实现中华传统道德教育思想继承与转化的统一，将中华传统道德教育思想充分运用于新时代公民道德建设工作中，发挥中华传统道德教育思想引领风尚、教育人民、服务社会的作用和功能。

其次，大力加强文化教育工作。文化是一个国家、一个民族的历史地理、传统习俗、行为规范、风土人情、文学艺术、生活方式等的统称。文化教育是指通过教育机构和社会组织开展系列文化活动和课程，旨在提高公民对文化的认知和理解，培养公民的道德素质和文化修养。一方面，加强学校的文化教育。学校作为公民道德教育的主要场所，应注重培养学生的道德情操和文化素养。通过开设道德与法治课程、文化艺术课程等，引导学生了解和尊重不同的文化传统，培养学生的道德判断力和文化鉴赏能力。把文化教育全方位融入思想道德教育的各环节，组织文化节、艺术展览等文化活动，让学生亲身参与其中，体验和感受文化的魅力和价值，不断提升道德素质和文化修养。

另一方面，组织开展文化培训和讲座活动。社会组织、文化机构、艺术团体等要共同挖掘优质文化育人资源，搭建优质文化育人平台，开展各类文化培训班和讲座，大力传授文化知识和道德理念，使公民了解和领会不同文化的内涵和价值。组织系列文化交流活动，邀请文化专家学者和艺术家进行文化专题演讲，充分运用互联网、移动应用等科技平台，建立文化教育基地和在线文化课程，使公民随时随地学习和了解文化知识。利用社交媒体和在线社区，加强地区间文化的交流和互动，推动形成良好的文化氛围与道德新风尚。此外，加强文化场所建设，开展形式多样的文化教育活动。文化场所不仅是公民学习理解文化韵味的地方，也是提升道德文化素养的场所。加大对文化场所的建设投入，为公民提供更多参与文化活动的机会。通过博物馆展览让公民了解历史文物和文化遗产，通过图书馆提供丰富的供公民阅读和学习的图书资料，通过剧院和音乐厅举办演出和音乐会让公民感受到艺术的魅力。进而不断丰富公民的精神生活，提升公民的文化修养、道德素质和精神境界。

（二）净化公民道德建设的网络空间

在信息时代，互联网的飞速发展给公民道德建设开辟了新的空间和场域，互联网技术的运用使人们的生活更便利，让人们获得了更多的文化和知识，"网络空间已经成为人们生产生活的新空间"[1]。抓好网络空间道德建设关键在于提升公民的网络道德自觉，将真实的社会道德理念延伸到网络空间。人工智能技术和个性化推荐系统的普及，引发了信息传播模式的变革，在线虚拟领域已成为推进公民道德建设的前沿阵地。互联网成为人们表达自己想法和与他人沟通的主要媒介，网络活动在很大程度折射出了人们的现实生活和思想观念。因此，强化网上行为主体的文明自律能力是推进网络空间道德建设的重要手段。[2] 但由于网民自身素质的参差不齐，加上网络空间的复杂性和多变性，使得网络空间道德冲突、道德绑架等情况经常发生、屡见不鲜。

从内在原因来看，部分网民的自我约束能力和自觉性不够强。网络空间充斥着大量低俗不健康的信息，对人们的道德价值观念造成了严重的干扰，这就对推进公民道德建设提出了新的挑战。相对于实际的伦理约束，网络空间对道德和行为的约束作用更小。长期参与网络活动的人，更容易被垃圾信息所误导，尤其是一些自控能力不强的人很有可能被错误思想所腐蚀，忘却自己的道义义务，从而做出违背伦理道德的事情。尤其是青少年处于价值观形成的关键时期，心智发展还未完全成熟，极易被不健康的信息所左右而失控，容易出现越轨和道德失当的行为。而部分网络用户自身的道德意识还相对薄弱。由于网络具有高度的匿名性、开放性和虚拟性等特点，广大网民可以肆无忌惮表达自己的思

---

[1] 《习近平谈治国理政》第 3 卷，外文出版社 2020 年版，第 318 页。
[2] 周义顺：《新时代网络空间道德建设的制度化路径》，《光明日报》2019 年 12 月 3 日。

想和情感。长此以往，容易导致现实与网络环境下的道德认知逐渐割裂，道德底线发生模糊、产生偏差。

从外在原因来看，在互联网、大数据、云计算广泛运用的背景下，尽管智能算法能为用户提供准确的信息，但其自身的可控特性也带来了安全和道德的隐患。在网络世界中，这样一种可控制的算法很容易引发不稳定的因素。习近平总书记在网络安全和信息化工作座谈会上就指出："网络空间乌烟瘴气、生态恶化，不符合人民利益。"[①] 网络主体多元化的差异性对网络空间的稳定性产生了严重的影响。因受教育程度、地域文化等的影响，网络主体在进行互动时，很容易引发道德认知层面的矛盾和冲突。而这种个体间的差异性又致使网络空间充满了各种不道德和非伦理的信息。相对于真实的现实社会，网络空间相关法律和制度还不够健全，很难对网民的道德行为进行规制，会使网民的道德责任意识下降，影响良好道德秩序的建立。

网络空间的公民道德建设，是一个非常系统而全面的工作，需要整个社会的共同参与和协同发力。网络空间的无边界和高速传输的优势，对新时代网络空间道德建设提出了新的要求。这就需要从道德建设的一般原则入手，紧密结合网络空间的特殊性，从网络主体的社会关系的现实化、网络主体的自觉觉醒两个层次加强和推进网络公民的道德建设。

首先，培育公民的网络认同感和道德践行力。网民身份是人们在互联网上构筑起的一种社会身份，当人们与互联网发生联系时，他们就具有了网民的身份。网民身份意识是指网民自觉成为网络空间的一员，自觉遵守网络空间的有关规范，形成强烈的监督意识、责任意识、权利意识和规则意识。通过教育引导、实践养成等途径，不断培育公民的网络认同意识。一方面，对广大网民实施全方位的教育指导。特别以青少年网民为对象，在学校层面设置网络道德准则的课程，家长要用言传身教的方法对青少年网民进行教育和引导，让他们在网上保持良好的言行举止，遵守网络空间的行为规范。针对除青少年外的其他网络用户，政府机关、企事业单位和社区应开展经常性的网民身份意识教育，充分发挥主流媒体

[①] 习近平：《在网络安全和信息化工作座谈会上的讲话》，人民出版社 2016 年版，第 8 页。

的舆论导向作用,在全社会营造一种高度的网民身份自觉的浓郁氛围。

另一方面,推动实现网络道德教育理论与实践的有机统一。网络道德教育是个需要久久为功的系统工程。要想形成一个自觉的网民身份意识,除了进行理论上的教育和引导外,还需要重点开展一些相关的实践教育活动,帮助建立正确的网民身份意识,让广大网民在实际生活工作中,更好地认识到自己应该承担的职责和义务,切实履行好维护网络空间良好氛围的社会责任。

其次,提升公民在网络空间的道德自律能力。网络空间的开放性一定程度上增加了网络道德教育的难度。随着中国与其他国家文化交流的日益频繁,网络平台日渐成为一种重要的文化交流媒介。西方道德观念的传入,既为公民带来了独立、个性的道德元素,也带来了诸多与社会实际不相符的非伦理成分与不正确的道德观念。良好的道德环境是由公民的道德实践所决定的。新时代公民道德建设要加强对公民的道德意识教育,引导广大网民遵守道德规范,切实树立公民在网络空间的文明自律意识。发展积极向上的网络文化,正确和有效引导网上热点话题和突发事件,使广大网民能够明辨是非、分清善恶。

最后,开展多形式的网络道德教育活动,多方汇集网络道德建设的力量。政府、学校、社会都是推进网络道德建设的主要力量。一方面,学校是强化公民道德培养的重要场所,网络道德教育应从小学阶段开始,从娃娃抓起,将网络道德纳入课程教育的全过程。学校要推进学生网络素养教育,专门开设网络道德教育的课程,向学生传授正确的网络使用规则和网络行为规范,教育学生如何正确使用网络资源和文明上网,避免沉迷网络游戏和浏览不良信息,自觉行动起来维护良好网络秩序,参与阻止网上有害信息的传播和扩散。

另一方面,加强对网络道德的宣传。引导社会组织和企业开展网络道德宣传活动,以讲座、研讨会、座谈会等形式,邀请专家学者与行业从业者讲解网络道德的重要性和必要性。特别是互联网企业要充分利用自身的平台和资源,推出网络道德宣传系列视频短片,通过网站、社交媒体、应用程序等渠道,向广大用户传递正确的网络价值观和网络行为准则。政府部门应加强对网络道德教育和宣传的组织和筹划，制定网络道德教育的相关政策和法规，明确网络道德教育的基本要求和行为准则，加强对网络突出问题的整治，坚决打击网络暴力和色情活动，严厉惩处网络违法犯罪分子。切实加强对公民网络道德的教育和引导，不断净化公民道德建设的网络空间。

在网络信息时代，网络空间道德建设具有深刻的时代意义和战略指向。推进网络空间道德建设是新公民道德建设的重要任务，是推进全面依法治国的内在要求。只有建立和谐稳定的网络秩序和良好的网络道德，才能更好地满足广大人民日益增长的美好精神文化需要，促进网络道德建设的良性发展。网络空间是舆论斗争的主战场，加强网络道德建设，要构建网络空间意识形态安全的壁垒，严格依法管网治网，加强互联网领域立法执法，推动网络空间的治理体系的科学化、现代化，不断规范网络空间的道德秩序，营造良好的公民道德建设的网络环境，不断培育网民爱党爱国爱社会主义的深厚情怀，有效提升广大网民的心理素质和道德修养。

（三）强化公民道德建设的法律支持

道德与法律在人类社会发展进程中扮演着重要的角色，共同调控着社会关系和人们的行为。法律是由国家制定并强制实施的行为规范，通过明确的条文和规定，确保社会秩序的正常运转。而道德则是一种无形的规范力量，通过社会舆论、个人信念和习惯等方式调节人与人、人与社会、人与自然间的关系。德治则以自觉、自愿、自律为基本点，通过人的内心反省和觉悟实现道德的内在约束，通过内心信念、传统习俗和社会舆论引导人们崇德向善、砥砺前行。[①] 虽然道德与法律在历史形成、表现方式、适用对象、适用范围和评价标准等方面存在着一定的差异，但其最终目标是趋于一致的，都是为了维护社会的和谐与稳定。

---

① 李泽泉：《论人的现代化与社会思想道德建设》，《中国特色社会主义研究》2023 年第 4 期。

在实际应用中，道德与法律是相辅相成、互为补充的。习近平总书记指出："必须坚持依法治国和以德治国相结合。"① 道德是内心的法律，法律是成文的道德。法律为道德的践行提供了强有力的支撑和保障，而道德则为法律的实施提供了良好的思想基础和文化土壤。在处理社会关系和规范人自身行为时，应充分认识道德与法律的优势和局限，既要发挥法律的强制作用，确保执法的公正与公平，也要注重道德的引导作用，提高人们的道德观念和道德素养，确保道德与法律的有机统一。

首先，完善公民道德建设的立法保障。仅仅建立道德准则的柔性制约机制，不可能从根本上解决道德层面的问题，反而可能使道德教育陷入困境，使人丧失遵循道德的信心和勇气。必须直面公民道德建设出现的无序滑坡、道德教育成效不明显等问题，重点将社会主义道德观的内容全面融入立法工作中，"推动社会诚信、见义勇为、志愿服务、勤劳节俭、孝老爱亲、保护生态等方面的立法工作"②。比如，《中华人民共和国民法典》第一条开宗明义地将弘扬社会主义核心价值观作为立法的重要目的；《网络信息内容生态治理规定》也要求网络信息生产者应遵守法律法规，切实遵循社会公序良俗。博登海默指出："那些被视为是社会交往的基本而必要的道德正当原则，在所有的社会中都被赋予了具有强大力量的强制性质。这些道德原则的约束力的增强，当然是通过将它们转化为法律规则而实现的。"③ 通过专门立法促进和保障公民道德建设，是推进法治实践的主要抓手，是推动道德建设入法的重要形式。

其次，加强公民道德建设的执法保障。习近平总书记指出："法律的生命力在于实施，法律的权威也在于实施。"④ 只有通过实施才能确保法律规定权利和义务的权威性，才能维护社会的公正和秩序。2019年10月，中共中央、国务院印发的《新时代公民道德建设实施纲要》

---

① 《习近平著作选读》第1卷，人民出版社2023年版，第301页。
② 《新时代公民道德建设实施纲要》，人民出版社2019年版，第22—23页。
③ ［美］E. 博登海默：《法理学：法律哲学与法律方法》，邓正来译，中国政法大学出版社2004年版，第391页。
④ 习近平：《论坚持全面依法治国》，中央文献出版社2020年版，第74页。

强调指出:"坚持严格执法,加大关系群众切身利益重点领域的执法力度,以法治的力量维护道德、凝聚人心。"[1] 从实质上讲,法律的执行是对道德行为的激励,是对不道德行为的惩罚,是对道德的弘扬和对道德规范的维护。通过严格执法,对违法犯罪行为进行处罚,对不法活动进行有效的限制和遏制,逐渐形成扶正祛邪、扬善惩恶的良好氛围。而这种风尚反映出的价值取向,就是一种对道德的肯定与彰显。严格规范公正执法是保障公民道德建设的重要途径。对违法失德者严,必须坚持违法必究、失德必惩;对执法者严,必须督促执法人员遵法守德、立德修身;对执法过程严,必须认真完善执行各项执法制度,对执法的过程进行全程监督。

最后,强化公民道德建设的司法保障。作为一种权威的、制度化的规范纠纷解决机制,司法具有救济权利、定分止争、惩恶扬善的重要作用。从这个层面看,法律和道德是为了防止社会冲突、化解社会矛盾,而司法既是对法律的保护,又是对道德的维护。司法是维护社会公平与正义的屏障,是捍卫社会良心的堡垒。习近平总书记指出:"司法是维护社会公平正义的最后一道防线,公正是司法的灵魂和生命。"[2] 公平、正义作为全人类的共同价值,是开展司法工作的理念遵循。司法不仅是维护社会公平正义的重要防线,也是维护社会道德良知的基础条件。随着互联网的发展和社会大众对正义的迫切需要,司法判决不再只是法官的事情,司法案例应对国民的伦理倾向进行更多的关注。在一个价值多元化的社会中,人们的道德品质需要得到正确的指导,需要开展正确的道德评估,塑造正确的道德取向。

总之,在推进公民道德建设的过程中,既要用科学的法律知识和理论武装人,又要用正确的舆论来引导人,用高尚的情操来塑造人,用优秀的工作来激励人,用法律的公正来规范人,用严格的纪律监督人,用有序的规范要求人,用完善的制度约束人。把坚持建立正义与遏制邪恶相结合,加大法律的制定和执行的力度,对各类违法犯罪行为进行严厉

---

[1] 《新时代公民道德建设实施纲要》,人民出版社2019年版,第23页。
[2] 习近平:《论坚持全面依法治国》,中央文献出版社2020年版,第147页。

打击，通过惩恶扬善，祛邪扶正，进而保持和维护经济、社会、生活等领域的正常秩序，切实强化公民道德建设的法律支持。

（四）完善公民道德建设的保障制度

在推进公民道德建设的过程中，要从国家、社会和个人层面综合考虑，不断完善公民道德建设的制度体系。习近平总书记指出："制度不在多，而在于精，在于务实管用，突出针对性和指导性。"① 在国家层面，要通过进一步建立有针对性、可行性的公共政策、社会规范和法律法规，逐步形成全方位、多层次、宽领域的公民道德建设制度保障体系。在社会层面，需要进一步建立相关制度规范体系，健全制度实施体系，形成有利于推进公民道德建设的监督体系，营造有利于公民道德建设的制度环境。不断建立健全公民道德建设的法律法规，对公民的基本道德要求与行为准则进行界定，是新时代扎实推进公民道德教育的基本前提。通过完善公民道德建设的保障制度，制定系列公民道德建设的法规，明确公民在社会生活中应当遵循的道德规范与行为准则，依法惩处违法违规行为，保障公民道德教育和建设的纵深延展。

第一，优化公民道德制度建设的顶层设计。强化对公民行为的约束是推进公民道德建设制度执行的关键环节。建设合法合规的公民道德建设制度，严格执行公民道德建设的步骤，建立公民道德建设合理的判断标准。并紧密结合社会突出热点问题，不断更新公民道德建设的判断标准，对不合理的判断标准予以修正，使公民道德建设制度更加合理有效，切实维护公民道德建设制度的公信力和针对性。在完善公民道德建设制度的过程中，要坚持民主、积极听取民意，制定和完善公民道德建设的执行制度、公开制度、审查制度、问责制度、执行制度，有效推动公民道德制度执行的程序化和规范化，有力提高公民道德建设的效率和效果。

第二，完善社会监督体系，加强对公民道德建设的监督。建立和完

---

① 习近平：《在党的群众路线教育实践活动总结大会上的讲话》，人民出版社2014年版，第18页。

善公民道德建设申诉途径，各省、自治区、直辖市要设立不道德行为举报、投诉电话、电子邮箱反映等通道，鼓励广大群众检举违法违规和不道德的行为。同时加强对各类违背伦理道德行为的曝光与惩罚，促进社会公众对伦理道德问题的关注与探讨。对已经发生的不道德行为，社会监督机构可以协助相关政府部门进行调查和惩处，保障社会公共道德建设的公正化和法治化。建立高效的反腐败机构和监察委员会，通过公众的监督和举报，有力打击违法行为和腐败行为。鼓励公民积极参与道德建设工作，不断培养良好的社会风尚和道德观念，提高公民的社会责任感和法治意识，促进社会公德和公民道德水平的提升。

第三，优化公民道德建设的制度环境。加强对推进公民道德建设的制度保障，要围绕提高公民道德素质和社会文明程度的问题，加强和改进党对公民道德建设的领导，强化政府机构对公民道德建设的统筹协调、指导督促和检查落实。把社会主义道德规范融入法律法规制度体系中，完善国家、社会、公民层面的道德制度规范，把公民道德建设的要求体现到相关法律法规的立改废释、公共政策的制定修订、社会治理的改进完善中，为提升公民道德建设水平提供扎实的制度保障。坚持社会主义的方向和查缺补漏的策略，对现有法律法规、经济体制、公共政策等制度规范进行检验，对于不符合国家价值目标、社会价值要求、公民价值标准的制度体系，适时进行修订或废除。

第四，建立公民道德评价和奖惩机制。对积极践行道德规范、对道德建设有突出贡献的个人和组织进行表彰，激励公民树立正确的道德观念和行为意识。同时对违反道德规范、损害社会公共利益的行为进行惩处，在全社会形成强大的威慑作用。奖励积极遵守道德规范、参与道德建设的个人和社会组织，树立公民道德榜样，激发更多人向上向善、助人为乐。明确公民道德行为的底线和标准，警示广大公民不得违背社会道德规范，不得违背社会公共利益和秩序。建立科学、公正、透明的公民道德评价标准和程序，避免公民道德评价和奖惩的主观性和随意性。坚持公民道德评价奖惩机制与教育、就业、社会保障等社会机制的配合与统一，形成多层次、多元化的公民道德激励和引导体系。进而激发人们形成善良的道德情感和正确的道德意愿，培育良好的道德判断与道德责任，自觉坚守道德底线。不断完善公民道德建设的保障制度，推动形成公民道德制度建设的强大凝聚合力，为扎实推进新时代公民道德建设工作提供坚实的后盾和支持。

二　统筹城乡精神文明建设融合发展

城乡关系是社会关系的重要组成部分。马克思指出："城乡关系一改变，整个社会也跟着改变。"① 全面推进乡村振兴和城乡融合发展不仅需要不断夯实物质基础，实现经济的振兴和繁荣，而且需要加强精神文明建设，推动全面丰富与人全面发展的有机统一。党的二十大报告指出："统筹推动文明培育、文明实践、文明创建，推进城乡精神文明建设融合发展。"② 推进城乡精神文明建设融合发展是改善城乡关系、实现城乡融合发展的题中之义，是推动社会主义精神文明建设的内在要求，是新时代推进城乡精神文明协调一体发展的新要求、新任务。

近年来，我国在统筹城乡发展、推进城乡一体化方面取得显著的成就，城乡经济发展、文化建设等方面的差异不断缩小，但城乡发展不充分不平衡的问题仍存在，尤其是在精神文化产品、文化服务供给和精神文明建设等方面，城乡之间还存在着显著的差距。物质富裕、精神富足、城乡协调是中国式现代化的根本要求和本质特征之一。推进城乡精神文明建设融合发展，促进城乡公共文化服务均等化、标准化，实现城乡精神文化产品供给与精神文化消费的供需平衡，实现城乡人民文化权益的平等和精神生活的充实，推动城乡精神面貌、文明风尚、思想观念和行为规范的焕然一新，有效促进新时代社会主义精神文明建设和文化强国建设。

---

① 《马克思恩格斯文集》第 1 卷，人民出版社 2009 年版，第 618 页。
② 《习近平著作选读》第 1 卷，人民出版社 2023 年版，第 37 页。

（一）创新城乡精神文明建设融合发展的内容载体

人类文明是在反映时代精神、顺应历史潮流、推动社会进步中而不断发展、丰富的。城乡精神文明建设融合发展兼具城乡融合与精神文明建设的双重意蕴。恩格斯指出："但是文化上的每一个进步，都是迈向自由的一步。"① 推动城乡精神文明建设融合发展是促进社会主义精神文明创建的重要部分，是更好担负起新时代新征程文化建设使命的迫切需要，是满足人民日益增长精神文化需求的必然选择。

第一，创新城乡精神文明建设融合发展的内容，拓展城乡文化交流互动的渠道。全面推动乡村文化的振兴、实现城乡精神文明建设的融合发展，既是推进城乡全面融合发展与乡村全面振兴的基本要求，也是中国共产党推进协调城乡文化发展的理论和实践创新。习近平总书记指出："实施乡村振兴战略要物质文明和精神文明一起抓。"② 坚持因时而进、因势而新、因事而化，不断深化城乡文明培育的主题，创新城乡文明实践的形式，创新城乡精神文明建设融合发展的策略，增强城乡精神文明建设融合发展的活力，从而提升城乡精神文明建设的有机性和整体性。通过开展城乡文艺演出、文化展览、文化交流活动，增进城乡精神文明建设的联系和互动，不断增强城乡居民的文化认同感和归属感。组织开展文明家庭、文明村镇的评选活动，积极引导城乡居民树立正确的价值观和道德观，养成积极向上、奋发图强的生活方式，推动文明乡风、良好家风、淳朴民风的形成。在城乡地区举办文化节、艺术节、书展讲座等文化活动，丰富城乡居民的精神文化生活，不断提升城乡居民的文化素养和思想道德水准。充分运用学校、文化中心、社区教育中心、网络教育中心等平台，开展文化知识的普及和传播活动。利用电视、广播、报纸、网络等媒体组织丰富多彩的文化娱乐活动。

与此同时，鼓励城市对农村精神文明建设工作开展帮扶和支持。充分发挥城市对农村的带动辐射作用，借助城市精神文明建设的经验和技

---

① 《马克思恩格斯文集》第 9 卷，人民出版社 2009 年版，第 120 页。
② 习近平：《论"三农"工作》，中央文献出版社 2022 年版，第 231 页。

术，带动农村的精神文明建设工作。充分盘活农村的精神文化资源，发挥农村精神文明的独特价值，推动城乡精神文明的交流与融合，构建符合时代要求、顺应时代潮流的城乡精神文明建设共同体。畅通城乡精神文明交流的渠道，促进城乡精神文明的交流与互动。运用现代信息技术，冲破城乡地域空间的限制，提升城乡精神文明融合发展的速度与效率。在科学研判城乡精神文明发展差异的前提下，将人工智能、大数据等数字技术应用于城乡精神文明融合发展中，充分发挥数字技术的优势作用，为城乡居民提供优质化、个性化的文化产品。积极引导文化企事业单位、社会组织和个人投身于城乡精神文明融合发展，引入高新技术和先进模式，加快推进精神文明产品的研发和推广。转变传统的城乡精神文化交流方式，充分运用新型社交媒体拓展城乡文化交流的渠道，完善健全城乡精神文化交流的机制，建立共享化、全民化的城乡精神文明融合发展体系，不断推动城乡精神文明建设一体化发展，促进城乡公共服务质量和城乡居民生活品质的同步提升。

第二，创新城乡精神文明建设融合发展的载体，打造城乡精神文明共建共享的新平台。城乡精神文明建设融合发展是推进农业农村现代化和城乡一体化的有力抓手，是实现社会主义现代化和民族复兴的重要条件。习近平总书记指出："如何处理好工农关系、城乡关系，在一定程度上决定着现代化的成败。"[①] 建立城乡精神文明建设融合发展的体制，打造城乡协同运作、互联互通的文化建设模式，加强对农村文化资源的挖掘，整合城乡人文历史、自然地理与社会文化资源。加快推进农村公共文化服务设施建设，不断提升城乡公共文化服务质量与水平，促使城乡居民公平享有优质便捷的公共文化服务。强化城乡群众性精神文明创建工作，组织形式多样的城乡精神文化建设活动，开展最美家庭、最美乡村等评选活动，营造美丽和谐、文明有序的社会氛围。加强对农村公共文化设施的供给，充分运用互联网、新媒体等手段，以短视频、直播等形式传播正能量、弘扬主旋律。

同时，加强对城乡文化遗产的保护和开发，大力弘扬优秀乡土文

[①] 《习近平谈治国理政》第 3 卷，外文出版社 2020 年版，第 255 页。

化，培育城乡居民的文化自觉和文化自信。成立城乡文化管理协同部门，加强对城乡公共文化设施共建共享的指导、规划和协调。加快图书馆、文化活动中心、文体设施的建设，为城乡居民提供优质的文化空间。均衡配置城乡公共文化服务、公共教育资源，加快城乡文化旅游、文化创意、文化娱乐等产业的发展。建设社区图书室、活动中心等设施，改善城乡居民学习和娱乐的基础条件。保护传统村落、历史建筑、非物质文化遗产，促进城乡文化资源的活化与转化。举办传统文化仪式和节日庆典，弘扬和传承民族精神与传统文化。运用社交媒体、在线视频等打造城乡精神文明交流的平台，扩充城乡精神文明建设融合发展的力量。积极研发电子书籍、在线课程、互动教育等数字产品，支持诗歌小说、音乐舞蹈等的文艺创作。加快发展民间艺术、工业设计、手工艺品等创意产业，经常性开展体育锻炼和健身活动，提高城乡居民的身体素质与生活质量。建设县文化馆、乡镇文化站、村级文化服务中心有机协调的城乡文化服务网络，共同组织策划规模化、便民化的文化活动。

另外，不断延长城乡文化的利益链和价值链，加快发展城乡新型文化消费模式与文化业态。坚持乡村文化振兴和城乡精神文明建设的统一，推动乡村文化振兴和城乡精神文明建设的融合互促，有效推进城乡公共文化服务均等化、一体化，着力提高城乡居民的文明素质和社会文明程度，不断增强城乡居民的文化获得感和幸福感。

（二）优化城乡精神文明建设融合发展的空间布局

城乡融合发展并不仅是经济层面的融合，而是经济、社会、文化等全面化的融合，既包括物质水平的提升、经济的一体化发展，也包括精神文化的发展进步、精神文明的贯通互动。习近平总书记特别强调："重塑城乡关系，走城乡融合发展之路。"[①] 通过不断优化城乡精神文明建设融合发展的空间布局，促进城乡精神文明的一体化发展，推进精神文明建设由局部向全域覆盖、从城区向乡村延伸，逐渐缩小城乡精神文明建设的差距，化解城乡精神文明发展不平衡不充分问题，更好地推动

---

① 《习近平著作选读》第 2 卷，人民出版社 2023 年版，第 82 页。

实现城乡精神文明建设的有机互促与协调共生。

其一，合理分配城乡公共文化资源，优化城乡精神文明建设融合发展的空间。推进城乡精神文明建设融合发展是在城乡经济融合发展的基础上，促进城乡精神文明设施资源、空间距离等方面的融合，推动城乡精神文化的互补和融合，进而不断弥合城乡居民的认知与观念差异，持续改善城乡居民的精神文化风貌。习近平总书记指出："坚持物质文明和精神文明一起抓，提升农民精神风貌，培育文明乡风、良好家风、淳朴民风。"[1] 在推进城乡融合发展的过程中，把提升乡村社会文明程度作为目标和任务，注重改善农村的精神风貌，加快建设多功能的农村文化服务站，推动城乡教育、文化、体育的互补化发展。

充分发挥广大村民的文化主动性与创造力，促进农村文化的发展振兴，推动农村社会面貌焕然一新。打通城市文化资源下沉的"最后一公里"，提升农村文化场所的利用率，解决农村文化场所闲置荒废的问题。着力增加城市公园、绿地、广场等空间开放的范围，切实为城乡居民提供良好的休闲娱乐场所。加快发展连接城乡的绿道网络、郊野公园、郊区旅游，实现城乡精神文明的互动与交流。做好城乡历史文化街区和传统村落的规划设计，在保持村庄原有风貌的同时，加快引进和建设现代化的公共文化服务设施，夯实城乡建设、文明建设融合发展的硬件条件。逐步修复和再利用城乡历史文化建筑，开展吸引力强的讲座展览、宣讲演说活动。逐步完善城乡交通网络，提高农村公共交通服务的质量，为农村居民出行营造良好的环境。

同时，加强农村数字化设施建设，实现农村宽带网络、移动通信全覆盖。加快发展城乡医疗服务与远程教育，运用数字化手段提高农村文化服务水平和质量。促进城乡文化产业的融合发展，依托地方特色产业，发展城乡农产品加工、手工艺产品制作、文旅产品生产的产业集群。设立艺术展览馆、文化体验区等，不断丰富城乡居民的业余生活和文化生活。鼓励农村居民参与到基层社区管理规划、活动组织和发展策划中，建设特色化的小型文化节点、街头艺术。设立功能完善的邻里中

---

[1] 《十九大以来重要文献选编》（上），中央文献出版社2019年版，第165页。

心，举办书画展览、家庭日、老年大学等各类文化活动。加强环境设计与业态规划，打造历史文化街、美食街、手工艺街等地方文化特色街区，使之成为吸引游客、展示本地文化的重要场所。通过系统规划和持续优化城乡精神文明建设融合发展的空间，有效提升城乡居民的文化生活质量，有力促进城乡精神文明建设的一体化发展。

其二，不断加快农村文化场所建设，优化城乡精神文明建设融合发展的布局。精神文明建设是德化人心、凝聚人心、滋润人心的重要工程。推动城乡精神文明建设融合发展的关键在于促进城乡文化要素的双向流动和文化资源的优化分配。党的二十大报告指出："坚持农业农村优先发展，坚持城乡融合发展，畅通城乡要素流动。"[①] 事实上，公共文化投入的差异、文化旅游资源的分配悬殊是导致城乡精神文明建设出现差异和鸿沟的重要原因。通过推动城乡文化要素的流动，打通城乡文化资源要素流动的通道，化解农村文化资源匮乏、资源闲置的问题，加快农村精神文明的建设进度。并加强对城乡精神文明建设重大问题的分析，培养各级干部指导城乡精神文明建设融合发展的能力。

同时，建立以县域为重点的文化供给体系和城乡文化建设利益联结机制，特别面向农村开展送文明、送理论、送服务活动，积极推动城市公共文化服务的资源下沉和重心下移，促使城市优势文化资源流动到农村。采用固定设施、流动服务等多种方式，切实做深做实城乡精神文明建设融合发展工作，提升农村居民享有公共文化服务的便利性和可及性。激活乡村文化的元素，培育富有地域特色的节会文化、民俗文化，提升地域文化的温度和感染力。实现城市文明和乡村文明的互补交融，打造城乡共同的文化空间和场域。推进古村古镇、古城古寨建设，保护以传统村落为基础的乡村文化群落，为推进城乡精神文明建设融合发展创造有利的条件。

此外，运用 VR、AR 等现代科技手段，推广城乡公共艺术项目，发展城乡雕塑、壁画、街头表演等公共艺术。在城乡规划建设中添加城市湿地、生态廊道等自然元素，积极与现代文化设施相结合，推动城乡

---

① 《习近平著作选读》第 1 卷，人民出版社 2023 年版，第 25 页。

休闲、教育、娱乐场所的发展。充分运用城市边缘区与郊区的自然景观资源，推动发展近郊文化休闲产业。全面推进智慧社区建设，通过物联网、云计算等技术提供文化信息、文化便民服务，提升城乡文化管理水平与人民生活的便利性。把屋顶空间、废弃场地、桥下空间等非传统空间改造为文化活动场所。在火车站、地铁站、机场等交通枢纽设置艺术表演点与文化展览区。设计多功能的文化复合空间，推动咖啡馆、书店和艺术画廊的有机结合，打造具有生活舒适度与文化韵味相交融的文化环境。增强城乡精神文明建设融合发展的实效性和针对性，打造富有特色、和谐宜居的城乡生活环境和文化空间，为城乡精神文明建设融合发展提供重要的空间支持。

（三）完善城乡精神文明建设融合发展的政策体系

城乡精神文明建设融合发展是推动城乡融合发展的大势所趋，是实现城乡共同繁荣、共同发展的重要基石。马克思指出："城市和乡村的对立的消灭不仅是可能的，而且已经成为工业生产本身的直接需要，同样也已经成为农业生产和公共卫生事业的需要。"[1] 随着生产力的不断发展和生产关系的持续变革，城乡分离将难以适应工业与农业发展的需要，城乡融合必然取代城乡分离。完善相关政策体系不仅是统筹城乡精神文明建设融合发展的必要环节，而且是打造城乡精神文化一体化新格局的内在诉求。

首先，制定城乡精神文明建设融合发展的规划，完善城乡精神文明建设融合发展的方针政策。习近平总书记提出："要把乡村振兴战略这篇大文章做好，必须走城乡融合发展之路。"[2] 遵循党中央关于城乡精神文明建设融合发展的部署和要求，明晰长远目标和阶段目标，全面编制其融合发展的战略规划，确定其发展路径。统筹考虑城乡经济、社会、文化等多方面因素，综合制定城乡精神文明建设融合发展的政策。增强城乡精神文明建设融合发展的系统性与协调性，促进各部门、各区

---

[1] 《马克思恩格斯文集》第9卷，人民出版社2009年版，第313页。
[2] 《习近平谈治国理政》第3卷，外文出版社2020年版，第260页。

域城乡精神文明建设融合发展政策的对接。构建总体规划与区域规划相结合的城乡精神文明建设融合发展的建设体系，制定城乡文化产业促进规划、公共文化服务规划、文化遗产保护规划。建设城乡特色文化区、创意产业带，打造城乡文化产业集群，促进城乡文化的特色化发展。

同时，建立健全城乡精神文明建设融合发展政策的实施机制，构建相关责任体系，明确规划部门、文化部门和财政部门的职责和分工，并建立跨部门的协调机制，确保城乡精神文明建设融合发展规划的有效实施与执行。建立城乡精神文明建设融合发展的指标体系和监控机制，定期对城乡精神文明建设融合发展的进展和实施情况进行评估与监测。引入城乡精神文明建设融合发展的第三方评估机构，确保城乡精神文明建设融合发展评估的客观性和公正性。建立城乡精神文明建设融合发展的反馈机制，根据群众意见与发展趋势，及时调整城乡精神文明建设融合发展的路线和内容。

此外，建立城乡精神文明建设融合发展的法律法规，加强对文化设施和文化遗产的保护。扶持和发展文化旅游、民间艺术、非物质文化遗产等文化产业，推动城乡创意设计、数字媒体等新兴产业的集聚发展。深化社区文化治理模式改革，鼓励城乡居民积极投身文化建设与文化管理，逐步提升基层治理水平。加强文化遗产的运用，建立专门的文化遗产保护机构，制定文化遗产的保护标准与管理规范，通过文化体验和教育传承等形式激活城乡精神文明建设融合的资源。充分发挥科技创新对城乡精神文明建设融合发展的作用，不断开发新型城乡精神文化产品和公共文化服务。建立监管体系，加强对城乡精神文明建设融合发展工作的监督与管理，及时调整和完善相关政策措施，提升建设实效。

其次，拓展城乡精神文明建设融合发展的投融资方式，完善城乡精神文明建设融合发展的资金保障机制。习近平总书记指出："坚持以工补农、以城带乡，推动形成工农互促、城乡互补、全面融合、共同繁荣的新型工农城乡关系。"[①] 特别设立支持城乡精神文明建设融合发展的专项资金，加强对城乡文化遗产的保护、文化设施场所的建设。设置城

---

① 《习近平著作选读》第 2 卷，人民出版社 2023 年版，第 82 页。

乡精神文明建设融合发展的专用款项，保证城乡精神文明建设融合发展拥有稳定的资金来源。根据城乡精神文明建设融合发展的规划设计，不断增加对城乡文化事业和文化产业发展的资金投入。制定和实施历史文化街区、传统村落保护等重点文化项目和文化工程，充分运用金融工具，通过设立文化发展基金等方式吸引社会组织投资捐资，对参与文化事业、文化项目的公司企业给予税收减免等激励方法，提供增值税、营业税等方面的优惠。

同时，建设稳定高效、多元化的资金保障体系，为城乡精神文明建设融合发展提供资金保障与财政支持。建立健全财务管理制度，保证城乡精神文明建设融合发展资金专款专用，防止相关资金被挪用与滥用。定期开展城乡精神文明建设融合发展的财务审计，确保城乡精神文明建设融合发展资金使用的透明度与规范性。设立城乡精神文明建设融合发展政府引导基金和种子资金，引导社会企业以风险补偿、股权投资等方式援助城乡精神文明建设项目。努力争取国际组织的资助和贷款，吸引国内外企业和慈善机构赞助城乡建设文化建设项目。设立国家级、地方级的城乡精神文明建设融合发展基金，专门支持城乡文化和文艺的生产创作。

运用网络平台组织城乡文化建设的众筹活动。发展有市场潜力与创新性的文化服务活动，聚焦向艺术市场、原创动漫、数字娱乐等领域发力。以项目补贴、专项资金、税收优惠等方式引导社会资本为城乡精神文明建设融合发展捐资出力，为城乡文化设施建设、维护和开放提供充足的资金。积极引导社会基金与私人资本，以股权投资等方式支持城乡文化产业的发展。探索版权质押融资、无形资产质押贷款等新型融资方式，积极用国内市场对接国际金融市场，引进外国直接投资和国际贷款。积极与国际开发机构深化合作，切实保障城乡精神文明建设融合发展资金来源的持续性和稳定性。

（四）改进城乡精神文明建设融合发展的策略方法

推动农业农村现代化、促进城乡一体化发展是建设社会主义现代化强国的重要前提，是促进经济社会高质量发展的内在规定。如果没有城乡精神文明建设的融合发展，没有农村精神文明的繁荣兴盛，就没有国家的现代化。习近平总书记指出："要打破城乡分割的规划格局，建立城乡一体化、县域一盘棋的规划管理和实施体制。"① 打破城乡精神文明领域的二元格局是推进农业农村现代化、促进经济社会高质量发展的重要前提。只有不断改进城乡精神文明建设融合发展的策略方法，有效提升城乡精神文明建设融合发展的效率，加快推进城乡精神文明建设融合发展的进度，培育城乡居民共同的精神归属和价值观念，推动实现城乡精神文明建设的有效互补和相互支持，更好地满足广大城乡人民多方面、多样化、多层次的精神文化需求。

第一，改进城乡精神文明建设融合发展的策略，推动城乡精神文明共同提升。党的二十大报告指出："全面建设社会主义现代化国家，最艰巨最繁重的任务仍然在农村。"② 公平分配城乡教育资源，巩固和强化农村师资力量，逐步提升农村的教育水平，努力缩小城乡教育的差距。组织环境保护、邻里互助、志愿服务等城乡文明建设行动，强化对城乡居民的法治宣传与教育，提升城乡居民的法律意识与守法能力。建立城乡精神文明建设融合发展的奖励与激励机制，表彰和奖励在城乡精神文明建设融合发展中有重大作用的个人和集体。打造政府、社会组织、企业和城乡居民共同参与城乡精神文明建设融合发展的局面。将城乡精神文明建设融合发展的理念化为实际行动，并在社会各层面进行体现与彰显。鼓励城乡居民参与支教助老、环境保护、社区服务等文化志愿活动，帮助培养城乡居民的社会责任感与奉献精神。经常组织清洁水源、植树造林、垃圾分类等环境保护行动，增强城乡居民的环保意识，建立良好的城乡生态环境。

充分发扬和睦相处、互帮互助的精神，促进社区居民的联系与交流。通过持续的宣传教育与示范引导，倡导城乡居民自觉遵守公共秩序、礼貌待人、文明出行。利用中秋节、春节、端午节等传统节日，组

---

① 习近平：《论"三农"工作》，中央文献出版社2022年版，第110页。
② 《习近平著作选读》第1卷，人民出版社2023年版，第25页。

织绚丽多彩的文化活动，更好地传承与弘扬中华优秀传统文化。开展法治宣传教育活动，不断普及法律知识，提升城乡居民的法治意识与遵法守法能力。组织体育健身、健康知识讲座活动，增强城乡居民的健康意识。开展农村日常性文化建设与引领性的文化工作，不断补齐城乡精神文明建设融合发展的短板。通过广泛调研，精准了解农村居民的精神文化需求，大力引进文化企业、文化事业等社会资源，增强城乡文化活动的便利性、丰富性与均等性，着力破解农村文化产品供给滞后的现实难题。运用互联网技术，打造高水平的文化传承展示平台，推动乡土文化的创造转化和创新发展。持续推进城乡精神文明建设行动，不断提升城乡居民的综合素质和文化发展水平，有效推动城乡精神文明建设的融合发展。

第二，改进城乡精神文明建设融合发展的方法，促进城乡精神文明深度融合。习近平总书记明确指出："只有站在时代前沿，引领风气之先，精神文明建设才能发挥更大威力。"[1] 通过打造以城带乡、城乡一体的精神文明建设格局，使广大城乡居民平等享有精神文明建设的成果。运用移动通信、大数据技术等现代信息技术，开发文化专题的网站与应用程序，及时发布教育资源、文化活动、文化政策等信息。通过微博、微信等社交媒体，实时更新城乡精神文明建设的最新动态与成功案例。坚持线上与线下相结合，组织讲座、研讨会、文化展览等活动。设置远程教学与在线教育项目，为农村提供优质的教育资源。生产创作有时尚元素、故事内涵与数字驱动的工艺产品，促进手工艺品牌化和专业化。发展运动休闲、露营野炊、婚恋康养、艺术研学等文旅产业，探索"庭院+"经济新模式，建设留住绿水青山、留住乡愁的和美乡村。

构建多主体信息共享网络，实现城乡文化资源的优化配置与高效利用。推动城乡居民的流动和交流，组织城市居民到乡村学习农业知识与传统手工艺，组织农村居民到城市参观现代城市文化和建设情况。鼓励城市居民参加乡村传统节日庆典，引导农村居民参观城市文化创意集市，深入体验城市的文化生活。引导城市志愿者到农村开展文化普及、

---

[1] 《习近平关于社会主义精神文明建设论述摘编》，中央文献出版社2022年版，第6页。

教育支援、技能培训等活动，支持农村志愿者进入城市参加社区服务与文化建设。建立城乡精神文明结对帮扶机制，引导发达的城市地区帮助和支持落后的农村地区。引导城乡共同策划与联合举办农民丰收节、运动会、科创大赛等活动。搭建城乡文化信息共享、交流互动平台，促进城乡居民教育、文化、信息的共享互通。引导城乡文化团体定期举办传统音乐、民族舞蹈、手工艺展示、地方戏剧和民间艺术等活动，增进城乡居民的文化体验感。支持城乡轮流举办历史文物、地方艺术品、摄影作品等艺术展出活动，提升城乡居民的艺术审美水平。引导民间艺术家进村入户表演相声、京剧、木偶戏，组织乡村艺术团体到城市开展文艺演出。努力提升农村文化品牌的知名度与吸引力，邀请专家学者开展民俗学、地方文化、文化遗产等方面的讲座与研讨，支持城乡联合制作特色纪录片和电视剧，出版地方文化书籍和杂志。组织家庭绘画比赛、儿童文学创作等亲子活动，培养青少年儿童对传统文化的认同与尊重。招募高校学生与退休人士等志愿者，深入乡村组织开展技能传授、文化教育等活动。

此外，加强对城乡精神文明建设的宣传引导和舆论建设，有效提升城乡居民的文明意识和文化建设参与度，营造积极向上、文明有序的社会氛围。不断充实城乡居民的精神文化生活，促进城乡居民的相互理解和尊重，为城乡精神文明建设融合发展奠定较坚实的社会条件和文化基础。

三　着力引导建设良好的家庭家教家风

家承载着中华儿女生命创造和生存实践的美丽图景，反映着中华民族精神生活的崇高追求。马克思指出："家庭起初是唯一的社会关系。"[①] 家庭是社会的组成细胞，是社会治理的基本单元，同时蕴含政治、经济、文化和情感等多重属性和功能。家风是社会风气的重要部分，也是推进家庭文明建设、构建基层社会治理新格局的重要内容。

---

① 《马克思恩格斯文集》第 1 卷，人民出版社 2009 年版，第 532 页。

习近平总书记指出："家庭的社会功能都不可替代，家庭的文明作用都不可替代。"① 家庭承担着经济发展、情感交流、人口生产、教育感化、生活照料等多重功能。家庭和谐是社会和谐的重要基础，家庭教育是社会教育的有机部分，建设良好的家庭家教家风对提升社会文明程度具有关键性的作用。

党的十八大以来，习近平总书记立足家庭家教家风建设的实际情况，提出系列关于注重家庭家教家风的重要论述，指明建设良好家庭家教家风的方法和路径。党的二十大报告强调："加强家庭家教家风建设，加强和改进未成年人思想道德建设。"② 良好的家庭家教家风意义重大，关系到社会的和谐、国家的发展和民族的进步。着力推进良好的家庭家教家风建设，是社会主义精神文明创建活动的重要内容，是营造良好社会风气的重要基石。因此，要加强对良好家庭家教家风建设的整体统筹，丰富家庭家教家风建设的思想内涵，注重以纯正的家风涵养清明的党风政风社风，推动家庭家教家风建设的常态化和长效化，从而推动家庭家教家风建设的高质量发展，促进家庭的幸福安康、社会的和谐稳定，为提升精神文明建设的效果和文化强国建设的质量创造条件。

（一）加强对良好家庭家教家风建设的整体统筹

天下之本在国，国之本在家。家庭是广大人民生产生活和维系感情的基本场所，自古以来就扮演着重要的教育角色，家长在孩子成长过程中承担不可替代的作用。习近平总书记强调："要注重家庭、注重家教、注重家风。"③ 良好的家庭教育能够帮助孩子树立正确的价值观念与行为习惯，有效提高孩子的素质和能力。良好的家风是一个家庭的精神内核，对维护社会秩序具有重要作用。家风不仅仅是家庭成员相处方式和价值观念的传递，更是承载着社会道德规范和行为准则的重要载体。

---

① 《习近平著作选读》第 1 卷，人民出版社 2023 年版，第 544 页。
② 《习近平著作选读》第 1 卷，人民出版社 2023 年版，第 37 页。
③ 《习近平关于注重家庭家教家风建设论述摘编》，中央文献出版社 2021 年版，第 5 页。

良好的家庭家教家风建设对于社会发展稳定和个体成长成才具有重要意义。马克思指出:"人创造环境,同样,环境也创造人。"① 家庭承载着培养下一代、传承文明和价值观的重要责任。然而,随着社会的变革和家庭结构的变化,推进家庭家教家风建设面临着新的挑战与问题。一是竞争激烈的社会环境和快节奏的生活方式致使许多家庭不再有充足的时间和精力关注孩子的教育问题和关心孩子的成长。多数家长面临着经济困难、工作压力大等现实难题,直接影响着对孩子的正确引导与教育。二是网络技术的快速发展与社交媒体的普及,给青少年带来了新的思想观念,传统的家庭家教家风建设深受冲击。可以说,家庭关系的紧张、家庭结构的变化、父母教育观念的分歧等问题都对良好家庭家教家风建设产生了严重的不利影响。三是有的地方家庭家教家风建设的范畴不统一、工作体系不明确,家庭家教家风工作内容存在碎片化的问题,缺乏清晰的规划,相关部门对家庭家教家风建设缺乏有效的指导和清晰的统筹,社会上没有形成家庭家教家风建设的合力。

因此,为解决家庭家教家风建设面临的突出问题,推进良好家庭家教家风的建设,就需要对其进行统筹谋划,推动相关各部门协同合作、共同发力。习近平总书记特别强调:"动员社会各界广泛参与,推动形成爱国爱家、相亲相爱、向上向善、共建共享的社会主义家庭文明新风尚。"② 文化宣传部门要加大对家庭家教家风建设的宣传力度,提供家庭家教家风建设的政策支持和资源保障,为建设家庭家教家风建设创造良好的环境。学校应加强与家庭的沟通和合作,设立家庭家教家风建设的辅助机构,帮助家长提升育儿技能和家庭管理与教育能力。家庭成员应增强参与家庭家教家风建设的意识,注重家庭和谐氛围的培育,营造积极向上的家庭氛围。

第一,认识家庭家教家风建设的重要性,制定全面的家庭家教家风建设规划。家教和家风是中华民族传统文化的重要组成部分,其不仅关乎个体的道德品质和行为规范,更关乎整个社会的和谐与稳定。在社会

---

① 《马克思恩格斯文集》第1卷,人民出版社2009年版,第545页。
② 《习近平谈治国理政》第2卷,外文出版社2017年版,第356页。

主义精神文明建设的过程中，要充分重视家庭家教家风的建设，将家庭家教家风建设作为精神文明建设的重要部分。习近平总书记指出："家庭是孩子的第一个课堂，父母是孩子的第一个老师。"[1] 家庭作为人生的第一所学校，具有影响和教育家庭成员的天然优势。良好的家庭环境能够帮助孩子养成道德、伦理、责任感等优秀品质，形成积极健康的人格特质。尤其是面对现代社会道德观念多样化、社会矛盾加剧等问题，家庭家教家风建设显得更为重要。家庭家教家风建设是传承文化传统和社会价值观念的重要途径。如果忽视了家庭文化传统和价值观念的传承，就有可能引发社会分裂、价值观念混乱等问题。

因此，要将家庭家教家风建设纳入文化发展总体规划中，推动家文化的保护与传承，以及家庭观念的稳定与延续。准确分析家庭家教家风建设存在的问题和面临的挑战，推广优秀家庭家教家风建设的案例。设定短期、中期和长期的家庭家教家风建设目标，确立提升家庭成员道德素养、文化水平和社会责任感的总体目标。促进家庭家教家风建设与学校教育、社会教育的良性互动。通过开设家长学校、在线家庭教育课程为家庭家教家风建设提供远程指导服务。成立家庭家教家风建设专项工作小组或领导小组，负责家庭家教家风建设规划的实施和推进。引导教育、妇联、民政等部门参与到家庭家教家风建设中。建立家庭家教家风建设的统筹体系，定期督促家庭家教家风建设工作的开展。根据实际情况，不断调整家庭家教家风建设的策略与措施，确保家庭家教家风建设规划的持续优化与不断改进。

第二，完善家庭家教家风建设的政策体系，强化家庭家教家风建设的制度保障。家庭家教家风建设的政策体系明确了其建设的方向和目标，有利于减少其建设的随意性和无序性，是提升其建设质量的重要抓手。加强对家庭家教家风建设的支持和激励，从国家制度和治理体系层面对家庭家教家风建设进行顶层设计，建立健全家庭家教家风建设的政策体系。在国家层面，要加快推进《中华人民共和国家庭教育促进法》的完善落实工作，充分发挥其对家庭家教家风建设的法治保障和促进作

---

[1] 《习近平关于社会主义精神文明建设论述摘编》，中央文献出版社2022年版，第113页。

用，把道德导向贯穿于法治建设的全过程，深化孝老爱亲、勤劳节俭等方面的法治工作，充分发挥司法裁判的示范和引领作用，推动家庭文明新风尚的构建和塑造。

在地方层面，结合本地实际出台家庭家教家风建设的指导意见与政策法规，进一步完善对家庭家教家风建设工作的管理办法、评价标准与服务体系。协调处理好夫妻关系、邻里关系、家庭关系，营造和谐平等、友爱善良的家庭气氛，树立共同的家庭责任观念与平等的家庭意识。"把爱学习、爱劳动、爱祖国的观念从小就传递给孩子，帮助他们形成美好心灵。"[1] 设立家庭家教家风建设的领导机制和协调机构，保障其建设工作协调的有效性和决策的正确性，确保其建设工作的全面展开和高质量推进。

第三，加强家庭家教家风建设部门间的协作，打造齐抓共管家庭家教家风建设的良好局面。着力推进家庭家教家风建设，需要建立多元主体协作机制，发动家庭、学校、社区、政府等主体共同参与，加强多元主体之间的沟通与合作。教育部门要与社会组织、家庭建立紧密联系，推动家庭家教家风建设工作的深入开展。组织家长学校、家庭教育讲座活动，帮助家长树立正确的家教观念。学校要建立家庭家教家风建设的机制，设置家庭家教家风教育的课程。发挥文化部门在家庭家教家风建设中的积极作用，通过开展具有教育意义的文化活动，为家庭家教家风建设提供更多的支持。举办亲子读书分享会、亲子运动会等活动，使家庭成员建立深厚的感情。加强对中华传统家文化的宣传与传承，推动中华传统家庭美德的践行和传播。公安、司法等执法部门应加强对家庭暴力、未成年人犯罪等问题的打击，制定家庭家教家风建设的法律法规，完善家庭家教家风建设的政策和制度，为家庭家教家风建设提供良好的法律保障与支撑。媒体应在家庭家教家风建设中发挥积极的引导作用，通过拍摄相关主题的电影电视，报道优秀案例，营造良好的家庭家教家风建设氛围。加强对网络虚拟空间的管理，防止网络不当言论对家庭家教家风建设的负面影响。

---

[1] 《习近平著作选读》第1卷，人民出版社2023年版，第546页。

政府作为主管部门，必须充分发挥领导作用，打造协调一致的家庭家教家风建设工作推进机制。设立负责家庭家教家风建设工作的专门委员会，强化对家庭家教家风建设的宣传。表彰与奖励为家庭家教家风建设作出贡献的个人和组织，在全社会营造重视家庭家教家风建设的浓郁氛围。充分发挥社会组织、志愿者在家庭家教家风建设中的作用，整合政府、社会和家庭资源，形成推动家庭家教家风建设的合力。

（二）丰富新时代家庭家教家风建设的思想内涵

伴随着社会的快速发展和转型，中国家庭的功能和结构发生了重大的变化。习近平总书记指出："广大家庭都要弘扬优良家风，以千千万万家庭的好家风支撑起全社会的好风气。"[1] 新时代推进家庭家教家风建设应紧跟时代发展的步伐，适应社会的需求，从中华优秀传统文化和社会主义先进文化中汲取养分和力量，丰富家庭家教家风建设的思想内涵，进而创新家庭家教家风建设的内容，促进人口素质和社会文明程度的提升。

第一，深入挖掘中华传统家风文化，提炼符合新时代要求的价值观。中华优秀传统文化蕴含着丰富的家庭家教家风建设文化资源，如耕读传家、勤俭兴家等家风、《庭训》《诫子书》《颜氏家训》《苏洵家训》《朱子治家格言》等家训。习近平总书记指出：中华优秀传统文化蕴含的人文精神、道德规范、思想观念，"是我们中国人思想和精神的内核"[2]。家风文化作为中华传统文化的文化根脉，具有深刻的思想观念和道德准则，是新时代推进家庭家教家风建设和精神文明建设的重要资源。

古代家风文化为新时代家庭家教家风建设提供了丰厚滋养。习近平总书记提到：中华传统家庭美德"是支撑中华民族生生不息、薪火相

---

[1] 《习近平著作选读》第1卷，人民出版社2023年版，第547页。
[2] 《习近平谈治国理政》第3卷，外文出版社2020年版，第314页。

传的重要精神力量,是家庭文明建设的宝贵精神财富"①。经过长期的发展,母慈子孝、兄友弟恭、尊老爱幼、妻贤夫安、知书达礼、遵纪守法、耕读传家等优秀家风凝结于中华民族的血脉和基因中,对新时代家庭家教家风建设具有重要的推动作用。中华优秀传统家风文化蕴含的"悌""孝""家和万事兴"等理念对良好家庭家教家风的形成、和谐文明社会的建设具有重要价值。

因此,要在传承中华优秀家风文化中建设良好的家庭家教家风,充分汲取中华传统家风文化的力量,以高度的文化自觉和文化自信,真正把家庭家教家风建设好。坚持辩证思维,传承好中华传统家风文化的积极成分,摒弃不合理和负面的内容。在继承与发展、传承与创造、延续与跨越中把握中华优秀传统家风文化和家庭文明新风尚的内在联系,讲好古代家庭家教家风的故事。整理中华传统家规、家训、家书的历史文献,挖掘传统社会优良的家风文化元素,充分吸收自力更生、修身立志、耕读传家、崇德向善、育德教子、敬业报国、勤俭持家等家风精髓。秉持取其精华、去其糟粕的态度,摒弃封建迷信思想与落后观念,结合当前推进家庭家教家风建设的需要,"对其中蕴含的传统家庭美德进行创造性转化、创新性发展"②。

第二,以社会先进文化引领家庭家教家风建设。社会先进文化是指以马克思主义为指导,发展面向现代化、面向世界、面向未来的,民族的科学的大众的社会主义文化。中华民族的精神理念和价值观念深植于中华优秀传统文化沃土中,熔铸于社会主义先进文化的建设实践中,随着历史与时代的前进而不断革故鼎新、与日俱新。社会主义先进文化反映着广大人民共同的价值追求,与家庭家风建设具有内在一致性。良好家庭家教家风是社会主义先进文化在家庭生活中的体现和反映。

因此,新时代推进家庭家教家风建设要坚持与时俱进,在发展繁荣社会主义先进文化的同时,将社会主义文化作为家庭家教家风建设的重

---

① 《习近平著作选读》第 1 卷,人民出版社 2023 年版,第 544 页。
② 冯颜利、曾咏辉:《用习近平新时代中国特色社会主义思想的世界观和方法论指导家庭家教家风建设》,《教学与研究》2023 年第 7 期。

要资源，推动社会主义文化建设与家庭家教家风构建的有机结合。在家庭家教家风建设中，要注重知识教育和道德礼仪培养，关注个体发展的全面性和有机性，培养孩子的创造力、批判思维和社会责任感，使孩子在物质逐步丰富的同时，成为具有社会责任感和人文素养的公民。注重培养家庭成员间互相关爱、支持和帮助的意识，增进个体身心健康和幸福感，促进家庭的和谐与友爱。运用社会主义文化培养家庭成员的社会责任感、公民意识、平等意识和尊重他人的意识。将社会主义核心价值观融入家庭家教家风建设中，促进中华传统家风文化的革故鼎新和推陈出新，有效丰富新时代推进家庭家教家风建设的思想内涵。

（三）注重以纯正的家风涵养清明党风政风社风

家风正则民风正，民风正则政风清。习近平总书记强调："家庭的前途命运同国家和民族的前途命运紧密相连。"[①] 党的十八大以来，以习近平同志为核心的党中央高度重视家庭家教家风建设，把家庭家教家风建设纳入全面从严治党的战略部署中，多次号召全党全社会向焦裕禄同志、龚全珍同志等优秀干部看齐，特别强调"着眼于以优良党风带动民风社风，发挥优秀党员、干部、道德模范的作用，把家风建设作为领导干部作风建设重要内容"[②]。培养纯正的家风是传承党的优良传统和优良作风的重要要求，是落实全面从严治党、加强从严管理党员、监督干部的必然选择。坚持党风廉政建设与家庭家教家风建设相结合，推动党风政风社风的改善，更好地开创家庭家教家风建设的新路径。

一是以优良的家风培养廉洁自律的党员干部，推动党风政风的持续好转。党员干部的言行举止直接反映出党风政风的好坏，影响了党和政府形象的塑造。习近平总书记指出："领导干部的家风，不仅关系自己的家庭，而且关系党风政风。"[③] 良好的家庭家风家教反映出领导干部

[①] 《习近平著作选读》第 1 卷，人民出版社 2023 年版，第 545 页。
[②] 《习近平关于社会主义精神文明建设论述摘编》，中央文献出版社 2022 年版，第 276 页。
[③] 《习近平著作选读》第 1 卷，人民出版社 2023 年版，第 547 页。

的家庭治理理念，能促进领导干部廉洁自律意识的养成。而党员干部的工作表现和工作作风将直接影响民风、社会风气，与现代化建设和民族复兴的进程息息相关。

因此，塑造良好的党风廉政必须加强家庭家教家风建设，构建文明有序的良好家风。各级党委要坚持把家风建设当作党风廉政建设的重要内容，教育广大党员干部树立良好家风，以优良的家风涵养浩然正气、滋养清风正气，促进党风政风的改善。全面加强家风建设和社会治理，规范党员干部的思想和作风，深化反腐倡廉工作。引导党员干部教育子女树立正确的价值观、道德观。引导领导干部以身作则，以言行影响子女，灌输廉洁自律的思想意识。建立良好的家庭规则和制度，培养一批廉洁自律的党员干部。鼓励家庭成员共同制定家庭规则和家庭制度，明确家庭成员的权利与义务，了解违反廉洁的严重后果。加强家庭成员间的互相监督、帮助与尊重，建立和谐、健康、向上的家庭氛围。党员干部家庭应定期组织阅读书籍、学习知识等活动，增进家庭成员间的交流和沟通，增强家庭的凝聚力向心力和思想道德修养。

二是宣传学习传承家风文化的典范，大力弘扬红色家风。习近平总书记强调："在培育良好家风方面，老一辈革命家为我们作出了榜样。"[1] 中国共产党人历来注重家教家风家庭建设，具有传承红色家风的优良传统。毛泽东、周恩来、朱德等老一辈革命家的红色家风，为后人培养良好家风树立了典范，为推进家庭家教家风建设提供了样板。红色家风蕴含着深厚的家族文化底蕴，是中国优秀家风的代表。习近平总书记指出："毛泽东、周恩来、朱德同志等老一辈革命家都高度重视家风。我看了很多革命烈士留给子女的遗言，谆谆嘱托，殷殷希望，十分感人。"[2] 毛泽东曾立下规矩：恋亲不为亲徇私，念旧不为旧谋利，济亲不为亲撑腰。周恩来为亲友定下十条家规。陈毅给女儿赠言：汝是党之子，革命是吾风。汝是无产者，勤俭是吾宗。焦裕禄要求儿女一生恪守工作上向先进看齐、生活条件跟差的比的信条。甘祖昌经常告诫子女

---

[1] 《习近平谈治国理政》第 2 卷，外文出版社 2017 年版，第 165 页。
[2] 《习近平著作选读》第 1 卷，人民出版社 2023 年版，第 546—547 页。

要挑老红军的担子,不能摆老红军的架子。这些纯正的家风、严格的家教,彰显着中国共产党人特有的风范风骨,反映着中国共产党温润的道德传承、坚定的党性原则和高尚的品格操守,为全社会树立了道德榜样与精神标杆。

习近平总书记指出:"好的家风引领人向上向善,不良的家风却会败坏社会风气,贻害无穷。"① 党员领导干部是家庭家教家风建设的排头兵,党员领导干部的家风不正、家教不严、家庭不和谐,宽于律己律亲律家,那有可能引发严重的道德甚至腐败问题。新时代推进家庭家教家风建设要充分利用党员干部先进典型的示范带动作用。一方面,党员干部家庭应率先发挥示范带头作用。与其他家庭相比,党员干部的文明家庭和优良家风不仅更具有先进性、示范性,也更具有影响力与说服力,更能辐射带动其他群体。习近平总书记强调:"要管好家属子女和身边工作人员,坚决反对特权现象,树立好的家风家规。"② 党员干部家庭要严格履行从严治家、管家的社会责任,为广大群体树立良好的家风榜样。

另一方面,经常性开展向优秀党员干部学习的活动。在党员干部中组织寻找最美家庭、书香之家等活动,评选和奖励一批优秀党员家庭。在党政机关广泛开展"我的家庭故事"征集展播、最美家风故事宣讲活动,让广大家庭学习党员干部的好品德、好思想、好作风。督促领导干部"保持高尚道德情操和健康生活情趣,严格要求亲属子女,过好亲情关,教育他们树立遵纪守法、艰苦朴素、自食其力的良好观念"③。引导领导干部自觉遵守廉政准则,既严于律己,加强对亲属和身边工作人员的教育约束,决不允许以权谋私、搞特权。注重以先进党员干部进行典型示范和带动,加强对党员干部榜样人物的宣传,推动营造崇德向善、不腐败的良好风尚。领导干部要厚植家国情怀,保持对党忠诚和为民服务的意识,在全党全社会做好家庭家教家风建设的表率。把党性教

---

① 《习近平关于注重家庭家教家风建设论述摘编》,中央文献出版社2021年版,第25页。
② 《习近平关于注重家庭家教家风建设论述摘编》,中央文献出版社2021年版,第37页。
③ 《习近平著作选读》第1卷,人民出版社2023年版,第547页。

育与家庭教育相统一，筑牢拒腐防变的思想堡垒。特别是在重要岗位上的领导干部，必须建立良好家风，廉洁齐家、严于律己，教育子女亲属守公德、明大德、严私德，推动清廉政风党风形象的塑造，推动在全社会形成清、亲、勤的风气。真正将全面从严治党落到实处，推进党的政治组织、思想建设的统一。

（四）推动家庭家教家风建设的常态化和长效化

推进家庭家教家风建设需要久久为功、长期发力。而且无论时代如何变迁，推进家庭家教家风建设的使命和任务都不会改变。习近平总书记指出："千家万户都好，国家才能好，民族才能好。"[①] 推进家庭家教家风建设不仅直接关系到个人品质的养成和个人的成长发展，也在社会发展过程中起到至关重要的作用，承担着重要的社会责任。因此，应紧抓家庭家教家风建设的战略定位不松懈不动摇，积极完善家庭家教家风建设的政策举措，健全家庭家教家风建设的工作机制，加强家庭家教家风建设的制度保障，化解推进家庭家教家风建设的突出问题，推动家庭家教家风建设的纵深发展，推动家庭家教家风建设的常态化、长效化，着力巩固家庭家教家风建设的效果。

第一，建立家庭家教家风常态化推进制度，全面深化家庭家教家风建设工作。习近平总书记强调："制度问题更带有根本性、全局性、稳定性、长期性。"[②] 家风是一种非正式制度的德性伦理文化，扎实推进家庭家教家风建设必须依靠外部刚性力量推动家庭家教家风建设体系化，增强家庭家教家风建设的保障。一方面，完善新时代家庭家教家风建设的推行机制。近年来，全国各地广泛开展五好家庭、星级文明户、最美家庭、好公婆、好媳妇、好子女等系列评选活动，展开推动新时代家庭家教家风建设。社区、妇联等团体及文化部门要积极将家庭家教家风建设纳入正常工作程序中，定期组织开展家庭家教家风建设创建活动，创建向上向善家庭文明新风尚。相关部门要设立家庭家教家风建设

[①] 《习近平著作选读》第 1 卷，人民出版社 2023 年版，第 545 页。
[②] 《习近平谈治国理政》第 1 卷，外文出版社 2018 年版，第 391 页。

的专项资金，通过物质激励和财政补贴等方式为家庭家教家风建设提供物质保障和资金支持。

另一方面，建立推进家庭家教家风建设的评估机制。健全科学合理的家庭家教家风建设考核评估机制，完善家庭家教家风建设联合奖惩机制，避免家庭家教家风建设的形式化，保证家庭家教家风建设的长效性。经常性举办家庭家教家风建设的论坛和会议，广泛向社会征求家庭家教家风建设的意见，探索分类别、分对象的家庭家教家风建设体系。制定明确的家庭家教家风建设工作指标，对家庭家教家风建设工作开展定期评估和考核，不断改进家庭家教家风建设工作的策略。

此外，完善家庭家教家风建设的法律保障机制。提升家庭家教家风建设的质量，不仅要依靠思想道德约束，还要依靠法治约束、监督和引导人们的行为。《中华人民共和国民法典》就将道德准则上升为法律原则。通过健全相关法律制度，完善相关法律条例，充分发挥家庭家教家风建设的法治作用，进而将其从倡议性建议变成纪律性的要求，为家庭家教家风常态化建设创造良好的社会条件。

第二，完善家庭家教家风建设组织管理体系，明确家庭家教家风管理部门的职能。习近平总书记强调："各级党委和政府要充分认识家庭文明建设的重要性，负起领导责任，切实把家庭文明建设摆上议事日程。"[①] 要加强对家庭家教家风建设的科学部署、整体筹划、相互督促，积极组织开展家庭家教家风建设活动。将家庭家教家风建设的任务进行系统化、合理化的分工，明确各相关部门家庭家教家风建设的权限和界限，建设运行高效、科学规范、系统完备的家庭家教家风组织管理体系。

具体来讲，建立完善的家庭家教家风建设组织架构，成立相关领导组织，负责制定相关政策、规划和标准，引导各部门共同参与相关工作，推动家庭家教家风建设工作的全面展开。建立各级政府齐抓共管家庭家教家风建设的工作格局，在各社区、各村镇设立家庭家教家风建设工作组，负责领导家庭家教家风建设的具体实施和推进。教育部门要加

---

① 《习近平著作选读》第 1 卷，人民出版社 2023 年版，第 547 页。

强对家庭家教家风建设的指导与管理，文化部门加强对优秀家庭家风故事和家教典型的推广，民政部门要将家庭家教家风建设纳入社会建设的工作之中。引导学校、社会、家长建立家庭家教家风建设的合作关系，形成推动家庭家教家风建设的强劲合力。

第三，加强对家庭家教家风建设的推广，营造家庭家教家风建设的浓郁氛围。习近平总书记强调："广大家庭都要重言传、重身教，教知识、育品德，身体力行、耳濡目染。"[1] 广泛宣传家庭家教家风建设的重要性，普及家庭家教家风建设的知识，培育广大人民参与家庭家教家风建设的意识。充分发挥学校教育的引导作用，将家庭家教家风建设相关内容融入课堂教学。在课堂上分享历史人物建设优秀家风和和谐家庭的故事，激发学生对优秀家风、家庭的情感共鸣，加深广大学生对优秀家风的理解和认同。借助板报、宣传标语等形式宣传优良家风的深刻内涵，让家风文化在学校中得到发展与传播。充分运用网络媒体平台和新兴媒介拓宽家庭家教家风建设的宣传渠道，吸引社会成员主动加入家庭家教家风建设的队伍中。制作家庭家教家风建设的优质内容，让更多人领会家庭家教家风建设的科学理念，建设符合时代新要求的良好家风。

家风是家庭生活、个人品格的集中体现，也是一个家庭宝贵的精神财富。家庭家教家风建设既是文化强国建设的重要内容，也是新时代文化振兴的重要切口。着力引导建设良好的家庭家教家风对塑造国家文化形象和推动文化软实力的提升具有重要意义。习近平总书记指出："没有国家繁荣发展，就没有家庭幸福美满。同样，没有千千万万家庭幸福美满，就没有国家繁荣发展。"[2] 良好的家庭家教家风所展现出的优秀品质和精神风貌不仅是对中华优秀传统家风文化的继承，也是对中华文明当代价值的现实表达。着力引导建设良好的家庭家教家风能够增强人民群众的文化自信心与认同感，提升中华文化在国际文化舞台中的吸引力和辐射力。

新时代新征程，要毫不动摇坚持党的领导，坚持以习近平总书记关

---

[1] 《习近平谈治国理政》第 2 卷，外文出版社 2017 年版，第 355 页。
[2] 《习近平关于注重家庭家教家风建设论述摘编》，中央文献出版社 2021 年版，第 71 页。

于家庭家教家风建设重要论述为指引，加大家庭家教家风建设的力度，着力化解当前家庭家教家风建设的突出问题，营造相亲相爱、崇德向善、爱国爱家的家庭文明新风尚，夯实推进文化自信自强、建设文化强国的家庭基础。

四　发挥先进典型的引领示范作用

时代需要航标，社会需要榜样，思想需要先导。榜样的力量是无穷的。先进典型具有鲜明的时代特征和崇高的道德品质。先进典型事迹具有重要的示范和引导作用，能激发人们追求更高层次的道德境界，推动社会良好道德风尚的形成。习近平总书记强调："心有榜样，就是要学习英雄人物、先进人物、美好事物，在学习中养成好的思想品德追求。"[1] 先进典型承载着时代的主流精神诉求和价值取向，是一种有形的正能量，引领时代前进和社会进步的方向。加强精神文明建设、提高全社会文明程度需要让先进典型引路，充分发挥先进典型的引领示范作用，通过典型引路激励和带动广大人民以更昂扬的斗志和坚定的意志投入社会主义精神文明建设和文化强国建设。不断营造崇尚先进、学习先进、争当先进的浓厚社会氛围，引导人们主动守道德、尊道德、讲道德，自觉提高道德践行能力，进而汇聚向上、向善的精神力量，推动精神文明建设工作取得实质性进展，为改善社会风气、提高社会文明程度聚力赋能。

（一）加大对先进典型培育选树工作的投入力度

培育和选树先进典型是发挥先进典型引领示范作用的重要环节。习近平总书记指出："同先辈先烈、先进典型'对照'，不断叩问初心、守护初心，不断坚守使命、担当使命，始终做到初心如磐、使命在肩。"[2] 充分发挥先进典型的引领示范作用需要充足的资金人才作为保

---

[1]《习近平关于社会主义精神文明建设论述摘编》，中央文献出版社2022年版，第111页。
[2]《习近平著作选读》第2卷，人民出版社2023年版，第299页。

障，要不断加大对先进典型培育选树工作的投入力度，确保先进典型培育选树工作的正常开展。

其一，建立和完善先进典型选拔机制，确保选拔过程的公正、公平和公开。习近平总书记强调："加强全社会的思想道德建设，激发人们形成善良的道德意愿、道德情感，培育正确的道德判断和道德责任。"[1] 如何在实践中发现、培养、树立先进典型，是做好先进典型宣传工作的基础。制定培育选树先进典型明确的标准与程序，确保先进典型选拔的科学性、民主性，让社会各界充分参与到先进典型选拔的监督工作中。制定全面的先进典型评价体系，将道德品质、社会贡献、专业成就、工作业绩等纳入评价指标中。设定可量化的先进典型评选标准，便于对先进典型开展客观的评估与比较。确保先进典型选拔标准的时效性与灵活性，分阶段进行提名、初选、复选、公示等选拔工作。由来自不同领域、公信力强的专家和代表组成先进典型评审委员会，确保先进典型评审的多元性和权威性。引入先进典型选拔公众投票和意见征集环节，让社会各界参与先进典型选拔的过程，提高先进典型选拔的透明度。所有先进典型选拔活动应公开，使先进典型评选程序、标准、结果接受公众监督。通过官方网站、媒体发布等渠道，发布先进典型选拔信息和进展。详细公布先进典型评选理由与评审意见，确保先进典型评选结果的可解释性与可信度。

建立健全先进典型评选监督机制，设立投诉和举报渠道，对先进典型评选过程中出现的不公现象进行调查处理。定期对先进典型评选机制进行评估与审计，确保先进典型评选的公正性和客观性。鼓励媒体和民间组织对先进典型评选过程进行独立观察与评价，提高社会对先进典型评选结果的认同度，增强先进典型的影响力和示范性。开放自我推荐、他人推荐、单位推荐等先进典型提名方式，打通先进典型评选和筛选的渠道，建立日常发现和常态挖掘相结合的先进典型评选机制，改变被动等待基层申报再行筛选的老做法。主动挖掘鲜活先进典型人物，选树优秀的先进道德典型人物。

---

[1] 《习近平关于社会主义精神文明建设论述摘编》，中央文献出版社2022年版，第180页。

其二，加强对先进典型的培训和指导，推动先进典型示范引领作用的发挥。一个立得住、叫得响、树得起、过得硬的典型人物，必须经过组织的精心培育，形成优秀的品质、感人的事迹和高尚的情操。既要为先进典型提供培训、交流、资金等资源，又要给予先进典型人物成长的人文关怀，帮助先进典型在专业领域上不断成长。根据先进典型人物的特点与需求，设计个性化的培训计划。帮助先进典型提升知识水平与专业技能，为先进典型人物配备经验丰富的导师，提供一对一的指导。提供远程教育机会和在线学习资源，便于先进典型人物随时更新知识与技能。持续跟踪和评估先进典型人物的培训效果，及时调整先进典型的培训内容与方法，确保先进典型培训的针对性与有效性。鼓励先进典型人物建立和加入学习社群，与其他优秀的先进典型人物一起交流和学习。定期组织先进典型人物的交流活动，让先进典型分享经验、共同提高。为先进典型提供图书、在线课程、研讨会等学习机会，通过国际会议、研讨会、工作坊等创造先进典型与国内外同行交流的机会。

同时，鼓励先进典型参与跨领域项目，开展社会实践、经验分享等活动。通过案例汇编、专题介绍等形式，传播先进典型人物的经验和故事。培育先进典型人物的社会责任感，鼓励先进典型人物积极参与社会公益事业。建立先进典型互助网络，让先进典型相互支持和互相鼓励。举办先进典型座谈会和联谊活动，增强先进典型的凝聚力和归属感。有效提升先进典型的能力和素质，为社会的发展和文化进步作出更大的贡献。

其三，加强对先进典型培育的资金人才投入，提供必要的物质和精神支持。加大对先进典型培育的投资力度，是使先进典型发挥示范作用的保障。政府和相关机构要设立专项资金，支持先进典型的培育和发展。给予先进典型一定的政策优惠，通过税收减免、优先参与公共项目等举措鼓励先进典型发挥示范作用。为先进典型提供奖金、补助和良好的工作条件。关心先进典型的家庭生活，为先进典型提供家庭支持和关爱，确保先进典型家庭的幸福和谐。跟踪先进典型的发展，了解先进典型的需求和困难，及时提供相应帮助和支持。探索先进典型的支持模式，通过政府与企业、社区等建立合作网络，支持先进典型的发展。设立奖学金和实习基地，吸引优秀学生成为先进典型。利用金融创新工具，通过发行文化债券、设立文化基金等方式吸引社会、私人资本为先进典型培育出资出力。探索与国际组织、外国企业的合作机会，引入外资参与先进典型发展项目。建立先进典型实习基地和实践平台，让学生充分参与先进典型的培育工作。

同时，确保先进典型培育资金使用透明化，使专项资金使用接受社会监督，提高相关资金的使用效率，防止腐败问题的发生。将先进典型培育预算和资金分配情况向社会公开，确保大众能了解相关资金的来源和去向。设立先进典型资金账户和管理机制，对先进典型培育资金进行专户管理，避免先进典型资金被挪用或滥用。及时公示先进典型培育的目标、预算、进度、成果等信息，定期开展先进典型培育专项审计，确保先进典型资金使用的合规性和效率。建立先进典型的信息平台，实时更新先进典型资金使用情况。引导公众对先进典型选树培育资金使用情况提出意见和建议。明确先进典型培育资金管理责任，严厉处罚违规使用先进典型培育资金的行为。及时整改先进典型选树培育中出现的问题。对社会影响重大的先进典型项目，给予特别资助和奖励，大力支持先进典型选树工作的开展。

其四，开展对先进典型的表彰与激励工作。表彰与激励是推动先进典型发挥示范作用的重要手段。要想在社会上形成学习好人好事的风气，就需要重视帮扶和表彰激励工作，为先进模范提供帮助和礼遇措施。通过向各种好人和道德模范发放慰问金，切实做好先进典型的生活救助和社会福利工作。举办隆重的颁奖典礼，为先进典型颁发奖杯、证书等象征荣誉的物品，授予先进个人、模范工作者等荣誉称号。并邀请政府官员、社会名人、行业领袖出席，提高先进典型表彰会议的层次与影响力。通过新闻媒体播放介绍先进典型事迹的视频，展示先进典型人物的成就与贡献。制作先进典型人物的专题节目，扩大先进典型的社会影响。在重大节日、纪念日推出宣介先进典型成就和贡献的专栏。在社区、学校等公共场所设立先进典型展览会。引导社会各界关注、支持和尊重先进典型人物，为先进典型提供优先享受医疗、教育等资源的便利，确保先进典型人物的健康发展。

以待遇上倾斜、精神上嘉奖、荣誉上捍卫、政治上关怀等帮扶措施，着力解决先进典型工作、生活、学习上的困难，构建"别人有难好人帮、好人有难大家帮"的激励机制。在经济礼遇上，除组织先进典型参加重大庆典活动外，还要在参观游览、住房保障、医疗保健等方面予以照顾，做好先进模范的抚慰工作和保障工作，使先进模范付出有所回报。在捍卫荣誉上，将先进典型纳入舆情监测，依法惩戒污蔑诋毁先进典型的恶劣言行，鼓舞更多的人向先进典型人物学习和看齐。对于积极参与先进典型培育的企事业单位，给予税收减免等举措，提高其支持先进典型培育的主动性。吸引广大人民参与先进典型培育活动，不断推动社会文明程度的提升。

（二）提升先进典型推介宣传的亲和力和感染力

无论是艰苦卓绝的革命年代，还是欣欣向荣的和平时期，先进典型都是广大人民守初心、担使命的标杆和修身立德、干事创业的榜样。党的二十大报告指出："发挥党和国家功勋荣誉表彰的精神引领、典型示范作用，推动全社会见贤思齐、崇尚英雄、争做先锋。"① 加强对先进典型的推介宣传，需要紧密结合时代主旋律，结合人民的思想和生产生活实际，带着对先进典型人物的深厚感情，深入先进典型人物工作生活中，细心捕捉典型人物丰富而真实的事迹。通过寻找切入点，挖掘闪光点，用事实、用群众熟悉的语言、用喜闻乐见的方式开展宣传，塑造先进典型人物可信、可亲、可敬、可学的形象，增强先进典型人物的真实感和生动性，提升先进典型推介的亲和力、感染力和影响力，推动更多的人自觉提高道德修养、涵养思想品德、提升修为素养。

第一，创新先进典型推介宣传的方式，提升先进典型的知名度。先进典型人物的先进事迹对于培育社会道德品质具有深刻而鲜明的指导作用。习近平总书记强调："各级党委和政府要关心、关怀、关爱英雄模

---

① 《习近平著作选读》第 1 卷，人民出版社 2023 年版，第 37 页。

范,推动全社会敬仰英雄、学习英雄。"① 通过各种媒体和平台宣传先进典型,是提升先进典型社会影响力和示范性的重要途径。要强化媒体在先进人物宣传中的作用,重视好人好事的宣传,利用媒体将道德模范事迹与人格广为弘扬。以本地电视台为依托,联合政府网站、报纸期刊等主流媒体,开展好人好事专栏的宣传。

同时,利用微信公众号、新闻客户端等,拓展先进典型的宣传渠道。制作短视频或图文并茂的帖文,在微博、微信、抖音等平台上发布先进典型的故事,并增加互动性和分享性。利用电视、广播、报纸等对先进典型进行深度报道和系列追踪,定期更新先进典型的新动态。组织网络直播访谈和故事化报道,对先进典型进行在线访谈,讲述先进典型的经历和贡献,让观看者实时参与提问和讨论,增加情感共鸣和认同。在专题片、新闻报道中穿插动画、重现场景等元素,策划互动式展览或体验活动,通过公共艺术作品将先进典型形象与精神在公共场所展示。在广告牌、地铁站、公交车投放先进典型的宣传内容。组织以先进典型为主题的研讨会、讲座、展览活动,开展"学先进、做先进"的实践活动。在学校开展以先进典型为主题的绘画、征文、演讲比赛,将先进典型的精神融入课程与青年教育中,融入学校道德教育与社会实践中。通过与影视、出版、文艺等行业合作,将先进典型的精神改编为电视剧、图书、电影等作品。运用数据分析工具监测先进典型的宣传效果,根据受众的反馈,不断优化先进典型的宣传策略。并且根据不同受众群体的特点,有针对性定制先进典型宣传的形式和内容。

另外,打破常规宣传渠道的局限,整合文艺、新闻、理论宣传等资源,构建各类宣传平台百花齐放、线上线下协同发力的推介宣传新格局,在全社会掀起推介宣传先进典型人物的热潮。通过多元化的宣传方式和全方位的宣传渠道,扩大先进典型的社会影响,促进先进典型正面价值观的传播。进而增进大众对先进典型事迹的了解,扩大好人好事的影响力,让先进典型的思想精神渗透到大众心中。

---

① 《十九大以来重要文献选编》(中),中央文献出版社 2021 年版,第 221 页。

第二，挖掘先进典型的感人事迹和崇高精神，提高先进典型推介宣传的质量。习近平总书记强调："实现我们的发展目标，不仅要在物质上强大起来，而且要在精神上强大起来。"① 深入挖掘先进典型的感人事迹和崇高精神，提炼展示先进典型最耀眼、最独特的闪光点，是确保先进典型推介宣传工作顺利开展、有力提升先进典型影响力、辐射力的关键所在。围绕典型人物身份定位，聚焦先进典型人物精神的提炼，深入采访先进典型，了解先进典型的生活背景、成长经历。通过实地调研，收集先进典型的第一手资料，增强先进典型宣传的真实性与深度。通过演讲、报告会等形式，使先进典型的形象更深刻具体。利用图表、动画等视觉元素，采用故事化的手法叙述先进典型的事迹。邀请社会组织参与先进典型宣讲活动，推动从了解到行动的转变。从家庭、工作、梦想等角度挖掘先进典型与普通人生活的共同点。展现先进典型在平凡岗位上的不平凡事迹，提升公众对先进典型的敬意与模仿欲望。

通过打造先进典型推介宣传专业团队，推动生产先进典型推介宣传的内容。组建记者、编辑、摄影师等先进典型宣传团队，着力提升先进典型宣传团队的专业技能和创新能力。注重先进典型宣传内容的厚度和广度，避免先进典型宣传流于表面、不知所云。确保先进典型宣传材料的语言精练，保证先进典型宣传信息的正面性与建设性。建立先进典型的宣传反馈机制，收集大众对先进典型宣传内容的意见和建议，不断调整先进典型的宣传方法。不仅在特定时间宣传先进典型，还要持续关注和报道先进典型的动态，激励更多人学习先进典型，争当先进个人，树立社会新风。

第三，引导社会各界共同推广先进典型的优秀事迹和精神风貌。先进典型宣传不是一个部门、一个地区的事，先进典型人物的成功树立需要挖掘、培养、推荐、宣传等环节的紧密配合，任何一个工作环节出现差错，将会使先进典型的示范效应大打折扣。只有注重创新先进典型宣传的互动机制，加强政府与媒体、社会组织、广大群众等各界的互动和合作，一起推广先进典型的优秀事迹和精神风貌，才能培育与发展出更

---

① 《习近平著作选读》第1卷，人民出版社2023年版，第119页。

多的先进典型和优秀人物。将先进典型宣传工作纳入政府文化服务体系，在政策上予以倾斜和资金上进行扶持。吸引有社会责任感的企业以资金、物资等形式支持先进典型宣传活动。引导学校与企业合作举办先进典型宣传公益活动，建立包括传统媒体和新媒体在内的媒体联盟，形成先进典型的宣传矩阵，提升先进典型宣传的专业性和厚度。

同时，积极开发教材、案例库、讲座视频等教育资源，组织先进典型与普通群众面对面交流活动。邀请艺术家、作家创作以先进典型为原型的文艺作品，以电视剧、舞台剧、电影等形式将先进典型向公众传递。与行业协会、专业团体合作，将先进典型事迹在特定行业推广。与大型社交网络、分享平台、教育平台合作，通过制作短视频、在线课程、图文故事吸引更多网民关注先进典型人物。通过展览、国际会议、文化活动，讲述身边的先进典型人物故事，通过志愿活动、社会实践等方式引导更多人参与先进典型的宣传和学习中。进而形成宣传先进典型的强大合力，扩大先进典型宣传的覆盖面，提高群众学习先进典型人物的积极性。

（三）深入开展学习宣传先进典型模范的各种活动

通过深入开展学习宣传先进典型模范的各种活动，才能进一步使先进典型模范在较大范围内产生吸引力和影响力。习近平总书记强调："抓典型，更具意义的是要树立精神上的榜样，让人们学习典型所体现的精神，让典型身上的精神发扬光大。"[1] 要在全社会营造浓郁的学习道德人物的氛围，形成积极向上、崇德向善的社会风气，大幅提升推广宣传先进道德模范的效率。

首先，组织学习宣传先进典型的活动，让群众了解先进典型的事迹。习近平总书记强调："要深入开展宣传学习活动，创新形式、注重实效，把道德模范的榜样力量转化为亿万群众的生动实践。"[2] 组织各类学习宣传先进典型活动能够让广大群众更直观了解先进典型的故事，

---

[1] 习近平：《之江新语》，浙江人民出版社 2007 年版，第 212 页。
[2] 《习近平关于社会主义精神文明建设论述摘编》，中央文献出版社 2022 年版，第 188 页。

更深刻领会先进典型的精神。在图书馆、学校、社区等公共场所定期举办先进典型学习会，邀请先进典型分享自身经历和事迹，引导群众及时提问和发言，打造积极与先进典型互动交流的新局面。结合地方特色，深入了解本地历史文化、民俗风情与资源优势，根据实际策划实施学习先进典型的活动。在舞龙舞狮、戏剧曲艺、民间舞蹈等传统民俗表演中融入宣传先进典型的内容，展示先进典型的独特魅力。通过文字、视频、图片、实物等形式全面展示先进典型的事迹，吸引不同年龄的观众参观，以真实案例展现提升先进典型的感召力。开展以先进典型为主题的演讲比赛与征文，对优秀作品进行表彰和宣传，扩大先进典型的辐射范围。开展以先进典型为榜样的志愿服务，以实际行动传播先进典型的精神和价值观。运用歌舞、朗诵戏剧等形式，创作反映先进典型生活的作品，吸引公众对先进典型的关注。邀请网友举办在线研讨会，讨论先进典型的意义与影响。

同时，设置以先进典型为主题的宣传周、宣传月，让群众在日常学习中感受先进典型的精神与情操。在社区中开展墙画创作、先进典型故事角等互动活动，以广播、公告栏等方式定期发布先进典型人物的新闻。让广大群众更直观、深入地了解先进典型人物，从而在社会中营造学习先进、尊崇先进的良好风尚，激发公众宣传先进典型人物的热情。建立先进典型宣传平台，建立在线论坛、社交媒体小组，让群众分享学习先进典型的心得，讨论先进典型的事迹。开设热线电话、建议箱等参与渠道，引导群众提出先进典型宣传活动的改进建议。制作、分发宣传手册、视频教程等学习资料，在公共场所设置先进典型学习角，提供先进典型报刊、书籍、影像资料。组织先进典型宣传竞赛活动，对在学习宣传活动中表现突出的集体或个人，给予物质性奖励或精神性激励，并通过媒体公布获奖者的信息，增强获奖者的社会荣誉感和认可感。利用广播、报纸、电视等形式，报道群众学习宣传先进典型活动的故事，扩大学习先进典型人物的积极影响。引导群众在学习宣传先进典型的活动中，不断提升文明素质，形成积极向上、互帮互助的风气。

其次，开展先进典型进校园、进企业、进社区活动，让先进典型的精神深入人心。先进典型的示范作用是巨大的，用身边先进典型教育和影响群众从思想心理上潜移默化学习和模仿先进典型，这样宣传的效果远大于空洞的说教。针对先进典型人物示范性和带动力强的优势，积极开展"传帮带"基层巡讲活动，邀请先进道德模范到社区、企事业单位、学校演讲，分享感人事迹，开展好人学习交流会和各类志愿服务活动，让大众与先进典型模范零距离接触，真正感受先进典型身上散发的优秀品质。将学习先进典型事迹纳入学校德育课程和课外活动，邀请先进典型到学校开展讲座、互动交流活动，与学生面对面分享经验和心得。与企业合作举办先进典型事迹报告会，充分激发员工的责任感和使命感，设立先进典型荣誉墙，组织以先进典型为主题的团建活动，将道德模范学习宣传作为企业文化建设的重要部分。

在社区举办先进典型的图片展、实物展，让群众清楚了解先进典型。运用社区广播站、公告栏等传播渠道，发布先进典型的新闻信息。设计互动体验活动，模拟先进典型的工作场景，让参与者亲身体验先进典型的付出。以角色扮演、模拟挑战等形式使参与者深刻理解先进典型的价值和意义。运用社交媒体与在线教育平台，开展先进典型线上宣传活动。制作先进典型专题网页、微信公众号，建立以先进典型命名的志愿服务队，开展学习先进典型的公益活动，让更多人在参与先进典型宣传实践中，真正体验先进典型的力量。建立先进典型宣传的长效机制，确保先进典型进校园、进企业、进社区活动的效果和稳定性。定期评估先进典型宣传的效果，及时调整和优化先进典型宣传的措施，推动先进典型的精神在不同领域和层面得到广泛传播和宣传。

（四）增强先进典型在思想道德建设中的示范引领

伟大时代呼唤伟大精神，崇高事业需要榜样的引领。习近平总书记指出："全社会要崇尚劳动"，"加大对劳动模范和先进工作者的宣传力度。"[①] 精心选树"时代楷模"、道德模范等先进典型，持续推出各行各业先进人物，让不同行业、不同群体都能学有榜样、行有示范。推动崇

---

① 《习近平关于社会主义精神文明建设论述摘编》，中央文献出版社2022年版，第289页。

尚英雄、尊重模范、学习先进成为风尚，推动人民思想觉悟、道德水准和文明素养的提高，进而充分发挥先进典型引领作用，奋力谱写新时代精神文明建设的新篇章。

一是将先进典型精神融入思想道德建设中，使之成为全社会遵循的价值导向。习近平总书记指出："崇尚英雄才会产生英雄，争做英雄才能英雄辈出。"[①] 坚持把学习先进典型作为思想政治工作的重要抓手，牢固树立"一盘棋"理念，建立健全由省级党委宣传部牵头抓总、各级部门联动配合的协调机制，构建各司其职、各负其责、整体联动、多措并举学习先进典型的工作格局。召开学习先进典型的专题会，研究部署先进典型学习活动，制定先进典型的学习方案，成立先进典型宣传工作组。在中小学思想教育工作中加入学习先进典型的内容，通过课程、教材和校园文化活动，培养学生正确的道德观念和社会责任感。

在高等教育中将先进典型作为思想政治教育的重要内容，引导大学生树立正确的世界观、人生观和价值观。鼓励媒体、企业和社会组织宣传先进典型的精神，在公共服务、社会宣传等方面彰显学习先进典型的价值导向。引导企业将先进典型的精神融入企业文化建设中，以内部培训、主题活动等方式体现先进典型的价值观念，提升员工的道德素质和塑造团队的凝聚力。在社区和乡村开展先进典型教育活动，以居民会议、文化节等形式普及先进典型精神。定期开展道德模范、身边好人评选活动，表彰积极践行先进典型精神的个人和集体。在国际交流活动中积极介绍中国先进典型人物，展示中国先进典型的崇高的道德追求和独特的文化魅力。在法治建设中体现先进典型的精神，提高公民的法治意识与道德水平。设立专项基金、建立研究机构，确保先进典型精神的传承发展和道德建设工作的统一。评估和总结先进典型精神融入道德建设的成效，完善学习先进典型的工作机制，促进先进典型精神的践行。

二是强化先进典型的榜样效应，明确思想道德建设的方向。加强先进模范的宣传和引导，坚持务实戒虚、落小落细的原则，强化思想道德

[①] 《习近平关于社会主义精神文明建设论述摘编》，中央文献出版社2022年版，第204页。

建设的思想指引,提升思想道德建设的有效性,形成讲文明、树新风的良好风气。注重发挥重点人群的示范带头作用,强化思想道德建设的落实力度,引导领导干部积极奉献、敢于创新,提升公职人员的服务意识,对违规党员干部进行严格处理,有序规范公职人员的日常行为。

在各级教育体系中,将先进典型的事迹和精神融入课程与教材,以主题班会、课堂教学、德育活动等方式引导学生学习先进典型的优秀品质。通过征文、演讲、辩论赛等教育活动,激发学生对先进典型精神的思考和认同,使先进典型成为公众讨论的热点话题。通过制作专题节目、纪录片、微电影,增强学习先进典型的情感力量。邀请专家学者解读先进典型的世界观、人生观和价值观,为群众提供学习和思考的机会。以实际行动体验和学习先进典型的精神,开展扶贫、支教公益活动,践行先进典型的价值观念,树立身边可学、可敬的学习先进典型榜样,增强学习榜样的氛围。引导各家庭以先进典型为榜样,开展家庭教育和家风建设,帮助家庭在日常生活中实践先进典型的价值导向,培育孩子正确的道德观念与社会责任感。鼓励社会将先进典型精神融入职业道德建设中,引导广大群众以先进典型为榜样,树立正确的思想价值观念。

三是加强对先进典型人物精神的研究,增强思想道德建设的引领。建立专门的研究机构和课题组,深入研究先进典型的精神内涵和社会影响。鼓励高校、社科院所、党校等参与先进典型精神的研究工作。定期举办学术研讨会、论坛、工作坊等先进典型研究活动,邀请专家学者交流先进典型精神的研究成果,探讨先进典型精神的时代价值和转化路径。以学术期刊、专著等形式,发表先进典型精神的研究成果,提升先进典型的研究深度。

同时,利用媒体资源和网络平台,建立先进典型精神的传播系统,实现先进典型传播的资源共享和信息互通。加强政府、学校与文化、教育、出版等机构的合作,打造先进典型精神的传播队伍。运用云计算、大数据、人工智能等,创新先进典型精神的传播方式和手段。开发互动性强、易于传播的微信小程序和在线课程,在高校、职业学校设立先进典型相关专业和课程，培养擅长先进典型精神研究和传播的专业人才。加强媒体工作者、教师、社工的培训，提升先进典型研究者的专业能力和传播技能。与体育界、文艺界、商界等人士合作，将先进典型的精神有机融入音乐、电影、体育赛事中。以跨界合作拓宽先进典型精神的传播渠道，吸引更多民众对先进典型的关注与支持。并积极与国际组织密切合作，共同推动各国的道德建设和文化交流。

此外，制定先进典型研究工作的支持政策，深化先进典型精神的研究和传播工作。设立先进典型宣介的专项研究基金，资助先进典型的研究项目和出版项目。定期对先进典型精神的研究和传播效果进行评估，根据评估结果与公众反馈，调整先进典型的研究与传播手段。建立先进典型精神研究的常态化机制，提升先进典型精神研究与传播的持续性和深入性。鼓励社会各界关注和参与先进典型精神的研究和传播工作，从选拔、宣传、学习和示范等环节入手，打造学习和争做先进典型的浓郁氛围，推动先进典型学习宣传工作的纵深推进和创新发展，不断提升广大人民的文化素质和全社会的文明程度。

总而言之，物质文明的积累、精神文明的升华是推动国家强盛、实现民族复兴的重要前提。中国式现代化是物质文明和精神文明共同发展、协调统一的现代化，既要加速物质财富的积累，改善人民生活的经济条件，也要加快发展社会主义先进文化和精神文明建设，提升全社会的文明程度和文明水准。人无精神则不立，国无精神则不强。精神文明是一个国家走向强大的根本支撑。没有精神文化的现代化，就没有高质量的发展，就谈不上社会主义的现代化。习近平总书记强调："只有物质文明建设和精神文明建设都搞好，国家物质力量和精神力量都增强，全国各族人民物质生活和精神生活都改善，中国特色社会主义事业才能顺利向前推进。"[1] 加强新时代精神文明建设，要审时度势、因势利导，顺应时代发展和群众期待，找准文化在推动高质量发展中的定位，促进社会文明程度与现代化建设相适应、相协调，不断深化群众性精神文明创建工作，创新精神文明创建的话语方式、传播手段和内容载体，改进

---

[1] 《习近平著作选读》第 1 卷，人民出版社 2023 年版，第 147 页。

精神文明创建的方式方法。坚持把城市精神文明建设与农村精神文明建设有机结合起来，加快实施乡村振兴战略，引导农村居民积极融入现代化生活。动员社会各界广泛参与精神文明建设，推动相亲相爱、向上向善、爱国爱家新风尚的形成。强化思想道德建设，弘扬戒骄戒躁、谦虚谨慎、勤俭节约、艰苦奋斗的优良传统，培育守望相助、敦亲睦邻、诚信重礼的乡风民风。不断丰富人民精神文化生活，实现人民文明素养和社会文明程度的持续提升，为推进社会主义现代化建设、实现中华民族伟大复兴积蓄强大的精神力量。

第 五 章

推动文化事业和文化产业大繁荣大发展

　　党的十八大以来，以习近平同志为核心的党中央高度重视文化事业和文化产业的发展，着力将文化事业和文化产业的发展提升至文化强国战略部署的关键位置。党的二十大报告强调："繁荣发展文化事业和文化产业"[1]。2023年10月，习近平总书记对宣传思想文化工作作出重要指示，再次强调"着力推动文化事业和文化产业繁荣发展"[2]。高水平的文化事业和高质量的文化产业是文化强国的"两翼"，不仅能够提升人民文化素养、丰富人民精神生活、促进文化的交流与传播，而且对增强民族凝聚力和向心力、推进文化建设和文化自信自强具有十分重要的意义。推动文化事业和文化产业大繁荣大发展，需要把握时代脉搏，不断开创社会主义文艺的新局面，推出更多优秀的文艺作品，更好地满足人民日益增长的文化需求。通过加快现代化公共文化服务体系建设，提升公共文化产品和服务的供给能力，使新文化成果惠及全体人民；推进文化产业的高质量发展，加快培育文化产业创新发展的新业态，激发文化强国建设的活力；全面深化文化领域体制机制改革，建立健全文化事业持续发展的制度体系，构筑文化强国建设的战略基石。

---

　　[1]《习近平著作选读》第1卷，人民出版社2023年版，第37页。
　　[2] 习近平：《坚定文化自信秉持开放包容坚持守正创新　为全面建设社会主义现代化国家全面推进中华民族伟大复兴提供坚强思想保证强大精神力量有利文化条件》，《人民日报》2023年10月9日。

一　紧扣时代脉搏开创社会主义文艺的新局面

文艺作为一种重要的思想文化形态，对于丰富人民的精神世界、提升社会主义文化软实力具有立心铸魂的作用。党的二十大报告指出："坚持以人民为中心的创作导向，推出更多增强人民精神力量的优秀作品，培育造就大批德艺双馨的文学艺术家和规模宏大的文化文艺人才队伍。"① 这指明了社会主义文艺工作的方向、目标和任务。社会主义文艺的发展需要紧扣时代脉搏，不断强化以人民为中心的创作导向，推动社会主义文化繁荣发展和文化强国建设。

（一）深刻把握社会主义文艺的本质属性

文艺作为文化的一种表现形式，带有一定的艺术性和思想性。文艺与思想文化、意识形态在内在逻辑上具有深刻的内契性，其通过文学、绘画、戏剧等艺术形式表达人类的思想感情和社会生活，反映和影响社会意识形态的发展，成为连接个体与社会、现实与理想的重要桥梁。社会主义文艺深植于社会主义意识形态之中，在继承和发展文学艺术的基础上，通过独特的表达形式和审美追求，传达社会主义核心价值观，反映人民群众的生活观念，展现社会主义社会的进步和发展。

首先，社会主义文艺本质是人民的文艺。中国共产党在对社会主义文艺建设的艰辛探索中，走出了一条以马克思主义为指导、符合中国国情、坚持人民性的文艺发展道路。毛泽东在延安文艺座谈会上对文艺人民性进行了详尽的阐述。他说："为什么人的问题，是一个根本的问题，原则的问题。"② 只有明确文艺为谁而创作，文艺才不会偏离社会主义的方向。他强调："最广大的人民，占全人口百分之九十以上的人民，是工人、农民、兵士和城市小资产阶级。"③ "我们的文学艺术都是

---

① 《习近平著作选读》第1卷，人民出版社2023年版，第37页。
② 《毛泽东选集》第3卷，人民出版社1991年版，第857页。
③ 《毛泽东选集》第3卷，人民出版社1991年版，第855页。

为人民大众的，首先是为工农兵的，为工农兵而创作，为工农兵所利用的。"① 毛泽东主张文艺工作要坚持以人民为中心的发展导向，创作一批走进人民内心的文艺作品，进而切实满足人民群众的精神文化需求，丰富广大人民的精神生活。此外，毛泽东还强调文艺创作既要阳春白雪的高雅艺术作品，也要生产下里巴人的通俗性文艺作品，要重点加强创作深受人民喜爱、通俗易懂的文艺作品。也就是说，"艺术性高的我们要，低的我们也要"②。墙报、民歌、民间艺术等艺术形式不仅不能抛弃，反而要大力加以发扬。他指出："文艺工作者要同工农兵相结合"③，坚持文化发展为了人民、文化发展依靠人民、文化成果由人民共享的理念，才能真正建设社会主义的文化，进而增强全体人民的文化自觉自信，使广大人民展现昂扬向上的精神面貌，实现以文富民、以文育民、以文乐民的目标。

改革开放以后，邓小平重申"我们的文艺属于人民"④ 的观点，并对如何加强党对文艺工作的领导作出明确指示。他指出："党对文艺工作的领导，不是发号施令，不是要求文学艺术从属于临时的、具体的、直接的政治任务，而是根据文学艺术的特征和发展规律，帮助文艺工作者获得条件来不断繁荣文学艺术事业，提高文学艺术水平，创作出无愧于我们伟大人民、伟大时代的优秀的文学艺术作品和表演艺术成果。"⑤这深刻体现了社会主义对文艺发展规律的尊重和遵循，政府要注重与文艺工作者建立平等互信的关系，尊重文艺工作者的创作个性和艺术探索，鼓励多种艺术形式和风格的发展，激发文艺工作者的创作激情。

进入21世纪，江泽民指出："历史上的一切优秀文艺作品，都是反映人民最深刻的心灵呼唤和时代最迫切的前进要求的作品"⑥，要求文艺作品不仅要揭示人民群众的内心世界，表达他们对美好生活的向往，

---

① 《毛泽东选集》第3卷，人民出版社1991年版，第863页。
② 《毛泽东文集》第2卷，人民出版社1993年版，第429页。
③ 《毛泽东文集》第2卷，人民出版社1993年版，第424页。
④ 《邓小平文选》第2卷，人民出版社1994年版，第209页。
⑤ 《邓小平文选》第2卷，人民出版社1994年版，第213页。
⑥ 《江泽民文选》第3卷，人民出版社2006年版，第401页。

还要反映时代发展的要求，引导人民群众认识时代、适应时代、引领时代，促进社会主义物质文明和精神文明和谐发展。胡锦涛强调："一切进步文艺，都源于人民、为了人民、属于人民。"① 文艺作品是人民精神生活的食粮，社会主义社会必须不断满足人民群众日益增长的精神文化需求，不断提高人民的文化素质和审美能力，促进人的全面发展。

在新时代背景下，中国共产党对社会主义文艺的本质内涵有了新的发展。习近平总书记在文艺工作座谈会上指出："社会主义文艺，从本质上讲，就是人民的文艺。"② 这指明了社会主义文艺的属性及其与人民的密切关系。这里的"人民"不是狭义的、被动的存在，而是历史和时代的创造主体，是社会主义文艺创作的源泉和归宿。社会主义文艺创作目的是服务于人民、反映社会主义核心价值观、传承和弘扬社会主义文化。习近平总书记强调："人民的需要是文艺存在的根本价值所在"③，人民的需要为文艺创作提供了基础和动力，文艺创作应该紧密围绕着人民的需要展开，以满足人民的精神需求、反映人民的生活现实、传播人民的价值观念，从而真正实现文艺对人民的服务和作用。

社会主义文艺作为社会主义意识形态的重要组成部分，承担着教育人民、激发人民斗志、引领社会风尚的历史使命，必须服务于人民利益，反映人民愿望和追求，促进社会主义文化的繁荣发展。社会主义文艺通过独特的艺术表现手法和叙事方式展现人民群众在社会主义建设中的英勇斗争和伟大成就，传播社会主义核心价值观，通过社会主义的全新理念，带给人民群众独特的审美和情感体验，增强其对社会主义的信心，激发人民对美好生活的向往和追求，从而凝聚人民服务社会主义现代化建设的精神力量。

其次，要坚定社会主义的人民价值立场。习近平总书记在中国文联第十一次全国代表大会、中国作协第十次全国代表大会上指出："源于人民、为了人民、属于人民，是社会主义文艺的根本立场，也是社会主

---

① 《胡锦涛文选》第 2 卷，人民出版社 2016 年版，第 541 页。
② 习近平：《在文艺工作座谈会上的讲话》，人民出版社 2015 年版，第 13 页。
③ 《习近平著作选读》第 1 卷，人民出版社 2023 年版，第 290 页。

义文艺繁荣发展的动力所在。"① 这指明了社会主义文艺的价值立场与创作导向。价值立场是文艺创作的根本问题②，在一定程度上决定了文艺作品的方向和高度。其不仅体现于文艺作品所传达的思想内容和精神追求方面，而且深刻地影响着艺术形式和表现手法。马克思在《〈政治经济学批判〉序言》中明确指出：艺术是一种"意识形态的形式"③，从而将文艺划入社会意识形态的范畴。社会主义文艺作为意识形态传播的鲜活载体，肩负着价值引导、文化熏陶、精神教化等意识形态的建构使命。文艺由社会存在决定的，人民群众是文艺的创造者，社会主义文艺理应反映各个历史阶段人民群众的理想与实践。因此，人民性是社会主义文艺事业的本质属性，人民立场是社会主义文艺的根本立场。

为谁立命、为谁谋利是一个政党的立场性、根本性问题，直接关系到其具体理念、目标在政治生活中的实践，人民立场是中国共产党的根本政治立场，人民至上是中国共产党不懈奋斗的价值遵循。④ 社会主义文艺坚定人民价值立场，不仅根植于中国共产党的根本政治立场，也是社会主义文艺发展的内在要求和时代使命。社会主义文艺的根本任务是服务人民、教育人民、引导人民，也是中国共产党的宗旨——全心全意为人民服务在文艺领域的体现。

然而，在现实的文艺实践活动中，部分文艺创作者产生了价值立场的偏移，导致文艺创作出现不良问题。在数字化信息时代，在新媒介赋权构境下，文艺的专业性门槛和传播成本极大降低，创作主体走向非专业化和平民化，创作方式日趋"短平快"，人人都可以成为剧作者和评论员，人人都有创作和传播文艺内容的权力。草根文艺、微电影和短视频纷至沓来，网络写手、流量明星和各路"网红"受到追捧。创作主体在思想认识、价值观念等方面存在差异，教育水平、文艺素养、道德素质、知识水平参差不齐，加剧了文艺创作乱象，影响了新媒介文艺传

---

① 习近平：《在中国文联十一大、中国作协十大开幕式上的讲话》，人民出版社 2021 年版，第 7 页。
② 陈婷：《坚定社会主义文艺的价值立场》，《毛泽东邓小平理论研究》2022 年第 7 期。
③ 《马克思恩格斯文集》第 2 卷，人民出版社 2009 年版，第 592 页。
④ 万光侠：《始终坚持人民至上的价值追求》，《光明日报》2022 年 8 月 22 日。

播的审美价值和精神建构功能。部分创作者有意或无意地在文艺创作中夹杂个人情绪和物质利益,政治立场不坚定,甚至背离人民路线。各种价值观念和思想观点在互联网上自由交汇,呈现出前所未有的多元性。在互联网娱乐性、消费性和西方国家文化霸权的影响下,新媒介文艺出现了低俗化、意识形态化倾向。一些庸俗浮夸、低级趣味的草根文学,色情淫秽、血腥暴力的影视动漫,猎奇恶搞的文艺糟粕屡禁不止。这不仅与社会主义主流思想文化格格不入,而且为腐朽堕落的思想文化发酵提供了土壤和温床。尤其是西方国家利用新媒介信息技术和文化产业的优势,借助新媒介文艺传播推行文化霸权,在其影视、动漫、文学作品等文艺传播中宣扬"普世价值"和西方的自由民主等社会思潮,通过散播功利主义、极端个人主义等思想文化和价值观念,侵蚀社会主义主流思想文化,对我国意识形态安全构成强烈冲击。

最后,积极弘扬社会主义文艺的主旋律。习近平总书记在文艺座谈会上指出:"我们当代文艺更要把爱国主义作为文艺创作的主旋律,引导人民树立和坚持正确的历史观、民族观、国家观、文化观,增强做中国人的骨气和底气。"[1] 这为新时代的文艺创作指明了方向,必须紧紧围绕增强国民的爱国情怀、提升民族自豪感和文化自信等目标创作高质量文艺作品,传递社会正能量,塑造民族精神和文化认同,增强中国人的骨气和底气,为实现中华民族的伟大复兴提供强大的精神动力和文化支持。

文艺朝着崇真、向善、尚美的方向发展,离不开主流意识形态的引导和塑造。这就要求我们必须用社会主义的主流价值观念、先进思想文化占领文艺的意识形态阵地,用主流思想文化引导新媒介文艺的思想性和价值性,凸显其主旋律基调,确保文艺作品在思想政治上与社会主义意识形态保持一致。"只要坚持爱国主义、集体主义、社会主义主旋律,社会主义意识形态事业就发展、壮大、兴旺。"[2] 积极弘扬社会主

---

[1]《习近平关于社会主义文化建设论述摘编》,中央文献出版社 2017 年版,第 166 页。
[2] 刘书林:《新中国 70 年高校思想政治教育发展主要经验和规律》,《思想教育研究》2020年第 7 期。

义文艺的主旋律,需要"对人民创造历史的伟大进程给予最热情的赞颂,对一切为中华民族伟大复兴奋斗的拼搏者、一切为人民牺牲奉献的英雄们给予最深情的褒扬"[①]。

一方面,文艺作品要着力塑造积极向上的人物形象、讲述鼓舞人心的故事、展现社会主义社会的光辉形象。文艺作为社会实践在一定的社会历史条件下的产物,源自人民群众的日常生活,在经过艺术加工后能够生动、形象地反映一定的思想文化并起到传播意识形态的作用。通过对典型人物的深入刻画,展示其在面对困难和挑战时不屈不挠的精神和乐观向上的积极态度,激发受众共鸣,引导受众学习人物的优秀品质,培养积极健康的生活态度,树立正确的人生观、价值观;通过艺术的形式讲述真实发生或富有寓意的故事,传达坚定理想信念的深远意涵,展现人民群众在社会主义建设过程中的努力和奉献,鼓励人们为实现共同理想而努力。

另一方面,文艺作品要勇于承担社会监督责任,通过艺术手段揭示和批判社会不正之风和不公现象。通过敏锐的艺术观察力揭示隐藏在日常生活中的贪污腐败、不平等、破坏环境等不正之风,通过批判不正之风、展现正义之力,引发社会反思和自我纠正,促进社会的进步和健康发展。此外,积极运用新媒介平台推出社会主义文艺的精品力作,广泛传播弘扬主流思想的优秀文艺作品,突出思想涵育、精神塑造、价值引导等方面的作用。加强主流意识形态在新媒介文艺话语中的转化与创新,使之以平实质朴、通俗易懂的生活话语走近受众,弥合文艺作品与广大人民群众间的话语鸿沟,增强文艺作品的可接受度和感染力,拓展主流意识形态的话语传播空间,弘扬社会主义主流思想文化,积极推动社会主义文艺事业繁荣发展。

(二)推出增强人民精神力量的优秀作品

习近平总书记深刻指出:"对文艺来讲,思想和价值观念是灵魂,

[①] 习近平:《在中国文联十一大、中国作协十大开幕式上的讲话》,人民出版社2021年版,第8页。

一切表现形式都是表达一定思想和价值观念的载体。离开了一定思想和价值观念，再丰富多样的表现形式也是苍白无力的。"① 文艺作品通常围绕特定主题，通过塑造人物形象、编排故事，借助文字或声像等媒介，以正面渲染或侧面烘托等艺术手法，表达一定的思想观念，传递一定的价值取向。文艺作品的生命力和影响力在于其内容所承载的思想深度和价值追求。社会主义文艺是人民的文艺，需要反映人民的精神生活和审美追求，为人民的根本利益服务。

首先，文艺创作要深入群众的劳动实践与社会生活。人民的生产生活本身是蕴含着文学艺术原料的矿藏，是文化创作最丰富、最生动、最基本的创作素材。文艺创作应该深入群众、深入基层，反映群众生活、思想、情感和愿望，为他们提供精神慰藉和启发。文艺创作者只有深入群众的劳动实践中，感受人民群众的社会生活，记录人民群众的喜怒哀乐，才有可能创作出更好、更优质的文艺作品。毛泽东鼓励文艺工作者"必须长期地无条件地全心全意地到工农兵群众中去，到火热的斗争中去"②，要和工农兵大众打成一片，认真观察、体验和分析人民群众生动的生产实践和生活状况，积累文学和艺术创作的材料，丰富文艺创作的内容和形式，反映人民群众的真实生活和感受，提升作品的真实性和感染力。此外，为了更加贴近民众，"文字必须在一定条件下加以改革，言语必须接近民众"③，提升文字的普适性，使普通民众能够更容易地接受和理解文化内容。通过使用群众熟悉和喜欢的语言风格，文艺作品更容易与群众产生情感共鸣，从而更有效地传达其深层文化意义。

邓小平指出："我们的文艺属于人民"④，"人民是文艺工作者的母亲。一切进步文艺工作者的艺术生命，就在于他们同人民之间的血肉联系。"⑤ 人民的劳动实践和社会生活为文艺创作提供了不竭源泉，文艺工作者需要从人民的创造性实践中汲取灵感，这样才能创作出具有生命

---

① 《习近平著作选读》第 1 卷，人民出版社 2023 年版，第 538 页。
② 《毛泽东选集》第 3 卷，人民出版社 1991 年版，第 861 页。
③ 《毛泽东选集》第 2 卷，人民出版社 1991 年版，第 708 页。
④ 《邓小平文选》第 2 卷，人民出版社 1994 年版，第 209 页。
⑤ 《邓小平文选》第 2 卷，人民出版社 1994 年版，第 211 页。

力的文艺作品，这也是确保文艺作品能够深入人心、产生强烈社会共鸣的关键。文艺与人民之间的血肉联系，本质上体现了文艺创作的依托基础和动力源泉。这种联系不仅是文艺生命力和影响力的彰显，而且是文艺实现社会功能和文化价值的前提。文艺作品对人民生活的深刻理解和真实反映，在很大程度上能够贴近人民的实际需求和精神追求，成为人民情感表达和精神沟通的桥梁。

其次，文艺创作要丰富人民的精神需求和情感表达。习近平总书记指出："以人民为中心，就是要把满足人民精神文化需求作为文艺和文艺工作的出发点和落脚点"①，"人民的需要是文艺存在的根本价值所在。能不能搞出优秀作品，最根本的决定于是否能为人民抒写、为人民抒情、为人民抒怀。"② 这指明了社会主义文艺创作的首要任务和目标，人民群众的精神文化需求是文艺创作的起点和终点。以人民为中心的创作取向，不仅能够提高文艺作品的生命力和影响力，而且还能发挥文化的凝聚力，促进文艺与人民群众的深度融合。在当今社会，人民群众对精神文化生活的需求日益多样化和个性化，这对文艺工作者提出了更高要求，只有深入人民群众的实际生活，准确把握其精神状态和心理需求，才能创作出触动人心、引发情感共鸣的作品。

中国作为广播电视和网络视听文艺的生产大国，电视剧年产量居世界首位，纪录片、动画片、文艺节目等产量均居世界前列。③ 近年来，主流网络文艺凭借贴近时代脉搏的主题和创新的叙事手法在新媒体平台产生了良好传播效果。尤其是一些聚焦主旋律和人民生活的优秀作品，引发观看热潮和社会好评。例如，以《觉醒年代》《山海情》等为代表的电视剧，以《约定》《黄文秀》《启航：当风起时》等为代表的网络剧，以《中国奇谭》等为代表的网络动画，围绕社会主义主流思想文化传播，创新话语表达与叙事方式，引起广泛情感共鸣和社会认同，推动主流文艺作品破圈传播，在新媒体平台赢得良好口碑。这些作品以人

---

① 习近平：《在文艺工作座谈会上的讲话》，人民出版社 2015 年版，第 13—14 页。
② 习近平：《在文艺工作座谈会上的讲话》，人民出版社 2015 年版，第 16 页。
③ 刘阳：《推动广播电视和网络视听高质量发展》，《人民日报》2023 年 9 月 29 日。

民的视角、情感和价值观为出发点,把人民作为文艺表现的主体,深刻地讲述人民故事,描绘人民形象,传达人民声音,反映人民追求,展现人民的历史地位、社会责任和时代使命。具有深刻性和感染力的文艺作品不仅是人民精神文化生活的真实写照,而且能够成为人民的精神慰藉,满足人民的精神文化需求和心理情感需求,激发人民对美好生活的向往和追求,以艺术的力量促进文化的繁荣与社会的进步。

最后,文艺创作要满足人民多层次多样化的审美期待。随着社会的发展和人民生活水平的提高,人民群众的文化需求和审美兴趣日益丰富多元,在满足了物质方面的需求后,更加渴望精神文化生活的提升。因此,文艺创作应紧跟时代步伐,反映人民对美好生活的新期待、新要求和社会发展的新变化,以多样化的形式和内容,满足不同年龄、不同背景群众的审美需求和文化消费。

社会主义文艺坚持以人民为中心的创作导向,需要"把人民作为文艺表现的主体,把人民作为文艺审美的鉴赏家和评判者"[1],文艺价值的体现应当根据人民群众的审美体验和评价标准来进行。文艺作品的传播在很大程度上取决于能否得到人民群众的认可和喜爱。文艺工作者在创作过程中,需要坚持党性和人民性相统一,既要体现党性,保证文艺作品坚持正确的政治方向,也要体现人民性,符合人民的审美标准,满足人民的审美期待,使文艺作品兼具艺术性和通俗性,在追求高雅情趣的同时,也要确保其能够为广大人民群众所接受和欣赏。

在传统文艺中,作品的创作和呈现由专业人士和机构把关,遵守严格的审美规范和理念,因此作品具有超越庸俗市侩的崇高性,能够发挥审美风尚引领和社会审美教化功能。[2] 然而,新媒介技术的发展重塑了文艺生态,导致文艺作品的生产方式、呈现形态、传播手段等均发生了变革。原先包含在概念或理论中的政治观念、价值理念,纷纷融入琳琅满目的新媒介文艺作品。文艺呈现不再依赖特定物质形式,而是通过新

---

[1] 习近平:《在文艺工作座谈会上的讲话》,人民出版社 2015 年版,第 14 页。
[2] 傅守祥、邵叶敏:《中国式现代化视域下的文艺实践与审美引导》,《浙江社会科学》2023 年第 10 期。

媒介建构的拟态环境，以虚拟化方式呈现，通过氛围营造、情感渲染打造沉浸式视听盛宴，满足人们的审美体验，并潜移默化地影响人的思想观念。

在新媒介平台中，"智媒算法"在一定程度上成为文艺生产、传播、接收等环节的"把关人"，算法推荐机制通过迎合受众的兴趣偏好，制造出"审美茧房"与"社会区隔"[1]，使用户陷于审美幻象而无法自拔，从而隐蔽地钳制用户思想乃至行为，实现文艺的"资本化"。利益集团通过资本操纵某些新媒体平台和创作者，以经济利益诱导其生产传播迎合市场需求的作品，使新媒介文艺过度商业化，与此同时，具有艺术性和深度性的作品反而被边缘化，造成审美畸趣，对社会审美观念和文艺价值产生误导性影响，这无疑削弱了文艺的公共价值属性和审美规范。因此，我们需要高度重视这一问题，加强主流意识形态在新媒介文艺传播中的意旨下潜、贴近群众的生活世界和现实感受、用主流价值观规训智媒算法，增强主流价值观念在新媒介文艺引导中的微观叙事建构，实现新媒介文艺的主流价值赋义，引领社会审美新风尚，不断满足人民的审美新期待。

（三）培养造就德艺双馨的文艺人才队伍

在建设社会主义文化强国的宏伟蓝图中，文艺人才扮演着极其重要的角色。德艺双馨的文艺人才不仅是高质量文艺作品创作的核心支撑，更是社会主义文化创新的智力源泉。大力培育德艺双馨的文艺人才队伍，对于促进社会主义文化繁荣与推进文化强国建设具有深远的意义。

首先，提升文艺工作者的专业素养。"有智慧有才情、敢担当敢创新、可信赖可依靠"[2]的文艺人才队伍，不仅是推动文艺创新、满足人民群众精神文化需求的关键，而且是社会主义文艺繁荣发展的核心动力。综合素质高、创新能力强的文艺人才队伍应具备深厚的文化底蕴和

---

[1] 常江、王雅韵：《审美茧房：数字时代的大众品位与社会区隔》，《现代传播》（中国传媒大学学报）2023年第1期。

[2] 习近平：《在中国文联十大、中国作协九大开幕式上的讲话》，人民出版社2016年版，第3页。

艺术才情，能够在文艺创作中展现出独到的见解和创新思维；同时还需具备强烈的社会责任感和历史使命感，敢于在艺术探索中担当责任，勇于面对创作和思想上的挑战。邓小平指出："所有文艺工作者，都应当认真钻研、吸收、融化和发展古今中外艺术技巧中一切好的东西，创造出具有民族风格和时代特色的完美的艺术形式。只有不畏艰难、勤学苦练、勇于探索的文艺工作者，才能攀登上艺术的高峰。"[1] 对专业精进和创新探索的追求，不仅是每一位文艺从业者通向艺术成功之路的必备素养，而且也是提升个人艺术修为、贡献独特艺术价值的主要途径。

文艺创作是一种高度专业化的活动，要求从业者不仅具备扎实的文艺理论知识，还需要拥有丰富的实践经验。注重专业素养的提升有利于创新文艺表达，提升作品的感染力以实现对受众的价值引导和精神启迪。一方面，文艺工作者需要系统学习文艺创作的相关知识，提升自身所属领域的专业素养，从历史和理论的角度加深专业理解，同时掌握跨学科的最新研究成果和艺术实践活动规范，不断开阔视野、提高艺术修养和创新能力。另一方面，文艺工作者还需要将理论知识与实践技能相结合，明确文艺作品的人民属性，扎根人民生活，深入了解最广大人民群众的真实心理，捕捉人民群众的情感需求，积累丰富的生活素材，为文艺创作提供真实、鲜活的灵感来源，创作出具有深度和温度的文艺作品。

其次，增强文艺工作者的道德修养。文艺作为一种特殊的社会意识形态，承担着社会价值引导、审美启迪、成风化人等方面的重要职责。因此，文艺作品不仅是艺术表达的载体，更是传递社会价值观、塑造公众情感、引导社会风尚的重要力量，能够深刻地影响人们的思想观念及行为方式，促进文化精神的建设和传承。文艺工作者作为文艺作品的生产者和传播者，自身的思想水平、道德水平等在很大程度上决定了文艺作品的高度和水平。因此，提升文艺工作者的职业道德素养成为提升把控文艺作品导向及质量的关键因素。文艺工作者的职业道德建设不仅关乎个人品德的提升，更是确保文艺作品能够传递正能量、服务社会主义核心价值观的前提，也是促使文艺创作健康发展、增强文化软实力的重

---

[1] 《邓小平文选》第2卷，人民出版社1994年版，第212页。

要途径。

习近平总书记强调:"立德树人的人,必先立己;铸魂培根的人,必先铸己。"[1] 文艺工作者要想树立榜样、影响和教化他人,必须首先提升自身的道德修养,把个人的道德修养、社会形象与作品的社会效果统一起来,不仅在知识和技能上追求卓越,更在道德修养和精神追求上作出表率,通过自身的实际行动展现出积极向上的价值观和人生观,从而在无形中引导和激励他人,促进社会进步。

第一,文艺工作者需要坚守艺术理想,反对庸俗媚俗。文艺创作要秉持高尚的艺术追求,坚决反对迎合低俗趣味和市场的庸俗、低俗、媚俗现象。加强对文艺工作者的教育引导,使其遵从文艺创作伦理道德规范,明确文艺创作中的道德边界,自觉抵制有悖于国家指导思想和社会公序良俗的负面信息,加强作风建设,增强为人民服务的使命感,不断创作出能够传播当代中国价值观、体现中华文化精神以及反映国人审美追求的文艺作品,进而凝聚民心、提升社会文化认同。

第二,文艺工作者应充分认识到文艺具有阶级属性,理解并践行马克思主义文艺观,确立正确的历史观、民族观以及文化观。强化阵地意识和"铁肩担道义"的社会责任意识,坚持意识形态底线,守住创作红线,自觉将社会主义核心价值观嵌入文艺作品,用社会主义意识形态引领文艺创作风向,凝聚思想价值共识,巩固主流意识形态阵地。充分认识自身影响力和作品的社会效果,自觉承担起传递正能量、引领社会风尚的职责,用心血创作、靠实力表演,通过展现真善美、批判假恶丑,促进社会主义精神文明和道德文化的发展。

第三,建立健全职业道德教育体系和监督机制,对违反职业道德的行为进行必要的惩戒和纠正,以营造良好的职业风气。选拔一批具有高尚道德品质和杰出艺术成就的行业榜样,借助其言行示范和社会影响,激励广大文艺工作者自觉提升个人道德修养,营造健康、向上、积极的行业环境。

---

[1] 习近平:《在中国文联十一大、中国作协十大开幕式上的讲话》,人民出版社 2021 年版,第 14 页。

最后，注重文艺工作者的文化涵养。文艺工作者的文化涵养对创作活动和作品质量具有深远的影响，其不仅是个人知识、修养和艺术感悟能力的体现，更是创作具有时代精神和文化深度的作品的基础。文艺工作者文化涵养的提升是一个复杂而系统的过程，涉及广泛的知识积累、深入的艺术理解和持续的实践探索等。

一方面，需要深入学习中华优秀传统文化。中华文化深厚而博大精深，蕴含着丰富的思想内容、美学理念和艺术形式，为文艺工作者提供了宝贵的创作资源和灵感源泉。文艺工作者需要深入学习和理解中华优秀传统文化的精髓和内涵，包括传统文学、哲学、艺术、历史等方面的知识。通过对经典文献的研读和对历史文化的探索，理解其背后的价值观念和美学原则，为创作提供坚实的文化基础。在深刻理解和传承中华优秀传统文化的基础上，积极探索艺术创新，结合现代人的审美需求和时代特征，对传统文化元素进行再创造、再解释。通过这种方式，既保留了传统文化的韵味和内涵，又赋予了其新的生命力和时代感，实现了传统与现代、古典与创新的完美融合。文艺工作者通过深入挖掘和创新性地继承中华优秀传统文化，不仅能够增强文化自觉和文化自信，还能在实践中创新艺术表现形式。

另一方面，需要广泛涉猎世界文化，吸收人类优秀文化成果。在全球化的时代背景下，文艺工作者应广泛涉猎世界文化，吸收人类优秀文化成果，这不仅是提升个人修养的需要，也是艺术创新的重要途径。文艺工作者通过深入研究和理解不同文化背景下的艺术表现形式和创作理念，进一步开拓国际视野，在跨文化的交流和碰撞中激发新的艺术灵感、挖掘新的创作路径。广泛涉猎世界文化可以帮助文艺工作者打破文化局限，拓宽创作视野。世界各国的文化艺术都有其独特的表现技巧、主题思想和审美特征，通过系统学习并进行批判性思考，能够深化对人类文化和社会发展规律的理解，丰富文艺工作者的知识结构，提高其分析问题和解决问题的能力，在保持自身文化特色和艺术个性的基础上，融入全球视野和人类共通的价值观念，使作品更加深刻地反映人性探索、社会变迁和文化交融等意涵，从而提升作品的思想性和艺术深度。

二 加快推进现代化公共文化服务体系建设

党的二十大报告提出："实施国家文化数字化战略，健全现代公共文化服务体系"[1]，强调了利用数字技术推动公共文化服务体系建设发展的重要性。这不仅是对当前现代公共文化服务体系发展趋势的准确把握，也是对未来文化建设方向的明确指引。这一战略部署有助于推动公共文化服务产业数字化转型，通过优化资源配置、创新服务模式，提升公共文化服务质量，促进社会文明进步和文化福祉惠及人民群众，满足人民日益增长的美好生活需要，加快构建具有强大文化软实力的社会主义文化强国。

（一）深入推进公共文化服务的数字化建设

《"十四五"文化发展规划》指出了加快文化产业数字化布局的宏观方向，以国家文化大数据体系建设为抓手，坚持统一设计、长期规划、分步实施，统筹文化资源存量和增量的数字化，以物理分布、逻辑关联、快速链接、高效搜索、全面共享、重点集成为目标聚集文化数字资源等。[2]《"十四五"公共文化服务体系建设规划》将"推动公共文化服务数字化、网络化、智能化建设"作为公共文化服务体系建设的主要任务之一[3]；《关于推进实施国家文化数字化战略的意见》将"提升公共文化服务数字化水平"明确为国家文化数字化战略的重要任务。[4] 公共文化服务体系作为文化产业的重要组成部分，其数字化布局关乎提升文化服务的效率和质量，以及满足公众多样化、个性化的文化需求，对提升国民文化素养、丰富人民精神世界、推动社会主义文化的繁荣发展

---

[1]《习近平著作选读》第1卷，人民出版社2023年版，第37页。
[2] 中共中央办公厅国务院办公厅：《"十四五"文化发展规划》，https://www.gov.cn/gongbao/content/2022/content_5707278.htm? eqid=95494b6300078ab600000006647069a0，2022年8月16日。
[3] 中华人民共和国文化和旅游部：《"十四五"公共文化服务体系建设规划》，https://www.gov.cn/zhengce/zhengceku/2021-06/23/content_5620456.htm，2021年6月10日。
[4] 中共中央办公厅国务院办公厅：《关于推进实施国家文化数字化战略的意见》，https://www.gov.cn/xinwen/2022-05/22/content_5691759.htm，2022年5月22日。

具有十分重要的意义。

首先,优化公共文化服务数字化的顶层设计与整体布局。顶层设计作为推进公共文化服务体系数字化转型的战略基础,不仅能够提供全局性的规划和方向,还能确保各项措施和资源有效协调与整合。顶层设计的有效实施,依赖于政府的强有力领导和多部门之间的紧密协作,以及全社会对公共文化服务数字化转型重要性的认识和支持。

一方面,需要明确公共文化服务体系数字化转型的战略目标与原则。加强顶层设计和统筹协调,制定中长期发展规划包括确定数字化服务的基本框架、核心内容、发展方向和长远目标,以及制定相应的政策支持和实施计划。坚持以人民为中心的发展思想,聚焦于建设开放共享、便捷高效的数字文化服务平台,通过数字技术的应用,实现文化资源的广泛传播和公平获取,确保数字化服务的公益性和普惠性。例如,《"十四五"文化发展规划》《关于推进实施国家文化数字化战略的意见》等文件的出台,对文化长远发展、数字化转型及建设等方面作出一系列战略部署,为公共文化服务体系数字化发展提供了根本遵循和政策保障。

另一方面,应加强政策支持与法律保障。政策支持和法律保障是推进公共文化服务体系数字化转型的基础。政府应出台相关政策,明确数字化转型的优先方向和支持领域,如资金扶持、税收优惠、人才培养等。通过专项基金、税收补贴等形式,加大对关键技术研发、数字内容建设、平台和基础设施建设等相关方面的投入,为公共文化服务体系数字化项目提供强有力的支持;通过设置相关专业,建立多层次人才培养体系,培养数字文化领域专业技术人才和管理人才,同时,通过设立研究基金、人才引进计划等方式,吸引国内外高层次人才参与到数字文化服务的创新和发展中;建立健全相关法律法规,覆盖版权保护、个人信息安全、数据管理等关键问题,为公共文化服务的数字化转型提供规范化、法治化的环境,保障文化创作者和消费者的合法权益,为文化内容的创新和传播创造有利条件。

其次,完善公共文化服务数字化的基础设施和平台建设。数字基础设施建设在推动中国式公共文化服务体系现代化转型中扮演着至关重要的角色,不仅关乎公共文化服务体系的构建动能转换、业态结构优化及运行模式转变等诸多问题,也是区域间公共文化服务数字化联动的重要依托,需要多维度协同强化公共文化服务领域的数字基础设施建设。[1] 一方面,优化公共文化服务体系的资源配置,加强各级各类公共文化数字化设施建设。对公共文化机构而言,数字资源的丰富程度直接影响公共文化服务的覆盖面和深度,因此,需要系统规划数字资源,鼓励体育馆、文化馆、公共图书馆等机构加大对数字藏品、在线教育资源、虚拟展览等数字资源的投入,利用数字技术对现有资源进行数字化改造和优化,提升数字内容的多样性和覆盖性。

另一方面,优化公共文化服务体系数字平台体系,提升资源利用效率和服务质量。公共文化机构需要充分利用移动互联网的优势,不断优化数字服务平台,提高平台的互动性和便捷性。运用人工智能、大数据分析、虚拟现实等先进技术为公众提供个性化的公共文化服务。例如,通过大数据分析用户行为,提供个性化的阅读推荐、展览导览等服务;利用虚拟现实技术,创建沉浸式的文化体验空间,让用户身临其境,激发用户对文化的兴趣和热情;开发适用于移动设备的应用程序,提供便捷的服务接入点,满足用户随时随地获取文化服务的需要。

最后,加强公共文化服务数字化的内容建设与科学管理。公共文化服务通过提供普遍的、基础的文化产品和服务,使社会成员享有基本的文化权利,保障人民群众的基本文化需求,为促进文化的传承与创新、构建文化强国提供了坚实的基础。因此,需要不断增加公共文化优质内容供给,创新管理机制与服务体系,提升公共文化的服务效能。一方面,扶持优秀文化项目,健全全民阅读推广服务体系,丰富优质文化内容。全民阅读推广服务体系是新时代文化发展的新要求,是随着全民阅读活动 20 多年进展而确定的新政策导向。[2] 而形成良好阅读氛围的前

---

[1] 杨博、王连:《数字化赋能公共文化服务体系高质量发展:逻辑、困境与路径》,《图书与情报》2023 年第 5 期。

[2] 冯玲、李东来:《图书馆在全民阅读推广服务体系中的新认知与新担当》,《中国图书馆学报》2024 年第 1 期。

提条件之一是需要有优质的阅读内容,公共文化服务体系作为提供优质文化内容的重要抓手,为全民阅读提供了基础和保障。因此,需要重视公共文化的数字化优质内容建设,集中力量打造高质量的阅读服务体系,提高有声书、电子书等内容质量及可获取性,满足不同年龄层和兴趣群体的文化需求。

另一方面,加强公共文化服务的智能化管理和评估,推进文化惠民工程互联互通。利用云计算、大数据等现代信息技术手段,建立和完善全国至地方各级的公共文化服务平台管理系统,实现资源共享,信息互联互通,为广大人民群众提供个性化、精准化的文化服务;建立科学合理的公共文化服务评估体系,定期评估文化服务质量和效果,及时发现和解决文化服务过程中的问题,确保文化服务持续改进和优化,进而提升文化服务的整体质量和效率;建立智能反馈系统,鼓励用户直接参与服务评价,根据用户意见和建议调整服务内容和形式,促使其贴近用户的实际需求,从而提升优质内容的到达率和用户满意度;加强监管数据隐私泄露等风险,定期开展监测反馈,有效规避数字技术潜在风险,保障数据安全和用户隐私,为公共数字文化服务的高质量发展奠定坚实基础。此外,还需加强公共文化服务人员的数字化运营能力培训,使其能够熟练掌握智能化管理系统和工具,高效地进行文化服务的智能化运营和管理。

(二) 促进公共文化服务的标准化和均等化

促进公共文化服务均等化、标准化是新时代党和国家践行以人民为中心理念的重要举措,有助于缩小城乡、区域等文化服务差距和贫富差距,让更多人民享受丰富多样的文化成果,为实现全体人民共同富裕打下坚实的文化基础。公共文化服务均等化旨在使全体公民能够享受水平大致相等的基本公共文化服务,而非绝对的平均主义或简单的等额分配。[1] 党的十八大以来,党中央始终把推进基本公共文化服务均等化放在至关重要的地位,推动了现代化公共文化服务体系的建设与

---

[1] 张雅琪等:《基本公共文化服务均等化研究综述》,《国家图书馆学刊》2018 年第 1 期。

发展。《"十四五"文化发展规划》强调提高公共文化服务的覆盖面和实效性，推进城乡公共文化服务体系一体化建设，提升基本公共文化服务标准化均等化水平，更好地保障人民基本文化权益，指明了新时代公共文化服务的一体建设、协同发展的方向。

首先，建立健全统一的公共文化服务标准体系。建立健全统一的公共文化服务标准体系，是提升公共文化服务质量和效率的重要前提和基础，能够有效提升公共文化服务的质量和满意度，促进文化服务的均等化和普及化。具体而言，基本公共文化服务标准体系的建立健全要涉及制定、实施、监督、动态调整等多个环节。

一方面，需要制定全面而具体的公共文化服务标准体系。全面落实国家基本公共服务标准，明确现阶段基本公共文化服务范围和标准。以《国家基本公共服务标准（2021年版）》为基准，综合考虑各地区文化需求的多样性和特殊性，进行地方性、针对性的服务标准设定，界定服务对象、服务种类、服务时长、服务效果等具体指标，确保每一项服务都有明确的标准和预期目标。在标准化制定方面，嵌入数字技术有利于实现同步更新、同源共享的资源建设标准，减少因公共文化服务随意性和自裁性所导致的供需失衡现象，进一步推进公共文化服务质量的标准化，切实提高人民群众对于公共文化服务的满意度。[1]

另一方面，强化公共文化服务标准的监督与评估。建立全面、多元的评价体系，包括服务提供方的自我评价、消费者评价、同行评价以及专家学者的专业评价体系，确保评价的全面性和客观性，实现以评促建。通过完善的评价体系和监督体系及时发现和解决服务过程中的问题，为服务标准的更新和优化提供科学依据。此外，建立动态调整机制。基本公共文化服务标准体系并不是一成不变的，而是需要根据社会发展的实际情况，如人口结构变化、文化消费习惯的演进等因素，进行适时调整和更新，以保证服务标准既具有前瞻性，又能紧密贴合实际需求，从而有效指导公共文化服务的优化和提升。

---

[1] 项松林、杨彪：《公共数字文化服务高质量发展：内涵、逻辑与路径》，《图书馆理论与实践》2023年第6期。

其次，统筹城乡和区域间的公共文化服务均衡发展。《"十四五"公共文化服务体系建设规划》指出，自"十三五"以来，在党中央和政府的高度重视与大力支持下，现代公共文化服务体系"四梁八柱"的制度框架基本建立，公共文化服务法治建设取得突破性进展，体制机制改革不断深化，基本公共文化服务标准化均等化建设全面推进，我国公共文化服务体系的数字化建设取得了一定成就，服务效率和覆盖范围大幅提升。[1] 但与此同时，公共文化服务体系的整体发展水平仍处于不平衡不充分的状态，资金投入、设施建设、资源配置、服务效能等都存在明显的不足[2]，城乡之间、区域之间的公共文化服务发展水平还存在较大差距，尤其是乡村公共文化服务体系数字化建设更是任重而道远。乡村地区由于经济发展水平较低和投入不足，数字化基础设施如宽带网络覆盖、数据中心等方面相对落后。这直接影响了数字化公共文化服务的可达性和用户体验，限制了数字内容和服务的有效传播。因此，统筹推动城乡公共文化服务体系数字化发展，必须补齐乡村数字化短板，弥合城乡之间的文化服务差异，实现乡村文化资源的高效配置和利用，促使乡村人民都能平等享受到丰富的文化成果和优质的文化服务。

一方面，加强乡村文化建设和供给总量，补齐乡村基层公共文化服务体系短板。加强乡村文化建设和供给总量是提升乡村公共文化服务体系建设的基础和前提。当前，乡村地区在文化基础设施方面存在较大短板，图书馆、文化活动中心和电影院等文化设施匮乏，在很大程度上限制了乡村文化服务覆盖面的广度和深度。因此，政府需要加大对乡村文化基础设施的投资和建设力度，如改善网络基础设施、建设多功能的乡村文化服务中心、提供稳定的互联网接入服务。通过移动图书车等方式将文化资源直接送达乡村，促使所有区域尤其是资源相对匮乏的农村地区、革命老区、民族地区及边疆地区，都可以获得丰富的文化资源。

另一方面，在增加公共文化服务总量的同时，还需优化供给结构，

---

[1] 中华人民共和国文化和旅游部：《"十四五"公共文化服务体系建设规划》，https://www.gov.cn/zhengce/zhengceku/2021-06/23/5620456/files/d8b05fe78e7442b8b5ee94133417b984.pdf，2021年6月10日。

[2] 麦旭辉：《"图文博美"四馆协同服务之研究》，《图书馆理论与实践》2021年第2期。

确保文化内容既能反映丰富多元的民族文化，又能满足不同人群的需求，提高公共文化服务的可及性与多样性。通过数字图书馆、在线展览等数字化文化服务，有效突破地理限制，缩小城乡及不同地区间的公共文化服务差距，拓宽乡村居民的文化视野，丰富农村居民的精神文化生活。开发和推广贴合乡村居民文化特色和实际需求的数字化公共文化服务内容，利用当地的文化资源和故事建构具有地方特色的数字内容。通过在线乡村历史展览、地方艺术和手工艺教程等反映乡村生活和风土人情，鼓励乡村用户自主参与数字内容建设，通过社交媒体平台展示分享自己的故事和才艺，丰富公共文化内容，增强乡村居民的凝聚力和归属感。有效解决乡村公共文化服务体系数字化建设的现有不足，推动公共文化服务的平等化、普及化和个性化，从而促进乡村文化繁荣和经济发展。

此外，还需优化乡村文化治理资源配置机制。部分农村存在文化数字资源调配政策落实不力、资源整合开发不足等问题，很多文化资源还未充分挖掘、要素未有效运用，乡村文化治理资源配置机制有所缺失。城乡文化资源配置不够均衡，城市更容易占有文化资源分配的优先权，而乡村往往被置于文化资源分配的末端。加上城乡间存在文化资源双向流动的壁垒和障碍，城市对乡村文化建设的支持力度不够，使城乡文化资源分布更为失衡。因此，需要建立健全乡村文化治理资源投入的制度，治理资源向公共服务领域倾斜、治理重心向基层下沉，打破农村人才资金短缺的瓶颈，发挥政府财政资金的引导作用，撬动更多的金融和社会资金投入乡村文化建设。

最后，切实加强特殊群体的公共文化权益保障。随着信息技术的快速发展，数字技能已成为现代社会人们不可或缺的能力。提升乡村居民的数字素养是实现公共文化服务均衡发展过程中的重要一环。然而，在乡村地区，由于教育资源的限制和居民接触数字产品的机会相对较少，特别是老年人和低教育水平群体的数字素养普遍较低，缺乏获取数字信息的能力，造成享受公共文化服务的障碍，无形中加剧了城乡数字鸿沟。《"十四五"文化发展规划》特别强调了关注老年人、农村留守妇女儿童、残疾人等特殊群体的文化服务需求，丰富公共文化供给，保障特殊群体的基本文化权益。因此，需要高度重视乡村居民数字素养的提升。

第一，设立面向乡村居民的数字素养培训项目，特别是针对老年人和低教育水平群体实施，以提高他们使用数字设备和互联网服务的能力。提升数字化教育培训的针对性与系统性。通过深入乡镇调研，根据不同年龄层、教育背景和技能水平群体的具体培训需求设计培训课程，既覆盖基础数字知识，如基本的计算机操作和互联网使用技巧，又包含对互联网信息传播规律的认识。通过建立一套完整、多层次、个性化的培训体系，有效提升乡村居民的数字素养，促进数字技术在乡村地区的广泛普及。

第二，利用乡村资源构建多元化数字知识普及平台。乡村文化中心、学习中心作为知识普及的重要节点，可以有效地扩大数字教育的覆盖面，通过充分利用和整合资源，构建多元、互助、共享的数字知识普及平台，为乡村居民提供更加丰富和便捷的学习资源；鼓励和培养乡村数字技能志愿者，使其利用所掌握的知识和技能帮助其他村民学习，从而形成自下而上的学习推广机制，形成乡村内部的学习互助氛围，提升学习数字知识的兴趣和实效。

第三，注重提升偏远民族地区的文化建设。《"十四五"文化发展规划》强调了民族地区的公共文化服务建设，指出加强民族地区新闻出版事业发展、少数民族语影视译制工作以及广播电视传输覆盖等方面措施的重要性。这不仅有利于促进民族文化的保护与传承，而且通过提高少数民族地区的文化服务水平，加深民族的团结和凝聚力。通过政府的政策倾斜和大力扶持，减少发达地区与偏远地区间公共文化资源配置的不平衡现象，加强民族地区文化产品的创作、生产和传播，提升民族文化内容生产的质量和影响力，确保民族文化在全国文化版图中的独特地位和生动呈现，促进民族地区文化的繁荣，推动全社会文化的整体进步和谐发展。

(三) 增强公共文化产品和服务供给的能力

增强公共文化产品和服务供给的能力，对于满足人民群众日益增长的精神文化需求、促进社会主义文化强国建设具有重要意义。在数字化、网络化深入发展的背景下，通过丰富多样的文化产品，滋养人民群众的精神世界，增强文化自信和国家认同感；通过促进文化创新和文化产业的发展，强化公共文化服务供给，确保广大人民群众特别是边远地区群众和弱势群体能享有均等的文化权利和机会，从而推进人民精神生活的共同富裕。

首先，引导社会资本更多投向公共文化服务领域。鼓励社会资本向公共文化服务领域投资是提升公共文化服务质量、满足人民群众日益增长的文化需求的重要途径。具体说来，通过采取政策激励、风险分担、公私合营等策略，促使文化资源有效配置，激发文化的市场活力和创新能力。

第一，制定文化发展的优惠政策和财税激励措施。政府可以通过制定相关优惠政策和财税激励措施，降低社会资本投入公共文化服务领域的门槛和成本。对在公共文化项目中投资的企业和个人，提供税收减免、财政补贴、低息贷款等优惠。给予投资者必要的政策保障，为其提供文化投资收益的分红和文化项目运营的优先权，降低文化投资的风险，提高文化投资的吸引力。

第二，建立多层次的文化投融资平台，为社会资本进入公共文化服务领域提供便利。政府应设立专门的文化产业基金、鼓励银行和金融机构开发适合文化项目的金融产品和服务。建立文化产业投融资信息服务平台，提供项目对接、资讯咨询、风险评估等服务，公平匹配文化项目与文化资金，促进文化资源的有效整合和利用。优化乡村文化建设的投融资结构，建立乡村文化建设资金整合统筹机制，拓宽乡村文化建设的投融资渠道，形成金融重点倾斜、财政优先保障、社会积极参与的投入格局。

第三，拓展合作模式和领域。政府应鼓励和支持公私合营、特许经营、合作开发等多种合作模式，拓展公共文化服务合作的广度和深度。例如，通过冠名捐赠、股份制、合作经营等模式引导社会资本参与城市文化广场、公共图书馆、民办博物馆、文化艺术中心、大剧院、美术馆等基础设施建设和运营等。同时，探索将社会资本引入文化遗产保护、非物质文化遗产传承、文化教育等领域，促进公共文化服务的创新和发展。

第四，完善文化投融资的法律法规，保护投资者的合法权益，增强社会资本投资公共文化服务领域的信心。加强知识产权保护，完善合同管理和纠纷解决机制，为社会资本提供一个公平、透明、可预测的投资环境。同时，通过成功案例的推广和宣传，展示社会资本参与公共文化服务的积极性和潜在价值，激发更多社会资本投资公共文化服务的热情。

其次，推动公共文化服务主体的多元化和方式的多样化。在传统公共文化服务模式中，政府部门和事业单位通过自上而下的方式提供文化服务，民众更多的是被动接受文化服务，丧失了积极参与文化服务的机会。并且文化服务主体和服务方式相对单一，政府和事业单位在运营机制、管理体制等方面相对僵化，缺乏灵活性和创新性，在一定程度上使得公共文化服务内容体系更新换代较慢，无法满足人民群众日益增长的文化需求。构建现代公共文化服务体系需要打破这种局限，发挥社会资本的力量，形成政府主导、多元主体协同参与文化服务的新格局，进而激发公共文化服务体系的活力和创造力，全方位提升文化服务的效率和质量。

在加快推进现代化公共文化服务体系建设的过程中，企业、非政府组织、社区组织、文化艺术团体及个人等主体，都要以各自独特的方式参与其中，共同构建多样化的文化生态系统，不断丰富公共文化服务的内容和形式，促进文化创新和社会参与的深度融合。例如，社区作为连接政府与民众的桥梁，应承担起基层管理与公共文化服务的双重角色。借助地理与社会位置的优势，社区对当地文化特色与居民的心理需求有更深刻的洞察和理解，能够为本社区居民提供更加细致和贴心的文化服务，更能满足居民多样化的文化需求，从而促进公共文化服务的个性化和精细化发展。社区通过组织和实施一系列丰富多彩的文化活动，如街区艺术节、社区戏剧、图书交流会等，促进社区成员的文化参与和创造，在有效增强社区文化的活力、丰富社区居民精神生活的同时，也为公共文化的传承与创新提供平台。在乡村文化服务体系建设过程中，要发挥工会、共青团等组织优势，动员社会力量参与乡村文化建设，以乡情乡愁为纽带，吸引支持企业家、专家学者等下乡参与文化服务。

最后，创新公共文化服务管理的模式和机制。随着社会的发展和人民生活水平的提高，公众对文化服务的需求越来越多元化和个性化。高效的公共文化服务管理模式能够促使公共文化服务资源的合理配置和充分利用，从而提高文化服务的覆盖范围和质量，更好满足不同人群的文化需求。因此，促进公共文化服务管理的高效运行是实现文化服务高质量发展的必要条件，对提升公民文化福祉、建设文化强国具有深远的意义。

一方面，创新公共文化服务管理模式。创新促进公共文化服务管理模式的核心在于融合创新的管理理念、先进的技术手段以及有效的合作机制，全面提升文化服务的效率与质量。在公共服务管理模式方面，国外发达国家和地区起步较早，19世纪末德国就提出了公共文化服务的概念，公共文化服务作为公共服务的重要组成部分，在文化领域形成了三种具有自身特色的模式。一是以美国、德国为代表的市场主导模式，政府主要依赖各类文化团体、机构和政策法规来管理文化服务。二是以法国、日本为代表的政府主导模式，政府通过中央及下属行政部门直接领导文化服务开展。三是以英国、澳大利亚为代表的"一臂之距"模式，政府借助于民间文化团体来管理文化。[1] 西方国家在公共文化服务的提供、管理和创新方面积累了一定的经验，有选择性地学习借鉴西方公共文化服务模式有利于提高中国公共文化服务体系的国际化水平。

---

[1] 韦楠华、吴高：《主要发达国家公共数字文化建设制度特点探讨》，《现代情报》2018年第6期。

西方发达国家在公共文化服务的提供和管理上采取了多种创新模式，如公私合营、社区参与、志愿服务等，增强公共文化服务的可达性和参与性；在公共文化服务管理方面形成了相对成熟的运营机制，如建设灵活多样的融资渠道、服务评估模式等。中国在推进公共文化服务体系管理的过程中，应积极借鉴不同的管理模式，探索与中国国情相适应的文化服务方式，构建更为高效、开放的公共文化服务管理体系，提高公共文化服务的发展能力和质量，发动政府引导、企业参与和社会力量共同建设公共文化服务体系，切实提升公共文化的服务质量。

另一方面，建立高效的文化服务合作机制，创新多元化的文化服务模式。政府作为公共文化服务的管理者，应当发挥引导和协调作用，建立企业、非政府组织、社区组织、文化艺术团体以及个人等多主体的合作机制。通过引入智能推荐系统、自动化管理等人工智能技术，提高公共文化服务的管理效率。利用云计算、大数据等技术，建设数字化公共文化平台，提供在线阅读、虚拟展览、在线教育等文化服务，实现文化服务的无时空限制。通过提供平台支持、共享资源等，促进不同主体间的联系与合作，推广政府和社会资本合作模式，鼓励社会资本设立有关基金，促进公共文化服务建设的多元化发展。

三　着力推进文化产业的高质量发展

在新时代的背景下，社会主要矛盾已经转变为人民日益增长的美好生活需要和不平衡不充分的发展之间的矛盾。广大人民基本的物质生活需求已基本得到满足，正追求更深层次的精神生活的满足，而文化强国战略则为人民精神生活的满足提供了宏观指导和目标导向。"激发全民族文化创新创造活力，建设社会主义文化强国是新发展阶段文化高质量发展的重要任务。"[①] 文化产业的高质量发展不仅关系到经济结构的优

[①] 王永贵：《新时代社会主义文化强国建设的意识形态逻辑》，《南京师大学报》（社会科学版）2022年第5期。

化升级，而且对于提升国家文化软实力具有重要作用。有效推动文化产业的高质量发展转型，需要在处理好文化产业发展的辩证关系的前提下，加快培育文化产业创新发展的新业态，推动文化产业创新融合发展，增强文化产业发展的影响力和竞争力，实现文化产业更高质量、更高效率、更加公平、更可持续的发展，进而为全面建成社会主义文化强国奠定坚实的基础。

（一）把握处理好文化产业发展的辩证关系

文化与产业二者相辅相成，互为表里。文化是产业发展的精神支柱，而产业则是文化传承与发扬的重要平台。作为提升产业发展水平的关键要素，文化承载着民族的记忆与活力，是实现民族复兴的重要精神支柱；产业则是文化发展的物质基础，为文化的保护与传承提供经济支持。可以说，推动文化产业的繁荣发展对于丰富广大人民群众的精神文化生活、促进经济的高质量发展、实现建成社会主义文化强国的战略目标具有重要意义。而促进文化产业发展需要辩证思维的导航把脉。推动文化产业的深度融合与健康发展，应辩证把握文化产业发展进程中政府引导和市场配置、社会效益和经济效益、立足眼前和长远发展的关系，在和谐的关系中促进文化产业的改革转型与持续发展。

首先，辩证把握政府引导和市场配置的关系。从制度建设的角度出发，要实现文化产业的发展，关键在于科学把握政府引导和市场配置的关系。一方面，政府在文化产业发展中的作用不可忽视。以政府为主导的管理体制"在产业生态运行中扮演着'支持者'的角色"[1]。因此，要充分发挥政府的管理职能，有关文化部门需要清晰认识到自身在文化产业发展中的角色，切实履行宏观调控、政策调整、市场监管等职能。为优化文化产业管理体系，政府需要通过政策引导产业发展方向，包括制定相关规定和政策、鼓励创新创业、扶持文化产业园区的发展、加强知识产权的保护等。同时，政府还需要构建分工协作、协同有序的文化

---

[1] 张振鹏：《数字文化产业生态的基本特性、运行机制与演化趋向》，《学术论坛》2023年第6期。

市场发展体制，促进文化产业市场发展从分散走向集中、从杂乱走向有序。另一方面，在社会主义文化强国建设的背景下，促进文化产业发展的制度性变革，推动文化产业发展提质增速尤为重要，而市场手段的多元化、应变性和灵活性是改革的要点。构建灵活有序的市场资源配置机制，发挥文化产业的市场自主调节功能是实现生产关系变革的关键举措，其能推动文化产业的发展模式由低效转变为高效，使文化产业在市场经济发展的大潮中稳步前进。

总之，要实现文化产业的现代化发展，需要政府和市场的共同努力。政府应当倾听市场声音，了解市场需求，调整和完善政策措施。而市场参与者也应当积极响应政府政策，合法经营，承担社会责任。只有辩证把握政府引导和市场配置的关系，使二者发挥出各自的优势和作用，才能更好地推动文化产业的持续发展，为社会主义文化强国建设作出更大的贡献。

其次，辩证把握社会效益和经济效益的关系。在推进文化产业高质量发展的过程中，辩证把握社会效益和经济效益的关系是实现文化产业现代化转型的重要路径。社会效益是指文化产业在满足人们精神文化需求，提高公民文化素质和社会文明程度等方面的效应。经济效益则是指文化产业在创造经济价值，促进就业，推动经济增长等方面的作用。如何在追求经济效益的同时，实现社会效益的最大化，是当前文化产业发展需要把握的关键议题。一方面，以人民为中心是文化产业发展的价值导向。文化产业作为传播社会主义核心价值观、弘扬民族优秀传统文化的重要载体，其根本任务是满足人民群众日益增长的精神文化需求，提高全民族的思想文化素质。因此，在推进文化产业高质量发展的进程中，必须始终坚持以人民为中心的发展思想，将社会效益放在首位，促进文化产业健康有序发展。另一方面，经济效益是文化产业发展的重要保障。文化产业不仅是一种文化现象，更是一种经济活动。在市场经济条件下，文化产业的发展必须遵循市场规律，通过市场机制来优化资源配置，提高文化产品和服务的市场竞争力，实现文化产业经济效益的可持续增长，为产业发展提供必要的物质基础。

总之，推动文化产业高质量发展需要辩证看待社会效益和经济效益的关系。在鼓励文化产业创新、提高文化产品和服务的附加值、实现产业经济效益的同时，也要强化对文化产品和服务的质量监管，防止低俗、媚俗文化产品的泛滥，维护良好的文化生态，实现文化产业经济效益和社会效益的双赢。

最后，辩证把握立足眼前和长远发展的关系。推进文化产业高质量发展是全面建成社会主义文化强国的长期任务，在这一过程中，辩证把握文化产业发展的当下与长远目标是关键所在。这就要求我们在实践中不断探索和总结经验，既要注重当前效益，也要着眼于未来趋势，实现短期目标与长期战略的有机统一，为构建社会主义现代化强国提供强大的精神动力和文化支撑。一方面，关注文化产业的即时效益与市场需求，快速响应市场变化，提高文化产品和服务的质量与多样性。相关企业和文化政策制定者要具备敏锐的市场洞察力和创新能力，通过技术创新、产品创新和营销策略创新等手段，不断提升文化产业的市场竞争力。同时，相关文化企业要提高文化产品的质量，以高质量的文化产品迎接瞬息万变的文化市场，满足人民群众多样化的精神文化需求，从而在激烈的市场竞争中处于优势地位。另一方面，仅仅关注眼前是不够的，要实现文化产业的长远发展，相关文化企业必须具备前瞻性思维，对文化产业的发展趋势进行科学预判，制定符合时代要求的发展战略。具体而言，文化企业要积极投身于技术研发，加强文化产业的创新研究，推动文化与科技深度融合，在借鉴国际先进经验的同时联合社会各界培养创新型人才，建立多层次、宽领域的人才培育体系，为文化产业的长远发展提供智力支撑，进而激发文化产业的内生动力。

总之，政府与文化企业在推动文化产业发展的进程中，既要考虑到文化产业的特殊性，又要兼顾文化产业与其他产业的关联性，确保文化政策和相关措施既能促进当前的经济增长，又能引导文化产业向更高质量方向发展。

（二）加快培育文化产业创新发展的新业态

在文化产业深度融合的背景下，创新文化产业的发展机制显得尤为重要。文化产业的创新融合发展是指不同文化形态和产业间的交叉、渗透和重组，"是推动经济发展方式转变和提升企业竞争力的关键步骤"①，是推动文化产业高质量发展的有效途径。要实现文化产业的融合与创新发展，必须搭建行业间合作的平台和桥梁，鼓励文化与旅游、数字、创意、科技等行业的跨界合作，实现文化资源共享和优势互补，使文化资源转化为产业优势。

第一，实现文化和旅游的融合发展和双向赋能。习近平总书记指出："坚持以文塑旅、以旅彰文，推进文化和旅游深度融合发展。"② 一方面，文化产业可以通过与旅游产业的结合推动文化产业转型升级，开拓文化市场的空间。另一方面，文化产业的丰富内涵和创新能力也为旅游产业注入了新的活力，提升了旅游产业的品质和内涵。因此，促进文化与旅游产业的深度融合不仅有利于优化旅游产业的结构，推动旅游业的高质量发展，还能带动文化产业的繁荣发展，实现文化与旅游产业的良性互动。

然而，在促进文旅产业深度融合的过程中面临着诸多困难。由于文化产业和旅游业的政策法规和市场环境存在着显著差异，文化和旅游的融合相对缓慢。文化产业往往希望保护自身的原创性和独特性，而旅游产业则更关注经济效益和市场需求。此外，文化产业和旅游产业在管理体制、人才队伍等方面存在着合作的瓶颈，影响着文化产业融合的深入推进。因此，要实现"文化+旅游"的双向赋能，在促进文化与旅游产业深度融合的过程中，需要加强顶层设计、完善市场机制、优化人才培养，不断克服困难，推动文化与旅游产业的融合发展。

首先，加强顶层设计，推动文旅产业融合的政策落细落实。政府需要从顶层设计出发，制定、执行一系列有力的政策和措施。结合本地的资源优势，编制具有针对性和可操作性的配套政策和实施细则，为文旅产业的融合发展提供明确的战略方向和政策支持。积极宣传推广具有文

---

① 李政、廖晓东：《新质生产力理论的生成逻辑、原创价值与实践路径》，《江海学刊》2023年第6期。
② 《习近平著作选读》第1卷，人民出版社2023年版，第37页。

化特色的文旅产业融合项目，以市场需求为导向，建立完善的监督体系和反馈机制，确保相关政策的持续性、稳定性和互补性，为文化产业的健康发展提供有力保障。此外，为了保障文化产业政策的精准落实，各级政府还需要出台适用于文旅产业融合的法律法规和行政条例，健全公共财政支持和人才的保障政策。同时，各级政府应明晰责任主体，建立统筹协调机制，优化文旅产业营商的政策环境。

其次，完善文化市场机制，优化文化产业融合模式。资源交叉融合是实现文旅产业融合的重要途径。通过充分整合现有文化资源与旅游资源，推动文化产业的聚集发展，完善文化产业链和供应链。一方面，政府部门在推进文旅产业融合过程中发挥着关键作用，要挖掘自身区位资源优势，明确阶段性发展目标，培育组建一批具有特色的文化旅游企业集团。例如，哈尔滨在打造当地特色旅游产业的过程中，充分发挥了冰雪文化资源的优势，通过举办冰上灯光秀、冰雕比赛、国际冰雪节等多种冰雪文化主题活动，吸引了大量国内外游客，在推动当地旅游业发展的同时，也促进了冰雪文化的传播和保护。另一方面，企业应积极响应政府政策和顺应市场的调节，形成互相促进、协调发展的模式，推动文化产业在原有功能基础上开发新的文化旅游功能，采用内容交叉渗透和技术交叉渗透的手段进行文旅内容的互动和技术的延伸，拓展文化产业的边界，提升文化产业的知名度和影响力。

最后，优化文化人才培养，完善文化保障机制。要明确文旅人才培养的战略定位，确保文化人才发展工作与各级文化旅游人才发展专项规划紧密结合。通过发掘文化产业带头人，引领文旅产业人才队伍的发展壮大。广泛发动民间艺术家、非遗传承人、优秀企业家参与文旅产业建设，充分发挥文化的示范引领和辐射带动作用。强化对文化人才培养的保障，健全文化人才认定评价机制和政策扶持机制，创造安定的就业创业环境，吸引优秀从业者和高校毕业生扎根基层，不断提升文旅人才队伍实力。

第二，促进"文化+数字"的高质量发展。党的二十大报告指出："实施国家文化数字化战略，健全现代公共文化服务体系，创新实施文化惠民工程。"① 数字产业的高质量发展对于实现文化产业的融合发展具有重要意义。数字资源是推动文化产业发展的重要资源，文化与数字产业的融合已成为一种趋势。这不仅能够创造新的经济增长点，还能够丰富人民的精神文化生活。

数字文化产业的高质量发展需要依靠创新驱动。政府部门和企业需要打破传统运营模式的局限，运用已有的数字资源，拓展文化推广平台，创造出文化新业态、新模式，提升数字文化产业的市场竞争力。例如，故宫博物院通过与数字科技公司合作，推出了官方数字博物馆平台"数字故宫"，通过高清图像、三维扫描和虚拟现实技术，让观众能够在线上欣赏故宫的建筑风貌和珍贵文物。这种数字化的展示方式打破了时间和空间的限制，不仅提升了文化传播的效率和广度，也为文化产业的创新发展提供了新的思路和模式。

要推进数字文化产业的高质量发展，需要从推动产业集聚和拓宽融资渠道入手，提升全要素生产率，促进数字文化产业效益的提升。一方面，相关部门要细分领域发展，既要促进数字文化产业扩链增效，实现以点带面的文化产业联动发展，也要加强区域交流和合作，打造文化产业集群。并以优势资源禀赋为纽带，加强区域的交流和合作，推动数字文化资源的纵深整合，形成文化产业集聚。另一方面，优化数字文化政策环境，拓宽数字文化产业融资渠道，要通过政府手段完善文化融资政策，激发社会资本参与数字文化产业投资活力，引导数字文化产业健康有序发展。

此外，人才振兴是助力数字文化产业高质量发展的基础。有关文化部门应鼓励文化产业规划管理型人才下沉到各地区，弥补数字文化资源统筹规划人才不足的问题。通过创新人才引进和培养机制，解决数字文化创新型人才的需求。通过自主培养模式，创新数字文化专业型人才的培养模式，为数字文化产业的高质量发展提供强有力的人才支撑。

第三，助推"文化+创意"产业的出圈出彩。文化创意是培育文化产业创新融合新业态、推进高质量发展的重要途径。"文化创意产业是

---

① 《习近平著作选读》第1卷，人民出版社2023年版，第37页。

一种新兴的朝阳产业,目前正以良好的发展势态逐步成长为我国新的国民经济增长点。"① 文化创意指的是将文化元素与创意理念相结合,通过创新设计、技术应用等手段,创造出具有独特文化内涵和市场价值的文化新产品、新服务和新业态。在文化产业领域,文化创意的应用能够激发文化市场活力,推动文化产业转型升级,形成具有中国特色、世界水平的文化产业发展新格局。作为培育文化产业新业态的关键任务,我们应该深入挖掘文化资源、强化文化创意设计、加强国际合作,为推进文化创意产业高质量发展提供有力的支撑和保障。

首先,挖掘文化资源,打造特色文化品牌。习近平总书记指出:"推动文化创意产品开发,实施中国当代文学艺术创作工程,培育新型文化业态,增加优质文化产品和服务供给。"② 中国悠久的历史文化和丰富的民族文化资源,是培育创新文化融合新业态的宝贵财富。通过挖掘历史文化、民俗文化、红色文化等特色资源,打造出具有地域特色和民族风格的文化品牌,吸引消费者的关注和喜爱,进而推动文化产业的发展。例如,上海迪士尼度假区将文化与创意紧密结合,将迪士尼的园区设计与中国传统文化元素相融合,创造出诸如身着旗袍的米奇和米妮、以十二生肖为主题的巡游表演文化体验,吸引了来自世界各地的游客,成功打造了独特的文化体验空间,推动了文化产业的创新发展。

其次,强化文化创意设计,提升文化产品的附加值。创意设计是文化创意产业发展的核心要素,不仅是创造独特文化产品的基础,也是提升文化创意产业整体价值和竞争力的关键。通过强化文化创意设计能够提升文化产品的艺术性和时尚性,为文化产品注入独特的艺术魅力和文化内涵,使文化从同质化竞争激烈的市场中脱颖而出。此外,通过文化创意设计将抽象的文化内容转化为生动的视觉形象,将文化产品从实用物品转变为蕴含文化底蕴和审美价值的艺术作品,从而提升产品的文化附加值,引发消费者的情感共鸣,不断增强文化产品的市场吸引力。

---

① 叶永刚、宋凌峰等:《2012中国与全球金融风险报告·中国篇》,人民出版社2012年版,第80页。

② 《习近平关于社会主义文化建设论述摘编》,中央文献出版社2017年版,第192页。

最后，加强国际文化合作，提升文化影响力。在全球化的背景下，加强国际合作是推动文化产业创新融合的重要途径。通过加强与国际先进文化企业和机构的合作交流，引入先进技术和管理理念，推动文化创新在互联网、大数据、人工智能等新兴技术领域的发展，促进文化创意产品的数字化、智能化和网络化，提高文化产业的效率和市场竞争力。同时，文化企业应积极参与国际文化交流活动，对外展示宣传优秀的文化创意产品和服务，拓展文化产业的发展空间和领域，创造出更多的文化新产品和新业态，提升中国文化产业的国际竞争力和影响力。

第四，推进"文化+科技"的深度融合。在全球科技革命和产业变革的浪潮中，文化与科技的深度融合已成为提升国家文化软实力、扩大中华文化影响力、推动文化产业高质量发展的关键手段。文化与科技的交融为中国式现代化进程注入了前所未有的活力。中国通过实施文化数字化战略，努力占据国际文化竞争的高地。推进文化数字化的发展意味着要推动文化与科技产业的相互促进，以科技创新为核心驱动力，推动文化产业向云端迁移，利用数据赋值、智能技术加速线上线下的文化融合，推动文化产业的更新换代和效益提升。

一方面，采用科技手段创新文化传播、传承的方式。通过人工智能、虚拟现实、智能交互等技术，提升文化的交互性和沉浸感，重塑文化产业的生产、传播和消费模式。例如，三星堆博物馆采用触摸屏、3D扫描、AR技术等多媒体互动技术，使观众能够更加直观了解文物背后的历史故事和文化内涵。这不仅丰富了文化的表达形式和传播途径，也增强了观众的文化沉浸感和参与感，使得三星堆的文化传播更加生动和有效。新兴科技与非遗文化相结合，为文化创作带来了全新的形式。此外，建立数据库进行数字化存储和记录是新型非遗文化保护的重要形式。通过数字技术存储非遗文化，不仅能促进信息的广泛传播，还能确保非遗文化的价值不受损害，从而将文化资源转化为文化资本，实现非遗文化产业的发展和文化资源的有效利用。当然，在充分利用科技手段的同时，我们必须明晰技术仅是推动非遗文化产业发展的工具，应避免使文化产品仅剩科技外壳而丧失其深层文化内涵。数字化媒介的终极目标是传播文化并引起人们的深刻共鸣，不能使文化的表现形式大于内容，让文化彻底沦为科技的附属品。

另一方面，注重加强对文化与科技产业融合的监管。随着数字技术的广泛应用，如何防止数字技术的滥用和误用，确保文化数字化的健康有序发展，成为一项紧迫的任务。为此，我们必须从多个层面出发，制定和完善文化数字化的法律法规和行业规则，明确文化数字化的基本原则和发展方向，有针对性地调整和解决相应的问题。在数据安全和用户隐私方面，要建立完善的数据保护制度和技术防护措施，通过网络安全监管和技术研发，提高对网络攻击和数据泄露的防范能力。建立健全社会评价机制，鼓励社会各界积极参与文化数字化的监督和管理，形成政府主导、企业主体、社会参与的良好格局，为文化数字化的发展提供坚实的保障和支持。

（三）增强文化产业发展的影响力和竞争力

当前，文化产业的发展面临的机遇和挑战并存。在中国共产党的引领下，我们遵循社会主义先进文化的方向，以文化强国战略为指导，通过不断深化文化体制机制改革，推动文化产业的持续发展，推动提升国家文化软实力。中国文化改革和发展的强劲势头受到了国际社会的广泛关注。然而，在这一过程中，中国也遇到了一些新的挑战。如何进一步推动文化产业的高质量发展，构建更加完善的、多元化的文化体系成为实现文化产业繁荣发展的关键议题。需要从以下方面入手，不断增强文化产业的国际影响力和市场竞争力。

第一，打造集聚性示范性的文化产业园区。打造集聚性示范性的文化产业园区是提升文化产业影响力和竞争力、推进文化产业高质量发展的关键举措。"文化产业地理集聚被视作为各文化企业与部门机构共同自发形成的网络结构"[①]。要充分发挥文化产业园区的集聚作用，通过规划产业园区布局、创新园区文化产品和品牌，推动文化产业朝着更高

---

① 黄蕊：《我国文化产业虚拟集聚与地理集聚的差异——基于59306家文化企业数据的比较研究》，《山西大学学报》（哲学社会科学版）2023年第2期。

质量、更可持续的方向发展。

文化产业园区的建设应以产业集聚为核心,通过政策引导、资金支持等手段,吸引文化企业和人才入驻园区,形成规模效应和协同优势。同时,文化园区还应鼓励跨行业、跨领域的融合创新,通过各文化产业的集聚效应,促进文化企业的交流合作,推动文化产业与科技、旅游、教育等产业的深度融合,形成上下游协同发展的多元文化产业生态链,提高园区的文化产业竞争力。文化产业园区的规划应充分考虑区域文化资源、历史背景及发展趋势,打造具有鲜明地域特色和文化内涵的园区。注重功能分区,将文化创意、生产制作、展示交易、休闲娱乐等功能区有机组合,形成产业链完整、功能互补的园区结构。注重生态环保,融入绿色建筑理念,打造宜居宜业的文化产业发展环境。

文化产业园区应成为文化创新的重要阵地。文化产业的核心发展要素之一就是创新,无论是传统社会还是信息时代,文化产业总扮演着促进文化产业发展的角色,文化创新就是文化产业发展重要的驱动力。文化产业园区应通过建立创新平台、提供创新服务,鼓励企业加大研发投入,培育自主知识产权,激发企业和个人的创新活力,形成一批具有核心竞争力的文化产品和品牌。同时,应积极引进国内外先进的文化创意理念和技术,推动文化产业的技术升级和发展模式创新,提升文化产业的核心竞争力。

第二,发挥重大文化产业项目的带动牵引作用。发挥重大文化产业项目的带动牵引作用是增强文化产业的影响力和竞争力、推进文化产业高质量发展的关键举措。"重大项目是推动文化产业发展的重要载体,是促进文化市场繁荣发展的主要抓手。"[1] 重大文化产业项目往往具有资金密集、技术先进、创新力强等特点,一定程度上代表国家文化产业的发展水平和国际竞争力。因此,有关文化部门应通过科学规划、政策支持、监管评估等手段,重点培育和支持具有标志性、示范性的重大文化产业项目,提升文化产业的影响力和竞争力。

首先,综合审视重大文化产业项目的选择和布局,根据国家文化安

---

[1] 向勇:《完善重大文化产业项目带动战略的协同机制》,《人民论坛》2022 年第 23 期。

全和文化发展战略的需要，结合区域文化资源禀赋和产业发展基础，科学规划重大文化产业项目的布局，优先发展能体现国家文化软实力、蕴含国际传播潜力、具有自主创新核心竞争力的项目，以此作为文化产业发展的突破口和增长点。

其次，加大对文化产业的政策支持和资金投入，为重大文化产业项目提供有力保障。政府应当出台相关优惠政策，如税收减免、财政补贴、信贷支持等，降低文化项目运营成本，拓宽文化项目融资渠道，确保文化项目资金链的稳定，提高文化项目的盈利能力。同时，相关文化部门应建立文艺精品创作生产项目机制，对重点文艺精品创作生产项目给予政策支持和资金扶持，释放文化产业发展的潜力，扩大文化产业的有效供给。

最后，建立健全重大文化产业项目的监管和评估机制，加强对项目建设和运营的全过程监管，确保文化产业项目按照既定目标和计划推进。应定期对项目进行绩效评估，及时发现问题并采取相应措施加以解决。同时，监管部门还要完善文化产业项目的评审机制，对于无法达到预期目标的项目及时予以调整或淘汰，确保文化资源得到有效利用。

第三，深化特色文化品牌建设和国际传播工作。抓好特色文化品牌建设和国际传播是提升文化产业影响力和竞争力、推进文化产业高质量发展的关键举措。文化品牌是文化产业发展的重要载体，也是国家文化软实力的重要体现。通过深入挖掘和整合地方传统文化资源、加强文化品牌的差异化发展和国际化传播、建立健全文化品牌版权保护机制、有效提升文化产品的附加值和市场竞争力，扩大中国文化产业的国际影响力。

首先，要深入挖掘和整合地方传统文化资源。中华优秀传统文化是中华民族的文明根脉，其"所记录的精神活动、理性思维、文化成果等，作为精神追求已经凝结为中华民族最基本的'文化基因'"[1]，为我国文化产业的发展提供了精神滋养。通过对中华优秀文化资源的深入

---

[1] 沈正赋：《习近平文化思想的科学价值意蕴——基于文化传播学的视角》，《现代传播》（中国传媒大学学报）2023 年第 11 期。

挖掘和整合，打造出具有地方特色的文化品牌，满足消费者多样化、个性化的文化需求。同时，加大对地方传统文化资源的挖掘和整合力度，加强对文化遗产的保护和传承，将传统文化的核心要义同人民群众日用的文化产品与文化产业价值理想追求充分融合起来，确立新时代文化产业的社会主义价值内核，推动"社会主义核心价值观广泛传播，中华优秀传统文化得到创造性转化、创新性发展"①。

其次，要加强文化品牌的差异化发展和国际化传播。在全球化背景下，文化交流已经成为各国交往的重要内容。一方面，在文化产品同质化现象日益严重的当今社会，要注重文化品牌的创新和差异化发展，深入研究各国文化消费者的心理需求和消费习惯，制定有针对性的文化品牌本土化传播策略，打造符合不同国家、地区文化消费者需求的文化品牌。另一方面，要积极推动中国文化品牌走出国门，参与国际竞争与合作。通过参加国际文化展会、举办文化交流活动等方式，讲好中国故事，传播中国声音，提升中国文化品牌的国际知名度与影响力。

最后，要建立健全文化品牌版权保护机制。文化品牌的建设和传播是一个长期而复杂的过程，从法制化角度而言，我国已建立起较完善的知识产权保护制度，但这并不意味着文化品牌版权保护问题已经得到彻底解决。习近平总书记指出："全面推进科学立法、严格执法、公正司法、全民守法，全面推进国家各方面工作法治化。"② 目前，我国的文化品牌版权法制化体系尚处于探索阶段，随着文化产业业态的不断涌现，文化品牌版权时刻都可能出现新问题。因此，必须重视对文化品牌版权的法制化保护，建立专业的文化品牌保护机制，完善相关的法律法规体系，打造良好的文化品牌和文化传播环境。

四　全面深化文化领域体制机制的改革

在推进社会主义文化强国建设的征程中，文化日益成为国家实力的

---

① 《习近平著作选读》第1卷，人民出版社2023年版，第8—9页。
② 《习近平著作选读》第1卷，人民出版社2023年版，第33页。

重要衡量标准。党的二十大报告指出："坚持把社会效益放在首位、社会效益和经济效益相统一，深化文化体制改革，完善文化经济政策。"①当前，我国的文化建设正面临着前所未有的挑战。这更要求我们深思熟虑，冷静应对，在文化领域体制机制改革的道路上勇于创新，敢于不断深化文化体制机制改革。必须坚持人民立场，建构完善的文化事业发展的制度体系，推进文化市场管理的体制机制改革，完善文化活动和文化产品的审查监管制度，更好丰富人民群众的精神生活。

（一）建构确保文化事业持续发展的制度体系

建构确保文化事业持续发展的制度体系是深化文化事业改革的重要任务，其目的在于适应经济社会发展和人民群众文化需求的深刻变化，推动文化事业向更加开放、包容、高效的方向发展。在建设社会主义文化强国、实现文化高质量发展、不断推进文化事业制度体系改革和建设的进程中，文化事业单位是主体。因此，建立文化事业持续改革和发展的制度体系，关键是深化文化事业单位人事和收入分配制度改革，这是文化事业改革的出发点和落脚点，也是确保文化事业持续发展、稳步前进的重要前提。此外，加强对非物质文化遗产保护传承的制度保障、完善文化人才引育、扶持和激励的政策机制也是文化事业持续改革和发展的重要保证，更是提升文化服务质量和效率的具体途径。总之，文化事业制度体系的改革和建设，应从文化事业单位体制、非物质文化遗产保护制度以及文化人才相关政策三个方面出发，不断提高文化产品的供给能力和服务效率，形成多方共建、覆盖全面的文化事业发展格局。

第一，深化文化事业单位人事和收入分配制度改革。文化事业改革的关键在于深化文化事业单位人事和收入分配制度的改革，消除制约文化生产力发展的制度性障碍，为文化事业的繁荣发展提供有力保障。文化事业单位是推动社会主义文化繁荣兴盛的重要力量，其体制变革是文化事业体制改革的关键环节。通过对文化事业单位进行改革，提升文化事业单位的运营效率，激发其服务活力，充分调动文化工作者的积极

---

① 《习近平著作选读》第 1 卷，人民出版社 2023 年版，第 37 页。

性，生产出更多优质的文化产品，培养出更多的优秀文化人才。然而，当前我国文化事业单位面临着竞争力不足和自我发展能力有限的问题，主要表现为工作运行效率低下、资金利用不充分、文化资源浪费以及文化产品与服务内容的形式化、单一化。因此，我们必须深入推进文化事业单位的内部改革，提高其运营效率，激发其服务动力。

首先，重塑文化事业单位的运营模式结构。文化事业单位要摒弃传统行政管理架构，根据发展的需求重新设定岗位，优化各单位机构管理结构，合理安排人员配置。在保护个人文化权益的同时，最大化实现社会公共利益。为此，文化事业单位必须改革用人机制，推行聘用制。职工与单位签订正式劳动合同，打破"铁饭碗"现象，建立起竞争机制。此外，还应改革分配制度，增强文化事业单位的经费自主权，消除分配中的平均主义倾向。在工资分配上，要坚持效率优先原则，兼顾公平，使工资与职工的业绩、岗位、贡献紧密相连。

其次，促进文化事业单位人事管理体系的改革。重点深化人事和分配制度的改革，激发工作人员的服务热情和创造能力，从而提供更丰富、更优质的文化产品与服务。这需要清晰界定文化事业单位的权责义务，增强其独立运营及自我发展的能力。对于具备条件的单位，应推行企业化管理模式。同时，应引入市场运作机制，借助绩效评估、奖惩措施等手段，提高文化事业单位的管理效能和服务品质。此外，还应鼓励和支持文化事业单位在内容和服务上不断创新，更加全面地满足公众的文化需求。

再次，建立综合性的人事管理模式。随着技术发展带来的行业界限的不断拓展，各领域正逐渐走向深度融合。在这样的背景下，文化事业单位有必要建立起一种综合性的全系统的人事管理模式。然而，"文化部门机构整合的目标如果仅仅停留于机构整合、合署办公、人员分流，传统体制中分立的几大职能仍然保持独立运作，就会形成实质上的同权分割"[1]。这种同权分割不仅无法提升行政效率，反而可能因集中原属于几个部门的权力到一个部门而导致形成新的垄断。因此，综合人事管

---

[1] 李媛媛：《深化文化体制改革问题研究》，人民出版社2017年版，第64页。

理部门改革关键在于重新定义各级单位、员工的职能,并在此基础上实现文化事业单位间权力和资源的再分配。

最后,做好对文化事业单位的兜底保障工作。马克思指出:"他们连接起来的唯一纽带是自然的必然性,是需要和私人利益,是对他们的财产和他们的利己的人身的保护。"① 因此,文化事业单位需要优化医疗、养老等社会福利体系,确保员工的合法权益不受侵犯。同时,政府还应逐步完善公共文化事业机构社会保险制度的法律保障,消除文化工作者的后顾之忧,使文化工作者能够心无旁骛地投身于公共文化事业的建设当中。

第二,强化对非物质文化遗产保护传承的保障。习近平总书记指出:"中华优秀传统文化源远流长、博大精深,是中华文明的智慧结晶。"② 中华民族悠久的历史孕育出了丰富多彩的中华文化。中华优秀传统文化是中华文化的根源,是推进文化自信自强的基石。它不仅是文化强国建设目标的重要部分,更是中国人民在长期实践中积累的优秀精神文明成果。中华优秀传统文化博大精深,汇聚了各族人民的智慧,在发展过程中与西方文化进行了交流和碰撞,也吸收和借鉴了世界先进文明的文化精髓,彰显出中华文化强大的包容性。通过不断地交流与吸收、理解与融合,中华优秀传统文化不仅展现出强大的世界影响力,还成为文化产业发展的基石。

非物质文化遗产是中华优秀传统文化的重要组成部分,其包括传统村落、文物古迹、工业遗产等多种类型,代表了历史文化传统的延续和传承,标志着一个国家和民族历史文化的成就。习近平总书记强调:"加大文物和文化遗产保护力度,加强城乡建设中历史文化保护传承。"③ 这不仅是对非物质文化遗产活化的呼吁,更是对非物质文化遗产对社会主义文化强国建设意义的认可。非物质文化遗产不仅存在精神层面的价值,还具有丰富的文化资源价值,是赋能文化发展的重要因素

---

① 《马克思恩格斯文集》第 1 卷,人民出版社 2009 年版,第 42 页。
② 《习近平著作选读》第 1 卷,人民出版社 2023 年版,第 15 页。
③ 《习近平著作选读》第 1 卷,人民出版社 2023 年版,第 37 页。

和宝贵资源。

近年来，文化产业融合成为非物质文化遗产资源开发利用的重要形式。通过与农业资源、文化创意、商业运行模式等相结合，非物质文化遗产形成了多样化的产业融合样态。然而，非物质文化遗产与其他产业的融合并非易事，如何加强对非物质文化遗产保护传承的制度保障，让非物质文化遗产"活起来"，成为相关从业者以及学者需要考虑的问题。要实现非物质文化遗产的活化传承，制度化建设与保障是关键。需要建立完善的文化遗产保护评估制度和代表性传承人制度，确保文化遗产的传承与发扬。各个地区要对当地非物质文化遗产进行深入挖掘和提炼，将其转化为具有市场价值的客观化文化资本，包括文创产品、数字商品、文学书籍等。同时，还需要关注非物质文化遗产内容的创新与发展，打造知名文化品牌，不断满足消费者的精神需求。总之，非物质文化遗产与产业融合是实现创新发展的重要途径。通过深入挖掘和加强制度化建设，不断提炼文化资源，创新文化产品设计，推动非物质文化遗产的活化利用，进而提升国家文化软实力，增强文化自信，推动文化的繁荣和发展，增强国家的文化影响力。

第三，完善文化人才引育、扶持和激励的政策机制。合理、完善的文化人才政策体系对于推进文化事业改革至关重要。"新时期文化人才尤其是文化领军人才的培养是文化领域的基础性关键性问题。"[1] 针对我国文化事业发展的现状，紧密结合国家文化发展战略，积极推动公共文化事业的发展，完善文化事业持续发展的人才制度体系。必须依据文化强国战略，开展文化人才引育、扶持和激励工作，努力造就高素质、专业的文化人才队伍。

一方面，全面实施人才培养和引育计划。要坚持以项目带队伍，让优秀人才在精力、创造力和进取心都处于高峰时能有所作为，为文化人才提供发挥才能的空间。在引进优秀人才的同时，也要借助外出交流和进修的机会培养本土人才。另一方面，重点加强对欠发达地区文化人才

---

[1] 张靖、廖嘉琦、陈心雨、马秀文：《文化领导力概念框架与我国文化领军人才培养》，《图书馆论坛》2024年第1期。

的定向培养与扶持。针对欠发达地区的文化人才紧缺问题,政府应摒弃人才只为单一部门服务的陈旧观念,努力培养具备跨领域能力的复合型人才,通过提高福利待遇来稳定人才队伍。同时为了实现人才市场的有效供应,文化部门应发挥核心引领作用,通过多层次、多渠道的人才培养模式,培育出擅长文化事务管理的精英人才。同时,人事部门与劳动部门要紧密合作,共同制定文化人才培育标准,在相应社会保障政策的支持下,消除人才市场发展的障碍,打造完善的人才流动机制,优化不同地区文化人才的资源配置,营造出"人尽其用"的良好发展环境。

此外,构建完整的文化人才激励和保障体系。当前,我国面临着优秀文化人才难以引进和文化人才流失的双重困境。为了应对这一挑战,我们需要通过一系列措施来发掘和培养杰出的文化人才,包括建立科学的人才评价机制、实施精准的人才发掘策略,通过选拔和任用优化人才配置等。同时,积极利用各大高校的人才资源,为文化从业后备军提供定期的文化知识培训、任职培训和岗位培训,增强文化人才的创新能力和专业素养。政府要加大对民间艺术家、优秀文化自媒体、非物质文化遗产继承人、民俗文化传承者、优秀文化工作者的宣传力度,发挥其模范带头作用,增强广大人民群众尤其是青少年、儿童对优秀文化的兴趣,营造尊崇文化的社会环境。

(二)推进现代文化市场管理的体制机制改革

全面深化文化市场管理体制改革,不仅是促进文化领域全方位深度变革、提升文化市场治理效能的重要举措,也是推进中国特色社会主义文化发展的关键步骤。要做到顺利推进文化市场管理体制的改革,必须着眼于文化市场管理体制的结构调整,优化顶层设计。这意味着需要打破现有的行政壁垒,建立横跨不同部门和地区的协同机制,整合不同地区的文化资源。政府要从直接干预文化生产和内容创作中抽身,转向宏观指导和市场监管,专注于制定文化市场服务和管理现代化的政策法规,提供高质量的文化服务。同时,建立统一高效的文化市场综合监管和服务体系,促进文化资源的合理运用和流转,推动文化的普及和平等。事实上，在这一过程中文化市场行业自律和社会监督机制的完善尤为重要。推动文化市场管理体制改革牵涉到政策制定、市场运作、组织架构以及人事管理等多个层面。通过采取多元化的策略，实现文化市场管理体制机制改革的推进与发展，为建设社会主义文化强国奠定坚实的基础。

第一，健全文化市场服务和管理现代化的政策法规。健全文化市场管理的政策法规体系是确保文化市场健康、有序发展的基础。这要求打造文化市场多元主体治理机制，形成一个覆盖文化市场全链条的法律规范体系，创建健康稳定发展的文化市场发展环境。而"制度建设是现代公共文化服务体系建设的重要组成部分，健全的现代公共文化服务体系必然包括健全的公共文化服务保障法律制度"[①]。近年来，我国在文化市场政策法规体系建设方面取得了显著成就，但总体来看，文化市场政策法规体系还相对落后，有关文化市场管理、保护的法律还不健全，甚至有些地方还处于空白状态。文化市场的政策法规体系尚未充分满足经济和文化发展的需要。习近平总书记指出："全过程人民民主制度化、规范化、程序化水平进一步提高，中国特色社会主义法治体系更加完善。"[②] 必须坚持问题导向，深入挖掘文化市场在治理过程中遇到的问题。结合文化市场的发展现状对文化市场治理进程中的关键问题进行剖析，激发市场多元主体的积极性，提高文化治理效能，为推动文化市场治理现代化寻找切实可行的解决方案。

完善文化市场管理的法治和政策体系是实现文化市场服务和管理现代化的重要内容。要做到这一点，需要以政府管理为主导，构建有利于文化产业创新发展和市场秩序稳定的法律环境。一方面，需要强化相关立法工作，构建完备的文化市场法律体系。在我国，尽管法律已经明确了公民在文化方面的权利与义务，但目前尚无具体的法律法规来确保这些权利和义务均能够得到落实。因此，大量文化市场的管理仍依赖于文

---

① 宗何婵瑞：《我国公共文化服务保障法制建设的回顾与展望》，《图书馆论坛》2024年第1期。

② 《习近平著作选读》第1卷，人民出版社2023年版，第21页。

化部门的规章制度和地方性法规。为了改变这一状况,政府应着手制定针对文化市场的政策法规,推动文化市场建设和管理工作的法治化。另一方面,法律不仅应当明确文化产业的权益边界,对违法行为设定明确的法律责任,还应为文化创新和文化市场交易提供法律依据,使文化市场管理有法可依,有法必依。要推动相关部门形成合力,组织领域专家、学者、标杆企业、中介组织、行业协会等人士在多方调研、多方论证的基础上,共同完善形成合理、有效、权威、标准化的文化市场管理评估体系,从而为文化市场服务和管理的现代化提供评估体系支持。

健全的政策法规体系固然重要,但人民的自愿遵循才是政策法规得以实施和推行的前提。因此,提升公众对文化市场管理政策法规的认知,使其成为个人行为准则,显得尤为关键。同样,文化市场服务和管理的现代化不能仅依赖法律的存在,也必须强化公众对政策法规的理解和尊重。因此,要加强文化市场法制教育,着重提高相关文化市场工作者的法律素养,发挥其模范带头作用,广泛普及文化市场法制知识,确保文化市场政策法规广为人知。

第二,完善促进文化市场行业自律和社会监督的机制。文化市场的健康有序发展离不开有效的管理体制机制,而其中行业自律和社会监督是不可或缺的两个重要环节。习近平总书记指出:"深化简政放权、放管结合、优化服务改革。"[1] 完善文化市场行业自律和社会监督机制,旨在克服政府管理效率低下和抑制市场活力的弊端,将政府职能由传统的管制型行政命令向简政放权和创新监管方式转变,构建多元参与的普惠全民的市场公共服务治理体系。

各级政府部门应以完善文化市场行业自律和社会监督机制为主要任务,持续推进管理机制综合改革,探索新的有效管理模式。文化行政单位要调整纵向的权责结构,提升从中央到地方的监管效能,为基层文化市场监管机构注入新力量。进而促进文化市场行业自律改革,解决基层监管力量不足的问题。为加强服务功能,政府应根据各级监管机构的行政资源和能力分配监管职责,遵循权责一致的原则,支持社会多元文化

---

[1] 《习近平著作选读》第 1 卷,人民出版社 2023 年版,第 24 页。

组织投身于文化市场监管活动。同时，政府应根据地方职责大小提供相应的资金、人员和技术支持，将更多的资源、管理和服务下沉到基层，改变基层文化市场监管机构有责无权的困境。

完善文化市场行业自律机制，建立健全行业自律组织，制定行业标准和规范，加强行业自律宣传和教育。行业标准和规范是文化市场自律的基础。政府应在建立由文化企业、行业协会、专业机构等组成的文化市场自律组织的基础上，完善文化市场行业标准和规范，制定文化产品质量标准、服务标准、经营行为规范等，引导文化企业依法依规经营，提高文化产品和服务的质量。同时文化市场自律组织应明确自身的职责和权利，在行业内发挥引导、协调、监督和服务的作用。积极通过各种渠道和形式，宣传行业标准和规范，普及相关法律法规知识，提高文化企业和从业人员的自律意识和法律素养。

此外，社会监督是文化市场管理的重要补充。政府是文化市场的管理者，文化市场管理部门在发挥政府监督作用的同时，还应发挥媒体、消费者、专家学者、行业协会及专业机构的监督作用。建立健全社会舆论监督机制，通过媒体曝光、消费者投诉、专家评议等方式，揭露和曝光违法违规行为，引导公众理性评价文化产品和服务。同时，还应加强对行业协会和专业机构的指导和支持，通过行业协会和专业机构开展行业调查、评估和监督等活动，促进文化企业提高服务质量。

第三，建设统一高效的文化市场综合监管和服务体系。实现文化市场管理体制机制的现代化改革，关键在于更新监管手段，构建统一高效的文化市场综合监管和服务体系，以此推动文化市场监管前沿化、统一化，持续提高服务质量，进而促进文化市场的繁荣，激发文化市场的创造力与活力。

一方面，从平行管理的角度明晰横向权责，不仅要明确各部门的监管职责，更要建立一个高效的跨部门监管合作体系。各省、自治区、直辖市的人大机构和政府需深化立法行政合作，共同商议并统一制定相应的规章制度，消除行政壁垒，实现文化市场的一体化监管，为区域文化市场发展提供坚实的法律基础。在监管层面，政府应基于整体性的治理原则，制定详尽的监管事项清单，整合相似或重叠的监管职能机构，明确文化市场管理部门的任务和责任，设立文化市场综合监管机构，实现监管资源的集中和统一。同时，建立监管协作平台，及时发布各地区的市场主体信用、风险预警及地方性的监管标准和认证信息，通过优化跨区域的文化交流和资源配置，为不同地区的文化市场监管工作提供有效的支持和空间。

另一方面，随着综合执法改革的深入，政府应通过成立领导小组、召开联席会议等方式，健全联合执法机制，加强与市监、公安、税务等相关部门的协作，形成一个多元化的文化市场监管网络，通过深入开展文化市场联合执法行动，深化各地在资质互查、标准互认、案件联查、违法稽查等方面的合作，彻底打通跨区域联合执法途径，增强文化市场综合执法能力，逐步形成管罚一体的监管模式。进而协调各地区的文化市场管理与综合执法工作，充分利用各部门的资源和信息共享，实现文化市场管理主体一体化，建立统一高效的文化市场综合监管和服务体系。

此外，推进文化市场监管的数字化转型，提升文化市场综合监管和服务体系的效率。通过整合人工智能、大数据、云计算和物联网等先进技术，打造专用的文化市场监管网络，构建涵盖自然人、法人、空间地理和电子证照等各类产业市场主体信息全面的大数据监管系统，并以此为基础构建文化市场信用数据库，不断提升文化市场的技术监控能力。利用大数据监管手段，打造一个连接中央、省（区、市）的数字化文化市场监控平台，实现全天无间断的信息录入与监测，构建全国性的、上下联动的在线监管平台，达到信息共享和预警防控的目的。并定期对产业市场进行巡查，实施动态监管的抽查机制，在数字平台上随机选取监管对象和检查人员，及时向公众公布抽查和处罚结果。

（三）完善文化活动和文化产品的审查监管制度

完善文化活动和文化产品的审查监管制度对于构建社会主义文化强国具有重要战略意义。完善文化活动和文化产品的审查监管制度不仅是维护国家文化安全、促进文化产业健康发展的重要环节，更是提升文化产品质量、推动文化产业高质量发展、增强文化软实力的关键措施。因此，文化行政部门应围绕文化活动监管、社会文化治理和文化产品质量把关等领域，从立法、执行、监督等多个层面出发，健全大型文娱活动的全过程动态管控机制，建立对网络文化传播平台的协同监管机制，不断完善各类文化产品、文艺作品的审查机制，从而确保文化活动能健康有序地进行，为文化产业的可持续发展提供动力。

第一，健全大型文娱活动的全过程动态管控机制。大型文娱活动作为文化传播的重要窗口，其内容的健康性、安全性直接关系到社会文化环境的和谐稳定和国家文化形象的塑造。随着文化产业法律体系的日益成熟，文化管理部门将更多依赖法律手段对文化产业进行监督，而法律的执行将成为核心任务。习近平总书记指出："全面准确落实司法责任制，加快建设公正高效权威的社会主义司法制度。"[①] 这就要求有关部门必须加快构建完善的动态管控机制。

首先，要完善各类文艺汇演、演唱会、音乐节、艺术节的审查机制，建立全员、全过程、全方位管控机制。相关文化部门应在活动开始前就对主题方案、思想内容、人员规模进行详细排查，对文化活动进行事前引导和监管，有效降低事中事后监管的难度，严格防范化解风险隐患。其次，要做好各类文娱活动、场所场馆的突发事件的应急预案。相关文化部门应转变传统的监管方式，除了重视对事中和事后的监管，还应该健全以事前演练为预案的治理体系，以相关法律法规为指导，明确政府、文化企业及公民的责任与角色，督促主办单位、负责部门建立相应的预警和反应机制，从而优化管理流程，提高管理资源利用效率。最后，要建立相关活动内容的思想舆论引导、跟踪、反馈机制，防止蹭流量、带节奏、歪曲事实、不良炒作，造成消极网络舆论。在这一过程中，行政主体应以平等理性的态度与监管目标进行必要的交流对话，采用提醒、劝告、建议等非强制性手段引导网络舆论，逐步消除负面的信息。

---

① 《习近平著作选读》第 1 卷，人民出版社 2023 年版，第 34 页。

第二，完善各类文化产品、文艺作品的审查机制。完善文化产品与文艺作品的审查监管制度是健全文化产品的审查监管制度的重要举措。相关措施的实施，不仅需要政府部门的积极推动，还需要社会各界的广泛参与和支持，共同营造一个制度严格、权责分明、多方协作的文化创作与产业发展环境。"只有把这些弄清楚了，我们的文艺才能有丰富的内容和正确的方向。"①

首先，需要建立一套科学全面的价值导向和思想内容审查制度。完整的内容审查制度应涵盖审查内容、审查对象、审查过程和审查责任等各个方面。这要求相关文化部门通过综合运用专家咨询和书面审查、一般审查和个别审查、集中审查和抽查审查等多种手段，实现对各类文化产品、文艺作品全方位的监管。其次，建立文化行业准入制度。通过定期发布禁入名单，将事后处理转变为事前干预，有效阻止负面文化内容的生产和传播，预防不良文化产品流入市场。同时，完善文化生产和文艺创作相关的法律法规，加强知识产权保护，从而维护创作者的权益，促进行业健康有序发展。最后，推进文化领域职业道德委员会的建设，建立文化行业的社会责任报告制度，提升文化行业的整体素质。建立职业道德委员会，对个体文化工作者的行为进行规范和指导，拓展公众了解文化机构和创作者的窗口，引导文化创作向更有益于社会精神文明建设的方向发展。

第三，建立对网络文化传播平台的协同监管机制。"网络文化监管与治理直接关系我国主流文化引领力、凝聚力建设。"② 当今，网络平台已成为文化传播的主要渠道。然而，网络空间的开放性和匿名性使得网络监管的难度加大，因此，建立对网络文化传播平台的协同监管机制尤为重要。通过加强技术手段的运用、完善促进网络文艺健康发展机制、健全网络生产消费治理体制等举措有效提高对网络文化传播平台的监管能力，促进网络文化传播的健康发展。

首先，加大对大数据、云计算、人工智能、区块链等技术在网络文

---

① 《毛泽东选集》第 3 卷，人民出版社 1991 年版，第 852 页。
② 贾淑品：《科技创新赋能社会主义文化强国建设》，《甘肃社会科学》2024 年第 1 期。

艺传播领域应用的引导和规范力度。网络平台的文化传播需要运用先进的技术手段，推动相应监管技术的研发与创新，不断完善技术手段，提高监管能力和水平，对违规违纪网络文艺行为进行查处打击。其次，完善促进网络文艺健康发展的体制机制，强化网络文艺引导管理机制，促进网络文艺绿色生产。政府应加强对网络文艺的监管，建立健全网络文艺引导管理的体系。改进网络文艺评奖管理，加强网络文艺评论工作。最后，完善网络生产消费管理监控制度，规范网络文艺消费秩序。网民不健康的消费需求会刺激伪劣网络文艺产品的生产及其背后的产业生产消费机制问题，通过教育引导、法律、伦理和舆论等来进行综合治理。在现代化的治理语境下，网络监管更应成为一种具有弹性、有节制的机制。尽管网络监管需要一定的强制性手段，但过度依赖命令、控制和惩罚可能导致监管效果被弱化，监管结果变得僵化。因此，有关部门不能依赖传统的刚性手段施加压力，而是需要运用弹性方法进行引导，构建政府部门主导，多元参与、激励约束并重的网络文艺生态制度体系，从而避免激化舆论矛盾，消除网络监管的对抗性和封闭性。

总的说来，推动文化事业和文化产业大繁荣大发展不仅是提升人民文化生活品质、增强文化自信自强的重要途径，更是推进文化自信自强、实现文化强国宏伟目标的关键举措。习近平总书记指出："要坚持走中国特色社会主义文化发展道路，弘扬社会主义先进文化，深化文化体制改革，推动社会主义文化大发展大繁荣，增强全民族文化创造活力，让一切文化创造源泉充分涌流。"[1] 推动文化事业和文化产业大繁荣大发展，需要明确文化事业和文化产业发展的方向，坚持以人民为中心的文艺创作导向，深刻把握社会主义文艺的本质属性和意识形态属性，培养造就德艺双馨的文艺人才队伍，不断推出增强人民精神力量的优秀作品，满足人民日益增长的文化需求。加快推进现代化公共文化服务体系建设，尤其促进公共文化服务体系数字化转型，提升公共文化服务质量，促进社会文明进步和文化福祉惠及人民群众。高度重视文化事业体制、机制改革，建构确保文化事业持续发展的制度体系，激发其创

---

[1] 《习近平关于社会主义精神文明建设论述摘编》，中央文献出版社2022年版，第18页。

新发展的内生动力,推动文化事业向更加开放、包容、高效的方向发展。着力推进文化产业高质量发展,把握处理好文化产业发展的辩证关系,加快培育文化产业创新发展的新业态,增强文化产业发展的影响力和竞争力,发挥文化铸魂、文化赋能作用,为文化强国建设提供坚实支撑和重要支柱。

第 六 章

着力增强中华文明的
国际传播力影响力

　　进入新时代，中国日益走向世界舞台中央，成为世界关注的焦点，然而在当前西方主导的国际舆论格局中，中国还在一定程度上处于"有理说不出、说了传不开的境地"①。建设社会主义文化强国需要加强中华文明的国际传播力和影响力，不断提升中国文化软实力和话语优势，形成同中国综合国力和国际地位相匹配的国际话语权。国际传播力和影响力作为衡量国家文化软实力的重要标识，不仅是一个国家综合运用多种要素、资源、渠道向其他国家有效传递本国文化、话语和价值观的能力，还是一个国家在国际话语体系中所表现出的竞争力与领导力，关乎国家形象、国家安全和国家利益，是国家综合实力的重要组成部分。党的十八大以来，以习近平同志为核心的党中央高度重视中华文明的国际传播力影响力建设，并将其提升到国家战略的高度，推动中华文明的国际传播掀开了新的篇章。党的二十大报告指出："加强国际传播能力建设，全面提升国际传播效能"，"深化文明交流互鉴，推动中华文化更好走向世界"。② 具体说来，要通过挖掘和提炼中华文明传播的丰富思想内容，构建和完善中华文明传播的叙事话语体系，拓展和创新中华文明传播的有效方式方法，深化和增强中华文明与世界文明交流互鉴，有效提升中华文明的国际传播力和影响力。

---

① 《习近平著作选读》第1卷，人民出版社2023年版，第486页。
② 《习近平著作选读》第1卷，人民出版社2023年版，第38页。

一　挖掘和提炼中华文明传播的丰富思想内容

挖掘和提炼中华文明传播的思想内容是增强中华文明国际传播力影响力的关键任务。近年来，习近平总书记对中华文明的内涵与外延进行了多次深入阐释。在 2014 年中国国际友好大会暨中国人民对外友好协会成立 60 周年纪念活动上，习近平总书记第一次将中华文明提炼为四观：宇宙观、国际观、社会观、道德观。随着党中央对中华文明思想内容认识的深化，国际观被天下观替代，形成了新的四观：宇宙观、天下观、社会观、道德观。2023 年 6 月 2 日，习近平总书记在文化传承发展座谈会上提出："中华优秀传统文化有很多重要元素，比如，天下为公、天下大同的社会理想，民为邦本、为政以德的治理思想，九州共贯、多元一体的大一统传统，修齐治平、兴亡有责的家国情怀，厚德载物、明德弘道的精神追求，富民厚生、义利兼顾的经济伦理，天人合一、万物并育的生态理念，实事求是、知行合一的哲学思想，执两用中、守中致和的思维方法，讲信修睦、亲仁善邻的交往之道等，共同塑造出中华文明的突出特性。"[①] 在廓清中华文明内涵的同时，展现了中华文明之美和深邃的中国智慧。只有对中华文明进行精细化、准确化、全面化的阐释，才能使世界读懂中国、了解中国。

（一）挖掘中华文明蕴含的宇宙哲思

中华文明蕴含的宇宙哲思就是指中华民族的宇宙观。宇宙观是人们对世界的认识、自然的认识以及对时空的认识的总和。中国古代的时、空概念最早见之于《管子》。《管子·宙合》云："宙合之意，上通于天之上，下泉于地之下，外出于四海之外，合络天地为一裹。"[②] 通俗来讲，万事万物乃至整个世界无不处在"宙合"之中，这里的"宙"指时间、"合"指空间。而人们认识世界的首要问题就在于怎样在世界上

[①] 习近平：《在文化传承发展座谈会上的讲话》，人民出版社 2023 年版，第 2 页。
[②] 黎翔凤：《管子校注》上册，中华书局 2004 年版，第 235—236 页。

生存。中华文明的传统生存方式有两个显著的特点：一是自给自足的小农经济，二是以血缘为基础的家族宗法制度。二者都落在了"自然"和"生"上，我们的祖先在自然耕作、自然生育的过程中不断形成自己的宇宙观，这种宇宙观亲近自然、尊重自然，将自己本身视为大自然的一部分，由此形成的宇宙观被后世学者总结为天人合一、万物并育。

天人合一是中华文明宇宙哲思的重要内容，古代儒、道、释诸家对此均有阐述。而这里的"天"不是现代汉语意义上的天空，而是指自然、天道，中华文明宇宙观的探讨都是围绕着"天"这一主题。一方面，孔子不喜言天，谓"天何言哉？四时行焉，百物生焉，天何言哉？"[1]（《论语·阳货》）孔子认为，在四季更迭、万物生长的过程中，天并没有起决定性作用。另一方面，孔子又强调敬天畏天的重要性："君子有三畏：畏天命、畏大人、畏圣人之言。小人不知天命而不畏也，狎大人，侮圣人之言。"[2]（《论语·季氏》）在他看来，万事万物均需遵循的自然规律，也可以称之为命运。因此，孔子不仅是相信天命的，还主张对天要有敬畏之心。荀子曰："列星随旋，日月递照，四时代御，阴阳大化，风雨博施，万物各得其和以生，各得其养以成。不见其事而见其功，夫是之谓神。皆知其所以成，莫知其无形，夫是之谓天。"[3]（《天论》）荀子直接将天描述为万物生长繁育的动因，认为天虽寂然无声却孕育万物。而道家把"天道"视为天地万物的源泉与自然运作的法则。老子认为宇宙就是按照一定的方式和顺序生成的，"道生一，一生二，二生三，三生万物"[4]（《老子·四十二章》）；"万物负阴而抱阳，冲气以为和"[5]（《老子·四十二章》）。也就是说，道生万物，初使化生为一，一化生为二对立体，二对立体化生为三，三生万物。万物抱负阴阳二对立体，以"气"之动使阴阳相互激荡而形成均衡和谐状态。因而万物都蕴含阴阳两种元素，宇宙就是在阴阳的交汇融

---

[1] 郑淑媛：《先秦儒家的精神修养》，人民出版社2006年版，第49页。
[2] 任继愈：《中国哲学史——先秦部分》，人民出版社2003年版，第89页。
[3] 陈战国：《先秦儒学史》，人民出版社2012年版，第267页。
[4] 王英杰：《自然之道——老子生存哲学研究》，人民出版社2010年版，第41页。
[5] 王英杰：《自然之道——老子生存哲学研究》，人民出版社2010年版，第224页。

合下的统一体。在此基础上，后世思想家如庄子提出"天地与我并生"，董仲舒提出天人感应，丰富和发展了天人合一的理念。

佛教传入中国后，吸纳了中国天人合一的思想，儒家和道家的自然观逐渐融入了佛教的思想中，形成了中国佛教特有的关切自然、崇尚人与自然和谐相处的观念。佛教的众生平等观认为万物众生皆有佛性，一切有生命、有情感之物都具有佛性，都是平等的。在魏晋时期，即色宗就认为自然是佛之影、是气与色的统一。而得道就需要顺应自然的变化来修行。唐宋时期，禅宗在即色宗的基础上又进一步发展了这种自然观。禅宗的核心理念就在于修"禅"，而"禅"就是形容人与自然和谐相处的理想状态。而修"禅"就在于通过自我观照的坐禅修行，达到一种理解自然、融入自然、与万物相统一的精神境界。

总的来说，正是将"天"理解为万物的起源，因而自然作为"天"的产物同样是有生命的。人与"天"都具有生命，这使天人合一成为可能，因为"生命"决定了人与自然能和谐相处。首先是人与天道的关系。古时人们认为"天"是一切的主宰，通过观察日月星辰可以了解天帝的意愿，而天可以主宰人的命运。"钦若昊天，历象日月星辰，敬授人时。"[1]（《尚书》）皇帝是奉天命应运而生，是"天"在地上的代理人。这种观念反映出古代人对自然的依赖。之后，"天"与人的主宰关系得到缓解，产生了"明于天人之分""天人交相胜"的观点，天道与人道不断融合，以人为本的理念开始出现。

其次是人与自然的关系。根据老子的观点，万事万物必须符合天道的规律。荀子提出"天道有常"的思想："天行有常，不为尧存，不为桀亡。"[2] 也就是说，天道自然有自己的运行规律，不因为地上君主的贤明而存在，也不因为地上统治者的残暴而灭亡，因而人的行为应顺应自然规律。人与天道的关系虽有盲目崇拜天的一面，但以天的权力限制人的权力就能有效防止人对自然的无限制破坏。提倡顺应自然规律的理念，经过长期的发展，逐渐成为中华文明特有的文化标签。

---

[1] 周唯一：《南朝学术文化与〈文选〉》，人民出版社 2015 年版，第 15 页。
[2] 罗安宪：《中国孔学史》，人民出版社 2008 年版，第 213 页。

天人合一的理念逐渐演变成万物并育的生态理念。万物并育出自《中庸》第三十章："万物并育而不相害，道并行而不相悖。"① 也就是，万物生长繁育不相互妨害，不会产生冲突，共同遵循一定的规则。首先自然来源于"天"，"天地者，万物之父母也。合则成体，散则成始"②（《庄子·达生》），天地是万物之父母。《易传》提出类似的观点，强调阴阳交合而生万物，自然规律就是天道的流转。明代学者罗汝芳提出，盈天地间只是一个大生。盎然宇宙之中，浑是一团生意。③ 也就是说，天地的本质是生成万物，万物遵循天地的运行规律，宇宙是一个大的生命体。

相较于西方哲学，人们以自然存在的物质解释宇宙的本质，如水、气、火，或以数理、"逻各斯"等抽象概念解释宇宙。这种宇宙观必定导致一个问题，即宇宙本身有一个造物主，是万物流转的"第一动因"。因而，在西方哲学理论中，宇宙是没有生命的，天人合一不是以生命为统一的。而中国传统的宇宙观则有两个特点：一是宇宙是有先天生命的存在，不存在其他的造物主；二是自然万物皆有生命，万物由宇宙的交合变化而来，因而具有生命的禀赋，万物皆有生命之灵性。"天"与自然同样具有生命，亦谓万物有灵，因而人应尊重自然、敬畏自然，与自然和谐共处。天人合一、万物并育的宇宙哲思表达了中华文明人与自然和谐共处的基本观点，其中蕴含平等、绿色的发展理念，由此衍生出天下为公、天下大同的社会理想，厚德载物、明德弘道的精神追求，民为邦本、为政以德治国理念，讲信修睦、亲仁善邻的交往之道。

（二）揭示中华文明蕴含的社会理想

天人合一的宇宙哲思不仅是中华文明宇宙观的重要内涵，同时也贯穿于中华文明的社会理想中。因为万物都源自宇宙这个大生命，所以人

---

① 钱逊：《〈论语〉讲义》，人民出版社2012年版，第19页。
② 侯外庐、赵纪彬、杜国庠：《中国思想通史》第1卷，人民出版社2011年版，第300页。
③ 大连理工大学国学研究所：《国学与文化自觉》，人民出版社2012年版，第183页。

与自然、人与人之间没有本质的差异，世间万物统一于"生命"。因此，世间的君主与人民没有本质的差别，君主是"天"的地上代言人，顺应天道以维持社会秩序。人们相信天道是万物之母、是至善的存在，而人类社会的发展目标就是宇宙原初的和谐状态。因此，天下为公、天下大同就成为中华民族自古以来的社会理想。在中华文明发展历程中，不同时期的学者都阐述过天下为公这一思想。天下为公最早出自《礼记·礼运》，原意是指天下是公众的，天子的选拔应该以贤能论而不是以血脉论，后来演化为一种美好的政治理想。

对此，墨子明确提出了尚贤、尚同的思想。尚贤就是墨子对世袭制度的批判，主张政权要对全体公众开放。墨子认为，世袭制度造就了贵族特权阶级的永续，导致了社会部分人获得了"无故富贵"。此外，官员的世袭制度是造成社会动乱的根本原因，官员应该顺应天道，以人民为重，因此官员应是公众认可而被选拔出来的，这个选拔的标准就是"贤"。"官无常贵，而民无终贱，有能则举之，无能则下之。"[1] 官员和贵族不应该是永远富贵，市井平民也不应该是永远低贱，官员如果无能就应退位让贤，地位低下的市井平民如果有贤能也应被推选当官。用马克思主义的话语来理解，墨子认为社会存在不同的阶级，但阶级不应该固化，而应以贤能为标准选举权力阶级，而非权力阶级同样有资格竞选。"尚同"要求天子应和一般官吏一样，都由贤者来担任，是"尚贤"思想的拓展。天道是至善的，人顺应天道就能够得到幸福，然而天又是寂静无声的，因而人无法准确得知天的想法。这就导致了人与人之间的矛盾，社会动乱频发。所以，通过以贤能为标准的全民选举，可以选举出最能顺应天意、代表天道的天子带领人民走向幸福。而天子又通过"尚贤"的政治主张，选择贤者来担任国家的大小官员，以带领人民顺从天意获得幸福，因为天的意志就是"兼爱"。若是人人都能平等爱他人，天下就会太平。后世学者也多次阐述了"天下为公"的政治理念，《吕氏春秋》提出"天下非一人之天下，天下人之天下也"[2]，

---

[1] 冯达文、郭齐勇：《新编中国哲学史》上册，人民出版社 2004 年版，第 66 页。
[2] 郭沫若：《十批判书》，东方出版社 2012 年版，第 339 页。

顾炎武主张"天下兴亡，匹夫有责"①。民国时期，袁世凯篡夺政权，北洋军阀割据一方，为一己私利而混战不息，造成了恶劣的社会影响。对此，孙中山多次题书"天下为公"，谴责北洋军阀的乱行。

天下为公作为一种社会理想，这种政治愿景下的理想社会状态就是"天下大同"。"大同"出自《礼记》，指社会没有争端、人和人没有差异、国家间没有战争的社会愿景，是"仁"的最终归途。先秦时期，儒家、道家、农家分别提出了"大同"思想。儒家的大同理想就是在天下为公的基础上，老人能安度晚年，孩童能快乐成长，老弱病残皆能受到社会的照顾；每个人的劳动都能发挥作用，夜不闭户，路不拾遗，具有"乌托邦"式的愿景。道家的"大同"思想来源于其"小国寡民"的主张，道家认为人类理想生存方式是建立互相隔绝的"小国"，邻国永远不能相互交流。同时，废弃文字和工具，以最原始的方式从事农耕劳动，按照最贴近自然的方式生活。陶渊明受此影响在《桃花源记》中幻想了一处与世隔绝的人间净土，那里的人没有经历过剥削和战争，对外界的王朝更迭、社会兴衰一无所知，只过着属于自己的田园生活。农家则提出了"并耕而食"，主张所有社会成员都进行劳动，君主和官员也参与其中，人民的劳动不被剥削；社会以农业为主，辅以若干的手工业，偶尔进行社会交换，这种交换是公平的等价交换。

对比来看，道家的大同理想虽然提倡人要回归自然，与自然和谐共处，但将国家划分为多个小国实际是退回到宗族社会，是一种历史的退步。农家虽然提倡劳动平等，反对剥削，但劳动阶层与天子、官员以及贵族"并耕而食"终究是农民阶级的一种朴素幻想。而儒家的大同思想较其他两家更为详尽和合理，因此成为中华文明大同思想的核心观点。正如前文所述，天下为公、天下大同的社会理想源自中华文明天人合一的宇宙观。并且，在人与自然、人与理想社会的构想中，逐渐形成了中华民族以人为本的民本思想。贯彻天下为公的社会理想，就能充分发挥人民的力量。正如习近平总书记所强调的："站立在九百六十多万

---

① 邵汉明、刘辉、王永平：《大众儒学》，人民出版社2014年版，第106页。

平方公里的广袤土地上，吸吮着五千多年中华民族漫长奋斗积累的文化养分，拥有十三亿多中国人民聚合的磅礴之力，我们走中国特色社会主义道路，具有无比广阔的时代舞台，具有无比深厚的历史底蕴，具有无比强大的前进定力。"①

（三）彰显中华文明蕴含的精神追求

中华民族的精神追求是中华文明的重要组成部分，也是推动马克思主义中国化、时代化的精神支撑。中华文明蕴含的精神追求源自天人合一的宇宙观，天不仅是世间万物的主宰，也赋予万物以生机。具体而言，按照中国古代的宇宙观，天是万物的造物主，万物都是由天分化的阴阳二气交感汇合而来，因而天创生万物，大地承载着万事万物。又因天对万物都有滋养之恩，因而代表了最高的道德境界，人的精神追求就是通过不断修行达到天的境界。这是古人对理想社会中人的理想道德的基本构想。通过天人合一的宇宙观，衍生出了中华文明厚德载物、明德弘道的精神追求。

厚德载物出自《周易》："地势坤，君子以厚德载物。"② 大地宏大且宽厚，是承载万物、包容万物的存在，因而是最能够代表道德的存在。中华文明将包容他人视为个人道德修养的重要部分，典型表现为孔子提出的"仁爱"思想以及墨子提出的"兼爱"思想。儒家以"仁"作为其核心思想，根据《论语》的记载，孔子曾在不同场合提及过"仁"，但却未曾对其内涵进行细致阐述，因而后世多在孔子的具体对话中体悟"仁"的内涵。而在"仁"的多种内涵中，相对重要的一条就是以"爱人"为仁。"孔子之弟子樊迟曾问仁，子曰：'爱人'。"③（《论语·颜渊》）而这里的"爱"是有丰富内涵的：一方面，爱在对象上主要指其他人，要做到"推己及人"，将对自身的爱延展到对他人的爱，即像爱自己一样爱他人；另一方面，"爱"是有差等的，仁爱应

---

① 《习近平著作选读》第 2 卷，人民出版社 2023 年版，第 57—58 页。
② 崔大华：《儒学引论》，人民出版社 2001 年版，第 85 页。
③ 罗安宪：《中国孔学史》，人民出版社 2008 年版，第 145 页。

以"亲亲"为起点，将对自身之爱推广到父母、亲人身上，再延展向其他人。墨子则提出社会动乱、一切灾害的源头就是"别"，"别"就是偏爱、自私。而解救的方法就是"兼爱"，"兼"就是平等，无差别对待其他人。兼爱主张爱无差等，无视血缘和等级的差异，平等地爱每一个人，也就是爱人若己。总的来说，儒家的"仁爱"是有差别、有差等的爱，讲究推己及人，先有己、再有亲、再有人。墨家的"兼爱"则是完全平等的爱，要求无差别地爱其他人，而不讲求任何利益。但二者都强调了爱他人、包容他人的核心理念，并与后世的思想一起，形成了"厚德载物"的中华文明精神特质。

明德弘道是儒家精神修养的重要内容，"明德"首次见于《尚书》，其中提到了"明德慎罚"，也就是要明确道德以公正赏罚。而"弘道"源自《论语》中孔子的对话："人能弘道，非道弘人。"[①] 意为人能够通过自身的修行而将道发扬光大，而道不能反过来满足人的私心，更不能通过满足一己私欲修得。只有明确树立道德规范，才能达到圆满的修行。中华文明发展历史进程中，不同时期的思想家都提出过道德修养论。孟子曾提出"浩然之气"的人格修养论，孟子首先将人的修养境界划分为天爵和人爵，天爵就是兼具仁义忠信，在理想的价值世界中才能到达的境界。而人爵就是以功名利禄为目标，以做官掌权为目标的世俗追求。因此，君子应该追求天爵而不是人爵，而修天爵的方式就是保养"浩然之气"。"浩然之气"就是天地之气，这种气息充盈于人的体内，只要不做坏事，不故意去损害它，就能合乎道义、顺应天道，进而恢复"四端之心"：恻隐之心、善恶之心、辞让之心、是非之心。佛教的教义就在于在世苦修，因而佛教有"三学"，即戒、定、慧，又称三无漏学。"三学"指出人生的修炼有三项：一是戒——完善道德品行；二是定——保持内心平静；三是慧——培育智慧。因此，在人生修行中，道德品行的修炼是第一位的，只有先完善道德品行，才能在修性和修学的过程中不断接近大道。陆九渊提出"六经皆我注脚"，他认为人应该先自明本心，再去理解经典，否则就会本心不明，甚至迷失本心。

---

① 彭富春：《论孔子》，人民出版社2016年版，第375页。

在著名的鹅湖之会上，朱熹和陆九渊进行了激烈的辩论。朱熹认为应该遍览群书，以明心智。而陆九渊以历史上的贤者尧、舜为例，指出那时还没有名著经典，而尧、舜却达到了贤者的境界。因此，陆九渊反对在进行道德修养时不自明本心而去依赖权威经典。纵观中华文明不同时期思想家提出的人格修养论，都将道德修养放在了人生修养的第一位，并将其视为得道的必要前提，因而"明德"才能"弘道"。

中华民族的精神追求是中华文明的重要部分，而正是因为中华文明厚德载物、明德弘道的精神追求，促使中国人民以追求道德的至高境界为目标，不断砥砺前行。中华文明的传统道德条目有很多，但经过历史的洗涤，主要凝练为仁、义、礼、智、信五种德行。在此基础上，衍生出了诸如温、良、恭、俭、让等德行条目，融汇于中国特色社会主义核心价值观之中，并值得我们进一步挖掘其当代价值。

（四）提炼中华文明蕴含的治国理念

由于古人信奉天人合一的宇宙观，认为"天"是万物之母，人间的君主是为了维持社会的安定，由人民推选而出的地上代言人。在这种认识观下，一方面，君主代表了人民的意愿，君主在施政布令时应以维护人民的利益为准则，因而人民是国家的根本。另一方面，由于君主的职责是带领人民顺应天道，因此国家的政令也应体恤人民、关心人民。结合天人合一的宇宙观，中华文明在王朝更迭、历史演进的进程中，逐渐形成了民为邦本、为政以德的治理思想。

民为邦本出自《尚书》："民惟邦本，本固邦宁。"[①] 人民是国家之根本，只有根本稳固了，国家才能安宁。历史上儒家、道家、墨家都提出过以民为本的执政理念。儒家的治国理念是"民贵君轻"。孟子曰："民为贵，社稷次之，君为轻。"[②] 孟子认为评判一个国家是否成功的标准就在于能否收获民心。此外，孟子还认为君主如果背离民心，臣子可以进行规劝，如果多次规劝下君主仍不改正，臣子就可以联合起来诛杀

[①] 张分田:《中国古代统治思想研究》，人民出版社2013年版，第53页。
[②] 陆玉林:《中国学术通史》先秦卷，人民出版社2004年版，第136页。

之，并且这种行为并不违反道德。道家的治国理念是"小国寡民"条件下的"无为而治","小国寡民"是老子提出的乌托邦式政治愿景，这种理念主张少数人民组成多个国家，邻国不相往、不相交，回归最原始自然农耕的生活方式。在这种条件下，国家的君主应该奉行"无为而治"，无为不是不作为，而是顺应天道的运行规律，与自然和谐共处，由此"无为"就能转变为"无不为"。墨家提出的"兼爱"要求人们要平等爱其他所有人，因此人民应平等爱君主和其他人民，而君主也应平等爱他的子民。因而社会虽有阶级的分化，但人民和君主现实中都应得到平等的观照。而兼爱的扩展就是国与国之间要和平相处，谴责武力吞并他国领土的战争。其根据是这种战争对人民是一种灾难，是为满足统治者的欲望而不是为了人民的利益，国家应代表人民的利益，以民为本。总的来说，道家提倡减少君主对人民的侵扰，虽然蕴含着以民治国的民本思想，但将国家分割开来是历史的倒退。墨家提倡君主与人民兼相爱，虽然提出了君主和人民应受到平等的待遇，消除一切不平等。但在马克思主义理论的视角下，不同的阶级代表不同的利益。在封建时代的社会关系下，兼相爱只能是幻想罢了。儒家认为国家的成功取决于民心的向背，因而以君主为首的统治阶级只有奉行"民贵"的准则才能维护自己的利益。因此，儒家的思想成为中华文明民为邦本治国理论的基础，并在文明发展进程中被不断完善。

  为政以德出自《论语》："为政以德，譬如北辰，居其所而众星共之。"[①] 意为奉行道德原则施政的国家就会像北极星一样，群臣百姓会像星辰一样围绕着它。这一理论主张君主以德行教育民众，使得民众自觉遵守道德准则，维护国家安定。正如前文所述，历史上儒家、道家都提出了民为邦本的治国理念，同时也进一步提出了以道德准则治国的思想。儒家主张仁政的治国理念，仁政是孔子德政思想的延伸。孟子认为人性本善，因而人有不忍人之心，政便有不忍人之政。孟子将道德修养推行到社会准则和国家治理的层面，主张以德服人之王道，反对以权威武力服人之霸道。孟子的仁政不仅涵盖解决民生问题、为民置产的现实

---

① 罗安宪：《中国孔学史》，人民出版社2008年版，第106页。

层面，同时注重道德教化对实行仁政的重大意义。单纯的政治手段只能解决国家外部的问题，无法获取民心，得到人民的认同。因而只有自上而下的道德教育，才能使百姓衷心拥护国家。另外，对全体人民的道德教化还能使具备德行的人从政，以维护社会安定。道家主张"治大国若烹小鲜"的治国理念，也就是说治理广袤的国家应当像烧菜一样精细，不仅要重视火候，还要注重佐料的搭配。这一主张包含三大要义：一是以正治国。兵者诡道，而治国需以正道。如果治国不正、专权横行，国家就会陷入毫无秩序的混乱之中。二是选贤与能，具体就是根据个人能力让合适的人在合适的岗位上发挥作用，而不是对人民的生活进行事无巨细的干预。三是无为而为，主张在顺应天道、遵守自然规律的前提下有所作为，是一种尊重自然的辩证思维，以"无为"达到"无不为"。总的来说，儒家和道家都提倡"为政以德"，区别在于儒家提倡克己复礼，用礼教塑造一个道德社会。而道家主张君主无为而治，不用繁杂的政令干扰人民，带领人民回归自然的生活方式，顺应自然之道德。

民为邦本、为政以德不仅是中华文明治国理念的核心内容，同时也是古代国家治理、社会建设的优良传统。通过执政为民的理念，以及教化人民的方式，实现社会和谐、天下太平，这种治国理念逐渐发展成中国古代的民本思想。此外，这种治国理念与马克思主义的人民主体观相契合。在当前的社会建设中，治国理念直接关乎人民生活，不仅是文化强国战略的观照重点，也是推动中国特色社会主义文化发展的关键因素。

（五）展现中华文明蕴含的交往之道

中华文明的交往之道同样是从天人合一的宇宙观演变而来，如张载主张的大其心，这种境界可以达到天人合一、胸怀宇宙，将天地万物视为人们的大父母。由此一来，天下是一家，万物生灵都是与自身亲如一体的兄弟。因此，人与人应该和谐相处，在一国社会中应如此，在国与国的交往中亦应如此。中华文明在发展历程中不断追求超越血缘、国家的天下观念，并最终凝结成为讲信修睦、亲仁善邻的交往之道。

讲信修睦出自《礼记·礼运》，意为人与人之间、国与国之间应该讲求诚实和信用、和平共处。这一思想是儒家的忠恕思想的直接体现，"忠"指人的内心，对内不欺骗自己，对外不欺骗他人。孔子厌恶只要嘴上功夫、谄媚虚伪的行为，认为这种人缺乏仁心。孔子主张纯真质朴，以信为立身之本，说话需要谨慎，不能随意承诺且不兑现。"恕"是指推己之心，即"己所不欲，勿施于人"①。也就是说，不能把自己的想法强加给他人，而要站在对方的角度思考是否愿意接受。忠恕之道是儒家仁道的具体运用，不仅是人与人相处的交往准则，也是国家之间的交往准则，表达出人与人、国与国和谐相处的美好向往。

然而在现实中，国与国之间的武力兼并战争却从未停止，庄子认为是因为君主和人民师心自用，执着于自己的偏见不让步，以浮华虚伪的言辞去辩说，因而带来了纷争。因此庄子提出了"明"的认识方法，主张彼此跳出自己的认识范围，平静、客观思考对方的处境和想法，不加修饰地以诚待人。只有这样，人们才能从遮蔽状态中解放出来，进而窥探大道。讲信修睦是儒家所推崇的处世交往之道，人生在世不仅要忠于自己的内心，同时也要在与他人交往中保留本心，而不能巧言令色、虚伪谄媚。此外，道家本就主张人以自然的方式生活，在具体的人际交往中，就落在一个"诚"字。如果国家间能够推心置腹，就能避免不必要的战争，由讲信到达修睦。

亲仁善邻出自《左传》："亲仁善邻，国之宝也。"② 与周边国家建立联系，与邻国友好相处、和睦与共是中华民族历来推崇的交往之道。墨子主张"非攻"之道，认为武力兼并战争是非正义的，因而国与国之间应做到兼相爱、交相利，维护人民的利益，实现国家的长治久安。汉朝时张骞出使西域，创立一条沿线国家互惠互利、友好相处的贸易路线，又称"丝绸之路"，奠定了以公平贸易加强国家间交流的基调，展现了国家间友好相处的中华智慧。有研究表明，和文化是中华文明的重

---

① 胡适：《中国哲学史大纲》卷上，东方出版社1996年版，第98页。
② 马艳辉：《魏晋南北朝史论研究》，人民出版社2017年版，第161页。

要内容，是亲仁善邻思想的重要来源，这是因为中华文明主要是以小农经济为主体的农耕文明，主张人与自然的和谐相处。因而，中华文明不将文明的发展寄希望于掠夺性战争，而是通过贯彻亲仁善邻的交往理念，寻求不同文明协同发展的和平之道。中华文明将"礼"作为国家交往的基本准则，这种交往方式涵盖方方面面，包括经济的往来、文化的互通、政治的交流，进而与他国形成了一种情感亲近、和睦与共、共同繁荣的良性关系。习近平总书记指出："和平、和睦、和谐是中华文明五千多年来一直传承的理念。"[1] 由于千年来和文化的不断滋养，逐渐形成了中华民族讲信修睦、亲仁善邻的交往之道。

中华文明具有悠久的历史和丰富的文化内涵。总的来说，中华文明起源于天人合一、万物并育的宇宙哲思，这一思想主张人与自然的和谐统一。首先，人都是经宇宙演化被赋予生命，因而人与人之间是平等的，由此产生了天下为公、天下大同的社会理想。其次，因为自然是天道化为阴阳二气，而又由阴阳二气交汇产生。由此，宇宙是世间最高尚的道德模范，人的修行以宇宙包容万物之德为目标，产生了厚德载物、明德弘道的精神追求。再次，由于在古代天子是天的代言人，其任务就是带领人民顺应天道，执政应该以民为贵，由此产生了民为邦本、为政以德的治国理念。最后，由于天人合一倡导人与人的平等，从人与人到国与国之间平等相处，由此产生了讲信修睦、亲仁善邻的交往之道。正因为中华文明具有优秀的文化基因，所以挖掘和提炼中华文明的丰富思想内容对建设社会主义文化强国、建设中华民族现代文明具有重要意义。

二 构建和完善中华文明传播的叙事话语体系

新时代讲好中国故事，传播好中国声音，是增强中华文明的国际传播力影响力的重要任务。中华文明是世界历史上唯一没有中断的文明形态，孕育出多彩的文化形态与辉煌的文化成就。然而，由于中华文明独

---

[1] 习近平：《在文化传承发展座谈会上的讲话》，人民出版社2023年版，第4页。

特的思想逻辑与表达方式，同西方文明的话语体系存在一定的代沟。所以，中华文明国际传播的短板不在文明故事而在文明叙事。解决好中华文明传播中面临的沟通障碍，摆脱"有理说不出、说了传不开"的困境，关键在于构建和完善中华文明传播的叙事话语体系。

（一）建构中华文明传播的叙事话语逻辑

对事物进行逻辑探索是窥探事物本质的重要方法。逻辑是事物内部或事物之间固有的本质的联系，也是人们对事物进行科学把握时所要遵循的客观规律。当客观存在的事物与人的思维发生联系时，就会产生人的思维逻辑。从认识论的角度看，逻辑就是客观存在的事物在人的思维中的映射。由于人的意识具有主观能动性，人的思维逻辑就会对实践方式产生影响。叙事话语逻辑作为逻辑分析中的常见形式，属于"道"的层面，是叙事话语体系的前提，要解决的是"为什么"的问题。根据法国叙事学家布雷蒙的叙事理论，叙事逻辑由"可能→过程→结果"的序列所构成。"可能"是指促使事物形成的主客观条件，也就是叙事的逻辑起点。"过程"是连接"可能"与"结果"的实现形式，即叙事的逻辑方式。所以，可以将"逻辑起点（最大可能）—逻辑中介（行动过程）—逻辑终点（最大结果）"[1]的叙事逻辑方法纳入中华文明传播的叙事话语分析之中，探究中华文明传播叙事话语不断深入推进的发展历程。

第一，中华文明传播的叙事话语逻辑起点。逻辑起点是指促使事物产生的主客观环境，预示着"科学的开端"。探求中华文明传播叙事话语的逻辑起点，必须置于大历史观与全球视野中加以考察，具体分析中华文明传播所面临的国内外情况。一方面，西方文明的话语缺陷正呼唤文明话语的多样可能。西方国家由于其高度发达的物质文明，理所当然地将自身的精神文明也视作发达形态，意图向其他国家输出其价值观念，旨在掌握全球文明的主导性话语。然而，随着世界文明的纵深发展

---

[1] 丁志刚、张书华：《中国式现代化的纵向叙事逻辑》，《西南大学学报》（社会科学版）2024年第1期。

与多元化路径探索的深入，西方文明的叙事话语本质逐渐暴露出来，表现出诸多缺陷。例如，西方文明话语只能从物质层面理解文明，阉割了文明的丰富内涵，这也是西方诸多国家文化资源匮乏的掩饰之举。在资本逻辑下片面追求物质文明，导致当今西方社会人的精神世界的缺陷、道德的滑坡。西方国家在面对全球生态危机、治理危机、经济危机等全球性问题时无计可施，这都暴露出西方文明话语的价值局限，在根源上限制了人类社会文明发展的视野和空间。

另一方面，中华文明的发展为地方性叙事话语建构提供了可能。中华文明源远流长、博大精深，虽然近代以来遭遇文明蒙尘，但在中国共产党的领导下，开创了人类文明新形态。在中国式现代化不断深化与拓展的过程中，中国已跃升为世界第二大经济体，成为世界经济的稳定增长极；中国的绝对贫困问题得到彻底解决，成为世界扶贫减贫的典范；中国高水平科学技术成果丰硕，已跻身世界创新型国家前列。中华文明发展的巨大成就，为文明叙事的东方转向与中国化话语建构提供了空间，有力消解了以西方为中心的文明叙事逻辑。同时，中国共产党也十分重视对文明话语的提炼与创造。以世界广泛认同的现代化话语为例，从社会主义革命和建设时期的"四个现代化"到改革开放和社会主义现代化建设新时期的"中国式的现代化"，再到中国特色社会主义新时代的"中国式现代化"，现代化的话语表述与话语内涵不断拓深，成为中国化文明叙事话语建构的标志性呈现。

第二，中华文明传播的叙事话语逻辑中介。逻辑中介是指"辩证思维整个过程中起点到终点之间一系列的中间环节，其逻辑表现形式是一系列范畴的联系和转化，或称为中介转换"[1]。叙事话语逻辑中介作为连接叙事话语逻辑起点和叙事话语逻辑终点的纽带，包括以思想中介和组织保障为核心的若干环节。从思想中介看，"两个结合"赋予中华文明以时代内涵，是新时代中华文明焕发生机活力与提升对外传播影响力的关键。"结合"的前提是彼此契合，中华优秀传统文化中的唯物主义观点、辩证法思想、天下大同的社会理想都与马克思主义具有高度的

---

[1] 汪馥郁、郎好成：《实用逻辑学词典》，冶金工业出版社1990年版，第177页。

契合性。"结合"的结果是互相成就，以马克思主义的真理力量赋予中华优秀传统文化的优秀因子，将中华优秀传统文化的民族精神、历史智慧更为深入地注入马克思主义。"结合"打开了创新空间，在二者的融通互筑中彰显出文化创新的自信自觉，创生出人类文明新形态。

从组织保障看，中国共产党以伟大的历史主动精神担负起"两个结合"的重任，领导文化建设与文明传播事业。回望党百年理论创新历程，中国共产党既肩负着引领和践行马克思主义的时代使命，又承担着传承与弘扬中华优秀传统文化的历史重任，是发展与传播中华民族现代文明的根本保障。党的理论创新成果，既体现了马克思主义的真理力量，又融汇了中华文化的思想精髓以及党和人民的实践经验。习近平新时代中国特色社会主义思想是践行"两个结合"的光辉典范，是对中国之问、世界之问、人民之问、时代之问的科学回答，充分体现了中华文化的主体性，必将推动"两个结合"进一步深化，是推进人类文明新形态的理论指针，也必将为中华文明的对外传播作出更大贡献。

第三，中华文明传播的叙事话语逻辑终点。逻辑终点是逻辑分析的最终项，实际上是由抽象到具体思维进程的最后环节，预示着辩证思维进程的相对完结。在叙事话语逻辑的发展序列中，从世界文明呼唤与地方性叙事话语建构的逻辑起点出发的中华文明传播话语叙事，经过"两个结合"思想凝聚与中国共产党组织保障的逻辑中介，最终达到了逻辑终点，实现了构建和完善中华文明传播的叙事话语体系的目标。具言之，中华文明传播实现了他者叙事向主体叙事的转换、民族叙事与世界叙事的同构、一元叙事向多元叙事的展开。

首先，他者叙事向主体叙事的转换。文明叙事话语既涉及"普遍"又涉及"个别"，前者凸显了文明叙事话语的一般性，后者彰显出文明叙事话语的主体性。文明的外向输入与他者模式的硬性嫁接无法形成契合本土的叙事话语。主体性不足，就会陷入"旧版""翻版""模板"的话语陷阱中。中国的发展既遵循建构现代国家的共性特征，也包含东方化、中国化、本土化的个性特色。从"全盘西化"到"中体西用"，从"以苏为师"到"以苏为鉴"，中华文明对外叙事的话语逻辑不仅体现在"走什么路"的理论自觉,还体现在"由谁表达"的话语自觉。

其次,民族叙事与世界叙事的同构。中华文明的叙事话语创造体现出在"他者"文明镜像下的主体审思。世界性的文明话语经过中华大地上的检验与加工,形成了易于被世界接受的彰显中国特色的话语表达,如从"市场经济"到"社会主义市场经济",从"社会主义"到"中国特色社会主义",从"现代化"到"中国式现代化",从"民主"到"全过程人民民主"。

最后,一元叙事向多元叙事的展开。由于西方发达资本主义国家率先完成了工业革命,获得了发达的物质文明成果,西方国家主导了世界话语体系,并向世界输出其价值理念。由此一些后发现代化国家在西方文明中心论的叙事导向下,照搬照抄西方模式,从而导致了不同程度的发展陷阱。随着中国式现代化在世界舞台产生广泛深远的影响,中华文明的叙事话语体系逐渐与中国"硬实力"相匹配。构建多元叙事的话语体系,有助于纠正话语偏差,澄清话语事实,走出和突破"西方化"的话语陷阱。

(二)创新中华文明传播的叙事话语表达

构建和完善中华文明传播的叙事话语体系是一个系统问题。其中,叙事话语表达呈现的是"事",针对的是"讲什么"的问题,属于叙事话语体系的核心。中华文明从不缺乏优质的叙事内容,但囿于西方世界的文化背景与接受能力,向他们"讲述什么故事""表达什么话语",仍是中华文明传播中亟待解决的问题。对此,中华文明传播的叙事话语表达应统筹中国视野中的世界与世界格局中的中国两个视域,将中国置于世界场域中审视与解读,向世界展现真实、立体、全面的中国。所以,中华文明传播的叙事话语表达可以从文化之维、政治之维、价值之维、目标之维等四个方面展开,全面展现中国式现代化在政治、经济、文化、社会、生态等各个方面取得的成就。

第一,创新中华文明传播叙事文化之维的话语表达。文化之维的话语表达解答的是中华文明传播叙事以何种文化为根基的问题。中华文明厚植于中华优秀传统文化，具有深厚的文化底蕴。也就是说，中华文明传播叙事的话语体系建构要以中华优秀传统文化的自信、自觉为立足点。伴随着中国式现代化的推进与拓展，中华优秀传统文化在新时代焕发新的生机活力，推动了中华文明现代叙事的传播，促进了人类文明新形态的创造。但中华文明的话语体系与现代表达仍待进一步挖掘，在国际社会的价值认可与文化认同也需进一步塑造。创新中华文明传播叙事文化之维的话语表达，一方面要加大马克思主义文化理论对中华优秀传统文化阐释的力度。马克思主义文化理论深刻揭示了文化发展与传播的科学规律，具体阐述了文化生成与演进的客观性、传统文化与现代文化的一致性、文化发展与文化传播的关联性。以马克思主义文化理论为指导，才能"讲清楚中华优秀传统文化的历史渊源、发展脉络、基本走向，讲清楚中华文化的独特创造、价值理念、鲜明特色"①，形成中华优秀传统文化在当代国际社会的叙事表达与话语影响。

另一方面，要突破以西方为中心的文明叙事陷阱。在近代，中国在诸多方面落后于西方文明，被剥夺了参与文明话语表达塑造与话语体系建构的权利。打破西方世界的一元化文明叙事，需要进一步增强中华优秀传统文化的世界影响。通过对中华优秀传统文化的创造性转化和创新性发展，挖掘传统文化的现代性，筑牢当代国人的文化自信与价值信仰，不断夯实中华文明传播叙事的文化基础与群众基础。针对世界发展面临的诸多难题，提出彰显中国立场、价值与智慧的主张、理念与方案，成为构建和完善中华文明传播叙事话语体系的重要契机。

第二，创新中华文明传播叙事政治之维的话语表达。政治之维的话语表达解答的是中华文明传播的领导力量和发展道路等政治立场问题，其核心在于"中国共产党为什么能""中国特色社会主义为什么好"，前者涉及中华文明建设与传播"由谁领导"，后者涉及中华文明建设与传播"走什么路"。"中国共产党能"首先源于"马克思主义政党能"。在马克思、恩格斯看来，革命能否取得成功的决定性要素就在于先进政党的指引，而马克思主义政党具有先进政党的优势：在理论层面，他们

---

① 《习近平谈治国理政》第 1 卷，外文出版社 2018 年版，第 164 页。

"了解无产阶级运动的条件、进程和一般结果"[1];在实践层面,"共产党人是各国工人政党中最坚决的、始终起推动作用的部分"[2];在价值层面,"共产党人强调和坚持整个无产阶级共同的不分民族的利益"[3]。从文明叙事的角度看,"中国共产党能"体现在领导中国人民取得了辉煌的文明成就。中国共产党以伟大的历史主动精神担负起"两个结合"的重任,领导人民创造了人类文明新形态。回望党的百年理论创新历程,中国共产党既肩负着引领和践行马克思主义的时代使命,又承担着传承与弘扬中华优秀传统文化的历史重任,是构建人类文明新形态的核心动力。

"中国特色社会主义"传播叙事的关键之处在"特色"与"主义"两个方面,核心要义体现在不能抹杀文明的差异性,不能将具有差异化的文化类别粗暴塞入同质化的框架图式中。"怎样发展""走什么路"必须置于具体的历史场域中加以探究,即考虑把马克思主义基本原理同中国具体实际相结合、同中华优秀传统文化相结合。从"社会主义"到"中国特色社会主义",历史环境在变化,话语表述也在变化,然而中华文明发展的道路选择、制度选择始终不变。所以,我们更需要在变与不变、守正与创新中把握与塑造中国共产党治国理政与中国道路选择方面对外传播叙事的话语表达。

第三,创新中华文明传播叙事价值之维的话语表达。价值之维的话语表达解答的是中华文明传播的价值旨趣问题,其核心在于中华文明建设"依靠谁""为了谁",表现出人民主体的价值主张。资本主义把抽象的个人作为文明发展的主体。自笛卡尔提出"我思故我在"的论断后,从抽象的个人出发规定一切存在的价值理念便开始确立起来,以此为西方文明发展提供思想支撑。在此,个人主体性只不过是资本所有者的主体性,它将无产者与劳动者排除在外,旨在实现资本的繁衍与增殖,本质上体现为以资本和资本家为核心的文明逻辑,最终不可避免走向文明的没落。在马克思看来,文明本质上是人的文明,人的诞生开启

---

[1] 《马克思恩格斯文集》第2卷,人民出版社2009年版,第44页。
[2] 《马克思恩格斯文集》第2卷,人民出版社2009年版,第44页。
[3] 《马克思恩格斯文集》第2卷,人民出版社2009年版,第44页。

了文明时代,现实中的个人才是历史的前提,"正是人,现实的、活生生的人在创造这一切"①。恩格斯在此基础上提出了"历史合力"理论,认为历史是人民群众集体意志融合成的合力所作用的,推动人类社会从传统文明走向现代文明。

从中国的现代化进程来看,自新中国成立后,从"工业化""四个现代化""中国式的现代化"到"中国式现代化",发展历程离不开人民群众的广泛参与。人民是中国式现代化建设的依靠力量,是文明建设的主体。中华文明的对外传播、社会主义文化强国建设,也必须"充分发挥亿万人民的创造伟力"②。"为了谁"是衡量文明建设的根本尺度,表现为文明成果是否能为更多人所共享。回溯到马克思主义语境中,资本的雇佣关系是异化的典型呈现,反映了物化劳动对人的奴役与剥削。区别于资本主义生产关系造成的巨大贫富差距,中国式现代化坚持社会主义的发展道路,将实现全体人民共同富裕作为其本质要求之一,把人民群众当作发展的动力源泉,把发展成果惠及全体人民群众当作发展的归宿,从而确立起人民至上的崭新叙事逻辑与叙事话语表达。讲好中国故事,传播好中国声音,在价值层面,就是要讲好中国人民的故事,创新以人民为中心的话语表达。

第四,创新中华文明传播叙事目标之维的话语表达。目标之维的话语表达解答的是中华文明发展的目的和意义问题,既包含发展维度,又涉及发展形象。从发展内容叙事来看,中华文明叙事话语传递"物质文明和精神文明相协调"理念。在原始的社会文明形态中,生产是为了获取人类生存必需的物质资料,此时生产不是目的,而是手段。高级的社会文明形态实现了合规律性与合目的性的辩证统一,物质是社会存在的基础,精神是社会发展的必然。中华文明的传播叙事兼具物质文明与精神文明双重表达,既展现日益发达的物质文明,也传播与之相匹配的精神文明。

从发展结构叙事来看,中华文明叙事话语传递"人与自然和谐共

---

① 《马克思恩格斯文集》第 1 卷,人民出版社 2009 年版,第 295 页。
② 《习近平著作选读》第 1 卷,人民出版社 2023 年版,第 57 页。

生"理念。区别于资本主义的无序开发自然,中华文明倡导自然与社会的可持续发展,绝不像西方统治者暴力征服其他国家那样支配自然界,而要严格恪守资源边界,尊重自然界发展规律,保护生态系统,真正实现人与自然和解。从发展道路叙事来看,中华文明叙事话语传递"走和平发展道路"理念。与西方的资本积累依靠殖民掠夺的发展道路不同,中国的发展从最广大人民的根本利益与世界人民的共同利益出发,坚持友好合作,拒绝零和博弈,推动国际关系民主化、"一带一路"建设、人类命运共同体构建,以协商民主思维倡导各国共商世界难题、共治世界事务,为世界和平发展作出突出贡献。从发展对象叙事来看,中华文明叙事话语传递"主体与他者共生性发展"理念。在民族历史演进为世界历史的过程中,人类文明逐渐构成一个整体。中华文明的发展不是狭隘的本土化过程,而是兼顾世界眼中的中国与中国眼中的世界,向世界广泛传递人类文明新形态。在中华文明的传播叙事过程中,既要讲好中国故事,也要传递好中国发展理念,建构与中国发展优势相匹配的话语优势。

(三) 提升中华文明传播的叙事话语认同

叙事话语认同是人们对叙事话语内容的认可、赞同与支持,表现为叙事主体的话语输出对受众的影响和浸染,是叙事话语体系的目标导向因素。提升中华文明传播的叙事话语认同,是要在保持中华民族特色的基础上,根据目标群体的社会背景、思维惯式以及接受能力,形成兼具国际化、本土化与时代化的表达方式,目标是让人不排斥、不反感、不费解,从而有共识、有共情、有共鸣。具体而言,提升中华文明传播的叙事话语认同要从三个方面着手:其一,提升内容阐释力,内容是叙事话语输出的主要产品,是叙事话语认同的客体;其二,激发话语吸引力,话语认同的程度表现为话语的吸引力,即国际社会对中华文明的关注度以及主动了解中华文明的意愿;其三,强化问题解释力,话语言之有效才能彻底说服人,才能完成被话语吸引者认同的闭环。

第一,提升中华文明传播叙事话语的内容阐释力。叙事话语内容阐释力包括两个方面：一是要具备良好的话语内容，二是话语内容要到社会实践中经受检验，即具有话语价值。所以，提升中华文明传播叙事话语的内容阐释力要从以下两个方面入手。一方面，提升话语表达的阐释力。话语表达的阐释有两种途径：一是创造新表达，二是创新旧表达。伴随着社会生产力的发展，物质世界不断发生变革，这为新表达的产生提供了土壤。但社会存在的变化并不必然引发新表达的生成，新表达的出现也需要人类思维和理论的抽象加工。中国共产党具有强大的话语表达生产能力，"中国式现代化""人类文明新形态""中华民族现代文明"等都是中国共产党生产出的中国特色的话语表达的典型呈现。以"中国式现代化"为例，在社会主义革命和建设时期，中国共产党就提出了"四个现代化"，廓清了现代化的具体内涵。在改革开放和社会主义现代化建设新时期，中国共产党又提出了建设"中国式现代化"，彰显出现代化进程中鲜明的中国特色。在中国特色社会主义新时代，中国共产党成功推进和拓展了"中国式现代化"，创造了人类文明新形态。实践证明，中国共产党能够立足社会现实、把握社会发展规律，是重要表达创造的主体力量。

另一种表达阐释的方式是创新旧表达。中华文明传承数千年绵延至今，其中许多蕴含真理价值的话语对当今社会仍具有重要的指导意义，在具体运用中应该适当地赋予其新的时代内涵。比如《诗经》中所记载的"小康"一词，原文为"民亦劳止，汔可小康"，原意为百姓日夜辛勤劳作，希望过上安逸舒服的生活。今天，我们用"小康"指代殷实的生活状态。党的二十大报告明确指出："我们经过接续奋斗，实现了小康这个中华民族的千年梦想"[①]。"小康"作为中国特色社会主义的话语，它传承于古代小康思想，又是对传统小康思想的创新性发展。对于中国来说，表达创新可以从三方面进行：一是创新中华优秀传统文化中的表达，二是创新社会主义革命文化中的表达，三是创新社会主义先进文化中的表达。

另一方面，提升话语价值观的阐释力。话语表达的最终目的是完成

[①] 《习近平著作选读》第1卷，人民出版社2023年版，第6页。

价值观的传播与传递。话语价值观很大程度上源于社会的总体价值观，就中国而言，就是社会主义核心价值观。话语中的价值观还需要进一步地阐释，这些阐释也是叙事话语内容生产的重要组成部分。以社会主义核心价值观的"民主"为例，它既不同于中国古代的"民主"，也不同于西方社会的"民主"，这就需要用具体的话语阐释其价值内核。尤其是"全过程人民民主"既汲取了中国古代朴素民主观念，又发扬了马克思主义人民民主的价值内涵，还与西方一元制民主有着本质区别。总之，话语价值观的阐释力来源于价值共识的提炼与价值观念的阐发，这是叙事话语内容阐释的重要构成，也是对话语表达阐释的进一步补充。

第二，激发中华文明传播叙事话语的话语吸引力。社会是叙事话语生长的场域，叙事话语认同要从社会中获取，这说明叙事话语必须基于对社会事件的回应并引发社会集体的讨论。这就决定了叙事话语创造绝不能同社会脱节、与国际脱轨，自说自话的表达必然不能产生对目标受众的吸引力。中华文明传播叙事迫切需要这种讨论的参与力，也就是话语吸引力。这种能力涵盖了叙事话语传播工作者参与社会公共事件讨论的能力和设置话语主题的能力。一方面，需要培养叙事话语传播工作者参与社会讨论的能力。在数字化时代，公众可以在网络上迅速获得公共事件的相关信息，并对事件进行讨论、分析甚至加入主观臆断。许多事件在发生之初只是在小范围内引起讨论，但随着公共参与的不断深入，社会舆论甚至会发展到意识形态领域，这就需要叙事话语传播工作者强化对舆论事件的敏锐度和分析力。例如，在当今中国社会广泛讨论的"躺平""摆烂"等网络文化，最初只是带有负面情绪的抱怨或"消极抵抗"，但如不进行积极引导，就会演变为主张青年消极无为的社会思潮。对此，中国共产党进行了积极的舆论引导与纠正，号召青年树立正确的生活观与奋斗观，引导青年要自找苦吃，认识到只有奋斗的人生才是幸福的人生。由此可见，叙事话语传播的主体需要具备话语转换的能力，将娱乐性质的大众话语转变为具有教化意义的意识形态话语。

另一方面，提升叙事话语传播工作者设置话语主题的能力。叙事话语传播为避免陷入被动的状况，需要以话语主题设置来引领社会互动。

所谓设置话语主题指的是叙事话语传播工作者提出关乎社会发展的主题,引导传播受众广泛讨论并达成共识。"全过程人民民主"是话语主题设置的经典案例。2019 年,习近平总书记在考察上海市长宁区虹桥街道基层立法联系点时首次提出"人民民主是一种全过程的民主"①。之后在庆祝中国共产党成立 100 周年大会上提出"践行以人民为中心的发展思想,发展全过程人民民主",在其中加入了"人民"二字。由此引发了国内外关于中国式民主问题的讨论,并有力回击了西方民主一元论,打破了西方对民主话语的垄断。今天,叙事话语传播工作者需要从四个自信、五大发展理念、中国式现代化建设等方面寻找话语主题,在国际社会发出声音,吸引受众讨论、凝聚国际共识。

第三,强化中华文明传播叙事话语的问题解释力。叙事话语的问题解释力是指话语能够清楚解答现实的问题,代表着叙事话语的效度,是构建叙事话语认同的重要环节。获得问题解释力的关键在于从理论层面和逻辑层面讲清楚事情的来龙去脉,这就要求叙事话语具备学理性、逻辑性、经验性。首先,在理论问题解释力方面。马克思在《〈黑格尔法哲学批判〉导言》中指出:"理论只要说服人,就能掌握群众;而理论只要彻底,就能说服人。"② 理论的彻底性来源于理论的学理性,在于理论能够把握事物发展的本质,科学掌握事物发展的客观规律,这是叙事话语以理服人的前提。叙事话语的理论性可以从三个方面体现:其一,叙事话语需要具备深厚的理论基础。中华文明传播的叙事话语应该以中华优秀传统文化为根基,同时表达出马克思主义中国化时代化的最新成果,并吸收了西方文化中的积极因素。这样的话语才能有深度、立得住,在国际传播中获取理论界与学术界的广泛认同。其二,叙事话语还需具备学理化的表达。中华文明传播的叙事话语不能只以直白的文风展现出来,学理化的表达才能以更严谨的方式表现出话语的深度与准确度。其三,叙事话语需要在实证调研中深化。马克思指出:"在思辨终止的地方,在现实生活面前,正是描述人们实践活动和实际发展过程的

---

① 习近平:《论坚持人民当家作主》,中央文献出版社 2021 年版,第 303 页。
② 《马克思恩格斯文集》第 1 卷,人民出版社 2009 年版,第 11 页。

真正的实证科学开始的地方。"① 毛泽东曾提出"没有调查，没有发言权"②的著名论断，后来又进一步补充"不做正确的调查同样没有发言权"③。实践是检验话语真理性的唯一标准，实证调研是增强话语科学性的重要途径。中华文明传播的叙事话语既要在实践中发展，也要在实践中得到检验。

其次，在实践问题解释力方面。理论最终要皈依实践，以解决实践问题为目标。提升叙事话语实践问题解释力可以从以下几方面入手：其一，叙事话语要锚定实践的前沿问题。在中华文明的国际传播叙事中，就是要以中华文明的话语解释当今的世界性难题，如以"天人合一"的思想解决世界生态危机、以"尚中贵和"理念处理复杂的国际关系、以"求同存异"观念化解世界文明冲突。其二，叙事话语要涉及一定的专业知识和专业技能。叙事话语不能局限于对某些原则的探讨，还要涉及工业、农业、商业、服务业、管理、法律等领域的实践问题。将专业的分析融入叙事话语之中，才能更容易获得传播受众的认同。其三，叙事话语要提炼实践中的经验。面对纷繁复杂的实践情况，叙事话语在设计上把握共性，做到有规律可循，而这些规律需要在实践中进行总结和凝练。

三 拓展和创新中华文明传播的有效方式方法

在世界大变革、大调整的背景下，世界经济往来不断增加，文化交融不断加强，如何在乱潮下保护本国的文化，又如何在文化交流中弘扬传播自己的文化将成为时代浪潮中各国文化战略的重要内容。习近平总书记在2018年全国宣传思想工作会议上的讲话中指出："要把优秀传统文化的精神标识提炼出来、展示出来，把优秀传统文化中具有当代价

---

① 《马克思恩格斯文集》第1卷，人民出版社2009年版，第526页。
② 《毛泽东选集》第1卷，人民出版社1991年版，第109页。
③ 《毛泽东文集》第1卷，人民出版社1993年版，第268页。

值、世界意义的文化精髓提炼出来、展示出来。"① 党的二十大报告进一步指出："坚守中华文化立场，提炼展示中华文明的精神标识和文化精髓"②。这些重要论述强调了新时代弘扬中华文化的重要性，并由此提出了两个问题：一是如何在深入提炼中华文明的文化特征的基础上，传播中华文明的核心内涵？二是中华文明如何与现代传播手段进行有机结合并实现有效传播？因此，在不断加深对问题的认识、推动问题的解决过程中，拓展和创新中华文明传播的有效方式方法显得十分必要。

（一）打造中华文明对外传播的品牌

对外传播的品牌是一个国家在国际社会中的影响力大小的体现，也是反映一个国家文化软实力强弱的标志。在大变革大调整的世界潮流影响下，只有打造本国文明对外传播的品牌、增强国际话语权才能在国际竞争中把握主动权，占据有利地位。只有以提高国民的综合素质来塑造良好的国际形象，以传播中国文化的国际价值来提升中华文化的国际影响力，才能在世界文化软实力的竞争中脱颖而出、占得先机。具体而言，总结中华文明对外传播的经验方法打造文化品牌，利用文化品牌提升中华文明对外传播效能，充分发挥中国文化软实力的国际效用。

首先，打造中华文明对外传播的品牌要注重塑造中国的国家形象。在目前的世界文化环境中，打造中华文明对外传播的品牌必定不是一帆风顺、一蹴而就的。一些西方国家长期通过各种渠道贬低中华文明，鼓吹"中国威胁论""中国崩溃论""中国阴谋论"，推行文化霸权战略，造成了部分国外受众对中国的形象乃至中华文明在认识上带有一定偏见。习近平总书记曾明确指出："要注重塑造我国的国家形象，重点展示中国历史底蕴深厚、各民族多元一体、文化多样和谐的文明大国形象，政治清明、经济发展、文化繁荣、社会稳定、人民团结、山河秀美的东方大国形象，坚持和平发展、促进共同发展、维护国际公平正义、为人类作出贡献的负责任大国形象，对外更加开放、更加具有亲和力、

---

① 《习近平关于社会主义精神文明建设论述摘编》，人民出版社2022年版，第225页。
② 《习近平著作选读》第1卷，人民出版社2023年版，第37—38页。

充满希望、充满活力的社会主义大国形象","提高国家文化软实力,要努力提高国际话语权。要加强国际传播能力建设,精心构建对外话语体系,发挥好新兴媒体作用,增强对外话语的创造力、感召力、公信力,讲好中国故事,传播好中国声音,阐释好中国特色"。① 因此,打造中华文明对外传播的品牌要注重塑造中国的国家形象,并且二者之间是辩证统一的关系,只有发挥中华文明对外传播的品牌效应才能更生动地树立我国的国际形象,而只有塑造积极的国家形象才能使中华文明对外传播品牌更具影响力和可信度,并打破世界人民对中国的偏见,让世界了解中国、读懂中国。

其次,打造中华文明对外传播的品牌要根据不同文化特点细分文化受众。不同文化地区对文化的接受程度是不同的,打造中华文明对外传播品牌不能仅注重文化能够在不同民族、国家传播这一文化普遍性,而忽视了不同文化背景下的人民对文化接受度不同这一文化特殊性。因此,应该在大量调研样本分析的基础上,实行"一国一策"的品牌建设战略,根据不同的受众定位调整中华文明对外传播品牌的构建策略。就中华文明在不同地区的对外传播品牌建设而言,要根据不同文化地区,将受众划分为中华文明辐射圈以及非中华文明辐射圈两个圈层。

一是以亚洲国家为代表的中华文明辐射圈。中华文明在五千多年的历史进程中,曾建立起辉煌、繁盛的人类文明,而以日本、韩国、越南为代表的中国邻国,语言文字、文化习惯都受到了中国的影响。例如,韩语、日语都是自汉语发展而来,日本的茶文化、韩国的节日文化都源自中国文化。而以印度尼西亚、新加坡、缅甸为代表的国家当地存在数量巨大的中国侨胞,汉语言在这些地区同样是通行语言。这些地区对中华文明的接受度较高,人民对中华文明有极深的认同感和归属感。此外,还有以西亚国家为代表的古"丝绸之路"沿线各国。自张骞出使西域以来,"丝绸之路"就成为中国与西亚国家的主要贸易路线,而在商业的交往中随着人口流动更为频繁,通婚现象也更为普遍,中国与西亚国家的交流更为紧密。因此,虽然二者之间文化有所差异,但有着天

---

① 《习近平谈治国理政》第1卷,人民出版社2018年版,第162页。

然的亲和感。

二是以西方国家以及部分发展中国家为代表的非中华文明辐射圈。由于历史文化等多方面原因，西方国家对中华文明的对外传播持消极态度。一方面，西方国家在本国文化对外传播品牌的建设上领先于世界，享受着强大对外传播品牌所带来的经济效益和国际话语权。随着中华文明对外传播品牌的崛起，西方原有的品牌效益被减弱，文化品牌垄断的态势正在改变。另一方面，西方文化与中华文化本身存在巨大的差异，西方人民对中华文明对外传播品牌的接受度较低，甚至在当地政府媒体的舆论影响下将中华文化视为一种危险的消极文化。此外，非洲、南美等国家大多有被殖民的历史，因而更亲近于西方文化，更加认可西方对外文化传播品牌，如何得到这些地区受众的认可是打造中华文明对外传播品牌的难点所在。

概言之，对中华文明对外传播品牌进行分类，就是要在了解不同受众群体特征和需求的基础上，对不同目标受众制定不同的品牌战略。一方面，要巩固中华文明影响辐射圈这一主要阵地。部分受众本身对中华文明就有天然的亲近感，因而中华文明对外传播只要结合合适的传播载体，就可以取得丰硕的成果。另一方面，要拓展非中华文明辐射圈的第二阵地。这部分受众虽然对中华文明接受度较低，甚至存在敌视的现象。然而这部分受众消费力较高或是存在巨大的文化市场潜力，这些国家大多对中华文明缺乏了解。因此应该针对这部分受众特点，量身打造中华文明在该地区传播的战略，并通过长期的品牌建设和品牌经营，打造有影响力、有创造力、有吸引力的中华文明对外传播品牌。

最后，打造中华文明对外传播的品牌要在国际舆论场主动设置中国议题。在全球舆论场中，对某一重大世界事件设置议题对国家观点表达、国家影响力提升具有重大作用。随着硬实力的发展和综合国力的提升，我们已经具备了主动设置中国议题的能力，因此要努力改变国际传播边缘化的境况，化被动为主动，以更积极的姿态参与国际事务，使世界以更为立体的视角了解中国、理解中华文化。

一方面，积极设置中国议题，把握国际舆论导向。维护本国利益是对外传播的基本准则，要在不损害他国利益基础上，建立互利共赢的合作体系。但由其他国家在国际舆论场中设置的议题不能代表中国的国家利益，更不能保障中国的国家利益。因此，不仅要求我国主动设置能表现中华文明优秀基因的议题，同时也要建立尊重他国利益的叙事体系。历史告诉我们，依靠外部力量并不能有效传播中国声音，反而容易陷入文化霸权国家有意制造的舆论陷阱中，只有不断在文化品牌传播中拉近中国与其他国家的距离，才能更好地让世界清晰认识中华文明的精华所在，从而更好地打造自身的文化传播品牌。

另一方面，主动参与国际话语权的竞争，在重大事件中积极发表观点。参与国际话语权的竞争，就意味着要与西方主导的主流价值观及其他国家文化品牌相竞争。首先，中国需要坚持保护本国利益的核心立场，将自身价值观熔铸于文化产品、文化故事、行为准则中，内容上不能停留在中华文明对外传播的表层，应主动在世界舆论、经济议题中积极表达，提升中国的国际话语权。其次，在微观层面上，针对国外影响力大的社会事件，中国应从政府层面或媒体层面进行积极评论或转载，进而展现中华文明的人文关怀和中国智慧。

随着我国综合国力的提升，中国议题已逐步成为全球舆论场中世界关注的焦点。这要求中国既要更为积极主动设置符合世界各国利益、捍卫世界公平正义、呼吁和平发展的中国议题，提升中国的国际话语权，还要勇于在国际重大事务中发声，通过深度参与国际事务，引导国际舆论向好发展，以打造中华文明对外传播品牌。

（二）推进对外文化贸易高质量发展

近年来，我国的对外贸易发展迅猛，对外贸易总额稳步增长。同时，我国不断更新技术标准，加大开放力度，建立一批新兴文化产业，不断扩大中华文明的国际影响力。党的二十大报告指出："坚持高水平对外开放，加快构建以国内大循环为主体、国内国际双循环相互促进的新发展格局。"[①] 推动对外文化贸易高质量发展是打造新发展格局的重

[①] 《习近平著作选读》第1卷，人民出版社2023年版，第23页。

要部分，同时也是中国实行对外开放政策的工作重心，对于中华文明的对外传播、全球贸易总额的增长都有重大意义。然而，中国对外文化贸易机制还存在一些问题和不足。在经济全球化的今天，中国对外文化贸易面临一些国际形势挑战，尤其是某些西方国家在实行单边主义的同时，不断构筑文化霸权。因此，中国对外文化贸易的高质量发展是推进文化强国战略的关键，也是中华文明对外传播的有效载体。

首先，立足世界文化贸易全局，认清对外文化贸易的现状。在文化霸权下，西方集团在世界文化贸易中贸易总量大、话语权高，给中国对外文化贸易发展带来了挑战。一是西方的文化垄断导致中国文化商品类型单一。就目前中国出口的文化商品而言，主要以工艺品、文创产品为主，虽然在国际上受到追捧，掀起了"国潮热"，但其承载的文化内容不够丰富，文娱、影音产业还是西方的主场，国际文化氛围不利于我国影音业的发展，导致中国文化产业国际发展还不均衡。二是国际文化氛围对中国文化商品市场接受度差异大。一方面，东方和西方文化本身就是两种不相同的文化，存在一些相互理解和交融的代沟。另一方面，一些西方国家长期被浸染在西方的文化环境中，先入为主地接受了西方文化的洗礼，对中华文化的了解并不充分，影响着中国文化对外贸易的发展。

其次，实施更开放的对外文化贸易政策。中华文明历来崇尚讲信修睦、亲仁善邻的交往之道，自张骞出使西域开辟丝绸之路以来，历朝历代都在此基础上提出了对外文化贸易政策，对外文化贸易成为我国与其他国家进行友好交流的重要方式。而在当下的国际形势中，发展文化贸易就要针对不同的贸易对象灵活采取不同的开放政策。美国、欧盟以及部分东亚国家为代表的发达国家占我国对外文化贸易的份额最大，是我国制定对外贸易政策的重心，要在"一带一路"倡议的契机下，巩固与发达国家和地区文化贸易的成果。而以巴西、印度为代表的发展中国家近年来发展迅速，这些国家的文化贸易市场还未定型，存在巨大的潜力，我国应该将这部分国家视为未来对外文化贸易的主要对象。同时，不能一味追求贸易逆差，一味输出本国文化产品。而是要通过更合理的开放政策，营造良好的贸易环境，寻求双方开展深度文化贸易的有效路径。以非洲国家为代表的发展中国家还没有建立起文化贸易市场，中国应该帮助其进行文化市场建设，鼓励政府相关部门官员、文化企业代表来中国考察交流，不仅能相互学习对外文化贸易的经验，同时为未来双方文化贸易合作奠定良好的基础。

最后，努力扩展对外文化贸易渠道。扩展对外文化贸易渠道不仅是"空间"意义上的扩展，同时包含对外文化贸易渠道的创新发展。文化产品具有物质和精神的双重属性，文化产品的贸易渠道大致分为实物贸易渠道和非实物贸易渠道两部分，目前我国出口的文化产品以文创、工艺品为主，实物贸易渠道是当下我国最主要的对外文化贸易渠道。实物贸易最主要的任务是将我国的文化产品输出到更多的国家及地区，在"空间"上扩展贸易渠道。而非实物贸易扩展主要包含两部分，不仅要积极将影视、音乐等非物质文化产品销向更多的国家，同时要积极探索诸如社交平台、新兴媒体等新载体中文化产品的商业化发展，创新探索现代科技发展下的非实物贸易渠道，抢占中国对外文化贸易新市场的先机。

文化贸易是国家间文化交流的主要方式，是国际贸易竞争的主要领域。在相关政策扶持下，对外文化贸易已成为中国对外贸易的重要部分。一方面，我国对外文化贸易的高质量发展服务的对象是人民，对外文化贸易不仅能对外传播中华文明，同时也能创造收入和就业惠及人民。另一方面，中国的对外文化贸易有社会主义市场经济体制这一先天优势，经过制度体制的合理改革，充分发挥中国特色社会主义市场经济活力，就能有效实现对外文化贸易的高质量发展。由商务部等 27 个部门联合印发的《关于推进对外文化贸易高质量发展的意见》提出了积极探索高水平开放路径、大力发展数字文化贸易、健全文化贸易合作机制、提升便利化水平等 28 项具体任务举措，将为对外文化贸易发展注入新动力。[①] 对外文化贸易的发展是拓展和创新中华文明传播方法的重

---

① 《商务部等 27 部门关于推进对外文化贸易高质量发展的意见》，《中国广播影视》2022 年第 15 期。

要议题，对于弘扬中华文化、提升我国国际话语权有重大意义。

（三）不断提高讲好中国故事的能力

中华文明对外传播的另一大任务就是要不断提高讲好中国故事的能力，而这个能力的提升不仅表现在政治话语、理论术语的阐释表达，还表现在如何更好地在国际舆论环境中讲述和表达中国的价值和理念。一方面，世界格局与国际舆论环境复杂化对我国"讲好中国故事"这一议题提出了更高的要求。另一方面，传播渠道的扩展为讲好中国故事、传播中国的价值和理念提供了良好的机遇。具体而言，讲好中国故事必须以强大的话语权为前提、以传播中国的价值和理念为目的、以在国际事务中体现中国智慧为手段，进而提升中华文明的世界吸引力和影响力，让世界更好地认识中华文明之美。

首先，讲好中国故事的前提是构建强大的国际话语权。在当下的国际环境中，能否讲好中国故事取决于是否拥有与我国综合实力相匹配的话语权。一是要在重大国际事务中发出中国声音。要形成与国家实力相匹配的国际话语权，就要在文化传播中让世界读懂中国。中华民族没有对外侵略的"基因"，提倡亲仁善邻的交往之道。中国要高举和平发展大旗，积极贯彻和平发展理念。要在国际事务中展现和表达和平共处的理念和主张，开创新时代中国特色大国外交新局面。二是要积极展现我国取得的成就。改革开放以来我国的综合实力显著提升，人民的生活得到了极大改善，社会各领域都取得了重大的突破与成就。然而，这些成就并没有被有效传播从而换取相应的国际话语权，而是被西方掌握国际话语权的国家抹黑和污蔑，而碎片化、零散化的中国故事也难以形成与之抗衡的力量。习近平总书记指出："落后就要挨打，贫穷就要挨饿，失语就要挨骂。"[①] 因此，要在多渠道积极传播中国在社会主义建设中取得的成就，塑造中国的负责任大国形象，不断提升中国的国际话语权。此外，在国际发出中国声音要注意讲求事实，不能无端夸大事实追求短期利益，损坏我国在国际中的信誉。反观某些西方国家在讲述本国

[①] 《习近平关于社会主义文化建设论述摘编》，中央文献出版社 2017 年版，第 211 页。

故事时夸大本国的成就、隐瞒本国的矛盾、抹黑并污名化他国，刻意压低世界各国在国际事务中的声量，试图引起世界多地区间政治、经济、文化交往矛盾，反而导致了自身的"信用破产"。

其次，讲好中国故事的重点是挖掘和提炼中国的价值和理念。中华文明是历史悠久、内涵丰富的文明形态，因此讲好中国故事一方面需要打造优质的传播内容，另一方面要总结和凝练中华文明的内涵。随着数字传播手段的不断发展，中国故事的传播有了更为广阔的空间。为满足挖掘和提炼中国价值和理念的新要求，应重点挖掘和提炼中国共产党革命和建设的故事、改革开放的故事、中华民族伟大复兴的故事，以及反映中华优秀传统文化的历史故事。中国共产党革命和建设的故事讲述了中国共产党带领人民取得独立自主，建立社会主义国家，再到探索社会主义道路的奋斗史，同时向世界解答了中国人民为什么拥护中国共产党以及中国为什么需要中国共产党这两个问题。中华民族伟大复兴的故事讲述的是近代中国从繁盛到衰败，再通过党和人民的不懈努力实现中国梦的励志史。倡导人类命运共同体的故事是源自中华文明天下为公的社会理想，代表了我国与世界各国休戚与共、共同繁荣的美好愿景。反映中华优秀传统文化的历史故事根植于中华文明五千多年来的深厚文化底蕴，中国的饮食文化、茶文化、节日文化历来受到国外的追捧，并在近年来掀起了一阵"国潮"热。通过讲好以上的故事，向世界深刻阐述了中国的价值和理念，吸引世界人民对中国文化的好奇心。

最后，讲好中国故事要在国际事务中着力体现中国方案。习近平总书记在博鳌亚洲论坛上提出："人类是不可分割的安全共同体。"[①] 这是创造性地提出人类命运共同体这一外交理念。在推动中国特色大国外交的进程中，习近平总书记多次在重大国际会议、出访考察、演讲或报刊专著中以多种形式宣传当代中国的智慧和主张，形成了习近平外交思想。习近平外交思想深刻阐述了中国特色社会主义的优越性，是中华优秀传统文化与马克思主义结合的重要成果。因此，讲好中国故事，就是要积极推动构建中国特色大国外交局面，将习近平外交思想推向世界的

---

① 《习近平谈治国理政》第 4 卷，人民出版社 2022 年版，第 451 页。

舞台，向全世界展示中华文明的优秀成果，传播人类命运共同体的思想。在实践和理论阐释中不断践行和平与发展的理念，为文化霸权的瓦解及发展中国家的崛起贡献中国智慧和主张，推动世界向和谐相处、共同繁荣的方向发展，在和平和睦的世界环境中，中国也会拥有更宽广的发展空间。

（四）运用好现代化数字化传播手段

随着网络信息技术的迅速发展，媒体传播方式发生了巨大的变革。手机、电脑、数字电视等数字化工具成为信息传播、舆论导向、文化传承的重要载体。拓展和创新中华文明传播必须运用好新媒体这一特殊载体，在媒体传播中积极培育和践行社会主义核心价值观，引领多元文化和各种社会思潮，增强我国主流意识形态的吸引力、渗透力和凝聚力，提升中华文化的创造力，促进文化产业的创新发展。然而，数字化手段在扩展和创新中华文化对外传播方式的同时也带来了挑战。因此，运用好现代化数字化传播手段，助力文化强国战略，不仅需要加强对数字化手段的把握和认识，还要积极寻求数字化问题的治理路径。

首先，运用好现代化数字化传播手段要认清数字化传播手段的政治属性。数字化传播手段作为科技产物本身是不具备政治属性的，然而现实中却往往与政治结合紧密。一方面，各国政府政要或部门都活跃于新媒体平台，力图提升公信力、建立与人民的沟通机制，新媒体政治成为世界新主流。另一方面，新媒体虽然是商业平台，但同时受到当地政治环境的影响。例如，推特（Twitter）、脸书（Facebook）等知名社交平台就受西方的监管和控制，通过引导舆论导向和把控监管规则从而实现对社交平台文化输出的控制。因此，数字化传播手段在某种意义上来说也是政治手段，不能完全以商业逻辑评价和把控。所以，要积极发展和创新以我国为主导、全世界为受众的数字化传播手段。

其次，运用好现代化数字化传播手段要深化数字载体与文化的结合。数字化传播手段与文化的结合不能仅停留在用新的载体促进已有文化内容的传播，还要借助新的载体创造新的文化产品及文化内容。一方面，数字化传播手段降低了文化传播的成本，扩大了文化传播的范围，传统载体的优秀文化内容借助数字载体可以焕发新生，或产生更大的影响。另一方面，数字载体扩展了传播形式，如视频、图片、音乐等形式可以使中华文化的呈现更为立体化和多元化，通过社交平台扩大了信源和受众的范围。同时，深化数字载体与文化的结合，在创新传播形式和扩大传播受众的基础上创造新的文化内容。

最后，运用好现代化数字化传播手段要积极在新媒体平台输出中华文化。新媒体中的文化传播竞争激烈，尤其是在西方建立的文化霸权环境下，只有不断创作能反映中华文化的内容，才能做到弘扬中华文明丰厚的文化内涵。一方面，国家要带头在新媒体平台创作能反映中华文化的优秀内容，发挥"国家队"的体量大、执行力强的优势，通过视频、音频、图片等多种形式展现中华文明之美。另一方面，鼓励全民参与新媒体文化内容创作。人民是文化创造的主体，中华文明就是由广大人民创造的，因而人民创作的新媒体文化内容也是中华文明的一部分。所以，要发挥人民群众的文化创造主体功能，记录、传播中华民族的民风民俗，让世界了解真正的中国。事实上，国家和人民两种创作主体各有优势和劣势，国家创作主体的优势在于体量大、经费充足，并且输出内容是可控的，但容易出现不接地气、普遍性难以兼顾特殊性等问题。而人民创作主体虽然能构建广泛的文化认同，输出人民容易接受的创作内容，但是文化导向难以控制，有可能输出一些错误、暴力、消极的文化内容。因此，在构建数字媒体阵地文化对外传播战略中，不仅需要以政府作为创作主体输出能反映本国优秀文化的平台内容，建立属于自己的数字媒体平台。同时还需要引导人民创作主体的创作方向，规范数字平台创作者的行为，保证数字媒体平台的文化传播正向作用，防范化解意识形态风险。

运用好现代化数字化传播手段是拓展和创新中华文明传播的时代要求。数字化的发展扩展了世界文化的传播空间，对我国文化传播提出了新的任务。数字化手段不仅增强了各国文化的传播效能，还能以新的形式展现传统文化的内容，使得中华传统文化以生动的形象进行对外传播。总的来说，能否抓住时代机遇，关键在于能否回应新兴传播手段带来的挑战。而问题的解决关乎中华文明对外传播的高质量发展和文化强国战略的顺利推进。因此，应将理论和实践进行有机结合，在不断的实践和理论创新中，在繁杂的世界文化环境中，拓展和创新中华文明传播有效方式方法。

四　深化和增强中华文明与世界文明交流互鉴

文明不能在封闭环境中发展，也无法在割裂状态下成长。在人类文明的发展进程中，缺乏交流互鉴而故步自封的文明终究会自行消亡或被其他文明所取代。对任何文明而言，文明交流互鉴是其生存的本质要求和发展的根本需要。在新时代，文明交流互鉴具有更为深刻的学理内涵和更加深远的现实意义。习近平总书记在对思想文化工作作出系统谋划和部署时，提出了"七个着力"的重大要求，其中明确指出："着力加强国际传播能力建设、促进文明交流互鉴"[1]，为新时代推进文化自信自强、建设中华民族现代文明、建设社会主义文化强国指明了方向与路径。

（一）吸收借鉴一切优秀文明成果

在唯物史观的视域中，文明并非与人类社会同时产生的，相较于人类的历史，人类文明的历史是短暂的。文明本质上是由社会实践活动所创造的，是社会生产力发展到一定阶段的产物。在《哲学的贫困》中，马克思就将"文明的果实"称为"已经获得的生产力"[2]。在人们创造文明的实践活动中即人的本质力量的对象化的进程中，文明的发展道路可以分为两种：一是依靠自身力量来实现发展，二是通过吸收借鉴其他文明中的积极因素来实现自身发展。就后发现代化国家而言，更

---

[1] 习近平：《坚定文化自信秉持开放包容坚持守正创新　为全面建设社会主义现代化国家全面推进中华民族伟大复兴提供坚强思想保证强大精神力量有利文化条件》，《人民日报》2023年10月9日。

[2] 《马克思恩格斯文集》第1卷，人民出版社2009年版，第613页。

应重视吸收借鉴一切优秀文明成果这一文明发展方式，并将其作为实现现代化的重要途径。

顺应世界历史的发展大势，主动吸收借鉴人类一切优秀文明成果，是中华文明发展的必然要求，也是着力增强中华文明国际传播力影响力的客观规律。马克思主义世界历史理论揭示了人类文明发展的交融互通规律。马克思指出："各民族的原始封闭状态由于日益完善的生产方式、交往以及因交往而自然形成的不同民族之间的分工消灭得越是彻底，历史也就越是成为世界历史。"[①] 生产力的发展造就了世界各国的交往、文明的交流，人类历史开始由民族历史演化为世界历史，形成了人类文明发展的交融互通规律。中华文明作为世界文明的重要组成部分，之所以在世界舞台取得日益重要的影响力，其原因在于遵循了人类文明发展的客观规律，在文明交流互鉴中吸收借鉴一切优秀文明成果。马克思很早就指出：无产阶级在夺取政权后，并不是要否定资本主义的一切因素，而是吸收资本主义的先进成分，在改造后加以利用，如通过革命的改造将资产阶级的民主共和制变为"无产阶级将来进行统治的现成的政治形式"[②]。列宁进一步强调：在社会主义建设阶段要大胆吸收利用资本主义的有益成分，提出了"苏维埃政权＋普鲁士的铁路秩序＋美国的技术和托拉斯组织＋美国的国民教育等等等等＋＋＝总和＝社会主义"[③] 的论断，并将那种反对向资本主义学习、认为仅凭自身发展就能战胜资本主义的认识称为"貌似激进实则是不学无术的自负"[④]。

新中国成立后，面对政治经济文化落后的境况，吸收利用人类文明的优秀成果是我们发展自身文明的重要途径。毛泽东在《论十大关系》中指出："我们的方针是，一切民族、一切国家的长处都要学。"[⑤] 改革开放后，中国更深刻地意识到虽然西方国家生产力水平等物质文明成果十分发达，要注重学习西方先进的科学技术、经营模式及管理方式。对

[①] 《马克思恩格斯文集》第1卷，人民出版社2009年版，第540—541页。
[②] 《马克思恩格斯文集》第10卷，人民出版社2009年版，第671页。
[③] 《列宁全集》第34卷，人民出版社2017年版，第520页。
[④] 《列宁全集》第40卷，人民出版社2017年版，第355页。
[⑤] 《毛泽东文集》第7卷，人民出版社1999年版，第41页。

此,邓小平指出:"社会主义要赢得与资本主义相比较的优势,就必须大胆吸收和借鉴人类社会创造的一切文明成果。"① 新时代以来,党情世情国情都发生了新的变化,伴随着民族复兴的进程,文明的发展也迈向了新的阶段,由"文明蒙尘"到"创造了人类文明新形态",我国政治文明、物质文明、精神文明、社会文明、生态文明协调发展并取得长足进步。中国共产党站在推进拓展中国式现代化、建设中华民族现代文明的历史高度,强调借鉴吸收一切人类优秀文明成果,为增强中华文明的国际传播力影响力、建设社会主义文化强国明确了方向。

在学习其他文明成果的过程中,要有选择地吸收,有甄别地借鉴,不照搬照抄西方模式,而要以我为主、为我所用,不断将借鉴吸收的内容本土化。人类文明的优秀成果并不是某一国家或地区的私有产品,而内蕴着对文明发展规律和趋势的科学把握。但不同的文明成果产生于不同的地域,从文字到语言、从内容到形式都不可避免刻有发源地的烙印。要使具有明显地域风格和地方特色的文明形式为中华文明所借鉴和吸收、为中国人民所接受与掌握,并将其运用于建设中华民族现代文明的伟大事业,就必须使其从地域的形式转化为中华民族的形式,实现文明成果世界化与民族化的有机统一。早在社会主义革命和建设时期,毛泽东就强调要以独立自主的态度对待国外经验,提出"把学的东西中国化"②。并且在苏联社会主义建设出现失误时,毛泽东一再提醒全党要引以为戒。在改革开放和社会主义现代化建设新时期,邓小平特别强调根据本国的情况、走自己的路,并从我国建设社会主义的历史经验出发,总结了过去囿于苏联模式的教训,着力推动宏观和全局的改革。邓小平深刻指出:"照抄照搬别国经验、别国模式,从来不能得到成功。"③

进入中国特色社会主义新时代,习近平总书记将中国胸怀天下、兼容并蓄、和合共生等传统价值理念融入文明交流互鉴的过程中,并指出

---

① 《邓小平文选》第 3 卷,人民出版社 1993 年版,第 373 页。
② 《毛泽东文集》第 7 卷,人民出版社 1999 年版,第 81 页。
③ 《邓小平文选》第 3 卷,人民出版社 1993 年版,第 2 页。

"要坚持弘扬平等、互鉴、对话、包容的文明观"①。以文明互鉴超越文明冲突是吸收借鉴不同文明成果的根本价值取向。中国主张以文明的交流、互鉴、对话等方式避免文明冲突,回击了"最重要的力量增长正在并将继续发生在亚洲文明之中,中国正逐渐成为最有可能在全球影响方面向西方挑战的国家"②的谬论。由上可见,在中国共产党领导中华文明发展的过程中,始终坚持独立自主的原则,从我国的社会实际出发,吸收借鉴人类文明中的优秀成果,将文明交流互鉴推向新的高度,促使中华文明在世界舞台发挥更强的影响力。

不接受其他国家颐指气使的说教,不听任于其他国家的命令摆布,要保持中国的道路自信、理论自信、制度自信、文化自信。在推动中华文明发展进步的过程中,既要主动借鉴吸收其他文明的优秀成果,也要保有对自身文明的强大自信。既要坚持师夷长技,又不能妄自菲薄、邯郸学步,更不能允许他国干涉我国内政。改革开放以来,我国与世界各国的交往不断密切,在此过程中,不可避免地产生诸多问题,如将社会制度与经济体制相混淆,在姓"社"还是姓"资"判断上缺乏认知,对社会主义制度产生了错误的认知。这归根结底是我们对自身的政治、制度、社会、经济、文化等因素缺乏高度的自信,对待国外理论态度不坚决。对此,邓小平坚定指出:"看准了的,就大胆地试,大胆地闯","没有一点闯的精神,没有一点'冒'的精神,没有一股气呀、劲呀,就走不出一条好路"。③ 党的十八大以来,中国共产党从中华文明中进一步挖掘坚定文化自信的理由和底气,进而涵养高度的文化自觉、自信和自强。习近平总书记指出:"自古以来,中华民族就以'天下大同''协和万邦'的宽广胸怀,自信而又大度地开展同域外民族交往和文化交流。"④ 实践证明,正因为中国共产党人能够自觉吸收借鉴人类文明优秀成果,中华文明才能历经千年而生生不息,在新时代焕发出强大生

---

① 习近平:《把中国文明历史研究引向深入 推动增强历史自觉坚定文化自信》,《人民日报》2022年5月29日。
② [美] 塞缪尔·亨廷顿:《文明的冲突》,周琪等译,新华出版社2017年版,第79页。
③ 《邓小平文选》第3卷,人民出版社1993年版,第372页。
④ 习近平:《在庆祝改革开放40周年大会上的讲话》,人民出版社2018年版,第39页。

机活力。正因为中国共产党人能够主动吸收借鉴人类文明优秀成果，才能使中国在变幻莫测的国际环境中独善其身、持续发展进步。正因为中国共产党人能够自觉吸收借鉴人类文明优秀成果，才使得中国摆脱近代以降"文明蒙尘"的劫难，谱写新时代建设中华民族现代文明、创造人类文明新形态的崭新篇章。

（二）搭建国际人文交流合作平台

不同文明的交流互鉴，需要搭建相应的中介与平台。平台既是文明交流互鉴的中介，也是文明交流互鉴的手段，还是文明交流互鉴的路径。一种文明对另一种文明的理解与认知，固然能经由自发的交往行为来深化，然而一种文明如能打造文明交流互鉴的平台，才更容易被其他文明所尊重与接受。就文明交流互鉴而言，平台的形式不是单一的，而是丰富多样的。平台搭建涉及文明交往的方方面面，如商贸、教育、婚姻、外交等。

第一，搭建国际贸易平台。经商是文明传播的重要和活跃的方式。商品不仅可以直接反映一个国家的生产力发展水平，还可以体现这个国家的精神文明程度。商品不仅具有包含大量文明信息的特点，还具备所受限制小、易于被他国接受等优势。一个国家对其他国家的政治、文化有抵触或排斥，但更可能接受其他国家的商品。回望历史，中华文明往往最先通过中国商品而被其他国家所认识和向往。例如，在距今几千年前的古代丝绸之路上，西方国家通过瓷器、茶叶、丝绸等商品了解到中华文明。当一个国家在大量进口与使用另一国家的商品时，就会了解和认可生产与代表这一商品的文明。因此，商品的输出实际上也是文明的传播，商品流通的界限也就是文明影响的范围。

因此，在文明交流互鉴中搭建文化贸易平台、发挥商品贸易对文明交流的载体功能。一方面，要推动"一带一路"贸易合作走深落实。回顾2023年，"一带一路"贸易合作取得了重大进展，中国与"一带一路"共建国家的货物贸易额达19.5万亿元，同比增长2.8%，占外贸总额的比重提升 1.2 个百分点，达 46.6%。① 未来我们更要利用好这一平台开展与共建国家的宽领域、深层次、全方位商贸合作。另一方面，要搭建现代化数字化的贸易平台。2023 年 10 月 18 日，在第三届"一带一路"国际合作高峰论坛贸易畅通专题论坛上，中国与 35 个国家共同发布了《数字经济和绿色发展国际经贸合作框架倡议》，数字经济、绿色经济、蓝色经济成为下一阶段贸易合作的主要方向。因此，国际贸易发展需要搭建网络化数字化贸易平台、着力提升开放型经济水平，发挥平台经济的文明辐射功能。

第二，搭建国际教育平台。教育是文明发展的重要方式，不同国家的教育交流是文明互鉴的有效途径。习近平总书记强调："要完善教育对外开放战略策略，统筹做好'引进来'和'走出去'两篇大文章，有效利用世界一流教育资源和创新要素，使我国成为具有强大影响力的世界重要教育中心。"② 自古以来，对外的教育交流就是文明传播的重要环节。唐朝时，中国经济繁荣、文化兴盛，是当时世界上最强盛的国家，许多国家派遣使者来华学习交流。例如，当时日本就派遣了大量使者来到中国学习。其中还有人在朝廷中任职，如阿倍仲麻吕考取了唐朝的进士。又如，明代时的琉球国频繁来华学习，使这个本无文字的国家进一步发展了自己的文化。除了其他国家向中国派遣留学生，中国也向外派出使者传播中华文明，在民国时期留学欧美的辜鸿铭、冯友兰等学者翻译了大量儒家经典，促进了"东学西渐"。可见，对外教育是文明互鉴的重要手段，外出留学是文明传播的重要方式。

因此，要高度重视发展对外教育，积极搭建国际教育平台。一方面，要吸引外国留学生来华学习。在华留学生能身临其境感受中华文化，客观、真实、全面地了解中国，减少文明隔阂与误解。另一方面，要建设好孔子学院等对外教育机构。以孔子学院为代表的对外教育机构是输出中华文化的窗口，要发挥好孔子学院推动文化走出去的优势，将

---

① 孙昌岳：《高质量共建"一带一路"走深走实》，《经济日报》2024 年 2 月 22 日。
② 习近平：《加快建设教育强国　为中华民族伟大复兴提供有力支撑》，《人民日报》2023 年 5 月 30 日。

汉语教育与文化传播相融互通，展现中华文明的整体风貌与崭新气质，让中华文化在海外落地生根。

第三，搭建国际政治交往平台。从政治与文明的联系来看，人类社会的政治活动都在文明的范畴之中，政治文明本身就是社会文明的重要组成。在文明交往中，政治对话与政治交流是文明交流互鉴的重要形式。从古至今，不同国家间都有互相派遣使者为代表的政治交往行为。中国古代的朝贡制度就是以中原帝国为中心的等级制、网状型政治秩序体系，中原王朝与周边国家"以物易物"成为文化传播的一种方式，打造了中国周边国家的汉文化圈。冷战结束后，东西对立的紧张局势稍有缓解，和平与发展逐渐成为时代的主题，国家间的商贸往来日益密切。

面对当前变幻莫测的国际形势，中国提出了一些国际政治交往的倡议，推动构建新型国际关系，倡导国际社会形成相互尊重、合作共赢的文明观，进一步推进了人类文明的发展进程。例如，"一带一路"倡议致力于全球互联互通、"人类命运共同体"提倡公平公正的国际关系，"全球发展倡议"是中国对联合国2030年可持续发展议程的建言献策，"全球安全倡议"深入推进了集体安全机制改革，"全球文明倡议"更直接作用于世界文明交流。中国提出的伟大倡议彰显了中国大国外交的宏伟蓝图，构筑了中国对外政治交往的基石，直接推动或间接填补与深化了不同文明的交流互鉴。

（三）广泛参与世界文明交流对话

当今世界正经历百年未有之大变局，霸权主义、单边主义、保护主义仍然存在，治理赤字、和平赤字、发展赤字、信任赤字依然严峻。世界文明的交流对话重在博采众长、合作共赢，是化解冲突与隔阂、促使民心相知相通的有效途径。在从民族历史走向世界历史的过程中，文明的交流不仅促成了中华文明与其他文明的对话，也为人类社会演进发展注入了新动能。从历史上的佛教东传、回儒会通，到近代以来的"西学东渐"、新文化运动、马克思主义与社会主义思潮传入中国并不断本土化时代化，中华文明在文明交流对话中历久弥新。面向未来，加强对外文化交流和多层次文明对话，推动文明交流互鉴走实、走深，需要在以下方面着力。

第一，以平等、包容的姿态参与世界文明对话。加强文明的交流对话，实现真正意义上的文明对话，需要平等的姿态、开放的胸襟、包容的精神，既坚守自身的文明特色，又求同存异。西方世界以"文明社会"自居，视其他文明为落后、野蛮的，理所当然地将资本主义发展遵循的价值理念视作"普世价值"，并且极力向外灌输，意图抹杀别国的文明主权意识。中华文明源远流长、博大精深，近代以降却遭遇文明蒙尘，导致文明话语权丧失，被裹挟在西方社会的偏见之中，处于有理说不出、说了传不开的境地。这种情况注定无法实现文明互鉴互通互补，只有在双方平等互利的条件下，文明对话才能发挥双向流动的良性功能。包容开放是世界文明发展的重要方法，要遵循传统文化中和合共生的理念。文明形态的发展和造就，首先要摒弃西方文明唯我独尊的一元模式，促进中西文明的交流对话，进而形成多元文明生命体，在文明的熔铸中创造新的文明。各国的历史传统、地理环境、风俗习惯等文明差异客观存在，但文明的独特性与文明的世界性并不矛盾，越是民族的就越是世界的，民族是什么样的，世界就是什么样的。随着中国式现代化的飞速发展，中国在世界舞台的重要性更加重要，世界理应听到更多的中国声音。中国应以平等的态度保持自身的文明主体性，又要以包容开放的精神吸纳世界文明的优秀成果，引领建设具有世界性的人类命运共同体。

第二，利用好世界文明对话机制和平台。完善中外文明交流互鉴的机制，能为世界文明对话打下良好基础、注入持续动能。近年来，中外文明交流事业蓬勃发展，逐渐形成以元首外交为引领、以官方民间外交为举措、以高级别机制平台为示范的文明交往新格局。其一，新时代以来，习近平总书记多次出国访问，足迹遍布多个国家和地区，也在国内接待了多个国家和地区来华访问的政府首脑。在新冠疫情防控期间，习近平总书记与国外领导人和国际组织负责人保持密切线上交流，以视频会议的方式出席多起外事活动，为推动外交的发展作出了卓越贡献。其二，中国与多个国家一同搭建广泛的人文交流网络，涉及文明交往的方方面面。例如，中国向 93 个国家派驻数十个旅游机构和驻外旅游办事处；中国同 159 个国家和地区共办孔子学院和鲁班工坊；中国还与 140 个国家和地区建立了 2900 多对友好城市关系。[①] 总之，中国主导和参与系列官方或民间的文明交流活动，为文明对话作出了良好铺垫。其三，中国积极参与联合国教科文组织的各项活动。中国提出的多项重大议案、倡议和计划为联合国高度认同并广泛采纳，为全球人文治理、文化治理作出了突出贡献。同时，中方积极召开亚洲文明对话大会、中阿文明对话会议、中非文明对话大会、中法文明对话会、中拉文明对话论坛、中欧文明对话会等世界文明交流盛会，为推进文明对话注入了强大动能。

第三，深化多边政党交流对话。政党在国家政治生活中起着举足轻重的作用，对建设现代文明发挥着重要的引领功能。加强多边政党的交流对话，建立新型政党关系，对推进世界文明交流互鉴至关重要。一方面，要深化党际交流，促进尊重与认同。新时代以来，中国共产党持续深化与各国友好政党的双边及多边交往，既重视与理念相近的政党深入沟通，又尝试与理念不同的政党进行对话，形成了包含周边国家政党、发展中国家政党、发达国家政党在内的新型外交新格局。并逐步探索出"政党+"的交往新模式，同世界马克思主义政党一起，积极举办政党对话会与政党论坛，促进交流与对话，不断扩大文明互鉴与交融。例如，2023 年 4 月在广西南宁举办的"当代世界·美美与共论坛"吸引了 30 多个国家的政党、媒体、商界代表 500 余人与会，除主论坛外还专门设立了政党论坛，是一次以政党对话推进文明互鉴、宣介全球文明倡议的示范性交流活动。另一方面，要讲好政党故事，获取理解和支持。中国共产党是为中国人民谋幸福的党，也是为世界人民谋大同的党。要了解当代中国文明以及中国文明同世界文明的关系，首先要深入了解中国共产党的理念。讲好中国共产党的故事，就是要讲清楚中国共

---

① 林松添：《促进人类文明进步的中国方案》，《人民日报》2023 年 6 月 21 日。

产党为什么能、中国特色社会主义为什么好与马克思主义为什么行的逻辑关联，提炼展示中国共产党百年奋斗的实践历程与精神谱系，着重讲好新时代中国共产党带领中国人民推进拓展中国式现代化的故事、中国共产党治国理政的故事。以讲好中国共产党的故事的方式宣传好中华民族现代文明，向国外政党与国际社会深入宣介经由中国式现代化道路创造的人类文明新形态，为中华文明与世界文明的交流对话打下了全局性、方向性、长远性的坚实基础。

（四）积极推动践行全球文明倡议

2023年3月，习近平总书记在中国共产党与世界政党高层对话会上首次提出全球文明倡议，倡导各国"尊重世界文明多样性""弘扬全人类共同价值""重视文明传承和创新""加强国际人文交流合作"[①]。这是继全球发展倡议、全球安全倡议后，新时代中国为国际社会提供的又一重要公共产品。以全球文明倡议为主要抓手，深化和增强中华文明与世界文明交流互鉴，进而增强中华文明的国际传播力和影响力，对建设社会主义文化强国具有重要的理论价值与实践意义。

第一，尊重世界文明多样性，呼吁平等对话。多样性是世界文明的基本特征与客观现实。从人类文明发展史来看，自原始社会到农耕社会，从工业时代到信息时代，造就了波澜壮阔的文明图景。在这一过程中，中华文明、古印度文明、古埃及文明、古巴比伦文明、两河文明、玛雅文明等交相辉映、相互启迪、传承创新，汇聚成世界文明姹紫嫣红的美好景象。放眼当今世界，拥有超过80亿人口、200多个国家和地区、超过2500个民族。每一个国家、民族的文明都是长期社会实践的结果，是人们独特智慧与精神标识的凝结。而对于世界文明的多样性，不同国家采取了不同的态度与措施，以美国为代表的西方国家鼓吹文明冲突，制造文明矛盾，意图抹杀文明的多样性、争得文明霸权。与此相反，中华文明具有突出的包容性，中华民族在对待其他文明时主张博采

[①] 习近平：《携手同行现代化之路——在中国共产党与世界政党高层对话会上的主旨讲话》，人民出版社2023年版，第8页。

众长、求同存异、兼收并蓄。中国倡导平等是文明对话的前提，认为不同文明虽有差异，但无高低优劣之分或中心、边缘之别。新时代建设社会主义文化强国，首先要认识与尊重世界的多元性、文明的多样性，秉持与时俱进、包容开放的理念，自信与其他国家进行文明交流合作，平等开展深层次文明对话，通过搭建博鳌亚洲论坛、亚洲文明大会、中国—中亚峰会等文明交流平台，向世界更好地展现中国，让中国人民更好地了解世界。

第二，弘扬全人类共同价值，凝聚文明共识。文明的多样性彰显出文明之间的差别，全人类共同价值则强调文明的共性。习近平总书记深刻指出："我们要共同倡导弘扬全人类共同价值，和平、发展、公平、正义、民主、自由是各国人民的共同追求，要以宽广胸怀理解不同文明对价值内涵的认识，不将自己的价值观和模式强加于人，不搞意识形态对抗。"[1] 这些论述严正驳斥了世界文明交流对话中的两种错误倾向。其一，驳斥了只讲差异性、掩盖共同性，搞党同伐异的错误行径。历史证明，只承认某种利益集团内的文化共通性，搞意识形态对立和阵营对抗，最终结果必然是危害自身甚至祸及世界。弘扬全人类共同价值，当然要摒弃冷战思维，跳出零和博弈陷阱。超越意识形态、社会制度和发展水平的差异，以文明共识凝聚各国协作发展的最大公约数，做大做好人类文明的蛋糕，让文明成果惠及世界人民。其二，驳斥以文明共通性为掩饰，鼓吹"普世价值"的话语陷阱。冷战结束后，西方学者提出了历史终结论，以此为由，西方国家大肆推广所谓"普世价值"，其目的在于向别国输出自己的价值观念与社会模式。但是，在当今世界百年未有之大变局的背景下，西方世界乱象频发和发展困境都在一定程度上证明了西方模式的失灵。全人类共同价值以文明的共同性为基础，尊重并支持不同文明对价值内涵和发展道路的不同探索，旨在构建命运与共、求同存异的和美世界。

第三，重视文明传承和创新，践行"两创"原则。传承与创新基

---

[1] 习近平：《携手同行现代化之路——在中国共产党与世界政党高层对话会上的主旨讲话》，人民出版社 2023 年版，第 8 页。

于对本国文化的自信、自觉与认同，以本国拥有深厚的历史文化资源为前提。中华文明厚植于中华优秀传统文化，具有深厚的文化底蕴，是源远流长、博大精深的。文化是人类文明的具体表现形式，中华优秀传统文化是中华文明的智慧结晶和精华所在，是中华民族的根和魂，为中国共产党治国理政和解决当代世界难题提供了重要启迪。中华优秀传统文化具有富含时代价值的内容构成，正如大道之行、天下为公的政治理想，旧邦新命、革故鼎新的变革精神，民为邦本、政得其民的民本思想，讲信修睦、协和万邦的外交理念，以和为贵、和而不同的和平观念。因此，马克思、恩格斯高度肯定中华文明的价值，赞扬中华文明对人类文明进步的贡献。所以，我们更有理由坚定文化自信、文化自觉，建设中华民族现代文明，为民族复兴注入更为强大的精神力量。中华文明并不是中国古代文明的一般延续，而是对中华文明的时代性解构与重铸。中华文明具有突出的连续性，人类文明新形态不仅是对中华文明这个根脉的守正，更是对中华文明的扬弃、转化与发展，"新"体现在赋予中华文明以当代呈现。人类文明新形态中的"人民至上"价值立场，扬弃了中华文明"以民为用"的价值主张；人类文明新形态中的协调发展理念，汲取了中华文明"贵和尚中"的哲学思想；人类文明新形态中的世界情怀，蕴藏于中华文明"天下大同"的历史智慧；人类文明新形态中的和平精神，折射出中华文明"和衷共济"的价值观念。可以说，人类文明新形态赋予了中华文明以新的时代解读，激发出中华文明的现代力量。

第四，加强国际人文交流合作，推进民心相通。人是文明交流互鉴最好的载体，加强人文交流合作是深化和增强中华文明与世界文明交流互鉴的基础工作。习近平总书记指出："我们要共同倡导加强国际人文交流合作，探讨构建全球文明对话合作网络，丰富交流内容，拓展合作渠道，促进各国人民相知相亲，共同推动人类文明发展进步。"[①] 这充分彰显出全球文明倡议的人民性。加强国际人文交流合

[①] 习近平：《携手同行现代化之路——在中国共产党与世界政党高层对话会上的主旨讲话》，人民出版社2023年版，第8页。

作，要着力于交流内容和合作渠道建设，最终实现各国人民民心相通。要不断充实交流的内容，坚持物质文明与精神文明并举的原则，围绕中国共产党治国理政、中国式现代化、人类文明新形态等开展对话交流。例如，以高校、智库、文化团体的交流合作推进国际社会对中华文明的深入研究；以媒体、文艺、体育等跨文化互动形式深化国际社会对中华文明的理解与认同；以合作翻译、出版中国经典书籍及文化遗产保护国际合作等形式增强中华文明的国际传播力和影响力。要拓展合作渠道，建立高级别的官方交流机制、民间交流对话机制、商贸往来合作机制。通过举办中国年、交流年、文化年、友好年等活动拓展交往方式，加强国际人文交流合作，促进各国人民的相知相亲，共同推动世界文明进步。不同国家和地区的人文交流合作持续拓展深化，离不开强大的民意支撑。夯实各国友好的民意基础，推进人文交流合作。青年作为国家间友好交往事业的未来和希望，是促进教育国际合作和人文交流的有生力量，应着力引导青年群体传承与拓展文明交流合作渠道。

总言之，习近平总书记对于增强中华文明传播力影响力的重要性、必要性及发展进路作出了详细阐述与科学部署，这为推进中华文明的对外传播提供了学理阐释和实践探索的遵循。在梳理习近平总书记关于中华文明传播力影响力重要论述的基础上，以挖掘和提炼中华文明传播的丰富思想内容为出发点，以构建和完善中华文明传播的叙事话语体系为着力点，以拓展和创新中华文明传播的有效方式方法为关键点，以深化和增强中华文明与世界文明交流互鉴为落脚点，构建促进中华文明国际传播力影响力持续增强的逻辑进路，回答了新时代中国文化强国建设何以可为的问题。增强中华文明传播力影响力的重要前提是要加强对中华文明国际传播力影响力的研究，明晰推动中国文化对外传播的方向。具体来说，一是准确把握时代语境，将中华文明传播置于文化强国建设、中国式现代化建设与中华民族伟大复兴的时代背景下进行研究阐释；二是持续深化研究内容，在古今借鉴和中西对比中持续发掘中华文明传播力影响力的本质、规律、路径，为增强中华文明传播力影响力提供学理支撑；三是不断拓宽研究视野，从哲学、文学、传播学、社会学等不同学科中博采众长，不断拓宽中华文明传播力影响力的研究视域，进而逐渐构建具有鲜明中国特色的战略传播体系，提高中国形象亲和力、中华文化感召力和中国话语说服力。

结　语

　　一个精神上匮乏、文化上贫瘠的民族和国家，无论物质上多么发达富有，都不可能走向真正的强大和实现伟大的复兴。中国共产党自成立以来，就自觉把文化的建设与自身的发展、国家民族的前途命运联系在一起。并把文化建设作为为国家民族铸魂立心的战略性、系统性工程，深刻把握马克思主义中国化时代化的文化意蕴，丰富其文化内涵，从而推动形成了立足中国特色、符合中国实际的社会主义文化发展观。中华文明的连续性和发展性、中国特色社会主义的独特性和创新性，从根本上决定着推进文化强国建设必定要坚持把马克思主义的根脉与中华优秀传统文化的魂脉有机融合的辩证思维。习近平文化思想正是在马克思主义中国化理论创新和实践创新良性互动的基础上形成的科学理论体系，把如何与时俱进推进马克思主义中国化和如何发挥中华优秀传统文化的时代价值充分统一起来，从而形成马克思主义与中华优秀传统文化融会贯通的文化创新观、发展观。

　　推动文化高质量发展、加快建成社会主义文化强国是新时代文化建设发展的根本任务。要实现这一目标任务，不仅要厘清新时代社会主义文化强国建设的内涵范畴和战略要求，更要落实到实践层面。从广义来看，文化包括物质文化和精神文化，文化强国的前提是文化自信，如何从文化自信走向文化自强，推进新时代文化强国建设，我们还有很长的路要走。往哪儿走，怎么走，是新时代文化建设和发展要思考解决的重要问题。从逻辑脉络来看，在推进"两个结合"中创立的习近平文化思想是中华文化和中国精神的时代精华，承载着中国共产党百年来领导文化建设的优良传统，为进一步推进文化强国建设提供了根本遵循和科学指南，也为实现中华民族伟大复兴筑牢了思想基础、凝聚了奋进力量。

文化的现代化是现代化的重要议题，一定程度上文化现代化的程度深刻影响着现代化的水平。没有文化的现代化、文化的繁荣，就没有社会主义的现代化。因此，习近平总书记明确强调，"在新的起点上继续推动文化繁荣、建设文化强国"[①]。整体来看，当前我国文化发展的不均衡、不充分的矛盾仍然突出。实现全体人民精神生活的共同富裕，铸就社会主义文化新辉煌，为推进拓展中国式现代化赋能助力，依旧任重道远。一方面，只有不断完善公共文化基础设施建设，加强高质量文化产品的供给，加快培育社会文明风尚，提升广大人民的文化素质，才能提升以文化启发民智、浸润民心、滋养民风的效果。另一方面，只有大力繁荣发展社会主义文化事业和文化产业，推进精神文明建设，才能不断提升国家文化软实力，为人民的幸福安康、国家的繁荣富强、民族的伟大复兴提供深沉持久的力量。

党的十八大以来，坚定文化自信、建设文化强国被推向新的高度有着历史的必然性，但同时也具有深刻的现实性。在新的历史条件下，社会主要矛盾的转变是建设社会主义文化强国这一命题充分彰显的重要依据。马克思曾深刻指出："随着经济基础的变更，全部庞大的上层建筑也或慢或快地发生变革。"[②] 经济的快速增长和转型升级是文化繁荣发展的决定性因素。有什么样的经济基础，有什么样的发展状态，就有什么样的文化目标和文化需求，文化不能脱离经济独立存在。无论是文化产品的生产、文化服务的供给，还是文化基础设施的建设、文化人才的培养，都需要经济条件和物质基础的支持。进入中国特色社会主义新时代以来，在习近平总书记的领航掌舵和习近平新时代中国特色社会主义思想的指引下，中国特色社会主义事业取得了巨大的成就：经济的发展、科技的创新、社会的文明进步；文化传统的创新性继承发展、创造

[①] 习近平：《在文化传承发展座谈会上的讲话》，人民出版社2023年版，第10页。
[②] 《马克思恩格斯文集》第2卷，人民出版社2009年版，第592页。

性转化运用；人民群众的文化素质、文化品位的提升，文化获得感和文化创建热的增强……这些历史性的变迁和实质性的变革，为坚定文化自信、建成文化强国提供了重要条件和奠定了扎实基础。

习近平总书记强调："一个没有精神力量的民族难以自立自强，一项没有文化支撑的事业难以持续长久。"[①] 从文化发展的空间和文化建设的需求上来看，我国是一个文化大国，即文化资源丰富，文化需求多样，但在精神食粮的创造供给和文化总产值、文化影响力的评价上，与建成文化强国还有一定的距离，文化软实力、文化竞争力与我国第二大世界经济体的地位总体上是不太相称的。因此，建成社会主义文化强国的任务显得尤为紧迫。本书聚焦新时代文化强国建设的战略推进，从多个维度对新时代如何推进文化强国建设进行了系统总结论述。立足新时代新征程，只有全面统筹、协同推进，守正创新、笃定前行，不断增强推进文化自信自强的历史自觉和价值自明，进一步激发全社会文化创新创造的活力动力，社会主义文化强国建设才能唯实励新、行稳致远！

---

① 《习近平谈治国理政》第 1 卷，外文出版社 2018 年版，第 52 页。

参考文献

一　经典著作

《马克思恩格斯文集》第1—10卷，人民出版社2009年版。
《列宁选集》第1—4卷，人民出版社2012年版。
《列宁全集》第12卷，人民出版社1987年版。
《列宁全集》第34卷，人民出版社2017年版。
《列宁全集》第40卷，人民出版社2017年版。
《列宁全集》第6卷，人民出版社2013年版。
《毛泽东文集》第1—8卷，人民出版社1993—1999年版。
《邓小平文选》第1—2卷，人民出版社1994年版。
《邓小平文选》第3卷，人民出版社1993年版。
《江泽民文选》第1—3卷，人民出版社2006年版。
《胡锦涛文选》第1—3卷，人民出版社2016年版。
《习近平著作选读》第1—2卷，人民出版社2023年版。
《习近平谈治国理政》第1卷，外文出版社2018年版。
《习近平谈治国理政》第2卷，外文出版社2017年版。
《习近平谈治国理政》第3卷，外文出版社2020年版。
《习近平谈治国理政》第4卷，外文出版社2022年版。
《习近平关于社会主义精神文明建设论述摘编》，中央文献出版社2022年版。
习近平：《在文化传承发展座谈会上的讲话》，人民出版社2023年版。
习近平：《在庆祝中国共产党成立100周年大会上的讲话》，人民出版社 2021 年版。

《习近平新时代中国特色社会主义思想三十讲》，学习出版社 2018 年版。

《习近平关于社会主义文化建设论述摘编》，中央文献出版社 2017 年版。

《十六大以来重要文献选编》（上），中央文献出版社 2005 年版。

《十六大以来重要文献选编》（中），中央文献出版社 2006 年版。

《十六大以来重要文献选编》（下），中央文献出版社 2008 年版。

《十七大以来重要文献选编》（上），中央文献出版社 2009 年版。

《十七大以来重要文献选编》（中），中央文献出版社 2011 年版。

《十七大以来重要文献选编》（下），中央文献出版社 2013 年版。

《十八大以来重要文献选编》（上），中央文献出版社 2014 年版。

《十八大以来重要文献选编》（中），中央文献出版社 2016 年版。

《十八大以来重要文献选编》（下），中央文献出版社 2018 年版。

《十九大以来重要文献选编》（上），中央文献出版社 2019 年版。

《十九大以来重要文献选编》（中），中央文献出版社 2021 年版。

《十九大以来重要文献选编》（下），中央文献出版社 2023 年版。

二　学术著作

曹劲松：《文化精神赓续与传播》，中国社会科学出版社 2021 年版。

查建友：《新时代文化发展活力论》，中国社会科学出版社 2021 年版。

陈锡喜：《意识形态：当代中国的理论和实践》，中国人民大学出版社 2018 年版。

陈先达：《文化自信中的传统与当代》，北京师范大学出版社 2017 年版。

范玉刚：《乡村文化复兴与乡土文明价值重构》，中国大百科全书出版社 2020 年版。

费孝通：《中国文化的重建》，华东师范大学出版社 2014 年版。

高宏存：《文化强国建设与中国式现代化》，人民出版社 2023 年版。

郭建宁：《中国文化强国战略》，高等教育出版社 2012 年版。

简奕、杨新：《信仰的底色——红色基因解码》，人民出版社 2018 年版。

雷巧玲、田建军：《中国梦视阈下文化强国战略研究》，中国社会科学出版社 2017 年版。

沈壮海：《文化软实力及其价值之轴》，中华书局 2013 年版。

沈壮海等：《文化强国的关键要素及其建设研究》，人民出版社 2023 年版。

孙良瑛：《新时代文化自信及其建构路径研究》，中国社会科学出版社 2021 年版。

项久雨：《守正创新的精神文明》，社会科学文献出版社 2022 年版。

阎孟伟、周德丰：《中华民族文化自信的理论逻辑和实践逻辑》，人民出版社 2023 年版。

意娜：《文化强国》，人民日报出版社 2023 年版。

张国祚：《国家文化软实力若干领域发展报告》，北京大学出版社 2021 年版。

张国祚：《中国文化软实力研究论纲》，社会科学文献出版社 2015 年版。

张江：《建设新时代社会主义文化强国》，中国社会科学出版社 2019 年版。

张允熠：《四百年中国思想文化之大变局》，商务印书馆 2021 年版。

赵传海：《文化基因与理论创新：中国特色社会主义理论的文化根源》，中国社会科学出版社 2021 年版。

［德］卡尔·曼海姆：《意识形态与乌托邦》，李步楼等译，商务印书馆 2014 年版。

［美］克利福德·格尔茨：《文化的解释》，韩莉译，译林出版社 1999 年版。

［美］萨义德：《文化与帝国主义》，李琨译，生活·读书·新知三联书店 2003 年版。

［美］塞缪尔·亨廷顿：《文明的冲突》，周琪等译，新华出版社 2017 年版。

三　学术论文

陈金龙：《论新时代中国共产党人的文明自信》，《马克思主义理论学科研究》2023 年第 9 期。

陈金龙：《习近平总书记关于文化自信重要论述的四维统一》，《学术研究》2024 年第 1 期。

陈锡喜、刘奎：《关于"两个结合"与"一个结合"命题关系的学理诠释》，《思想理论教育》2024 年第 4 期。

程恩富、贾龙：《民本文化的历史嬗变与当代阐释》，《山东社会科学》2023 年第 5 期。

范建华、周丽：《论中国共产党文化强国建设的历史脉络、核心内涵与实现路径》，《云南师范大学学报》（哲学社会科学版）2023 年第 3 期。

范玉刚：《当代文化强国的内涵阐释》，《江苏行政学院学报》2022 年第 3 期。

冯颜利：《习近平文化思想的世界观和方法论意蕴》，《探索》2024 年第 1 期。

高松：《新时代推进文化自信自强的三重论域》，《世界社会主义研究》2024 年第 3 期。

郭建宁：《守正创新与建设具有主体性原创性的中国哲学社会科学》，《中国高校社会科学》2023 年第 4 期。

韩晗：《中国共产党领导文化建设的历史演进与实践路径》，《山西大学学报》（哲学社会科学版）2021 年第 2 期。

洪向华、赵培尧：《社会主义文化强国的内涵解构、建成逻辑与实践进路》，《东岳论丛》2023 年第 1 期。

黄蓉生：《用社会主义核心价值观引领精神生活共同富裕》，《西南大学学报》（社会科学版）2023 年第 1 期。

黄一兵：《"第二个结合"与中国式现代化的文化形态》，《马克思主义与现实》2024 年第 1 期。

贾淑品：《科技创新赋能社会主义文化强国建设》，《甘肃社会科学》2024 年第 1 期。

李毅：《从"一个结合"到"两个结合" 不断开辟马克思主义中国化时代化新境界》，《马克思主义研究》2022 年第 12 期。

刘书林：《习近平文化思想产生的重大意义》，《思想理论教育导刊》2023年第11期。

刘同舫、杨韵韵：《习近平文化思想的战略思维》，《学习与探索》2024年第4期。

梅景辉：《文化自信与马克思主义意识形态话语权的当代发展》，《马克思主义研究》2017年第5期。

齐卫平：《论中国共产党人精神之红色基因的四个特征》，《华东师范大学学报》（哲学社会科学版）2021年第3期。

齐卫平：《新时代新的文化使命：习近平文化思想的理论主题》，《南昌大学学报》（人文社会科学版）2024年第2期。

孙来斌：《中华优秀传统文化与中国特色社会主义》，《马克思主义研究》2023年第8期。

孙绍勇：《"第二个结合"：习近平文化思想的逻辑遵循与实践要义》，《思想理论教育导刊》2024年第1期。

孙绍勇：《新时代基于意识形态维度的中国特色社会主义文化自信析论》，《思想战线》2022年第4期。

孙绍勇：《中国共产党红色基因百年赓续的精神解码及其文化涵育》，《思想教育研究》2021年第6期。

孙绍勇、郑人杰：《红色文化增进社会主义意识形态认同的四维解析》，《湖北社会科学》2017年第11期。

唐爱军：《把握习近平文化思想的四重视角》，《马克思主义研究》2023年第12期。

王伟光：《推进马克思主义与中华优秀传统文化相结合的重大意义、理论内涵和现实路径》，《马克思主义研究》2023年第9期。

王岩：《传承红色基因　守好红色江山》，《红旗文稿》2024年第5期。

项久雨：《新发展理念与文化自信》，《中国社会科学》2018年第6期。

肖贵清、贺政凯：《以习近平文化思想引领新时代社会主义文化强国建设》，《中国高校社会科学》2024年第2期。

辛向阳：《深刻把握习近平文化思想的科学体系》，《红旗文稿》2024

年第 2 期。

颜晓峰：《中华民族现代文明是强国建设、民族复兴的文明形态》，《马克思主义与现实》2024 年第 2 期。

燕连福：《"第二个结合"与建设中华民族现代文明》，《马克思主义理论学科研究》2023 年第 10 期。

尤文梦、王永贵：《中国共产党领导文化建设的百年历程及未来展望》，《理论视野》2021 年第 6 期。

张国祚：《中国文化软实力理论创新——兼析约瑟夫·奈的"软实力"思想》，《中国社会科学》2023 年第 5 期。

张国祚：《习近平文化思想是个科学体系》，《思想政治工作研究》2023 年第 12 期。

张波：《中华文明的精神特质与发展形态关系论析》，《马克思主义研究》2023 年第 11 期。

邹统钎：《文化强国的科学内涵与路径探索》，《人民论坛·学术前沿》2023 年第 22 期。